中國近代人物日記叢書

樊　昕　整理

趙烈文日記

第二冊

中華書局

第二册目录

咸丰十有一载（1861）太岁辛酉，重光作噩

正月庚寅

元旦庚寅（2月10日）天日晴杲，气候和淑，为近年未有。晨霜厚如雪，东风竟日

晨起爇香，拜天、拜先圣、拜十方如来、拜祖先父母。次诣寓庵殿上，礼谢佛神。次叩卜《易林》，占本年运气，得归妹。其辞曰："坚冰黄鸟，常悲哀鸣。不见甘粒，但叹黍荆。数惊鸷鸟，为我心忧。"又占后运，得旅之鼎。其辞曰："躬履孔德，以世束带。文君燎猎，吕尚获福。号称太师，封建齐国。"

辰刻至龚君念匏、汤君衣谷、陈君顾岩、屠君子爽、周君贡甫家贺年，旋回寓。未刻至童君问渔寓，并晤苏君晴山、吴君兰森，道中又遇魏君盘仲、王君兰卿、刘君云樵、汪君亦琴及衣谷同茗。又到袁君伯襄、金君子招寓称贺。夜在衣谷处饭，复晤齐君小梅。饭后返寓，兰卿、殷中、衣谷来。

初二日辛卯（2月11日）雨，下午雨歇

三十初度，凌晨起，炷香拜先府君淑人，鲜民孤露，际此只益涕泪。回忆十年前初奉方淑人迁常，值余冠岁，室家之乐，宾朋之盛，抚今念昔，襟袖琅琅。

周君公执来赐祝，要赴市中面。遂至问渔处，在者兰卿、殷中诸

君。夜赴陈君顾岩之约,与屠子爽、邹蓉阁、周公执、龚念匏、周贡甫、汤衣谷同坐。诸人皆知吾降日,揖贺有诣吾寓斋者。

读《吕氏春秋》卷一之卷九。

初三日壬辰(2 月 12 日)　　薄阴

晨起,屠子爽来访。到周贡甫处、邹蓉阁处,又到衣谷处为其尊人称祝。晡至问渔所,不值,至市中茗坐。少选,兰卿来,同再访问渔,问渔适从吾寓返。晚偕公执、盘仲、念匏诸君子饮衣谷家,觞政甚乐。

苏君晴山,有昆。吴君寿年方椿,山子先生孙。来贺岁。

初四日癸巳(2 月 13 日)　　晴,下午复有阴云

早访贡甫、问渔,偕苏晴山、王兰卿、魏般中茗。饭后同问渔等到袁君受卿承恩。家。返至寓,又至茶肆茗。

初五日甲午(2 月 14 日)　　阴

访问渔、晴山,少刻受卿来,遂同出城,顺道到刘云槎、曾季圃、吴子石、徐钰亭家拜年。过兰卿,为太夫人拜。又至盘仲所,兰卿亦至,要到其家饭。晡进城,道中茗,归又遇问渔。

读《吕氏春秋》卷十至十二①。

初六日乙未(2 月 15 日)　　阴雨

巳刻同公执早餐市中,遂到问渔所,晡后同茗。旋归,顺过衣谷,不晤,晤念匏、蓉阁。

初七日丙申(2 月 16 日)　　雨

到问渔处盘桓竟日,晡偕周贡甫及盘仲茗。

---

① 稿本此句后有"十二纪迄"句。

初八日丁酉(2月17日) 　　阴,微有雨

周贡甫来访。访孙少庐,为诊其疾,孙服余方甚效,第锢疾不能旦夕见功耳。同寓之沈芝仙要为其友顾君处方,顾已垂死不可救,免为拟一剂,劝令速返家。午间饭少庐处。晡访管子俊、庄咸之、何兆梅、吴寿年,复到问渔所,将暮乃归。闻陈顾翁连见访。

初九日戊戌(2月18日) 　　晴

访顾岩、衣谷,在城局少坐,盘仲亦来,同在衣谷所饭。晡同盘中、刘云樵茗,复访问渔,同送盘仲出城,半里许乃返。

初十日己亥(2月19日) 　　晴

清晨出城访盘仲,识其友湘乡左梦星,枢,前邠州左清石先生讳仁之长子。见所携字画甚多,有徐青藤册页,灵妙无比。访兰卿,不遇。午间进城,赴袁君伯襄约,座客谈氏厚甫、平甫昆季俱少年,豪宕善饮,平甫尤温粹可喜,两君湖州人。晡偕问渔、晴山及蕲水潘枣如茗。傍晚归,至衣谷所,道值顾岩方大醉,行仄仄欲仆,送之至家后返。

接阿哥来信。初度诗今日脱稿。

十一日庚子(2月20日) 　　晴,连日甚寒

写家信未寄。般仲来,同到衣谷所少坐,复同返吾寓。江西刘君叙伦见访。同盘仲饭市中,又过问渔。左孟星来拜,同在城局坐良久。

十二日辛丑(2月21日) 　　晴

巳刻出城,访左孟星于般仲寓,出藏物见示,有杨少师《韭花帖》真迹,视今刻肥甚,大不相同,然体力遒劲,大要出是名手,真则不可知。又右军《洛神赋》旧拓本,大小与《兰亭》相仿,此种世所不见。

董玄宰临《淳化阁帖》十册，是其生平经意之作。馀字画甚夥，佳者尚有。午间访兰卿，兰卿访余城中不遇，甫归，谈少顷，仍至殷仲所，酉刻归。

十三日壬寅（2月22日）　　　晴

到城局与衣谷少谭，盘仲来，同过问渔所。忽奴子至，报言阿哥已于昨动身来此，现在寓中。因即返握晤，重偕访问渔，出门即遇钱子明，诵清。同到县前茗。将归逢盘仲、晴山、问渔，同予兄弟午食肆中，又同茗。晡过孙少庐，视其疾。

十四日癸卯（2月23日）　　　阴，细雨

张君梅圃国伟，杭州人。要视其阃人疾，又至晴山处亦为处方，旋归。遇阿哥，同饭昨肆，遂过问渔。少选，盘仲、兰卿、孟辛咸至，晡乃别归。又过衣谷城局，遇邹蓉阁、周贡甫。午前，马君子逊来访。铭。

十五日甲辰（2月24日）　　　阴，夜微有月

代袁受卿占流年，得暌至大有。

岁君临福爻持世，身旺而安。动爻化进神，生扶相助者犹见得力。惟财伏兄弟之下，而官星受身克，求名利不甚畅遂。

早起，袁受卿来。饭后过访问渔，遇盘仲、孟星，同到市中欲茗未果，复返问渔寓，吾兄亦来，因同归。偕公执访邹蓉阁。

十六日乙巳（2月25日）　　　阴

贡甫来访，答候马君子巽，遂过问渔。晡后盘仲、衣谷、贡甫诸君来，少选，邹蓉阁亦至。下午罢归。

十七日丙午(2月26日)　阴,微雨雪

同吾兄出城,访孟辛、盘仲,日下春,吾兄先归,余留住城外,字致兰卿,属为我扫榻。傍晚兰卿来,旋去,夜二鼓,到兰卿寓卧,又晤姑苏许仁甫及徐、王、严三君。是日在孟辛处见朝鲜嘉庆某年表文一轴,字用铅书,细如蝇头,笔笔工楷。

十八日丁未(2月27日)　晴

早到盘仲处,又往候金眉生都转。有顷,公执至,又少坐,偕出,仍过盘仲。午前偕盘仲、孟辛进城,过候童八、衣谷,要至市楼小酌,酌后复偕魏、左二公茗。贡甫来访,同赴城局谭。下午蓉阁、盘仲、孟辛、问渔、晴山、衣谷集我寓,傍晚陆续散去。祋甫信来,已为浙抚王公留办团务,以曾营道梗,故重返浙也。浙西衢、严、湖各山县多为贼踞,我师分扎衢、严各处水兵,沿江设守,故浙东尚无恙。写家信交周处下人返崇。

十九日戊申(2月28日)　阴

盘仲、孟辛来访,余与少谭即出,至孙少庐家为易方。左、魏二君候余返,同至市楼午餐,肴甚富。饭后到福泉楼茗,问渔、晴山、贡甫皆在。茗散,偕盘、孟往访蒋君剑人,敦复,宝山人,余向曾识之。取其词及词话二本归。词甚细腻,惜未臻雅驯。

二十日己酉(3月1日)　阴雨,霰

早过衣谷,并识王君少槐杭州人,金眉生随员。及范君某。同衣至城局少坐,而盘仲至,偕盘仲返,遂与食市中。食毕,过童八,晡始归。作信寄复祋甫,又函与仲明、子江、容生。

二十一日庚戌(3月2日)　阴,下午有日色

邹蓉阁过访。访衣谷,复偕吾兄访问渔,左大亦至,遂同至茶

肆。去者童八、苏大、魏大、左大及吾兄弟。

二十二日辛亥(3月3日)　　雨

邹蓉阁来,衣谷来,要至其家为其庶母诊疾,遂同早餐,复在城局少坐。又访屠翁子爽,饭后访童八,将晡吾兄亦至,同归。夜衣谷两来。

与仲明书

浙中兵事近如何? 闻中丞奋发有为,足下辈乘时尚得展布一二否? 某近在沪,所谋愈益卑下,所谓皇皇求财利,惟恐不给者,庶人之事。吾侪小人,聊以卒岁而已。荆榛正尔莽莽,安能于此中求通达哉!

读《吕氏春秋》十三至二十。八览迄。

二十三日壬子(3月4日)　　雨

蓉阁、贡甫、衣谷来,衣谷要至其家易方,与大青龙汤一剂。

读《吕氏春秋》二十一之二十六卷终。六论迄。

是书宏博绝丽,无物不有,然择而不精,奢靡无纪,谓之杂家,斯诚当矣。日者告友人以为学之道,知所取,尤在知所舍。有一人操金入市,将以求纨縠也,乃见东布而贸之,布则多矣,而于纨縠之用,将毋不足。惟学亦然,志专则一,力专则厚,千钧之弩,不射鼷鼠,虑分也。吕氏之学深矣,所见大矣,而不足以为后儒法,其疵类多也。其疵累多者,不知舍也。学者尚念此,则知所以为学矣。

读《妙法莲华经》"序品"、"方便品"、"譬喻品"。

二十四日癸丑(3月5日)　　晴

衣谷来,蓉阁亦来,至城局遇贡甫,同茗少坐。问渔、盘仲、孟星偕吾兄来,遂偕返。又同盘仲、孟星食于市。

读《法华》"信解品"、"药草喻品"、"授记品"、"（纪）〔化〕城喻品"。

二十五日甲寅（3月6日）　　晴

读《法华》"五百弟子授记品"、"授学无学人记品"、"法师品"、"见宝塔品"、"提婆达多品"、"〈劝〉持品"。

早起，衣谷来，同过童八、苏大，相偕出城，赴左大孟辛、魏盘仲之招。两君为吾寿，且约诸子，座客前人及家兄，又王兰卿。肴核丰盛，饮甚乐。傍晚归。

二十六日乙卯（3月7日）　　晴

读《法华》"安乐行品"、"从地涌出品"、"如来寿量品"、"分别功德品"。

盘仲、孟辛来，同食市中。归途遇马子巽，偕返，坐少选乃去。至福泉楼偕盘仲、孟辛诸君茗，遂偕出城。夜，左大复觞我，侑者五，丙夜饮散，卧左、魏寓。

二十七日丙辰（3月8日）　　晴

辰刻兰卿来，同早食市中。巳刻偕左、魏进城返寓舍。何兆梅来，周贡甫来。盘仲、孟辛偕东洞庭人秦蓉洲来访，孟辛饮蓉洲于肆，我为僎，饮散复茗于福泉楼。归途过童八，吾兄适在其寓，因同归。

二十八日丁巳（3月9日）　　晴

午前刘叙伦九畴。来，马锐卿铨。来访。饭后同阿哥到东门市购物。访童八，乃见魏大，因偕过马君子逊，晡归。孟辛见访。振远、柳亭自崇来相访，傍晚去，送之至其寓，振远出家信见与，家中无恙。夜，衣谷来。作家信并四姊信，阿哥将返也。

读《法华》"随喜功德品"、"法师功德品"、"常不轻菩萨品"、"如来神力品"、"嘱累品"、"药王菩萨本事品"。

二十九日戊午(3 月 10 日)　　　晴

读《法华》"妙音菩萨品"、"观世音菩萨普门品"、"陀罗尼品"、"妙庄严王本事品"、"普贤菩萨劝发品"。七卷二十八品终。

是日孟辛、盘仲为吾兄及兰卿祖道,要至城外畅饮一日。晡后归,道中茗饮既散,复途遇振远等,同再茗饮。晚赴邹君蓉阁之招。

二月建辛卯

朔日己未(3 月 11 日)　　　晴

早同吾兄访振远,送行,伊将至云间,赴太守贾公之招。是时闻已下船,觅之至城外舟次遇之,少谭而别。下午盘仲、问渔、孟辛及吴君兰森同见访。

续读《后汉·刘玄刘盆子传》。

赤眉焚掠之后,三辅遗人往往聚为营保,此赤眉之所以速败也。故曰自古之今治流贼者,维此清野一法。惜民之多愚,未被巨疮者,皆不肯为也。

光武答刘恭之请降,及遣樊崇等归营,勒兵再战,皆真实语也。彼时汉兵虽完盛,其多不及贼也。使帝有苟且倖获之心,应盆子之求,而彼且以赏为可挟,不示崇等以武,而彼且以降为过计,无论异日之患,即仓卒间骤增百万之众,无以服其心。以赏则快望无厌,以威则玩视不慑,虽有知者,无以善之矣。故曰受降如受敌。王言如纶,有贤于百万师者矣。

初二日庚申(3 月 12 日)　　　晴

是日未至他所,下午邹君蓉阁、陈君顾岩、周君贡甫次第来,衣谷亦至,蓉阁剧谭至晚乃去。

读《王昌即王郎刘永,梁孝王八世孙。附董宪、庞萌等。张步李宪彭宠卢芳传》。

光武答刘恭曰"待盆子以不死",答杜威曰"使成帝复生,天下不可得",抑何明快之甚也。百万之降,而不苟贪,坚城在前,而不倖获,一切以义理裁之,夐乎尚矣。

脂韦之性,无往不宜。庞萌反复,而光武赏其逊顺。为人上者,慎无取面柔之士矣。

光武之击庞萌,含怒而举,轻走飘疾,有类乎愤兵矣。而贼方戒慎,悉锐以待,我军势倍于贼,有轻敌之心,既愤且骄,冒昧一合,其不为所覆者,未之有也。帝行间老矣,军之机宜,疾徐之间,明画甚矣。盛怒而来,乃能顿兵任城二十馀日而后进。呜呼!夫惟孙吴足以办此。

庞萌叛臣,王昌、刘永、卢芳及宪、步等皆可谓之乱徒。若彭宠者,虽于臣节未纯,当北征幽冀,帝深赖之矣。宠之叛,朱浮实构之,帝无以善之,遂使之凌夷以灭。一夫不获,时余之辜。光武于此,殆尚有间。

读《隗嚣公孙述列传》。

隗、崔等称兵举事,而推好经书者为上将军,其时文学之盛可见。

崔亲嚣之叔,扶义推策,而嚣贼恩忍于推刃,此方望之所以决辞而去也。乱世之杰,外托仁蔼而内不可知者多矣。夫惟见可而后进,定交而后求,难进而易退者,得免其祸。若高举远瞩,鸿飞冥冥,则太上不辱者矣。

光武报嚣上走吕鲔状之书,可谓失辞矣。人方慕义来归,而称比之于西伯,将自居何等耶? 欲求其抗拒公孙,其言几于哀乞,夫光武岂不智不足以尽嚣之人哉! 方有所求,不能不与之委蛇而已。其与彭宠书恃之为北道主人,亦犹是类。两子皆叛乱以终,殆前言有以骄之,使不安于臣节也。故光武亦外貌长者,而内不能无诈,是在桓、文之间者,与以言王道则犹远。

论者咨叹隗季孟之好贤,以为其无令名,由于功之不成,其言若甚可慨,然非事理之实。夫成败论人,后世毁誉,固不足信。然而天命诚实,未有误者。隗氏建义之初,誓立汉朝,乃形集势盛,旋负其约,欺天诬民,何以自立。故有识之士纷纷弃之,仅有王元之徒为之附和而贡谀,卒之身败名裂。而元等且改颜事仇,刎颈相报,王捷一人而已。其得士之效安在? 乃云坐论西伯,暗乎哉范史!

自莽以符命愚黔首,而述亦托以动众,光武遂致书辩论,风俗移人,贤哲不免。自后世观之,不足一笑,不知身在其时,具有聪圣如光武者,将实信其有邪,抑假为之邪?

荆邯说述之书,深识大计,然而已晚矣。举大事与天下豪杰角胜负,第一时不可失。历观乘间草窃之主,不达趋时之机,往往据地自王,观人之斗,迄于弱者既并,强者益强,不旋踵而祸及于己。虽天命使然,盖亦其人之得少自足,气量有以局之。且亦无救民之心,徒以富贵为念,生平之志少偿,遂侈然无复远略。成败之分,观之了然可决矣。

述降犹得延命,负固不服,以至身戮宗夷,蜀民随之荼毒,于身何福? 于民何补? 所谓既不能令,又不受命,是绝物也。论乃曰"与夫泥首衔璧者,异日谈",范氏之谬,殆茅塞之矣。

初三日辛酉(3 月 13 日)　　　　薄阴

午刻,童八、魏二、左大来,衣谷亦至。将晡,吾兄动身返崇,同人偕吾送至舟归，因到童八寓。傍晚，蓉阁来访，贼信甚警。

读《宗室四王三侯传》。齐武王缜，孙北海敬王睦。赵孝王良，光武叔。城阳恭王祉，光武族兄。泗水王歙，族父。安城孝侯赐，族兄。成武孝侯顺，族兄。顺阳怀侯嘉。族兄。

伯升答诸将议立宗室，所见自是英杰过人，于利害之际亦甚分划，其功业不成者，徒以太刚耳。三代下开创之帝，率以至柔驰骋天下，能下人然后能上人，理固然也。

伯升为人大类孙策。

齐武王宜特传，馀三王、三侯另篇。

读《李通王常邓晨来歙传》。

来君叔激烈之风，千古无匹。读其被刺属军事语，觉行间勃勃有壮气。其自书表，又切中治理，言简而志远。嗟乎！此猛士君子安可得见哉。范史叙录之，亦简劲可爱。

李、王、邓、来，皆亲旧知命。来君叔英烈奕奕，终于马革。三君皆笃厚纯谨不贰，以功名终，不亦宜哉。

初四日壬戌（3 月 14 日） 阴，下午开霁，日光暗淡

晨过市中餐，遇衣谷、贡甫，少谭。访童八，偕过左大、魏二，偕午餐后与魏二适野闲望，见浓烟腾起西方甚炽，野人云此贼烧曾市镇也。曾市去城不及二十里，城门戒严，盘诘异往日，有英、法兵数百住城外五里桥守隘，我兵在者千人。下晡进城，道遇里人胡老振及子卿族兄。半途又在童八处少坐而返。夜，衣谷来。

读《邓禹、子训、孙骘寇恂列传》。

禹西征，以樊崇为骁骑将军，与赤眉首领樊崇同时同名。

仲华年虽少，多在行间，而有公辅之才。入关之始，劳来安集，使疮痍之民系心河北，实光武创业元首之臣。后虽挫衄，不

足以累盛节。盖仲华实公相大器，于轻捷善斗，趋利之事，殆非所长也。

禹所谓吉士，而非乱世慓悍之徒，遭际光武贤圣之主，虽以挠败而不为过，斯亦交孚一德，历世创业之际所鲜见矣。迹禹之在河北，小捷而已，关西连衄，至于只身归命，而帝以为功高，赏右诸将。夫下车抚劳而元首归仁，居位笃行而天下知化，所关者大，所得者约，岂可与鹰犬之效较其优劣哉？昔晋文用咎犯而赏赵衰，君子以为知赏。帝之于禹，庶几此乎？

骘等辞爵赏而不避权势，虽躬执谦让，诚复何益。夫以王莽造乱之后，汉之外戚虽居炉火，其祸犹不若是之烈，奈何执心不一，复蹈斯辙。其获家世不绝，死仅数人，若非高密之善教，保家训之阴德不斩，其曷以止此。骘之父子并命，是殆征羌之役，无能而专，将陷人死亡，故其祸独重耶？

论于外戚召祸之源，探本立说，甚精甚当。臣人者皆宜知之，庶几无愆尤之及矣。

光武用兵数州，而军食全倚河内。百官之廪，至以升斗为计，空乏之忧，可谓急矣。

光武自将之兵，秋毫无所犯，以是闻者归心。而贾复部将杀人，颍川武人骄暴难驯，虽以不世之才，犹难使之尽一。亦见开国虽必立法井井，而文纲多疏，自古而然。智者当会其意，斯可矣。

初五日癸亥（3月15日）　　阴

代左桂占接眷来至上海道路及住此吉否，得中孚至节。

未土世爻休囚，遇卯木官鬼发动，月建临助，兼化子水回头生，旺极来克本身，原神文书带驿马暗动，然日辰冲而兼克。此卦主有惊忧。幸原神春令为相，足为本身扶助，可无碍耳。依课而论，彼处亦必有紧，眷属即当动身，到此之后不能久住，亦即他往，盖两重马临，道路俱暗动故也。

本卦繇曰：鸟鸣喈喈，天火将下。燔我屋室，灾及妃后。

之卦繇曰："出门蹉跌，看道后旅。买羊逸亡，所谓逃走。空手握拳，坐狼为咎。"

又敬占自己谋事不成①，留沪与他行孰吉，得明夷至咸。

他山之错，与瑸为仇。来攻吾城，伤我肌肤，邦家骚忧。

新作初陵，逾陷难登。三驹推车，跌损伤颐。

再占有兵祸及身否，究竟或行或止，得泽天夬至大壮。

戴尧扶禹，松乔彭祖。西遇王母，道路夷易，无敢难者。

四足俱走，驽疲任后。两战不胜，败于东楚。

是日将午，魏二来访，左大亦至。同魏二饭市中，遂访念匏。申刻偕衣谷、定孙、闵鲁孙茗，遇马君子逊，同坐，茗散，访袁伯襄于道署。见弢甫与虔甥书，已在东山，彼处甚安谧云。

读《冯异岑彭贾复列传》。

李轶轻薄流转，始结光武，后乃谄事朱鲔等，祸伯升。今方拥众据险，形势未纽，遽以一纸之至，复申断金之约。善哉，光武播其书，

---

① 自己，稿本作"烈文"。

因以间而诛之。此人若使成事来归，杀之则有功，用之则反复，将曷以待之邪？于此见帝之处分，毫末悉当。

关中前代建都之所，巨家大姓之所存，天下耳目之所在。光武两遣专阃，皆不取健斗之将，而以委仁恕之君子使之，奉扬仁风，以求民心。所谓决胜帷幄，折冲樽俎，计画之远，孰得而窥之。于以知邓禹之败，光武安之若无事，其初心本无望其善战，且以所得者大，虽全师衄弃，无足损也。与冯异之敕，蔼然仁人之言，王者自有规模，夫岂急功趋利之徒胜其任哉！

岑君然汉之虎将，击公孙于西川，有如风雨，然不能为莽保一城，固知人之材能，因主而见良楛，殆不自由也。

当豪杰纷纭之时，自审足与人争，即起而角逐，否则急求真主以事之。不能于此而欲坐享富贵，视民涂炭，一旦时移势改，虽欲徒死而不可得，革命之际，比比是矣。贾君之语刘嘉，真至言哉！

为天下者不顾家，盖实有先公而后私之心，故天下翕然用其命。孰(为)〔谓〕光之慰君文，以子女为酬赏为虚语哉！

贾复敢死无前，彪虎之风，世犹有见，乃能深服礼让。嗟乎，当光武之时，何其人才之盛也。虽风行草偃，德由君主，然而克自转移，不可及矣。

初六日甲子(3 月 16 日)　　晴

晨得噩梦，悲泣而醒。敬占先父母营兆安否，得火泽睽。

其辞曰：仓盈庾亿，宜稼黍稷。年丰岁熟，民得安息。

再求明示，得山雷颐至风山渐。

其辞曰：家给人足，颂声并作。四夷宾服，干戈卷阁。姬爽姜望，为武守邦。藩屏燕齐，周室以疆。子孙亿昌。

已刻周贡甫来，同至县前。余遂出城，在魏、左处坐良久，同食市中。下午偕访徐钰亭,不遇,又相将绕江干至南门访秦蓉州。闻东山失守之信,昨获毁信,方于前月望到彼,又一惊恐矣。下春进小南门回寓,左、魏少息而去。傍晚,衣谷、邹蓉翁来。下午闻贼在江湾败我抚勇,是夜薛抚调前屡溃之马德昭至沪,在江干掠舟。舟人皆受天主教者,俱至夷馆诈其教师,传夷兵往擒数十人,马兵不敢格,舟人乘势反夺其物。马镇出分剖,夷人夺其顶帽弃水中,并攒殴之,亦曳至天主堂拘禁,令终夜坐石砌上。马素横暴,此辱应得,其如国体何? 闻城外因此大哄,有狼狈下船欲迁者。

读《吴汉盖延陈俊臧宫传》。

成都之战,因败而为功,转祸而成福。吴汉之勇,实超等伦。盖亦重地,则战之遗法,深入敌中,无旋身之地,激而用之,无不一以当百。兵家胜负之间,往往毫厘而致千里。被人迫者当知此,迫人者尤当知此。

光武答臧宫请击匈奴曰:"传闻之事,恒多失实。"此言明于利害矣。人主轻信妄言,每启边祸,好大喜功之心,中于耳食之言,而不觉其谬。兵者危事,不审敌明如指掌,安可轻发。自古华夷之哄,中国皆视外邦为犬羊异物,绝不求其情实,一切托之传闻。逢矜张之流,视敌为螳臂,而战议忽成,进怯葸之说,畏敌如神兵。而和约倏构,一彼一此,五中无主,皆以耳为目贻之祸也。

初七日乙丑(3月17日)　　　阴,夜雨

敬占东山被寇,毁甫在彼无恙否,得火水未济。

午火用神持世,亥水官鬼伏而克飞,是贼从水来,卒不及防之象。所幸月建为原神,火相于春,而官鬼受日辰之制,寇弱身强,决可无碍。未土福爻,与午火一合,福为避乱安稳之处,合则不能即

行,恰被本日丑土冲开,决其于今日方得脱难。酉金妻才月破,行囊则罄尽矣。

后得来信,殳夫遇贼,相距甚近,而得脱,行李一洗。课象甚验,惟初一日即出险,乃日辰为福爻故也。

巳刻公执令郎自崇明来,闻吾兄已于初五到家。午前本家子卿来访。饭后至东门外候本家紫卿九哥,其字与午前来者同音,同苏州人,此紫卿曾任浙孝丰县。谈良久。返遇左大、魏二于城局衣谷所,遂同左大访苏人冯君培之,不遇。培之,敬亭学士之子,好善敬士,予在木渎时,培之价予友书来访,会贼氛逼,各分散,今闻其在此,故往访之。又访童八,旋归。衣谷来,同往沽饮。

读《耿弇列传》。弟国、国子秉、秉弟夔、国弟子恭。

耿秉攻车师,车师王脱帽抱马足降。此西人脱帽之礼见于古者。

李广用兵简易者,以能远斥侯耳。秉亦能之,与广合美矣。

读《铫期王霸祭遵传》。遵从弟肜。

谶文之兴,为所误者多矣,何独于蛮贼张满。王莽兵败告天,自陈符命,至死犹持威斗,其愚不如张满矣。若张丰为道士所愚,临死犹顾肘后之玺。一盲引众盲,相将入火坑,一何可嗤!

初八日丙寅(3月18日)　　　　雨

饭后访童八,谭至下午。苏晴山要赴市楼饮。

读《任光、子隗。李忠万脩邳肜刘植耿纯列传》。

开创用武之秋,非阚虎之臣不足以定邦国。然武人不学,但知横暴取利,若绳之以法则生怨心,不如赏不掠者,以发其愧耻之心。光武特赐李忠以示诸将,此所谓不怒而威,有严于斧钺者矣。人主转移风俗,自有微权。楚王好细腰,宫人甘于不食,上之所好,下必甚焉。是以建武将帅皆能躬服礼让，克全令名，是非帝之有以易其旨趣哉。

王者举动必近人情，虽一草一木，不忍其失所，况爪牙之士乎？使耿伋为蒲吾长，以安纯之亲族，为纯一人之私，即以为天下之公，岂浅夫所知见耶！

读《朱祐景丹王梁杜茂马成刘隆傅俊坚镡马武列传》。

永平中，显宗追感前世功臣，乃图画二十八将于南宫云台：太傅高密侯邓禹，大司马广平侯吴汉，左将军胶东侯贾复，建威大将军好畤侯耿弇，执金吾雍奴侯寇恂，征南大将军舞阳侯岑彭，征西大将军阳夏侯冯异，建义大将军鬲侯朱祐，征虏将军颍阳侯祭遵，骠骑大将军栎阳侯景丹，虎牙大将军安平侯盖延，卫尉安成侯铫期，东郡太守东光侯耿纯，城门校尉朗陵侯臧宫，捕虏将军扬虚侯马武，骠骑将军慎侯刘隆，中山太守全椒侯马成，河南尹阜成侯王梁，即以符命为司空者。琅琊太守祝阿侯陈俊，骠骑大将军参蘧侯杜茂，积弩将军昆阳侯傅俊，左曹合肥侯坚镡，上谷太守淮阳侯王霸，信都太守阿陵侯任光，豫章太守中水侯李忠，右将军槐里侯万修，太常灵寿侯邳彤，骁骑将军昌成侯刘植。

其外又有四人：横野大将军山桑侯王常，大司空固始侯李通，大司空安丰侯窦融，太傅宣德侯卓茂。

此二十八人中无来歙、邓晨，盖二人皆非武将故也。然邓晨可无，来君叔不可。又王常等四人亦画象，而不入二十八人之内，亦奇。

初九日丁卯（3月19日）　晴

饭后至城局，与衣谷谭。有佛兰西人教我数目字，从一至十。

7	2	3	モ	5	6	7	8	9	10
一	二	三	四	五	六	七	八	九	十

下晡盘仲、孟辛先后来,少坐,储少岳来。夜,衣谷来。

读《窦融列传》。弟子固,曾孙宪,玄孙章。

凡能保守一邦、安享令德者,必其仁恩有以浃人,而存救济之心乃能之。若贪自侈大,不顾民命,未有不覆亡者。皇天眷命,作善降祥,岂有私哉!观融致嚣之书,拳拳孑遗之民,其保身获福,不亦宜哉!

以融据土归命,早输至诚,及履朝右,躬执谦退,让爵乞身,不一而已。先帝笃念,恩宠频迭。而永平之中,以亲族置于吏议,遂尔消让数下,使老臣不享艾福。明帝之刻而寡恩,其曷以追养志之孝哉?史言融年老子孙放纵,虽所本皆周内之言,不足尽信,然亦见富贵太甚,克全其嗣者卒鲜。孟子言人之死于安乐,不可痛耶?

窦宪得一古鼎而亦记之,于史殊可省。

读《马援列传》。子廖、防,兄子严,族孙棱。

冯异始见光武,以为言语举动非常人,援亦云然。帝王之度,岂必自贵倨严,饰以求异人哉?观其气象之光明廓大,不为粉饰,而言动皆以至诚,可见之矣。若述者外托好礼,而实以富贵骄故人,志量褊狭,岂足当明识一笑。

迹援生平,始则知命来归,终则奋身军旅,垂白之岁,殁于行间,国之劳臣,可为愍悼。而始终不膺茂赏,西州来归,赋闲上苑,南服收绩,以俟朝请,未受一日心膂之寄。世祖待臣下甚宽,而援一人独鲜恩泽,岂数奇哉?盖有其故矣。援热中喜事,昔隗季孟引为亲密,及汉兵上陇,援首先劝发为汉则忠矣,于隗独无丝芥之系,此明主所不忘者也。一时虽赏其功,后遂疏远,故使功名不立于本朝,有由然矣。贻书诫子孙,意甚厚重,而反以招祸,虚言不足以补其行之阙。于梁松、窦固轻薄特甚,而独为慎敕之语,诚复何益。善乎哉,援弟少游之言,盖以针砭兄疾,劝其谦退,实有识之言,不然苟且自全之人,岂能作是语耶？援兄况等,亦皆有识可敬,若少游者,尤知几之士矣。

初十日戊辰(3月20日)　晴

代周贡甫敬占求事成否,得天地否之天雷无妄。

才爻持世,月建临助而克应,求事可望有成。戌土应爻落而卦遇六合,有日辰为比,不为真空,出旬当见眉目。

清晨访蓉阁不遇。贡甫、盘仲、孟辛来。蓉阁来,要至其家,为其令郎诊疾,旋返寓。公执要吾及左、魏饮于市,复过茗肆茗。途中遇苏州冯培之及其兄申之,又钱君子明。

读《卓茂鲁恭,恭弟丕魏霸刘宽传》。

世祖以武功得天下,而首奖道义。茂以掾吏升为三公,立贤无方,于以使天下之人景从云合,争趋敦厚。一家仁,一国兴仁,可谓得政本矣。

孔休当王莽处位未达,方折节下士之时,凤知其非吉士,拒而不纳,其识于未见,尤足多矣。

十一日己巳(3月21日)　晴

代周黼文敬占嗣祖母及家中屋舍难后存否,得明夷之益。

印金用神休囚,月破日克,卦象非吉。官鬼持世,而属土不能害金。殆不死于贼而自终,房屋亦此用神同断。

辰刻访储少岳,不遇,旋出城至左、魏寓。左饭我于市楼,又偕茗,又偕访季圃、钰亭。季圃新与贾胡从汉阳归,彼处通市已妥。下晡,从徐君处返,至左、魏寓,又少坐进城,便道过童八。夜,蓉阁、衣谷、庄咸之来。

读《伏湛,子隆侯霸宋宏蔡茂冯勤赵熹牟融韦彪列传》。

伏惠公高德可为师表,亦足以镇遏乱萌,然于兴亡之际,兵机利害,则未谙也。帝之升用,本欲扬其静,镇之风以示天下,今谏而不从,则违初心,从之则失时务,依违均不能合,惟有罢亲征之举,以答其意,不激不随,可为尽善。

以世祖不能容一戆直之韩歆,三代以下,无可立之朝矣。歆与欧阳歙、戴涉相继非命,刑不上大夫,况疑罪乎! 建武中政之后,天下已安已平,为上者不复能谨厚如故。盖愿望已足,侈然有自放之心焉。嗟乎,帝之不获进于皇古之道,亦其量有以局之也。以恢六合、廓四海则有馀矣,以之入圣贤之域则殆远。

熹犹有西京尚气重节任侠之风,而又文以东汉敦厚长者之旨,两朝风俗转移之间,一人而备之矣。

世祖于同患难之武臣,则一切优之,而不任以官。受征命之文吏,则举事畀之,而严绳其失。权衡自有精意,然而作法于厚,其弊犹凉。明帝遂矜察察之能,有由来矣。

十二日庚午(3月22日)　　晴

闻陈顾岩之夫人来自横泾,卒于舟,唁顾岩于寓。巳刻冯君培之来访,左大、魏二相继来,秦蓉州来。停午,培之先去,偕左、魏食于市,魏尽汤团三十枚,复回寓少坐,别。偕屠子爽、邹蓉阁、周公执、周贡甫、汤衣谷往吊陈夫人之丧于河干。遂偕诸君茗[①]。候子卿家兄不晤。夜,衣谷来。

---

① 此句后稿本有"衣谷未吃"小字。

读《宣秉张湛王丹王良杜林郭丹吴良承宫郑均赵典列传》。

鼎铉之任,当虚怀体国,登贤进士,休休有容,而乃狷洁为高,是岩居穴处之士,吸风饮泉之民,所以遗俗而远尘也。不能扬清激浊,以端治本,而顾自矜其清,是不如树木于朝,其不取尤胜也。此风开之光武,而永平之世益以苛碎用人,人材于是乎泯泯焉。汉德不昌,数传遂替,岂无故哉。

郭丹入函谷曰:"不乘使车,终不出关。"终军事,此复有偶。

十三日辛未(3月23日)　　晴

代潘月槎敬占弟在徽州无恙否,夏秋间能来此否,得风水涣之风地观。

巳火用神持世,月建临于原神,又福爻在应,决其安然无恙。用神属火,约四月节内亥日可到。

午后访少岳储君,为其子诊疾,未处方。又至书肆得明道本黄氏番雕《国语》一部。又明人文秉著《先拨志始》一部,此书世不经见,皆记明人争国本始末,曰先拨者,见明之亡由于贤邪互相排斥,取诗本实先拨之义也。坐书肆论价毕,挟以访问渔,并晤盘仲,少坐,又过庄咸之,为其夫人诊疾处方。重返童寓,左大亦至,复少坐各散。夜,潘月槎来要偕(来)〔茗〕。作书寄叕甫,交秦蓉州携至东山。

读《桓谭冯衍传》上下。

符谶左道,或以时尚习闻假之歆动武人,号召豪杰或可矣。然行一不义而得天下,儒者犹得执经而论其后焉。光武因以怒谭,其惑之甚邪。天下既已定矣,即不言谶,神器岂能复移,此以见帝之陈说符命,非一切之用矣,笃信谨守之矣。

冯衍、田邑同负更始,同降汉祖,第有先后之异,衍岂得为忠臣哉?而载其纷争之言,连篇累牍,一何不惮烦至此。

为故主守节足重矣,因以望新主之见重,其心尚复有廉耻耶?国已亡,而不能于死力未屈而旋降于仇,往之诟病田邑。今儵引诸身而不愧,犹自云守道之臣,此与后世之老臣危素同等者,见摈明主,不亦宜乎!

桓君山执理不违,以固上旨,固谊志之所难。观其造论通微,立言当古,亦当世难见之才矣。冯衍始则与田邑争执,往复其辞,若锋刃不辱,及后幅巾迎敌,更望新恩,困石据藜,进退维谷,犹欲自称守正,蔑视同流。迹其坎坷,岂曰不幸。史家重其文采,但载《言志》一篇足矣,纷纶之说,胡为者哉?

读《申屠刚鲍永郅恽传》。永子昱、恽子寿。

永事与冯衍同,而独蒙上眷。乃其罢众来降,不幸富贵,出使拜墓,拳拳旧恩,直道而行,尽己之意,无干誉冀宠之心。岂衍之修容饰貌,顾彼失此者所同邪。

莽窃位贪国,而欲劝之还天下于汉,不可与言而与之言,谓之失言。若恽者,不第失言,且将失身矣。不智于进,一何可怪。

十四日壬申(3月24日)　　　晴,夜雨

作家书交便船带归。屠爽翁见访。晡接四姊信及家信,旋作复。又得殳甫家信,知安全得免,现在湖州。夜,念匏要饮,座客蓉阁、衣谷、小梅及许蓬仙、子韶、星甫、张梅圃。衣谷假榻吾寓。

读《苏竟杨厚传》第廿上。

竟《传》一篇,仅说降刘龚文一首,其文又不足存。此类去之可也。

读《郎颛襄楷列传》第廿下。

颛所言天文之说，其切当者存一二以见其真足矣，馀或入之《天文志》内，连篇赘录，殊非史体。

列传廿卷，于开国将相之后，佐理诸臣，所见寥寥。而遽录巫史之言，洋洋盈帙，可为失所先后矣。

读《郭伋杜诗孔奋张堪廉范王堂苏章，兄曾孙不韦。羊续贾琮陆康传》。

奋弟奇作《左氏删》，惜其不传于今，不然，刘歆伪增之书，岂能贻误千古邪？

俭虽美德，而不中礼，得无伤之固乎？太守二千石之富，虽无旁求，自奉宜足。但不趋侈靡，以矫污俗，亦可以风化一世矣。羊续过自刻苦，非求名而何？妻子独非人，摈之使行，夫岂情理所有？吾恐圣人复起，将用行伪而坚之律，不以为美，而以为罪矣。

读《樊宏子儵、族曾孙准。阴识弟兴传》。

生于乱时，天下无片土宁静，即有之，顾安得知？不如自结营堑，贼来既无所歆，岂必悉力于我。古人行此以保全一乡，以宏者多矣。惜乎民之多愚，不足以为此。

十五日癸酉（3月25日）　　阴，下午雨

孟辛来，言其家眷已至，少坐即去至舟中。去半刻，盘仲来，孟辛复偕其弟仲敏名树，又名桢。来。饭后同至其新居，雨至，冒雨返，孟辛偕榻吾寓。

读《朱浮冯鲂虞延郑弘周章列传》。

彭宠积怒于浮，因以称乱，浮诚为宠，当引罪自责以平其愤，再三譬喻，以晓其意，庶几宠悔过耳。观其此书，惟有恶骂嘲诮，浮之心但欲激宠速叛而已，岂有悃款之诚邪。

善哉！浮之言吏当久任，得经国之本矣。夫治道去其太甚，苟非邪枉，一切任之而已。前者事非不宥，后者人非尽贤，徒使传舍居官，欲以望治，难矣。

世言阴氏奉法畏谨，然而犹以私怨伤虞延，是知其生平之敛戢，实世祖明察有以约之，不敢纵也。至永平之世而稍稍逞矣，光烈之躬执大让，夫非世祖之规矩准绳为之范围哉？

朱浮虽轻躁，然其论欲使吏久职，卓然名言矣。冯、虞、郑、周，皆强绝干材。而周则近于好乱，使其事成，霍、王之祸，岂复可量。范史援孟书以戒方来，其识允哉。

十六日甲戌（3 月 26 日）　　雨

饭前贡甫来。下午，衣谷同杭人汪君月泉来，要视其阍人疾。

读《梁统列传》。子松、竦，竦孙商，商子冀。

统劝重刑，言殊无足取。三篇录一，以见其人之真可矣。

商谦让执礼，而有不令子以覆其宗，岂天道无知邪？抑盛极难处邪？将商之见称，固虚美邪？

冀专横于公家，而妻族孙氏复贪叨于私室。螳螂捕蝉，雀在其后，势利相轧，变态岂有尽邪？

梁冀纨绔鄙夫，权势倾国，徒有贪侈恣忿而已。不闻自固之术，既无党援，且己之手足亦见猜沮，受制孙氏，摈斥宗亲，外戚之家，复受外戚之祸。其庸懦猥葼，两汉椒房之中，殆亦罕见，然而危乱天下，倾挠王室。嗟乎！此非为上者重私恩、忘公义有以成其罪邪？以冀之愚而使当国，虽谓冀之死为无辜也可。

读《张纯，子奋。曹褒郑玄传》。

郑君高蹈远步，翛然世外，学优行备，为世宗师。然而不免乱亡，扶舁道死。士生斯际，遵何道以免横暴之及邪？管幼安隐身海外，耕凿自资，仅得脱于虎吻。青徐之间，纵横之地，是固羿之彀中也。且于袁绍之座答应劭之请，殆非所谓言逊者乎？不能避地，庶慎言色，确乎不拔潜龙之德。嗟乎！郑君深可惜矣。至夫益恩之不没，小同之见害，天之厄丧斯文，又何甚邪！

十七日乙亥（3月27日）　　晴

下午到衣谷城局，逢贡甫，遂偕至孟辛新寓，顺道为储少岳令郎诊疾，仍未处方。至孟辛处少坐，童八、魏二来，遂偕左氏昆季及般中茗。遇庄咸之，言子俊病甚，亟约为诊视，因同往。其病劳伤挟饮，或以散剂与之，遂气喘欲脱，遂与补气除饮重剂。傍晚返寓，复过衣谷，晤龚二念匏、童八问渔。夜，蓉阁来，童八、汤大来。

读《郑兴，字少赣，子众，官司农，字仲师。范升陈元贾逵，字景伯。张霸，子楷，楷子陵，陵弟玄。传》。

说经不晓谶，《左》、《榖》不得立，不能逢时，学圣传亦何益。载念斯意，可用盛叹。

怪力乱神，子所不道。左道乱政，经之必诛。楷忝为儒家，从学幻术，其生平诚复何等？坐系得释，其幸甚矣。

邦之无道，危行言逊。陵呵叱梁冀，使之跪谢，度不能除大憝，徒炫直于乱朝，陵之危虽履冰不过矣。玄要说张温，欲使因祖道之时，勒兵以诛宦寺，见机疾发，一举思静天下。事虽不成，致足快意。范史言其沉深有略，信矣。然而所投适暗，几以殒身，及其隐沦，华不终闳，岂其度之不足邪？抑识尚未能明也。

读《桓荣丁鸿列传》。荣子郁，郁子焉，焉孙典，郁孙鸾，鸾子晔，郁曾孙彬。

桓彬鄙冯方，以为阉寺之党，不与共酒食之会，清矣。不与共事君，不尤愈乎，不独愈也，且无后辱，是以君子重出处耳。乱世之庭，岂有洁士,不慎于出而以小节矜厉为名高,祸之道也。

荣陈其车马曰:"此稽古之力也。"夫所贵学者,明道饬躬,彼以其爵,我以吾义,荣不以学诣自得,而侈禄位之祟,安得谓之为己。范史之论过矣。

十八日丙子(3 月 28 日)　　　晴

庄咸之来,要与子俊诊疾。左大孟辛、左二仲敏、魏二盘仲来,饭后同行,吾过子俊,诸君至市茗。至子俊家处方毕,从诸君于茗楼,遇吴木庵。山子先生之孙。下晡茗散,遂访童八,乃见衣谷同子吕在彼。子吕刻从崇来,四姊及家中皆好,吾家亦好。傍晚偕公执、盘仲、子吕茗,复过子俊。

十九日丁丑(3 月 29 日)　　　阴,下晡雨

过子俊,复为处方,遂过左大,为太夫人拜,并命诊疾处方。饭后偕二左、子吕访盘仲于城外。日下春返,过童八,不遇。

阅《先拨志始》一部二卷。

纪国本三案,逆案详尽无遗。妖书《讨文点将录》逆案姓名俱全,持论亦通允。外间绝无是书,即尤侗《明史·艺文志》亦无,足称秘本。

二十日戊寅(3 月 30 日)　　　阴

作书寄弢甫,子吕今日将至菰城也。送子吕行,遂过子俊,吾不识其病,为延吴星堂治之,下午始归。夜间问渔、衣谷来,遂榻吾寓。

二十一日己卯(3 月 31 日)　　　晴

早过子俊,途遇木庵,同先访袁伯襄。因至子俊所,子俊服吴方颇合,为之忻慰。访左大、左二,同至吾寓,衣谷已去,问渔将行,复要返寓舍。饭后盘仲来,汪月泉来要视其夫人疾。蓉阁来。

二十二日庚辰（4月1日）　　晴

赴左大、左二之招，因至城外万年楼饮酒。散，在盘中处谭至下晡进城，归途访童八。衣谷、蓉阁来。作书寄王朴臣。

二十三日辛巳（4月2日）　　晴

写家信交公执令郎去。

读《张宗法雄滕抚冯绲度尚杨璇传》。

邓禹枸邑之退，令诸将探筹以为后拒。夫将军之义，令出无返，安有不能令下而托之竹简者？且强敌在后，殿众而退，责大任重，而不计勇怯，不问能否，其败不啻操券矣。仲华暗于兵机，此其证也。

建光中，人诈诏杀玄菟太守姚光。当是时，天下尚无事，幽州无兵火之隔，而奸人敢矫托朝命，诛夷疆臣。东汉之乱，一至于此，可怪哉！

张宗不当入此传，前后无次，叙记不伦。

访左孟辛、仲敏，脍太牢供我，其夫人亲刀匕，制佳极，食果腹。二君出藏砚相示，端三方。一杨铁崖嬉春之砚；一左萝石砚，后归赵秋谷；一曹秋舫物，以秋舫所藏为最。馀尚数方俱佳，澄泥二方，一王海石物，一有王阮亭及同时人题咏，以海石砚为最。下午，同二君过冯君培之，少坐，又同访问渔，茗。过汪月泉家诊疾。衣谷夜住此。得一小奴邹蓉生。

二十四日壬午（4月3日）　　雨

竟日未出门。下午觉神倦，卧少顷。周贡甫两次来，夜蓉阁来。

读《刘平、王望、王扶赵孝淳于恭江革刘般，子恺周磐赵咨传》。

此篇独著冠首而无名义，可不必。

禁二业，善政也。督区种，良法也。然而民受其病，其故何哉？

三代以上，封建列国，公侯之地不过百里，既易为功，而君位世及，上下安习，吏不苟且，民无隐偷，先畴旧德，各长子孙。虽曰君民若一家焉，故政虽烦而事举。至郡县之天下，疆域绵阔，一人不能周及，而牧守令长迁移倏忽，民无固志，吏暗民隐而抱空文。民玩上政而用虚答，人主不察，而欲一切以法绳之，不惟惠民，而以贼民，夫岂用意之本哉。故夫不能复古，斯已矣。由今不改，而徒以古貌粉饰为工，不揣本而齐末，俱之甚也。

遗命薄葬，两汉之时多矣。咨之文亦鲜精义，可无存也。

二十五日癸未（4月4日）　　　寒食。雨

贡甫来访。彭信古来访，言吾族兄子献名振纪，擢才大叔次子，其兄桐生及一家皆死，仅遗一身。现拟襄办江阴乡团，同事陆仰宣名勋，居靖邑西卅六里义成庄，及信古等住江阴之寿兴沙等处，已团有三千人。在其舟，因出城偕访之，下晡始返。

读《班彪列传》上下。子固。

纪乘时割据之事号曰载记，始见于固。

《典引》一篇，淫辞诡说，食之赘牙，咀之无味，相如《封禅》、子云《美新》，同一敷曲，删之可也。

龙门辱于腐刑，孟坚没于牢狱，至范晔遂以谋反伏诛，何执简者之不利也。范论固之讥迁，以为目不见睫，夫亦自反之矣。

二十六日甲申（4月5日）　　　晴，清明节

吾兄来自崇明，获内子信，大小无恙。少谭未定，彭君信古偕沙君尔英江阴人，陆仰宣之戚。及子献兄来访，下晡乃去。遂同吾兄访子逊，不遇，见其弟锐卿。吾兄先归，锐卿要吾茗。孟辛要饮，未赴。

二十七日乙酉（4月6日）　　　阴

早过孟辛，为太夫人视疾，处方后与两君谭燕。般中、问渔皆

至,吾兄亦至。饭后同到吾寓,子献兄、彭君复来,日下春始各散去。徐君仲蕃来自江北,过访,闻叔度正月杪在泰州南下,有到吾家之说,而竟未至,可诧之甚。邓处合家在泰州东北与东台接境处地名南庄暂住,楚翁被难信确,已发丧。并闻子久先生升黔抚,子鱼六先生回避何所尚无信。蓉阁、衣谷来。是日在衣谷处识沈君子焕。遹骏,匏庐先生孙,嘉兴人。

二十八日丙戌(4月7日)　　　雨

早过孟辛,孟辛昨宿城外,晤仲敏。先为太夫人处方后,坐少顷,童八来,时其眷来自松江,假左寓安榻也。下午,仲敏脍牛食我,并遣招吾兄。仲敏欲赠吾砚,吾择左萝石砚,后归赵秋谷执信,康熙时诗人,王阮亭之甥。者,石未能超绝,以左赵相禅故事,今复奉行,亦异日艺林佳话也。归途访徐仲蕃。夜,衣谷来。

二十九日丁亥(4月8日)　　　薄阴

衣谷来,子献兄及其同事来。汪月泉来,到汪处诊疾。下午,孟辛遣要,过其家谭话,因与衣谷偕往,坐复有童八、魏二。傍晚归,与衣谷访沈君子焕,少坐返。

三十日戊子(4月9日)　　　晴

早过孟辛,为太夫人诊疾。吾兄及盘仲亦至。饭后与二左茗,遂访吴木庵,新铭,山子先生孙。同至城西大境看桃花。晡同返吾寓,童八、魏二、汤大、邹君蓉阁陆续来,将夜始各分手。

　　　　与诸君城西大境看桃花　　调寄少年游

　　　踏青偶过,颓墙野落,千树匝繁红。隔日云蒸,连塍草暖,温液做春风。　　看诞曼、悲来何许,将縻上眉峰。摘取袯条,带春归去,润满客斋中。

家兄为吾制《砚铭》云："萝石石，禅秋谷。反而覆，砚当复。"

左孟辛云："左石赵有，不忘由旧。"

吾集之云："萝石石，秋谷有。反而覆，率由旧。"

三月建壬辰

朔日己丑(4月10日)　　　　晴

邹蓉阁来，周贡甫来，家子献来。庄咸之来，言子俊于昨日作古，家贫累重，为之惨怛。童八来，衣谷偕子焕来，子焕出旧作见示，笔致清绝。邹蓉翁来。

读《第五伦，曾孙种钟离意宋均，族子意寒朗列传》。

伦律身严整，而遇物宽惮，躬自厚而薄责于人，庶几当矣。

十缣百缣何足烦县官亲问，永平以察察为能，世祖之业所以不隆也。然而自世祖之纤悉合度，规模狭隘，夫固贻之谋矣。马文渊曰："高帝无可无不可，今上动如节度。"以为不如高帝，懿乎有进退百王之识矣。

德阳殿成，明帝谓公卿曰："钟离尚书若在，此殿不成。"夫以意贤邪？何故弃之。不贤邪？安足复念。此非能好强切之臣也。一以显己之明，一以消臣下之脂韦也。刻薄之人多不自反，直谅既以见怒，诡随亦遭鄙夷。嗟乎，亦难为之臣矣。

建武、永平之秋，多禁人丧葬逾节，于是上下承风，以为急务。夫慎终民乃归厚，凡事侈靡，而独欲人之薄于父母，呜呼，何其偪也！若均之言，庶识先后矣。

宋意谏使南单于北伐，其言洞识敌情，见过群辈矣。朝廷之上有人焉，明见万里，当今之世，吾忾然念之。

《传》中诸人，皆忠敬笃厚，允为东汉名臣。

初二日庚寅(4月11日)　　晴

早过子俊家唁之。访童八，遂出北门至魏二所，两左与吾兄先在。少坐，王兰卿来，兰卿自汉口返，言绕城外有官兵，而黄州已失，武昌方纷纷移徙。伊去时过江宁，曾进城，城中街市繁盛，绝不盘诘。贼渠伪干王之子出见夷酋，意甚畏之云。午间兰卿饭客，同座有李壬叔、善兰。张少渠。饭后到马路傍访云间胡公寿，观其画，颇有雅致。吾桃花词，和者纷纷，般中属公寿绘图，尚未下笔。日昳访曾季圃不见，见徐钰亭及吴子石。晡返魏寓，识粤人周云卿。住和记行。下晡进城，左大要到其家晚饭。傍晚到子俊家送殓，又访子焕。夜，衣谷来。

初三日辛卯(4月12日)　　晴

蓉阁、贡甫等来，童八来，在此偕饭。过衣谷，为诊疾。日晡到县东书肆，购得宋熊岳《东汉年表》二本，明张介宾《类经》十八本，元苏霖《书法钩元》二本，元赵汸《春秋金锁匙》、明王鏊《春秋词命》共一本。将归，道遇盘中，少谭而别。归后复到汪月泉处，诊其夫人疾。

读《光武十王传》。东海郭。恭王疆，沛献郭。王辅，楚许。王英，济南郭。安王康，东平阴。献王苍子任城孝王尚，阜陵郭。质王延，广陵阴。思王荆，临淮阴。怀公衡，中山郭。简王焉，琅琊阴。孝王京。

疆至让以养志，既服蕃国，复谦退却地，虽以泰伯、伯夷，何加于此。孰谓三代以下，无至贤哉？以今度之，退顺父心，孝既备矣，大国之封，此光武之所以自释于疆，而亦辞逊，不可已乎？盖孝明之为人，忮忍尚察，外备仁义，内多鸷忿，非夫恺悌乐易之君子也。身历储位，虽一时屈于父命，而先已为宗祐之维系矣。处嫌疑之间，拥膏沃之广，得无动猜人之胸臆哉？疆之让有保身之哲，不独孝之当然矣。

楚王英，手足之亲，素好神佛，金龟玉鹤，聊以自娱，岂有逆谋踪迹可寻觅哉？以奸人燕广告讦，致英于死，而酬广侯封，开罗织之风，其为秕政甚矣。犹欲自托友义，慰许太后诏曰：诸许欲王富贵，人情也。夫英即谋反，亦求富贵耳，独非人情乎？不衷之言，可以一嗤。

按建初元年三月地震，明年，封楚王英子五人，皆为列侯。夏四月戊子，诏还，坐楚淮阳事，徙者四百馀家，皆在苍上书之后。苍所上便宜三事，有楚狱明矣。楚王以不明见诛，苍不以为允，而不敢谏。孝明之刻甚矣。

光武躬尚德义，而身殁之后，诸子悖乱相继，夫岂身之不正哉？何令不行于骨肉也。东海王疆有至让之德，而以母宠之故，树庶夺嫡，故已贻之争矣。圣人立子先长，敦重宗法，《春秋》之义，子以母贵，所以杜争也。嫡长之不肖，犹不可废也。况疆之贤，而以私意易树子乎？分之不定，争之端也。广陵王荆之书，虽为光武启之可矣，使非疆之孝友，骊姬之乱，岂逾此哉！

初四日壬辰(4月13日)　　　晴

子献兄来。下午，左大、左二、魏二、沈大、汤大皆来，各有和余看桃词见示，左大作最佳。企之八叔自常州来见访，闻寿芝五叔夫妇俱在乡下世，仅遗一子甫八九岁，可伤之至。并言同族踪迹，学旁墙门内伯兄之外，思一二哥在绍兴，九叔亦去。十叔在申港乡间，审安侄处在江北，卫生兄在常乡老宅内，桐生大兄死贼，惟子献现在此。学后墙门子文、子昌俱到汴中小营。前宅士伯兄死贼，馀亦不知下落。元丰桥全宅在慈市乡,惟死一二人。顾塘桥宅无消息。升仙巷宅少颖侄到汴,全家母、妹俱死贼。馀尚多人俱不知下落。

读《朱晖、孙穆乐恢何敞传》。

朱穆事淫滔之梁冀,其初已乖出处之宜。及夫三谏不听,犹不能解组而去,其得为冀州刺史,以自结于民,而免党奸之祸,可谓幸之甚矣。

妇寺阴类,皆害君道,故女主称制,奄尹持权,未有不贻子孙以大乱者。邓后不知礼法,授柄刑馀,汉之不昌,孰执其咎?而后世皆以为贤明,夫亦一言之不智矣。

穆感世浇薄,作《崇厚》之论,称引仲尼不弃原壤,楚严不彰绝缨,其旨深厚矣。乃复为《绝交》之文,念人小过,硁硁不舍,不与前言矛盾邪?夫直谅多闻,师资取益,学者之大助,岂以世多淫僻之士,遂欲因噎废食,以绝交游可乎。君子嘉善而矜不能,泛爱众而亲仁,斯则所谓厚也。始则模糊不察,托于宽和,后则刻核无容,以为直道,不且进退失据乎?且能择友者必能择君,以梁冀之昏饕,而穆为尽忠,得毋比匪之类乎?蔡邕以为贞孤,犹文饰之矣。

敞亲与窦氏为难,谏书数上,永和之初,几为所中伤者屡矣。大憝既诛,朝廷清廓,显忠遂良,宜相及矣。而株连所及,反免敞官。窦氏而存,既游虎狼之吻,窦氏而灭,复离瓜蔓之文。嗟乎,汉廷难为之臣矣。

初五日癸巳(4月14日)　　　晴

早至县东,途遇袁君受卿,因偕访童八,少坐,复至福泉楼茗,遇王兰卿、吴木庵及魏二又企之八叔等。少半晌,同八叔、吾兄访朗甫叔、丁佛持承寿,前遂昌县加同知。于团练局,并识杨咏春,沂孙,常熟人,简用道,今凤阳府。遂同赵、丁茗,茗散归。魏、童诸君皆在衣谷处候,遂至彼少谭,同返吾寓。

初六日甲午(4 月 15 日)　　雨

子献兄、彭信古、朱月州江阴人,陆仰宜之表弟。来。饭后访衣谷,为诊疾,并至汪月泉家易方。返寓后,沈子焕来,同到县东看书,看定浦二田注《史通》一部,《叶医案》一部,约有钱去取。子焕同吾小食市中,又同茗后返寓。左二来送砚,值余出,偕吾兄到衣谷家,吾亦遂往,少坐偕返。左二至戌刻去。

初七日乙未(4 月 16 日)　　晴

子献、信古、月州来,约在茗肆相候,吾与老兄到朗叔、丁佛持处,又到问渔处,因就三君茗。将晡,赵、丁二人至。日昳,吾先归,道逢左氏昆季、魏二、王兰卿同在书肆翻书,遂同返吾寓,又同候衣谷。写信与仲明,又有信与叔度九弟,候便再寄。

读《邓彪张禹徐防张敏胡广传》。

彪当日一显宦耳,何必立传,宜作一表,此类共入一处。

此张禹视前张禹,高抗多矣。

敏两疏精于律意,后世立法,可以为鉴。此固不独为轻侮比一事设也。

张禹于和熹之世尚能蹇蹇,张敏正律二疏颇明法意,徐防、邓彪传似可省。胡广历事六帝,为外戚内奄之炀灶,是则桓灵之罪人,前汉张禹、孔光之流亚,与同传诸人特异矣。

初八日丙申(4 月 17 日)　　晴

子献兄、彭、朱各君来,朗甫叔、丁君佛持来。访童八,并晤魏二,同至衣谷处。念匏饭我。晡,左氏昆季、童八、沈大、邹蓉阁、周贡甫来。

读《袁安,子敞,玄孙闳张酺韩稜周荣,孙景传》。

东汉时犯臧则终身不用,禁锢之名始此。

安敦仁大节,守正不挠,东汉中叶此完人矣。史载安葬父之异,此等于国事何关,人品何涉,去之可也。

安与窦氏为难,而几受其祸;敞与邓氏为难,而竟受其祸;盱与邓氏为难,而遂收功焉。三世名德,三世与外戚作敌,袁氏济其美,何汉政之不悛也。

哲哉闳之言,无忝所生矣。安之后,明德、达人两皆有之,天之报施重矣。

荣子兴生平惟受陈忠之荐,馀遂无一事可纪,存之何邪?

景拔才荐善,复厚赠遗,得爱士之谊,有君之道焉。司徒韩缜举吏无馀恩,杜私门之感,有臣之道焉。然而景为得矣,州牧、郡伯本有君人之责,敬贤好士,夫岂朋党之心,且受举之人虽无财贿知遇之感,岂遂无拳拳之忱。使参私意其间,何必束帛将之而后可? 若曰无使恩惠偏积,独不闻泛爱亲仁之论乎? 故夫缜之识近于祸矣。

张、韩以下皆强直不阿,然而名德视袁邵公逊矣。袁宜专立一传,馀人另篇。

（以上《能静居日记》七）

三月壬辰,朔日己丑,越九日丁酉(4 月 18 日)　　晴

访左氏昆玉,为太夫人诊疾,时疟已瘳,为净馀邪及调理。饭后同出城,到般中所,又同访吴君子石,谭良久,仍到魏寓。下午同至夷人马场观戏马,夷楼上建旗画据鞍驰骋者,楼下设夷乐,兜离禁

休,伊吾镗鞳,颇新耳观。下午归,顺访兰卿,进城又过问渔。

初十日戊戌(4 月 19 日)　　午前小雨,旋晴

访衣谷,未起。到汪月泉家,为其夫人处方。日晡,问渔、般中、孟辛、仲敏、子焕来,傍晚始散。

读《郭躬陈宠,子忠传》。

陈宠、郭躬皆佐孝章为仁主,而宠之奏改苟俗,尤启沃之先者。

读《班超,子勇梁慬传》。

超隐度李邑之谗不能行,故遣之以示公忠,此所谓明于机数者矣。

超为后汉中叶彪虎之臣,子勇、雄略继起,可专立一传。以梁慬为附。

十一日己亥(4 月 20 日)　　晴

子焕来,吴木庵来。饭后同吾兄访左氏,不遇,茗于福泉,少坐,周贡甫、何梅坞、童八、苏晴山、左氏昆季、般中、子焕陆续来。茗散,饭于左氏。

十二日庚子(4 月 21 日)　　晴

般仲来,在吾处饭。饭后,丁佛持及朗叔来,同到福泉茗,并晤吴木庵、周贡甫、何梅坞、王兰卿及童八、魏二等。茗散,佛持约小饮市楼。归途访子焕,少坐,乘月而返。又至衣谷所,同归吾寓,左大、左二先在,二鼓各去。

读《杨终李法翟酺应奉,子劭霍谞爰延徐璆传》。

终上书乞还楚淮阳诸狱徙者,肃宗雅素长者,然恺悌宽和之政,实自此干蛊之念开之,终言为之滥觞矣。

法和帝诤臣,无他事可纪,史当于其所上章疏采录数语,方合彰

善之旨。

翟酺直言孝安之世,亦宜与其同时同事者合传。

奉有军功,劻汉末论议之臣,其文采建白过于父奉,当另立传,不当附。

谞行事可入边吏一类,救宋光书文字虽美,不足因之立传,故不宜置杨、应中。

延、璆皆守正不阿,宜与其同德者合传。

十三日辛丑(4月22日)　　晴

清晨,般中来,汪月泉来,周贡甫、何梅坞来。般中复偕李壬叔来。将午,出城访吴子石不遇,道逢罗璞山,同茗,同午食。适吾兄偕朗叔、佛持、公执来,欲游贾胡肆楼,遂引之访徐钰亭、曾季圃,周历其园中及旁左楼上下,见英国女主及法国王与后象。又见一日本人,貌同华人,额颅剃发至顶,后发总至顶缚之,不冠,衣裳制诡异,佩短刀,见人揖拜至地,坐必席地,入室解屦,皆古礼也。吾以笔与之问答,自称仆,语句多文法。吾问以平山谦十二郎今何在,其人不认之,遂不置对。日昳,同各人进城,过童八处,逢子焕,与偕返。晤魏二、汤大,子焕二鼓时去。获羖甫、子吕书信。

十四日壬寅(4月23日)　　阴,细雨

访徐君仲蕃,属代寄叔度信。到汪月泉家,与处方。般仲来,子焕来,谭至晚饭后去。

十五日癸卯(4月24日)　　晴

早同老兄访衣谷。饭后访左氏昆季,不晤。归途过书肆,购秦刻《扬子法言》一本,《史通通释》六本,阮刻《列女传》一本。左氏昆季来访,夜又来。

读《王充王符仲长统列传》。

《潜夫论》诸篇文义虽精，然而当时著作岂能悉载。凡史之体，文之短章、尺牍中有当于立言为后世法者则载之；纪一时国家之事可传信者则载之；情谊恳款，发人之意者则载之；写风俗之状，能见古今之异者则载之。舍此以外，泛收名人之论，虽充栋犹不可尽。若于其书摘录，则何者为美，何者未纯，取舍之间，恐难尽善。往往收瓦砾而弃金玉者有之矣。故史家于当世人文其美备者，存其名为"艺文志"可矣。

仲生《乐志》之论，殆未闻道矣。夫宅心高旷，则宜耕凿以给饥渴，取足而已，庶几无以形役心之惑。若业良田，求广宅，安甘味，从欲乐，顾安所取足哉？劳而求之，是亦以内事外也。故夫贞廉之士，虽餐藜藿，捉衿肘见而不以为忧，何则？乐吾之性真，富吾之道德，而不以嗜欲适意为求也。必藉丰厚之处，始云优游之乐，夫与奔走流俗，尘劳鞅掌，曾几何耶？其诗二篇，尤纵佚逾闲，非无旷邈之旨，终违自然之奥。晋宋以降，虚诞之风由此开矣。有延叔坚者，安志贞确不与统同道乎？而从容学艺之中，陶然君子之乐，非以放为高者可拟之矣。

《理乱篇》慨乱世之多，而无综治之理，无甚可取。

《损益篇》言封建不如郡县，而以汉初分王子弟后以召乱为证。夫汉已承秦为郡县矣，引用太不分明。下又曰善士富者少而贫者多，禄不足以供养，安能不少营私门乎？此言疵病尤甚。君子之人以贫而不能自好者有之矣，然而苟且营私，贞操者所决不为。人君不求察察，一切宽假，斯善政也。若吾人立言如此，是荡廉也。

《法诫篇》曰光武忿强臣之窃命，矫枉过直，政不任下，虽置三公，事归台阁云云。夫汉之亡由外戚，外戚之盛由重色，能端本以澄其源,奚必授人以政,即为国患哉?世祖戒前世之倾,严为之制,然易世之后,窦、邓、梁、阎更起迭作,败乱天下,祸穷四海,而未闻鼎铉之地,有起挠国是者。前世失之于椒房,今世戒之于台辅,惩羹吹齑,相去固远。乃复色升爱选,右阴左郭,示后世子孙以佚欲之端。呜呼,东京之绪,不数叶而式微,殆亦权舆之误矣。

又曰光武夺三公之重,至今而加甚,不假后党以权,数世而不行。嗟乎,吾未见好德如好色,此势之必然矣。且光武虽不以政界椒房,然而阴、郭之徒,贵宠赫奕,赏赐填溢,无政而有政,无权而有权,外为之防,而内笃其宠。子孙不能皆谊主,并此虚范而去之,后族之盛衰,遂与有汉相终始。至魏武以军功入辅,挟震主之威,然而必纳女后宫,若非外戚之尊,不能与炎祚相禪递,此谓积习移人,可叹哂者矣。

《孝明八王传》。千乘哀王建。陈敬王羡。彭城靖王恭。乐城靖王党。下邳惠王衍。梁节王畅。淮阳顷王昞。济阴悼王长。

十六日甲辰(4月25日)　　晴

写家信寄皮衣回家,又信与斗南,交施悦山带归。崇明盐河镇人,家中开施鼎泰酒店。盐河离堡镇十三里。般仲来,在此饭。下午孟辛、仲敏、问渔陆续来。日下春,同诸君出,行至半途各散。吾过书肆看书,暮归,同苏州人沈载堂钱店生意。茗饮。夜,衣谷要饮于市中,同座汪小帆、池州青阳人。邹蓉阁、周公执。

十七日乙巳(4月26日)　　晴

饭后访本家紫卿九兄,坐良久归。般仲至,左大、左二至,衣谷与汪小帆至。将夜时,同般仲到东门街一走。夜,城外大火。

读《扬子法言》一过。十三篇。晋李轨注。

世儒多薄扬子,其故有二:一者不宗性善之说,二者有美新颂莽之言,遂以瑕弃瑜,舍其全美,诚可叹矣。夫性之善恶,前贤各言所见,岂能画一;百家诸子,诡正多矣,何独于子云责之已甚?且子云言性善恶,混未尝执,言性恶也,不尤愈于孙卿乎?若夫颂莽之文,诡时自救,不获已耳。夫子犹诺阳货之言,不拒佛肸之召,要盟不信,又何尤焉?若以僭经为罪,则愚更惑,言而法经以为僭,将行而法圣,亦以为僭乎?斯则不察之言,一唱千和,不足论之者矣。

十八日丙午(4月27日)　　　晴,暖甚,夜雨

般中来,饭后衣谷来。翁胪一来。荣甲,杭州人。接四姊信,忽患发背,其症据来信所说颇不佳。寄来二信,属觅寄子吕,因至城外为之送信。返寓后满座皆客,二左及李君壬叔皆来。少坐未久,忽子吕自杭泛瓯海来沪,喜极踊跃。子吕出筱甫见寄书相与,复言杭省近事甚悉。城中兵仅万馀人,馀各镇分扎嘉兴、衢、严各地,城守严备而饷缺太甚。每月约需三十馀万,所恃宁、绍月解十五万金,江西、福建二省之饷,断绝不至。张玉良扎严州,有兵万人,每月仅与银一两,去岁禾郡之溃,王中丞屡欲诛之,将军藩枭苦劝而止。藩台麟趾桂良之孙。与中丞意见不合,日有龃龉。宁、绍一带则依然完土,亦无为彻桑之计者,而狡贼窥伺颇急。湖州赵观察为政有功骄溢。嘉兴贼守如故,游锋有进无退。今昨日内石门、乍浦之失,省垣岌岌。据此形势,恐亦未能久安。蹙蹙斯民,如鱼聚一陬,以待渔者之网。天不生人,除困解厄,当在何辈耶?

下午客散,偕般中到县东街。归又访徐君仲蕃。夜,子焕来,二鼓时去。写家信及四姊信。

读《李恂陈禅庞参陈龟桥玄列传》。

姜歧隐居而名闻西州,笃身修行,将以显亲也。守硜硜之节,而使暴吏辱及其母,犹坚卧不动。使无郡内士大夫之谏,将何以为人,

何以为子。夫士苟违世离俗,抗然自高,则当隐晦远名,以全贞确。不幸而遇强暴,既无早见之机,何妨将顺目前,婉避凶害。昔仲尼至圣,犹应佛肸,斯岂嫠姜孤女"之死靡他"与同理耶?

玄懔急峻厉,兼西京节侠、酷吏之风,然而志意凛然。桓灵之际,天下波靡,风俗顽钝,士君子高托名义,而实多诡随容位,得羯鼓以涤秽气。至其强召姜歧,至于辱人之亲,一何不学至此?迨夫讨贼不顾其子,此则其侠烈过人处。而或者反以为责,斯未知当时之患害者矣。

读《崔骃传》。子瑗,孙寔。

居乱世为暴主所逼,如崔篆之出处,可谓知礼矣。己不能晦默以获名称,祸之端也。既及而以贞固贻父母宗族忧,尚足为君子耶?吾谓崔篆过姜歧远矣。若在官而以仁厚谢职,易世而犹惭愧辞荣,仁义廉节,庶几交尽者矣。

寔《政论》曰:"言事者虽合圣德,辄见掎夺。何者?顽士暗于时权,安习所见,不知乐成,况可虑始,苟云率由旧章而已。其达者或矜名妒能,耻策非己,舞笔奋时,以破其义。寡不胜众,遂见摈弃。"呜呼,斯数语者,为事之难,殆乎尽矣。寔文固高畅,抑何见之通也。

寔此文虽美,序引而已,其数十条,当采其有当者,以资取益。

灵帝开鸿都门卖官,富者先入钱,贫者到官而后倍输。其时官爵可贾。

父母有过,无犯有隐。崔钧谓父烈居三公,外间以为铜臭,殆乎讥诮者矣。慕直躬之称,薄天性之爱,厥后父在仇手,而举兵以祸之,其亦非人之类矣!

十九日丁未(4月28日)　　雨

清晨,子吕动身返崇寓。巳刻,访左大、左二,为太夫人处方。去时见酒肆海蟹异状,以为拥棹之流,属左大买以佐饮,味劣殊不足食,怀一壳归。途过书肆,见南宋板张九成著《孟子传》,首行俱署"张状元孟子传某卷"云云。又过一肆,见宋刻巾箱本《荀子》。又过一肆,见《樵书》初、二编,此书颇不易得。是日购得《论语古训》一部。海宁陈鳣述。归寓,见盘仲、子焕、衣谷,上灯后各散。

读《周燮黄宪徐稺姜肱申屠蟠传》。闵仲叔、荀恁、魏桓见序中。

啖蒜即以为炊,送肝虑污其洁,闵君有此躯壳,何往而非改操易行之方,必欲笃守硁硁之节,庶几登伯夷之西山,蹈仲连之东海而后可。同邑之友,寓国之君,致其拳拳,夫亦好贤不忍之心,去之若避寇仇,是诚蚓之类矣。荀君辞世祖而就东平,若欲希踪四皓,其登对显宗之言,无聊牵强,殆亦于出处之际,未能朗然焉。若魏君仲英者,量己而进,知难而退,不忍干禄以丧其身,无道则隐,庶几在乱若凤者矣。

燮曰:"夫修道者,度其时而动,动而不时,焉得亨乎?"卓乎斯言,足千古矣。

冯良奉檄迎督邮,耻在厮役,乃坏车杀马而遁。夫为贫而仕,职在当然,何足为耻?就欲高隐,官事既讫,奉身宁为迟邪?不忍倾刻,目同逋囚,是亦有伤大雅者矣。

叔度一篇,仅录诸贤称慕之辞,而无一事之实,虽纪载无闻,不应寂寂若此。东汉风气,好为标榜,将毋此贤,有同是类。不然,则史氏之过也。

稺与周球皆下陈蕃之榻,而世但知徐。

稺赴黄琼及郭林宗母之丧,皆一到即去。生吊死哀,礼之大者,安有不告主人，飘然来往，是亦放诞之甚者矣。君子言中规、行中矩，所以异常人也。自诡以为名高，先放于法之外，亦安用是君子矣。郭林宗以处士而近名交势，固识者所讥，若稚之言亦未免太忿。故稚者，楚狂之徒，而未闻道者也。李昙根本行笃，附此不类。

主昏国乱，不仕可矣。天子景慕高贤，遣工写貌，而匿容韬面，拒之已甚，君臣之义，如之何其废之邪？世俗之人，奔驰若骛，而好高之士，贞固忘礼。矫枉者恒过正，斯亦是之类矣。

申屠先生识先流品，脱然党祸，可谓高矣。然而昏渎之朝，专虐之将，征召屡下，蒲缯交驰，先生虽贞固不摇，确然自守，苟使董卓之徒，肆其横暴，虽如楚龚之不没，夫岂可料。名者，身之灾也，先生江夏之会，论议冠群，斯亦非处乱之术矣。杨子之言曰："鸿飞冥冥，弋人何慕。"吾愿为先生复之。

二十日戊申（4月29日）　　晴

早就市中食。衣谷来，殷中、问渔来，子焕来，杨咏春、丁佛持、听彝、家朗甫叔来。听彝新至自江北，闻仲明不久将到沪。前讹言徐孟祺、汤伯温家属俱为贼虏，今闻其不实。幼静眷属已至汴省，苏士达太夫人在常乡有信到江北，知亦无恙，此数事俱甚忻慰。惟又闻汴省被捻寇攻围，深为焦虑，或能不实，则幸甚矣。下午汪小帆来。夷人量城内街市，闻欲毁民房造马路出入。异族纵横若此，抚藩寄其篱下，噤不敢言。然而欲不可厌，将顺不已，未必为容身之术。此邦沦为异域，自明之徐光启已兆其萌，有开必先，斯亦气运若斯，难可挽回矣。

读《杨震列传》。子秉，孙赐，曾孙彪，玄孙修。

杨公清节冠世，有汉中叶，如斯殆鲜。然而责备贤者，郦切有辞。语曰"事君数斯辱矣"，又"君臣义合，不合则去"，又曰"危邦不入,乱邦不居"。夫以国家元老,目视倾挠,㤾然去之,固非忠谊。然而三谏不听,奉身而退,使吾君无害贤之名,进退之义,不亦交尽乎?虽拳拳不舍,千载之下犹当感其诚挚。而使汉廷开诛戮大臣之渐,奄生夷灭,士类之心,公之于此,或者尚未审耶。

震守正安朝,秉尽忠桓世,桓未逾于安也。而一死一全,殆有命焉,夫非智力所及矣。

梁鹄等书字,后世钦重,而当时鄙夷不屑。古人重道德而薄技能,其风俗之美,犹尚可见。

寇乱既兴,方欲简别流人。此伤寒中风,而事调和之剂,庸望愈乎?流人既与贼并,安得简别其良白者,无故复令徙归,将无滋扰。赐之此方不当病矣。

赐尊荣乱朝,位极朝右,谏而不听,犹然不去。匿怨而友,圣贤所耻,况君臣之际耶?若以言之即为尽职,听否不复萦心,是尤非致君之谊矣。

彪崎岖卫主,洵忠勤矣。然权臣递执朝政,不能匡国去奸,肃清王步,徒素餐居位,游豺虎之吻而不知警,无益于国,徒足害身。子修为汉贼之心腹,后以不免。彪垂白之老,目见壮子被夷,甚且布衣鹿冠,作宾仇国。杨氏子孙,世衰其德,夫亦有恭厥祖者矣。

二十一日己酉(4月30日)　　　晴

午前同吾兄答访杨咏翁等,于局中并晤家厚甫五叔,同至市中午餐。吾顺道访子焕,午后返寓,晤殷中于城门。遂到家子卿九兄处长谈,傍晚到家。见殷中与吴寿年在吾处,同至寿年处观书。夜归,途过书肆,获《樵书》初、二编一部。国朝来集之纂,凡事骈集类书,微兼考订。戊午年在谀甫处见残本,求全书不可得,今无意中遇之,亦欣快事也。访衣谷,觅之到酒肆,左氏昆季与子焕俱在。诸君饮后复过吾,谈到丙夜。

在寿年处见《麻姑仙坛记》一本，字大如指顶，为向来未见，知颜公此帖有大中小三本矣。

《章帝当改章和八王八王传》。千乘贞王伉。平春悼王全。清河孝王庆。济北惠王寿。河间孝王开。城阳怀王淑。广宗殇王万岁。章帝子。平原怀王胜。和帝子。

章帝嬖窦后，废长立幼，杀宋氏姊妹，举动全类成帝，昏庸无知识。炎祚不昌，有以夫。

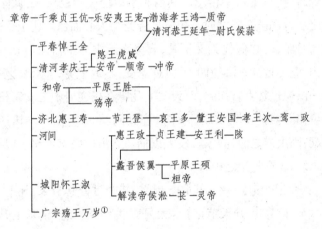

章帝昏庸，制于内嬖，废清河而立和帝，复令宋氏不得其死，心怜之而无可如何。至和之世，窦宪专肆，王氏之祸，几于复见。帝与庆交孚一德，卒报母仇。观庆隐恨匿怒，小心谨畏，以自全于窦后之世，其诚足以感金石而泣鬼神。至于大憝诛夷，宜可以稍展所怀矣，而尚笃谨自约，不逾毫末。嗟乎，明哲保身，其斯谓矣。

① 钞本无此图，据稿本补。

二十二日庚戌(5月1日)　　　晴

巳刻访二左,即留食。后同出城访兰卿,少坐。候粤人吴南皋、子石侄。曾季圃返。到般中寓少坐,兰卿来,在夷行取得贼中书四本归,系英人到江宁携来物。下午进城,途至孟辛家息足,旋返寓,得《汉魏丛书》程荣本三十种,自留二十五种,馀以贻衣谷。到寓后,般中甫去,衣谷尚在家。

贼书目:《天父圣旨》一本,记贼中伪托天父下凡,所说言语,鄙俚不经,皆托东王口中传出。其初起事以前一本已失去,此本系在平山之后以迄破金陵之时。初所言皆笼络人心而已。比至金陵,则杨秀清日骄,往往假托天父下凡,肩舆直至洪秀全宫内。癸丑冬十一月内,竟传旨欲责洪逆四十,洪逆忍受,不敢求免,大众哀乞始释。其事因洪逆过责女官而起,而天父下凡皆在杨逆府中之女官杨水娇口中说出。盖杨逆昵水娇,而水娇庇其同类,故有斯变。杨逆之跋扈伪朝,固洪逆之假托妖言,授人以柄。然洪逆坚忍不怒,其足以图杨而杀之,盖亦鸷狠之极者矣。

《钦命记题记》一本,其取士程文,其题目皆其节令,凡七节,有云:《太兄即耶苏。升天节记》、《太兄暨朕登极节记》、《东王升天节记》等类,末有幼主与天王并称,盖即洪逆之子而亦与闻国政者。此书庚申所刊。《王长兄次兄亲耳亲目共证福音书》一本,与《天父圣旨》一类,鄙俚尤甚。

庚申七日刻《资政新编》一本,贼族洪仁玕所作,以上洪逆者,文理较明白。其中所言颇有见识:一曰"风风类",言中国民人浮侈之习,难以法禁。惟在上者以为可耻之行,见则鄙之忽之,民自厌而去之矣。二曰"法法类",皆是效法西人所为,其钦折外洋,殆为心悦诚服,而于夷情最谙练,所有在沪西国教士皆列名在上,此皆两粤人习染年深,视外邦如神明。然其长处颇能变通用之,亦未可抹杀。三曰"刑刑类",以为用刑当体第六天条弗杀之义,凡人重罪,惟当吊死云云。以此观之,其人亦尚仁恕,非暴虐之徒。此三类每条上皆有洪秀全批云"此策是也"数字。闻洪仁玕在贼中甚得权,其人亦粤西人,与逆同族,曾入县庠,滋事斥革,后投贼中,其未至金陵时,曾到上海留数载,故夷情最悉。观此一书,则贼中不为无人。志云:"知彼知己,百战百胜。"有志之士尚无忽诸。

二十三日辛亥(5月2日)　　晴

般中来访,衣谷、童八同罗璞山来。般中、问渔在此午饭,饭后左孟辛、仲敏、子焕、汪小帆、汤衣谷、家克卿侄、邹蓉阁、闵鲁孙前后来。晡时,同童八到袁受卿令伯袁新泉家为诊疾。子焕、衣谷二鼓去,龚定孙来。

接家信及四姊信,四姊所患已消,欣慰特甚。

二十四日壬子(5月3日)　　晴

饭后般中、子焕、衣谷来。般中为吾抄旧作词数首,子焕亦为吾录文字。下午同般中、子焕到左氏孟辛请为太夫人诊易方,遂留晚饭,后归。般中下榻吾寓。

豰甫仆人自木渎来,言吾家物俱在。又言贼在苏收田租,初每亩一斗二升五合,后有人告以苏郡田赋之数,因增每亩五升。其未种之荒田,每亩征钱二百五十文,马草十束。此荒田指去年避贼未耕者。

读《张皓,子纲王龚,子畅种暠,子岱、拂,孙劭陈球传》。

纲受命行部,而案劾权臣,除害先其大者、急者。此奏之文,令今诵之,犹有凛凛之气。

读《杜根栾巴刘陶李云刘瑜谢弼传》。

和熹邓后以缣囊盛根，等于殿上扑杀之。其暴贼如此，知唐武后"扑杀此獠"之言，有是来矣。

巴先为宦者，后阳气通畅，以奄人而复阳道，虽凝炼之术理或有之，载之简册，为不经矣。

刘陶推三家大小夏侯、欧阳。《尚书》及古文，是正文字三百馀字，名曰《中文尚书》。此盖以今古文参较作之，故曰"中文"。

二十五日癸丑(5月4日)　　　　晴

般中来，衣谷来。饭衣谷处，饭后返寓。子焕、左大次第来，同往书肆拣书，又同茗饮。夜抄钉往时读书论。是日，张君振远回自云间，见访。

二十六日(5月5日)　　　　立夏，甲寅。晴，夜有雷雨，不甚

有疾，衣谷来视疾。下午般中、子焕、孟辛、仲敏、吴寿年偕来。枕上读《樵书》，见明李白洲士实诗甚奇特。李从宁藩作逆伏诛，然其人才气不薄。

吴寿年出吾邑毛湘渠先生印谱见示，先生之弟引年先生讳颐域，吾兄弟幼时业师，世居西乡毛家桥。先生县庠生，卒于道光二十三四年间，有一子，甚庸下。忆吾四岁入塾，从表兄冯士贞先生名廷幹，今名玮，外祖母冯宜人族孙，今官直隶冀州知州。读四子书。己亥吾年八岁，改从毛先生，始读经书。辛丑夏，先廉访府君下世，毛先生解馆先归。

壬寅春，卜居宜兴，从表兄方元徵先生名骏谟，外祖永康府君长孙，舅氏彦闻先生长子，今客夷门。始学为文论。癸卯年，方先生远客，改从周叔程先生讳仪颢，伯恬先生弟，后以举人捐知县，卒于己酉年。有子一人，今在江北避难。始为诗歌、制艺、起讲。

甲辰，吾年十三，周先生公车入都，从族祖用久先生，讳受恒，邑廪

生,卒于辛卯年。现已无子,有孤孙一人,尚在常州某乡。是年始成篇应童子试。至丁未年,家况艰不延师,以文字送宜兴潘晓村先生讳光序,庠生,卒于癸丑、甲寅年间。有子竹虚,甚慷爽,亦已死。有孙一人。批阅。戊申以后,自课而已。

己酉、辛亥、壬子,三赴棘闱不售。癸丑年遭乱,吾时年二十二岁,遂辍举业,稍探古学,常请益于族兄伯厚先生及诸友人周君叕甫、刘君开孙、龚君孝拱,至今稍有知识,二三子与有力焉。因念毛先生下世久,提命之德渐且不记,故于此详录,因备及诸先生家世,以助遗忘。且念幼时诵读之事,有类梦象,用深慨焉。

二十七日乙卯(5月6日)　　晴,夜小雨

衣谷、寿年、般中来问疾。饭后,童八、罗璞山来访,子焕、孟辛、仲敏来问疾。朗甫叔、丁佛持来访,同乡丁光庸同周姓自江北来相访。袁新泉文治,河南人。来请诊疾易方,袁秋崖来。是日服药小愈。得明板《老子》、《列子》、《庄子》、《荀子》、《杨子》、《文中子》,又另种《管子》及颜真卿中字《麻姑仙坛记》一本。闻姚君彦嘉常乡煮粥事竟成,欢喜无量。

读《文中子》十卷。隋龙门王通门人辑其师庭问答语,是宋儒鼻祖。

二十八日丙辰(5月7日)　　晴

疾尚未已。寿年来,衣谷来,同乡陈绍庆、岳条甫来。饭后,子焕、左氏昆季、般中来问吾疾。家子卿兄来访。夜,振远、袁伯襄来。

二十九日丁巳(5月8日)　　阴雨

接叕甫信,云浙贼尚如故,而江右袁、抚、建、饶诸郡,皆为游锋蹂躏。福建汀州为贼据,复将他扰。东豫之捻,直至大名、顺德,有向神京之势,四方锋起,不可收拾矣。恽伯方部曹、冯耕亭孝廉自江

北来见访，言苗沛霖与寿州团练孙家泰为难，孙以部曹居家办团，手下人颇多，皖抚为所拘留，不得出城，盖因苗方欲诬以谋反，故挟以自重也。地方大扰。又时挟兵索饷，有解袁营军糈，悉遭截留，徐、淮之交，饥人相食，寸步千里。同里徐君孟祺挈眷到清口，被捻劫一空，寄寓板浦，不得进。幸幼静全家已达汴省，此差慰意。又云常州各绅族流居泰州，不可胜数，半居难民局，人食二十文一日。乱离苦恼，不自我先。赋《兔爰》之卒章，不禁泪下如沈。

饭后子焕、般中、寿年来。子焕下榻吾寓。

三十日戊午（5 月 9 日）　　雨

邹蓉阁来。写信复弢甫。冯耕亭来，般中来。左氏昆季来①。

四月建癸巳

朔日己未（5 月 10 日）　　雨

衣谷、般中来，张振翁来，饭后张子安来。

欧阳永叔不喜《中说》，司马君实则服膺之②，此两公亦自易见优劣。

读《文中子》二过。

《文中子》言圣，言而能躬行之者也。然尚未免疵类，行间微有黄老气。其所难及者，言庄气和，矜平躁释，洵乎已入圣域。虽为有宋儒术滥觞权舆，而绝无理学门中斤斤气象。盖行之甚笃，言之有物，非得外遗内者比也。使吾遇斯人，能不北面。

---

① 稿本"左氏昆季来"前有"下午"二字。

② 之，稿本作《文中》。

读《元经》九卷，续一卷。

《元经》之作，实为紫阳《纲目》之先声，而非有麟经立言之旨也。其文则史而非经，然变易史事，如人君即位于夏秋而改之为正月。史而可改，安用信笔，宋、齐、梁、陈等耳。文中家魏而欲帝魏，遂书齐为伪齐。夫齐诚伪，晋、宋则何异焉？

《元经》欲追《春秋》，则道路各歧。《春秋》素王，一王之法，非史也，《元经》实史也。《元经》而较《纲目》，则《元经》之识宽博矣。《元经》不贬弋阳王袤之不死苏峻，《纲目》则责扬雄之臣王莽。此一事即有优劣。

太史公作《史记》，必绝笔于麟止之岁，吾向嗤其袭尼山之迹，今此多有之矣。门人续经，迄文中之卒可谓毫发必求其似，学圣人而得其貌，吾无取焉。《中说》仿《论语》，此风起于《法言》。常谓言语文字法圣人可也，一生相遭之事亦何必同。以董常为颜渊可也，学颜渊而亦同其早死，天亦为是附同哉？扬雄亦以童乌早死，当之陋巷，人但嗤其诬而已矣。

此本讹脱不知凡几，明人刊书逊本朝人远矣。

读《明良记》九卷。明人杨仪著。

记开国数十年逸闻，诬鄙不足信。

读《北窗琐语》一卷。明人余永麟著。

朝野逸事皆有之，间载小诗，其记事亦多不实。

读《顾曲杂言》，明秀水沈德符著，即撰《野获编》者。

专记曲章原始，考订精实，多有逸闻足信者。邱文庄因作《五伦记》剧本与同列，生隙后遂以事中伤之。邱之为人本不过尔尔，此则他处不见者。又云南曲不可合弦索，清唱不可用管弦，及考小调之出于元人小令，云至嘉隆时始有《闹五更》、《银纽丝》等曲，其谱不知从何而来，九宫十二则不复知为何物云云，皆足备音乐升降之考。于曲本推《拜月亭》为最，以为《西厢》肉胜于骨，且袭旧太多。至《牡丹亭》则云才情虽好，而于曲调全不合。又考《金瓶梅》、《玉娇李》二书，云出嘉靖间大名士手笔，指斥严分宜父子，而不云是王弇州之作，岂为弇州讳耶？

初二日庚申（5月11日） 阴

衣谷来，般中来。疾愈，与子焕对校《扬子法言》一过。是日子焕去。

读《扬子法言》第三过。

读《文子》后更读此，觉气味精湛过之，而无其粹笃。

初三日辛酉（5月12日） 阴

早起。蓉阁来，衣谷来。般中来，是夜宿吾寓中。

初四日壬戌（5月13日） 雨

午前同般中访左氏昆季，中途遇雨而返。饭后冒雨访子卿兄，下晡乃返。孟辛来，同般中去。夜，衣谷来，蓉阁同来，闻直隶承德府属之朝阳县庠生柴进宝作乱，去热河仅数百里。

初五日癸亥（5月14日） 晴

巳刻访周存伯大令、闲，秀水人，吾向识之。徐辛穀。三庚，上虞县人。又访孟辛，同孟辛访子焕，不晤，复到孟辛处，识江宁凌竹泉、志珪。马伯嘉，少坐，般中、问渔皆至。自日饮酒达夜，马君笛最佳。二鼓返寓，见子焕、耕亭、衣谷、寿年皆在。

左氏席中闻笛 调倚满庭芳

风薄春袍，寒抛白箑，江南樱笋佳时。一筵歌管，繁响遏云迟。清绝尊前玮笛，愁人听，只助离思。最是我、持杯强饮，肠断遣谁知。　　　年前当此日，扁舟各去，雪涕临歧。正金闾一炬，烟火迷离。往际欢场天末，望家园，重到无期。看襟袖、酒痕点点，料比泪痕稀。

初六日甲子(5月15日)　　　　阴

周存伯来访。袁新泉来诊脉，为处一方。饭后殷仲、孟辛、衣谷、寿年来，朗甫叔、丁佛持来。夜同盘仲至左寓，初鼓归。

读《樵书初编》六卷，《二编》六卷。国朝来集之撰。

戊午之岁，卧病香溪①，于弢甫处获见是书，残帙数卷，叹其浩博。其书前后阙页，不知撰人姓名也。今岁于申江得此全书，病中草草阅一终。其凡事核订，用意类俞理初《癸巳类稿》，而精奥不如。中有肤浅熟烂者，宜加删汰为是。

读《平壤录》五卷。明诸葛元声撰。

记隆、万两朝用兵颇详赡，维俱散见他书者，多不足异耳。此书不见尤侗《艺文志》，亦野史之僻者。

《韵语阳秋》十一卷，宋葛立方著。诗话。

《华严音义》二卷，唐沙门慧苑述。援引该博。

《橘山四六》二十卷，宋李廷忠著。

《于湖集》共五卷，宋张祁孝祥合稿。

《穆参军集》三卷，《遗事》一卷。宋穆修著。按修宋初人，陈希夷弟子。

《洛阳名园记》一卷，宋李文叔。

《刑统赋》一卷，宋傅霖著。论刑法为韵语，旧有舛阙，此本黄莞圃校诸他处。

---

① 病，稿本作"疴"。

《百战奇法》一卷。撰人阙,约是宋元人作,《武备志》中有引之。

《屏岩小稿》一卷。元张观光撰,入《四库》。

《奉诏录》四卷,宋周益公廷对问答。

《倪石陵书》一卷。宋倪朴撰,石陵其字也,浦阳人。绍兴中为书万言论灭虏事,不见用。此其诗文集也。

《倚松老人诗集》二卷,宋饶节。

《梁溪漫志》十卷,宋费衮撰。

《朝野类要》一卷,宋赵升。

《剩语》二卷,宋抚州人艾性诗,入《四库》。

《梦墨稿》十卷,明时季照诗文集。

《鄂州小集》六卷,宋罗愿诗文。

《乾道临安志》三卷。

初七日乙丑(5 月 16 日)　　　晴

衣谷来,般仲来。饭后左大、左二来,同到城局少坐,返。李甥偕姚君彦嘉自贼中来,前寄姚处之先集及《世德录》皆至,欣喜踊跃。又接殿英大哥画堂二叔之子,向居江阴西乡之百志村,为人诚笃朴实,一族之望,名昌祚。及子慎十叔信,述吾族丧亡及各处先茔坟树被斫,阅之泪下。原书惨恻动人,敬录一通于后。晡作家信及子吕信。

殿英大兄原信抄后发粘宗谱后

　　恶氛遍地,毒雾迷天,我生不辰,适逢大劫,遂致骍骍失祀,雁序分行,痛恨何似! 昨杨二回江,得悉两弟平安,于去夏由木渎一经杭海到崇,二弟即拟在崇续弦,欣甚慰甚。不识四弟近时作何行止,殊深驰念。

　　兄于去秋由山左济郡南返,适当常昭失陷之时,烽烟充斥,窜伏半月有馀,本拟即时挈眷东行,缘数家亲族逃避此间,不克洁身长往。嗣又因儿子因惊病死,谋生之计遂作罢论。现在年将半百,买妾无资,阁笔终年,竟呼枵腹,自顾业已难堪。而若全叔、寅叔、蕙生、子昌等,均在北渚,即百志。朝夕啼饥,更难兼顾。

去冬往西乡展墓,访闻城中专祠已开硝馆,数年来诸父、兄弟勉力撑持,咸谓祠宇即可渐臻完善,不意门庭尽毁,不特尽弃前功。及抵观庄,始知止安公、恭毅公、督学公三处墓木,为乡间廷椿、祖德串同市桥人尽数伐去,并篱界尽行砍拆。且吾族中有子拔者,亦在观庄正议卖其私坟树木。兄等不忍坐视,略加训诲,几致丧命。现西乡赵氏墓木无一存者矣。

吾族中与难者,如士伯兄,伯荣弟,素塍叔之嗣子某,士伯之子生宝,子文之子同宝等,均在城殉难。如寿芝五叔,服生弟之子某,已生之子龙宝,均殁在北乡。子昌嗣子安宝,寅叔之子嘉生,兄之子洛宝,均死在北渚。城中住房,如伯厚兄处大厅烧去,旁房拆去;伯荣处大厅、旁房及弟处厅房均拆去;学后小营前、顾塘、元丰桥住屋尚存。审安眷属在盐城;服生弟闻在河南;毂生弟闻在江北,其眷属在逊庄;子文已往湖南;九叔偕伯厚、思一兄处在浙之上虞;士伯兄之子惠怀兄弟三人及亦棠叔处眷属均在西乡;叔耆兄处尚未细考;用孚叔祖处在时墅。

族中小谱仅存兄处一部及族长处一部,稍能注明近年来生年、卒葬年。梅谷二伯处季弟某不知何名,尚无查考,幸其弟媳张氏随其父张朗庭避在锡邑乡间,已于己未秋间生得一子,兄已访确前往见过,此系兄本房仅存之硕果。兄他日无力置妾,不克更谋似续,则此子当为中书公长房之一脉矣,当望两弟异日为之持议也。辛酉三月十六日。

初八日丙寅(5 月 17 日)　　　晴

辰刻闻般中本生母去世,伊尚未得信,因急走到城外告之,顺过孟辛,与偕往即告般仲,即为至宝顺曾季圃处一行。午后进城,饭于孟辛,复少坐即返吾寓。下午偕衣谷、孟辛、仲敏至般寓唁之,半途主人谢返。子焕来,晚衣谷、龚定孙来。

初九日丁卯(5 月 18 日)　　　雨,午后雨止

黎明,老兄返崇明。彦嘉来,衣谷来,耕亭来。下午孟辛来,问渔来,子焕来。作函复殿英大兄。彦嘉在此,言及去冬常乡煮粥之事,吾信与吴君勖仲拨公项一千缗充费,后用度不足,本乡董事赴贼中乡官处,劝令为首集资,以襄义举,竟慨然允诺,给发伪示、印簿书捐。而城中贼首闻之,亦发常平仓烂谷助用。足见恻隐之心,凡有血气者无不同具。狗子也含佛性,信哉斯言!

初十日戊辰(5 月 19 日)　　　晴

连日阴寒,日光惨异,不知何处复有警变,思之惨然。吴寿年来,子焕来,问渔来,陈君绍庆来,左大、左二来,衣谷来,同诸君至般仲寓唁之。访紫卿九哥不遇,归,诸君尚在吾寓。少选,伯方、耕亭来,朗甫来,袁新泉来,姚彦嘉来。是日获殁甫信。购得大字南雍本《宋书》一部,又《周书》一部,殿板《金史》一部。

读《六书统》□卷,元杨桓辛泉撰。以六书分类,中又分子目,颇明晰易了。

十一日己巳(5 月 20 日)　　　晴,天色昏薶,夜雨

凌晨,子焕来,耕亭来。同耕亭访伯方,又至团练局。朗叔要至市中午食,始尝鲥鱼,家贫,殆未能荐新,举箸欲叹。食后同朗叔、佛持观书群肆。吾遂访孟辛,复留彼晚饭后始返。

伯方秋曹言,去岁京师变事与前有异,且亦加详,录之:

六月初,夷兵至天津,舟师寄椗直沽以北之北塘。我军驻直沽口,未相见。彼亦按兵不动,时或百人、数十人登岸探哨虚实,获一僧,问道路有伏与否,僧实言无伏,惟离北塘数十里某镇隘口有地雷,夷遂掘之,果获火药,始知前路无阻,逐渐登岸前进。僧邸遣直隶提督某往御,尽没,复遣兵往,亦败返。夷人遂南攻直沽,据北炮台轰击,我兵守南炮台与对垒,而炮俱不燃,复为彼炮中火药库炸发,全军溃散,僧邸退至天津城。彼师以次筑垒进逼,遂夺天津城。僧邸复走,彼师仍如前进军。七月中旬至通州,官守皆遁,朝议遣大学士桂良往约和。酋帅额尔金言桂某已屡失信,虽来不与之见。

于是朝廷计无所出。内外传言,车驾当北行举秋蒐之礼。顺天府奉密谕,拘集车数千辆待发。于是大小臣工交章乞留,上谕辩解外言之不实,且命散遣车辆。军机怡王穆顺自请赴通议和,誓得其要领。抵通连与额酋及领事巴夏里等筵宴,会议各款,俱从其请,惟见朝亲递国书及欲带兵二千人入都二项不能允。争论往复,额酋已将许可,而巴酋执意不从,言若除此二款,已不肯画押。怡王穆顺私议和约之梗,皆因巴酋,若除此人,额酋易与也,遂约巴酋一人入城再议,而暗使僧邸伏兵截其归路。是日席间论难不决,继之忿争,巴酋觉有异,起出,我兵追之至城外,于马上被擒,与亲从三十馀人俱解京,奉旨发交刑部监禁。始降上谕,严饬督兵大员与之决战,以张挞伐,盖夷事之起,命令皆由廷寄,至是始见明旨,其时已七月下旬矣。

巴酋既擒,额酋日拥兵来索,僧邸与战辄败,遂入通州。前皖北钦差胜保奉旨出御,方战,夷人识之,以火枪中之,遂亦奔退。八月初,夷兵抵张湾,京师戒严。初八日黎明,驾由圆明园北幸,派留京王大臣恭王等居守。十□日,夷兵焚圆明园,越数日又往纵火,宫宇荡尽。时恭王南行,避至离京三十里之某村。缘奉上谕,不准进城,故欲南保保定也。时僧邸及诸兵将逐渐退至京师西北,巴酋及其从人已送交彼军,我仍遣议和,彼酋仍执前说,因实告以车驾北狩之事。彼闻知恭王居守,即欲面见恭王,出示遍张各处,言定于二十九日午时入都城。朝议谅不能止,遂于是早开城听之入。届时先来马队数百人,登城四望而去。旋辇大炮数十尊入城,安放城上,内向紫禁,尽逐我之守者,然后酋帅按队徐至,由安定门入居国子监。翊日,朝中遣人往问和约之期,彼帅定于十一日在礼部换约。

至是日,恭王以下各衙门毕集,日过午,有马兵数十骑至,遍部衙门内,有无伏甲,搜讫而去。下晡,额酋至,坐八人肩舆,从兵数万人,自安定门排至礼部,夹道不绝。既至,持兵者二十馀人,拥之而入。既入,持兵者复登高桌上,四望无他,然后升堂讲礼。是日筵未终,与恭王寒温数语,言时已迟暮,改明日再换和约,遂去。翊日,轻骑简从而至,当日定和,索犒恤银百万两,先发五十万以与其阵亡将士,又移文刑部,以前巴酋在部时不当用非刑拷讯,深加诘责,其实并无其事也。又言巴酋受伤及从者未尽还,当焚西山各处以泄忿云云。自十二日后,京师始解严,徙出者俱返。夷兵仍住国子监,与恭王及各衙门筵宴馈遗不绝,至九月杪始尽退云。

十二日庚午(5月21日)　　　　阴,燥甚,夜大雨如注

吴寿年来,衣谷来。

十三日辛未(5月22日)　　　　阴

衣谷来,吴寿年来。下午,般仲来,问渔来,家子卿九兄来。

读《左司笔记》二十卷。吴西斋暻撰,梅村先生子,官民部曹。书记典章制度,仿《通典》《通考》。

《太平乐府》九卷。元杨朝英集选各家词曲,兼论宫律。

《熊勿轩集》二卷。宋末熊铢著。铢,宋之遗老。

《乐府杂录》一卷。无名氏,亦论音律。

《中原音韵·正语作词起例》三卷。论北曲音律。

《源流至论》十卷,元林駉撰。彼时兔园册子。

《韵谱》三卷,宋吴才老著。分今韵重定部首。

《韵略条式》,宋人撰。言科试行款。

《五经同异》三卷,顾宁人著。

《会谳挺击始末》一卷,明陆某记。

十四日壬申(5月23日)　　晴

耕亭来,般仲来。饭后到上海县署为刘宾侯湛膏之子香畹诊疾。朗甫叔、丁佛持、恽伯方来,要同市中小饮。吴寿年、张子安来。邹蓉阁来,到衣谷处觅之不遇,返。龚定孙来,衣谷同般仲来,般仲留此住。

读《老子集解》二卷,明薛惠解。

句读白文及解一过。见老子之道与儒、佛息息相贯。道者言道之始而末兼乎治术,儒者言道之正而尽端乎化本,佛者言道之终亦不废乎世法。三者实一,不得妄有分别,自生目翳。蒙不自揣,窃欲取儒佛之义以相证发,随节诠次,颇有合者。识微见浅,解一遗十,愿矢勤力,以期贯通。

薛解圆融明了,实胜他本饾饤穿凿者。

读《武林旧事》十卷,宋弁阳老人周密撰。

宋时承五代之末,好尚音乐,至南渡而益甚。至于郊祀大礼,亦用优伶随驾,致词殊鄙亵可笑。

记水操弄潮,有云水炮轰发,雷震电击,烟消水静,不见一舸云云。然则火炮不起于元之攻襄阳矣。

高宗幸张浚府，浚供具进奉，犒设几靡数十万之多，不知藩臣何以富盛如此？又记临安市井琐事，饮食衣服之侈，妓楼一饮所费几百千，酒楼器皿尽用金银，其繁缛有非今之都辇所可比者。偏安一隅，而民庶有春台之乐，其君相殆有大过人者。又凡西湖游幸，俱纵都民出观，湖中百货骈集，俱趁御舟生意。宽大之风，殆乎希踪灵囿，非后世所能见矣。

十五日癸酉(5 月 24 日)　　晴，夜大雨

耕亭来，李君壬叔来，在此饭。姚彦嘉来。下午到刘令署诊疾。吴寿年来，孟辛来，子焕来，孟辛在此夜饭后去。

十六日甲戌(5 月 25 日)　　竟日大风雨，甚寒

家子献兄自江北来见访。

读《虞诩傅燮盖勋臧洪传》。

邓骘因羌胡并动，欲弃凉州，以此见其无才。诩策凉州扰动，虑其反复，欲辟州人及牧守令长子弟，外答功勤，内以拘致，此诚不战屈人，明画精能之至。

诩为武都太守，筑营壁二十八所，招还流亡，此即团练也。无营壁则流亡不能招，人不归则势力不能壮。

张防谮诩，孙程救之，诩坐罪获免。是非离公朝而归奄珰，刑赏善恶一由此徒，使爱防邪，何以孙程言之而不罪？使疑防邪，何以虞诩讼之而见辜？当时人主不独无是非之心，并亦无好恶之心，但淳闷无知，一任内寺之上下其手而已。欲求炎祚不替，得乎？

董卓之横甚矣，勋独诋而辱之，至詈为小丑。然卓竟不敢加罪，得全天年以终。用知祸福有命，君子乐得为君子。

洪传《三国志》已有，《史通》讥其复述。然以时论之，洪传为在

此不在彼也。

读《张衡传》。

衡《应间》一篇,与《宾戏》、《解嘲》一类,如斯之文,阒骈而作,载之仍复何意思?《玄赋》累坠复沓,亦当删之。

十七日乙亥(5月26日)　　阴

子显兄来,吴寿年来,姚彦嘉来。到刘处诊,易方。衣谷来,子焕来,二鼓去。

读《马融传》。

融《广成颂》一篇,两汉此类文字极多,皆以名物训诂为长,所谓多识鸟兽草木之名。虽曰献颂寓规,实以发挥素学,非有深义不足以垂戒后来,删之可也。

读《蔡邕传》。

灵帝时为三互法,婚姻之家,及两州人士,不得对临,禁忌转密,至久缺不补,世风愈降,科条愈多,乃其实治道之贼。周秦之际,既已繁巧日兴,秦之立法,密于凝脂。至汉之初,而文网廓然,汉祖之力也。故三代之下,言开创之主,必以汉祖为巨擘。

邕受诏极言,卒以宣漏为怨家所中。末世之主,未尝无好恶是非之心,特其心粗志劣,虽有贤者,不能相与有成耳。信而后言,岂恝然哉。

邕生平未尝得意,其在卓时,初意苟免而已,卓之殷勤亦有足感者焉。虽不当以私废公,然喟叹之情,夫岂足禁。王允暴戾褊私,至今犹当眦裂,不旋踵而没,不亦宜哉。西京之季,扬子取讥于数言,东都之衰,蔡君获死于一叹。其实雄之仕沉困不达,邕之于卓,求去不能,迹其本怀,夫岂有异。后世不察,责以党奸,千古沉冤,郁郁谁吐?斯亦足为流涕太息者矣。

十八日丙子(5月27日)　　　薄阴

饭后到团练局候家朗甫叔、丁佛持司马。偕佛持同访恽伯方部曹、冯耕亭孝廉，不遇，遂过家子献兄，少坐返。到刘署诊病。孟辛来，衣谷来，朗甫来，子焕来。孟辛、子焕二鼓去。

读《左雄周举，子翾黄琼，孙琬传》。

立贤无方，犹患不足，求才而限以年齿，此诚叔世之衰政。徐淑虽无颜子之行，要其才气足观，雄难而谴之，谬以重谬矣。且谢廉、赵建亦岂德方亚圣，而拜为童子郎，得无偏颇之类。

孙程等贪天之功，专势怙宠，挠乱朝廷，天诱其衷，以争功见黜。此争大祸斯免，政治惟新之秋，而举以为负功忘德，出言争救，此为硁硁小人，不知治乱者矣。且虽绛、灌之功，而文帝使之就国，邓、耿之烈，世祖亦惟锡封，亦未尝以朝政为赏功之典。况程辈刑残下贱，通侯之位，优宠已逾，必使之内箓枢机，诚复何意？ 奄尹日昌，国势日削，举欲辞咎难矣。

《春秋》之义，安帝犹当后殇帝，何论顺帝。举此奏不言安帝之次，其时逆祀已久，无人能正之也。

琼就征，李固以书逆之，今观其言，为不智矣。夫名流盛德，谗忌固多，贤者亦安和处之，岂有故为奇特之貌而以惊俗哉？虽仲尼为邦，效尚羁乎期月，子产治郑，谤且及于三年。愚人难虑始而可乐成，以孔国之圣贤，犹不能收群情于俄顷，何论馀人。且夫大响希声，大器晚成，君子之道，暗而日章，小人之道，的而日亡，不务德而欲争胜悠悠之口，是其门户党类之见胶固胸中，其不能相与有成，斯其征矣。

十九日丁丑(5月28日)　　　阴

吴寿年来，衣谷来。饭后同衣谷访左大、左二，识鄂省胡稚枫。

志章。又访童八,方抱恙,因为处方。子焕闻其祖匏庐先生之丧,来问礼。

读《荀淑,子爽,爽兄子悦。韩韶,融之父。钟皓,繇之祖。陈寔,子纪。传》。

君子或出或处,或默或语,当道则然,何问同异。执申屠、郑君之隐,以议爽之应卓之举,吾知为范氏所哂矣。

张让丧父,同郡名士皆不至,而寔独会丧,于以见寔之学矣。邦无道,危行言逊。危行者,指饬躬行己,而言内也,非外也。明哲保身,圣人所贵,故阳货之拜,孔子答之,盖以道德之大,无所不容,虽在凶流,犹且矜之而不怒。自后之君子,岸然自异,竞修边幅,往往言动之间,足招酷祸,内不足者外有馀,其学养所臻,殆乎浅焉者矣。抑又闻之,无道则隐,肥遁不仕,隐之迹也。而群持清言,好高不偶,以自标榜于群伦,此则心迩身遐,异吾所闻之隐矣。

四君以类相从,合传甚当,求之其中,德之至美,太丘当之矣。

二十日戊寅(5 月 29 日)　　阴

闻京口失守之信。刘署来迎诊疾,顺访童八,视其疾。袁君新泉招饮,病愈为谢也。吴寿年来。夜同公执茗。

读《李固,子燮。杜乔传》。

二十一日己卯(5 月 30 日)　　晴,夜复阴雨

寿年来,李君壬叔来,在此饭。家朗甫叔来,去又来。

读《吴祐延笃史弼卢植赵歧传》。

仁者总名,孝者分行。仁于亲之谓孝,仁于兄之谓恭,仁于君之谓忠,仁于众之谓爱。安有不仁其亲而能仁众者。有之,非伪即矫,君子羞称之矣。乃曰孝则事寡,仁则功多。分别铢两,一何差谬。至以仲尼序回、参之行,以为孝后仁先,斯言益舛。以颜氏为仁而不

孝,固已大非,以曾氏为孝而不仁,亦岂中理。叔坚仁孝之论,殆乎言之不智矣。

弼传首言父敞以佞辩至尚书、郡守。按此是弼传,其父祖贤则载之,其父祖不贤而事须纪述以戒后,则亦载之。今空言而无事实,载之何为?史为弼传,美弼也,美之而谤其父,复何取乎直笔,得无谬邪?

二十二日庚辰(5 月 31 日)　　　阴,燥甚,下午风雨骤寒

辰过彦嘉,问其疾。遂即到朗叔处送行,时将返江北也。饭后归途微雨。孟辛来,寿年、李知先养一先生曾孙,吴木庵表侄,木庵书属为之料理,然无以报命也。来,衣谷来,蓉阁来。是夜般仲返南门外寓。

二十三日辛巳(6 月 1 日)　　　大雨,寒如二月时

早到县署诊。返寓,子吕、伯房两甥至,闻四姊家眷到此。子吕出吾兄信,知已于十九日行聘嫂氏冯,天津人。其尊人某先生,先任嘉定县,城陷被议,现在军台,家眷亦寓崇,与崇明令君姚公戚也。汪君虎溪作冰人,吉期约在七月中。获信喜跃无似。又接南阳君信,家中俱安好。下午同子吕访彦嘉,遂出东门,欲候四姊。因船尚未到埠,而时暮恐城闭,遂返。般仲、衣谷在吾寓,般仲仍居此。

二十四日壬午(6 月 2 日)　　　阴

早同公执出城,到四姊舟中相见,各道辛苦,相共涕泗。殳甫屡函来促家眷赴浙,而不与一钱,此番狼狈而出,昨到此已易小舟,拟停留数日,集资再由海道南去。此时谋为不易,且浙东亦非善地,未必胜于崇明,劳人伤财,非计之得也。在四姊处饭,饭后登岸,偕两甥访秦蓉洲,不遇。返寓后,童八来,金陵汪君燕山、胡君煦斋与子焕偕来。燕山与余别已载馀,胡君则初识也。坐未定,孟辛、仲敏偕

金陵马君伯嘉、何君竹卿梅屋之子。来,室隘不容客座,遂偕燕山、煦斋、孟辛、仲敏、子焕茗市中,馀子或留吾寓,或散去。茗后孟辛、子焕仍偕归,至二鼓时去。是日,金陵张君小伊、承颐,知县,五品衔花翎。孙君澄之文川,训导,五品衔。来拜,吾他出未晤。获寄宇信,知叔度将有陕西之行,邓子久已授秦抚也。

二十五日癸未(6月3日) 阴,微雨,夜雨达旦

子吕、伯房二甥来,同到袁君新泉处为诊太夫人疾。又至团练局候朗叔、佛持,并识庄小园。蜒园表兄子。二甥先去,吾独留饭,饭后访胡君煦斋、汪君燕山及子焕,未刻返寓。县署遣舆来迎已久,遂至县署,在何君梅坞处逢孟辛,吾进内易方后,即偕二君出访梁溪秦君谊亭,炳文。并识翁君叔均。又访周君存伯,皆近日画中坛坫也。下午返寓,子焕、衣谷皆在,二鼓后子焕冒雨去。姚彦嘉、吴寿年来。

二十六日甲申(6月4日) 雨竟日

子吕、伯房来。张小伊、孙澄之两君复来访,孙君吾旧岁曾识,张则神交已久而未晤面。吾曾为书一扇,九年,江北之溃,时在戎幕,于重围中独怀是扇而出。或以是告吾,怀之未能忘也。小伊今年甫二十六,气如健雕俊鹘,然已行入仕途,忍俊不禁,足令吾叹喟矣。衣谷来,饭后,子吕、伯房再来。庄咸之要夜饭未往。庄名捷振。

读《皇甫规张奂段颎传》。

名之来不可却,不来亦不可求,害之及何必避,不及亦何必就。处士而以党名,君子且疾之,况趋之乎? 皇甫威明自言附党,慎之甚矣。

前之奂遣司马董卓击羌,则卓尝为奂吏矣,今复云此何邪?

读《陈蕃王允传》。

蕃处乱世而以高峻见称同类,无可免之道矣。

蕃方欲削平宦寺，铲灭祸根，即推心广意，与众共之，犹恐不足以济，乃诋毁通朝，以为尽皆泛泛，事未有根荄，而祸怨先结，盖自审有德窦门，事无不济，思欲功归一己，故先疏论群臣，唱之乎如此而不被患，蔑闻之矣。为大事者，功不必自己成，名不必自己出，而功名亦遂以就。夫惟不居，是以不去成败之故，自取之而已。

窦氏亦未必为忠贤，徒以与蕃有恩，相约共义。使蕃、武事成，窦氏之克守汉法，为国良臣与否，未可知也。皇甫责蕃，蕃殆无语一复，拔剑之呲，亦强颜耳。且大臣被罪，惟有束身请室，乃率徒拔刃突冒宫庭，事不济邪，何救于死。济邪蹀血而争，此乱臣所为，安有儒者而可出此。己则无礼，而以戮人，是亦乱而已矣。

知让通贼，而仍不罪，灵帝之为灵，当乎哉？

自古当大事、处大位、夷大难，未有刚棱疾恶而能集事者。至于侥幸事成，而震矜自满，其倾覆虽旋踵不逾其速矣。且允之诛卓，亦卓之刚愎粗疏，故获成耳。大憝甫平，殷忧方切，遽欲整裁群下，即以公心出之，犹且不可，况沾沾自喜者哉。

二十七日乙酉（6月5日）　　　阴雨竟日

子吕来，同子吕出城，访秦蓉洲、汪少堂，恩铭，杭州人。遂至四姊舟中饭。下午回寓，家朗甫叔来。

二十八日丙戌（6月6日）　　　阴

彦嘉来，子吕、伯房来，寿年、李知先来。到刘署为香畹诊疾。遂到朗甫、佛持处，同谒前督何桂清，以常乡难民粥赈费匮，朗甫自俭能得之于何，然必须吾往一商。吾以何为江苏罪魁祸首，第念五千馀人性命所系，且儒家重改过，释教有忏悔，何果出于至诚，吾亦何吝小节。既见，坐少刻，即拉余手直入内室数重，至一小阁，出踞苏逆酋某投诚印禀见示，自言购线已久，今始得要领，事可必成，庶稍赎衍咎云云。余笑颔之。言及赈事，何貌甚戚戚，言亦未决，遂出。复到团局少坐而返。孟辛、汪君燕山来，留字相告而去。子宪二兄来，即日当解维北行。殷仲同孟辛来，仲敏亦至。彦嘉来。

二十九日丁亥(6月7日)　　　阴

早访彦嘉，同至某肆茗，邀吾遂到团局议昨事。何督自去夏奉旨逮问，以道路梗阻为辞逗留，尚在沪上。今岁与运使乔松年密商士民保留之事，已于江北难民局捐资每年三千金。吾常避难士夫吴晋英等愿为，列名者甚众，亦有攘臂言不可者。会姚彦嘉来，言粥局费竭，饥口五千即日馁死，若何再能解囊，则江北可出之禀，江南亦无不可适，何督令平前守翰之子履和遍要常州绅士具名。佛持、朗叔即以此事告之平复，转告何督，且言余为乡人所服，能持清议，非得余倡议不可。何忆余兄去夏曾入伊幕中，引以为交谊渊源，介朗甫三次来请见，于是有昨日之行，面许现捐三竿，事成每年万金，收复后为止。吾默念此事关系如许人生死，事苟有济，即令他年受谤，吾亦甘心。但何自具禀辞，颠倒是非，罪案重重，一言抹煞，阅之令人增忿。又虑何与哟甫切仇，何苟得出，必将报怨。曾属朗甫微露此意，何指矢天日，言甚切至。夫吝小节而坐视沟壑，不仁；纵大憝而全忘寇仇，不义。此事行止，两者必居其一。会姚彦嘉亦以其辞意过当，不敢遽领其惠，欲归商之里人。事之成否，吾不赞一辞，五六千人性命所关，冥冥中亦自有主持者，又岂人力所能参预邪？午刻自团局出，即过孟辛、殷仲，子吕、伯房皆先在。下午同孟辛、殷仲茗，茗后同来吾寓，孟辛夜去。

五月建甲午

朔日戊子(6 月 8 日)　　天日晴杲

子吕来,同访洞庭叶某。遂至孟辛家,饭后偕孟辛、仲敏、般仲、子吕出北门,道逢张君小伊,少谈分手。访王兰卿,晤苏人许吟甫、听松。访孙君澂之,不遇,小伊与同寓,时亦未返。复访华亭胡公寿,远,画山水有名。识嘉兴张龙门。复还兰卿处,公执、彦嘉亦来。下晡,偕公执、兰卿、许吟甫、听松、子吕、般仲、孟辛、仲敏将欲茗,道逢李君壬叔、孙君澂之、胡君公寿、马君石樵、江浦人,孝廉,余己未识之。张君龙门,俱同往茗。茗散,澂之苦要过其寓,晤小伊、小伊弟立侯、亦,先识之。澂之弟砚农、文田。斗垣。文□。诸君子为小伊题仕女帧,为斗垣处方,即留下榻。兰卿遣人要宿其舍,不及往。

初二日己丑(6 月 9 日)　　晴

辰刻,兰卿、般仲、子吕觅吾至澂之家。饭后同小伊、澂之、兰卿、般仲、子吕进城,吾顺道访吴君子石,小伊、澂之先行,候吾于燕山寓。既至城内,般仲复分路,候吾于孟辛家,子吕亦去。吾遂到县署,为香畹公子诊疾。后到燕山寓,并晤胡君煦斋,获子焕留辞一函,已赴云间矣。少坐,同燕山、小伊、澂之至孟辛家。下晡,张、孙先去,般仲亦去,而童八至。孟辛要吾与燕山饮市中,道逢兰卿同行,复逢张君振远、柳亭,知有家信,少谭别去。吾仍往偕诸君饮至初鼓归,彦嘉送吾抵寓,衣谷亦至。

初三日庚寅(6 月 10 日)　　雨

衣谷来,子吕来,彦嘉来,伯房来。饭后孟辛、仲敏、燕山、般仲来，问渔、衣谷来，邹君蓉阁来。闻浙江遂安、寿昌、龙游、阳溪为徽贼窜陷，前讹传金华、兰溪失守，并有言已至萧山、诸暨者。信虽不实，然逆焰已逼近，亦岌岌矣。

初四日辛卯(6月11日)　　　晴

辰刻到四姊舟中，饭后回寓。孟辛、仲敏、般仲、衣谷偕来。耕亭来，童八兄来，袁新泉来。衣谷复来，同衣谷到秦谊亭处，又同至左氏夜饭，为孟辛夫人诊疾。是日遇同乡张子丙，闻槐亭眷属尚在江西，即日须返浙江。

初五日壬辰(6月12日)　　　晴

振远、柳亭来，同振远、公执访伯方、耕亭，遂至四姊舟。吾去岁偕各家眷属于初四日到上海，停舟小东门几二十艘，棹小舟遍至各舟贺端午，情景犹在目前，匆匆一年，念之怅惘。在四姊处饭后，即到左氏同孟辛、仲敏、般仲、燕山、何君竹卿茗，茗散仍至左家。孟辛今夜觞客，客主十一人，何君梅屋、周君公执、童君问渔、王君兰卿、魏君般仲、汪君燕山、徐君辛毅、汤君衣谷，并余及主人昆季。饮甚畅，夜二鼓，偕汤、魏归。

初六日癸巳(6月13日)　　　晴

汪燕山同黄君某来访，子吕来。燕山偕般仲去，衣谷来。彦嘉下午来。晚饭后同公执访彦嘉。

《党锢列传》。刘淑。三君弟二。李膺。八俊一。杜密。三。刘祐。五。魏朗。六。夏馥。八顾四。宗慈。二。巴肃。三。范滂。五。尹勋。六。蔡衍。七。羊陟。八。张俭。八及一。岑晊。二。陈翔。四。孔昱。五。范康。六。檀敷。七。刘儒。八厨四。贾彪。何颙。

读《郭太符融许劭传》。

称林宗人伦之识，举其一二尤异者足矣。如斯并列，殊非史法。

读《窦武何进列传》。

何进屠羊之夫,与共者志大才疏之袁绍,其败可矣。窦游平当代称仰,集天下之名儒硕彦,以图刑残贱秽之宦寺,不惟不克,尽为所覆焉,夫岂群贤才力出奄下哉?其故有二端,一者恃强轻敌,二者为不以渐。从古以来,君子为小人所算,大率半由于此。招集气类,动千百人,而心腹密勿实无一二,气势矜凌,未谋先泄,且欲举狐兔之族,一狩空之,以为除恶拔根,不复少有宽假,群奸合力以救死,既阱穴之已成,贤者各见而纷争,方迟疑而未决,祸机一发,沧海横流,秽毒昏霾,无复天日。读史至此,嗟痛之馀,更为感叹矣。

初七日甲午(6月14日)　　　晴,夜雨

县中遣舆来迎,未往。饭后到四姊舟中。日下春上岸,到张柳亭处一走,归途逢振远,少谭。

读《郑太孔融荀彧传》。

范氏父名太,故林宗、公业皆以字行。

孔文举高才盛气,世之珪瑁,然而用非其才,隐几读书于倥偬之际,足令人一笑。及其入主议论,秉国成焉,人各有能有不能,故非知人之难,而用之各当之难也。

文举奏欲掩袁术、刘表僭拟之事,其言亦学者之言,然于时势为不明矣。建安之时,上下交替,乱贼横争,朝政不纲,已非一日。乃欲粉饰欺世,掩耳盗铃,可笑矣。

奸桀共朝,虽谨恪自持,犹惧不免,况恃才气以凌之乎?既不能匡助孱君,而徒以口舌嘲嗻为事,死而无益于世,且犹夫轻薄之流。生平读书而昧然若此,何也?

孔君恃高凌忽而已,安有严气正性。而以游戏出之者,国将亡君,无以自立,为大臣者,方且含弄笔墨,讽刺当涂,以为忠爱之忱,拳

拳在是,夫岂主文谲谏之流邪? 而何暇豫若此,吾不信矣。

或言绍之诸君不足为,然皆偶然言之耳。其实绍苟有为,则诸臣皆足有为,绍不能有为,则诸臣亦皆不能有为。元首明而股肱良,未有上不肖而下能贤者。且臣下之智在于择君,择而不审,虽有才将如何?

初八日乙未(6 月 15 日) 　　晴

徐函叔来。得弢甫信,知金华、兰溪失守,宁、绍一时俱震。浙中仅此寸土为遗黎托足,天不悔祸,复欲围而蹴之,其奈之何。衣谷来。盛德生大令来自江北,遣人过招往一谭,傍晚去,与振远、德生茗。

读《皇甫嵩朱隽列传》。

中平之世,汉德虽衰,天命未绝,岂可与刘项交争之时相比。彼其胜负未分,民无所系,此强则与此,彼强则与彼。韩信虎踞全齐,故足分鹿体而窥鼎足,桓灵之德虽昏,百姓念旧不改,以曹武之雄略,犹经营数十年,及身终不敢篡。况大乱甫兴,国势尚完整,义真虽夷贼乱,究之孱贼之民耳,不足以言大勋,乃遽欲抗据一隅以收天下,使听阎忠之言,皇甫之族不血食矣。

衍之说嵩,实得事机,而嵩竟不能用。固知将兵之才与经世之略自异。

嵩、隽之才皆足以夷祸难,然当运会之来,推手却之而不顾,盖缘胸中初未尝有匡天下之志,故闻言而惊,其器无以受之也。常言人之志量如器然,大则多纳,小则少容,大以成大,小以成小,未有不满其量者,既满亦未有能少益者。天之赋命实然,无可强也。故君子动静之际,善观吾量之所容,斯可矣。

读《董卓列传》。李傕、郭汜、樊稠、张济事附见。

读《刘虞公孙瓒陶谦传》。

虞纵或有矫饰，要其大节足取。史载虞冠敝不改，而内服罗纨。此类事小，而疑为贤者讳可也。

虞暗于兵机，戎狄野心，徒以恩义怀服，恐未能久。幽州之所以安集，瓒之武功足以威敌也。故魏攸谏虞，以为瓒之才力足恃，当时事势可以想见。虞既收其功，而复以意见乖违致成祸本，则虞之不广，不可独罪瓒也。

瓒与袁氏连兵数年，当此之事，刘虞何在？故知幽冀之事归瓒掌握久矣。虞特以虚器为之弁髦，而又不忍小愤，祸自取耳。

刘伯安纯谨儒者；公孙伯珪粗猛武夫；陶恭祖则碌碌庸下之士而已，不足称道。合传甚误。

读《袁绍刘表传上》。子谭、熙、尚事附见。

初九日丙申（6月16日）　　　晴，下午大雨

衣谷来，子吕、伯房来，冯耕亭来，孟辛来。同孟辛、仲敏、殷仲、周君存伯、王君兰卿、冯君耕亭、周君公执茗。茗散，到左氏，天大雨，至夜饭后归。

初十日丁酉（6月17日）　　　晴

衣谷来，振远来，在此饭。饭后，孟辛、仲敏来，殷仲来，函叔、子吕、伯房来，吴寿年来。德生来，不晤。

读《袁绍刘表传下》。绍子谭、熙、尚，表子琦、琮事附见。

刘琮从蒯越等以荆州降操，知己知彼，量而后行，以全民命。琮为贤主，越为谊臣矣。

读《刘焉袁术吕布传》。焉子璋事附见。

刘璋量己不敌备，开门出降，不以所养害民，虽太王去邠，曷逾此义。

读《循吏列传》。卫飒。任延。王景。秦彭。王涣。许荆。孟尝。弟五访。刘矩。刘宠。子岱、縣。仇览。童恢。

许荆取弟产以成弟名,吾心不以为然。夫教养不才,父兄之职终矣,自居不匙以曲为之,不枉道甚邪? 使弟贤邪,何患名之不成;不贤邪,虽枉何益?

孝弟乃天经地义,而汉贤多以谲诈取之。时无圣人,谁与折衷。

读《酷吏列传》。董宣。樊晔。李章。周纡。黄昌。阳球。王吉。

黄昌以人匿其车盖,因杀其一家数十人。守令残忍擅权,孰谓汉法善邪?

十一日戊戌(6月18日)　　　晴

写信与羧甫。同乡陈绍庆大令同福。来访。子吕来,吴寿年、李知先来。函叔、伯房、子吕来。下午到左氏,般仲亦在,晤胡稚枫司马,志章。共饮至二鼓归,二左及魏二送我至半途。

读《宦者列传》。郑众。诛窦宪。蔡伦。孙程。与王康、王国等共号十九侯,立顺帝。曹腾。单超、徐璜、具瑗、左悺、唐衡。诛梁冀,号五侯,合一篇。侯览。曹节。与陈王甫等共害窦。吕强。张让、赵忠。合一篇。

丑德污行未有不托始于善祥。邓后贤而外戚之任专,郑众功而奄寺之权畅。圣人防微杜渐,非其道者,虽美弗庸。后王依违立政,众所谓恶去之易,众所谓善去之难。夫非察微知著之盛王,孰以语此。

宇宙之大,何地无才。君德苟明,则群贤并进,虽疏逖而必升;君德苟昏,则有识道消,虽密迩而不偶。自古亡国之君,倚外戚,非倚外戚也;嬖内竖,非嬖内竖也。皆昵小人而已矣。故吕强之忠以诛,丁肃等五人之清以废。

十二日己亥(6月19日)　　　晴

彦嘉来,同至东门外,偕公执、函叔、伯房、子吕茗,茗后饭四姊舟中,四姊已决浙行。下午上岸,到左氏。日下春,同左大、二访燕山,觅诸城南也是园,与偕小伊等茗,少坐,散归。庄咸之来。晚饭后仲敏来,要与太夫人诊疾,舆往。又到德生处,同振远等茗。

十三日庚子(6月20日)　　　阴,下午晴,夜有雨

辰至左氏,为太夫人处方,未刻返寓。陈绍庆来,衣谷来。吾兄自崇明来,获家信。下晡到前督何桂清处,谭良久,以前事不谐往复之也。傍晚返寓,吾兄同振远、德生、绍庆、寿年等来。

十四日辛丑(6月21日)　　　夏至。阴

吴寿年来,衣谷来,到四姊舟中。饭后同子吕进城,返寓,姚彦嘉、张振远、张柳亭、张子安、徐函叔、李知先、伯房皆来。衣谷来,夜蓉阁来。

十五日壬寅(6月22日)　　　晴

子吕来,刘香畹菜。来拜谢。作函与叜甫。德生同虞山赵次侯来,冯耕亭来。

十六日癸卯(6月23日)　　　晴

张小伊来,早到左氏。饭后李君壬叔、王君兰卿来,同到汪君燕山寓,不晤,觅之至南园茗饮。至夜仍返左氏,晤沈问梅大令锡华,海宁人,旧在木渎,伊为木渎分防县丞。及其子子梅。孟辛觞我,我主酒政,饮甚乐,大醉,即留左家。

十七日甲辰(6月24日)　　　晴

饭后访沈大令,时与孟辛同住也。吾兄亦来左氏,衣谷亦来。傍晚金眉生廉访遣人来请,吾遂与般仲同至其行署,乃已他出,偕二左、魏二返三官堂。将睡时,眉生复遣人来言有要事面商。不得已,仍往见,因盐务事欲属吾到曾涤翁处说之出奏。闻曾在东流县,当

乘火轮船往，吾一时未及与之定见，约明日再往与复。是日仍宿左家。

十八日乙巳(6月25日) 晴。夜大雨

公执同子吕来觅我，问金眉生何事。下午，同左大、般仲到宝顺行访季圃，问轮舟价目，少坐，吾兄偕德生、小伊来。下午，同左、魏至城，夜仍住左处。

十九日丙午(6月26日) 大雨

早到金廉访所，允即皖行，约月外中旬长征。子吕来书。与眉生言子吕事。衣谷、公执来左处。般仲约到城北某禅院随喜，渠家作佛事也。晤蒋君剑人。下午返左处，夜归家。

二十日丁未(6月27日) 晴

子吕来，同至四姊舟中。午后坐小舟到夷场访季圃、子石，问上江盐厘情形。季圃遇，子石不遇。下午进城到左处。晚饭后访金眉生，不晤，二更又往，仍未返。夜宿左处。

二十一日戊申(6月28日) 阴

子吕来。在左处午饭后，偕公执、子吕、般仲茗小东门外，候金眉生，送之行也。午后返古寓，傍晚又往，见后谈公事毕，即为子吕言亦就绪，然后别。是夜与般仲同寓东门外某客栈，晚饭后又到四姊舟中，获癸甫信。

二十二日己酉(6月29日) 晴

金廉访遣人来要，到本家子卿兄处作贺，昨其子吉夕也。到左处，到金船，下午始获见。到李壬叔处，到吴子石处，进城到左处。到本家赴饮，识潘鹤笙某。观察，庞雪门大令。老兄今日移居城外。

二十三日庚戌(6 月 30 日)　　　晴

子吕、伯房来,老兄来,衣谷来。作书与羖甫。孙澄之来。同衣谷、子吕到左处。孟辛、般仲为子吕饯,座客公执、问渔、燕山、兰卿、衣谷、子吕与吾及主人昆季,饮酒,吾主觞政,饮甚乐,二鼓散归。

（以上《能静居日记》八）

五月建二十四日辛亥(7 月 1 日)　　　午前大风雨,下午又雨

张振远来,邹蓉阁来。访杭州陈宝渠县丞。福勋。衣谷来。子吕来,言已过海船,明早即行。作书与金眉生,交陈宝渠。同公执、子吕出东门,乘小舟到洋泾桥海舟送四姊行,时晚不能久谭,黯然而别。张振翁又来,庄咸之来。

二十五日壬子(7 月 2 日)　　　阴,下午大雨

敬占皖行决否,得巽之困。

六冲化合,虽散必就,似险而亨。酉金应爻克世,而午火子孙回头克尽之,于世无伤。日辰为卯木原神,全卦多吉。

贞辞曰:"温山松柏,常茂不落。鸾凤以庇,得其欢乐。"

悔辞曰:"坤厚地德,庶物蕃殖。平康正直,以绥大福。"坤德行地无疆,平康道路通达。

童问渔来,在此饭,饭后同候衣谷疾。孟辛、仲敏、般仲来,将同返其家,半途大雨至,因访胡稚枫司马。志章。

读《儒林列传上》。刘昆。施。洼丹、任安。孟。杨政、张兴。梁丘。戴

凭、孙期。京。以上《易》。欧阳歙、牟长、宋登。欧阳。张驯。大夏侯。尹敏、周防、孔僖、杨伦。古文。以上《书》。

读《儒林列传下》。高诩、包咸、魏应。鲁。伏恭、任末、景鸾。齐。薛汉、杜抚、召驯、杨仁、赵晔。韩。卫宏。毛。以上《诗》。董钧。礼。丁恭、周泽、钟兴、甄宇、楼望、程曾。严氏。张玄。颜氏。李育、何休。不言何家。服虔、谢该。左。以上《春秋》。

许慎、蔡玄。五经。

序云十四博士，按之乃十五。下文《古文尚书》、《毛诗》、《穀梁》、《左氏》不立学官，则知此处毛字衍文。

本初元年，梁太后下诏，大将军以下遣子入学。夫庠序之设，不以养俊造而尽收纨袴，宜浮伪之日炽矣。夫浮伪之徒，皆安暗钝犹可，属有聪俊之士出乎其间，无易俗改弊之功，而其高明甚足以济其虚矫，于是议论蜂起，标榜横生，党祸以兴，国祚以覆，一事之误，毁神器而有馀。是以人君行政不可不慎，于风俗之原，尤不可不慎。

杨政从范升受梁丘《易》，而下云升传孟氏《易》以授政，然则云梁丘误矣。

尹敏增撰图书，欲以求为汉辅，而实主文谲谏之流。光武知其意，虽欲罪之，而不能罪之，心有愧也。

安帝崩，杨伦弃官奔丧，抵专去任罪。伦虽官二千石，在安帝亦常吏视之耳，未有心膂之知。帝崩如制行服足尽臣礼，弃官奔走何谓，泣不绝声何由？夫礼求称情，偏薄故伤风化，偏厚亦违衷素。二者相较，殆非悬绝。

东京尽尚古文，今文几于歇绝，陈元、郑众开其〈先〉，马融、郑玄畅其末。学问升降之故，尽发于时人好尚之端，上无制礼作乐之圣人，下多好异喜新之学士。宣尼复生，以为然否？吾不知矣。

读《文苑列传上》。杜笃。王隆。夏恭。傅毅。黄香。刘毅。李尤。

苏顺。刘珍。葛龚。王逸。崔琦。

二十六日癸丑(7月3日)　　　晴

庄咸之来。衣谷来,请吾到城外为其堂兄心哉诊疾,饭后同往。又访吴子石,不遇。归到孟辛处,童八、魏二皆在,遂留榻,听童八鼓琴。是夜见彗星出文昌内阶,扫紫薇右垣上辅,少尉光芒直至天市,长几半天,与八年秋所见大小等,而长过之。天象可畏,瞻仰栗栗,生民困苦已极,而上下无儆惧之心,宜上苍之谪谴无已时也。

读《文苑列传下》。张升。赵壹。刘梁。边让。郦炎。侯瑾。高彪。张超。祢衡。

读《独行传》。谯玄。李业。刘茂。温序。彭修。索卢放。周嘉。范式。李善。王忳。张武。陆续。戴封。李充。缪肜。陈重。雷义。范冉。戴就。赵苞。向栩。谅辅。刘翊。王烈。

王忳一篇,几于志怪,此类亦入正史,可笑。

向栩狂妄无礼,黄巾猖獗,而欲北向诵《孝经》以消灭之,殆不类人言。此类而曰独行,将世之呆竖无不可传者矣。

汉世矜厉名义,杀身成名者甚多,亦每每过当。此类在后世则为甚异,于汉则比比而然。另立一传,岂可胜载?

二十七日甲寅(7月4日)　　　时雨时止,而雨辄如注

辰刻偕殷仲至庄咸之处,遂回寓。吾兄同带常熟李君升兰。来访,方坐候余归。少选,德生同赵君次侯宗建。来,又少坐去,约在也是园候吾茗谈。午刻到南园偕茗,茗散访袁君新泉,秦君谊亭,又赴家次侯之约,饭后返寓。衣谷来,问渔来,孟辛来。同孟辛、公执出东门访伯方、耕亭,耕亭有疾,昨来请诊,爰为处方。又至江口某肆访张君振远,闻昨日失足蹉跌,踝骨受伤,故特候之。又至吾兄处,并答访升兰、次侯、德生。庄咸之来。

读《方术列传上》。任文公。郭宪。许杨。高获。王乔。谢夷吾。杨由。李南。李郃。段翳。廖扶。折像。樊英。

读《方术列传下》。唐檀。公沙穆。许曼。赵彦。樊志张。单飏。韩说。董扶。郭玉。华佗。冷寿光。徐登。费长房。蓟子训。刘根。左慈。计子勋。上成公。解奴辜。甘始。东郭延年。封君达。王真。郝孟节。王和平。

樊英含水噀火一事数载，范君直两目如盲。

费长房事，虽《齐谐》、《志怪》不诞至此。嗟乎，此等正史，经千馀年而莫敢动，怪哉！

读《逸民列传》。野王二老。向长。字子平，即向平。逢萌。周党。王霸。严光。井丹。梁鸿。高凤。台佟。韩康。矫慎。戴良。法真。汉阴老父。陈留老父。庞公。

梁伯鸾《五噫》之歌，文简而意深，胜彼《两都赋》、论都文矣。

矫慎何不入《方术》？

读《列女传》。鲍宣妻。王霸妻。姜诗妻。周郁妻。曹世叔妻。即班昭。乐羊子妻。陈文矩妻。曹娥。许升妻。袁隗妻。庞涓母。即赵娥。刘长卿妻。皇甫规妻。阴瑜妻。盛道妻。叔先雄。董祀妻。即文姬。

读《东夷传》。夫馀。挹娄。高句丽。句丽。东沃沮。濊。韩。

传所记东夷朝鲜各国而谬以徐淮之夷开说，世系既不通，统系又不属，张冠李戴，可笑甚矣。

二十八日乙卯(7月5日)　　晴

张柳亭来，阳湖新令君黄秋河际清，广州人。来拜。袁新泉来，邹蓉阁来，般仲来，同般中到庄咸之家。访刘香畹，与别，遂至左处，夜未归。是夜见彗星，光少短，前至斗口，紫薇垣星皆出。

读《南蛮西南夷传》。

武陵蛮。交趾日南。巴郡南郡蛮。板楯蛮。西南夷。夜郎。滇。哀牢夷。邛都夷。莋都夷。冉駹夷。白马氏。

平世而有乱民发难,首忌命将出师。夫抚绥守御,疆臣之职,奈何不以责之而耗疲天下为哉？李固谏发兵攻日南,其言旨矣。边鄙犹当若是,况中国邪？

朱辅上《远夷慕德诗》,夷言每句四字,译亦四字。按汶山以西,今青海卫藏之地,其语亦皆三合二合,无一字一音之用。此诗不稽甚矣。

冉駹累石为室,高十馀丈。注云彼人呼为雕,即今碉楼也。

读《西羌传》。无弋爰剑。滇良。湟中月氏胡。

羌生几子,即分几种,今蒙古尚然。

梁商谓来机等曰:"戎狄荒忽无常,统之亦无常法,临事制宜,略依其俗。"嗟乎,此真知者之言,孰谓商不知治。

前汉劳于北垂,东京疲于西旅,氐羌之祸与国祚相始终。虽云天命,夫亦人谋之不臧矣。今观其兵革之始炽,实由邓骘丧师逆锋,遂至燎原,不可收拾。后人犹言和熹女主有益炎祚,何哉？

二十九日丙辰(7月6日)　　晴

早同二左、般仲来家,燕山已先在,衣谷、耕亭亦来,遂同诸君到南园茗,茗后返吾寓饭。饭后吾兄来,又同诸君到南园茗,茗后仍返吾寓。夜,般仲觞我市楼,饮甚欢。

读《西域传》。拘弥。于阗。西夜。子合。德若。条支。安息。大秦。大月氏。高附。天竺。东离。栗弋。严。奄蔡。莎车。疏勒。焉耆。移支。车师。前王后王。

三十日丁巳(7月7日)　　晴

德生来言即日同吾兄到江北,燕山、孟辛、般仲、仲敏来送行。吾明日即到崇也,到陈顾岩、邹蓉阁、龚念匏、刘云樵处辞行。邹蓉阁、衣谷来送,同到南园茗。问渔来送,亦偕茗。到城外与吾兄及德生等话别。作函与金眉生,交陈宝渠。

六月建乙未

朔日戊午(7月8日)　　晴。辰刻日食

衣谷来,庄咸之、吴寿年来。至衣谷家,因饭后返,衣谷尊人熙台先生来送,刘韵樵、潘月槎、龚慎甫孝拱次子。来送,得《津逮秘书》残本四十馀种。下午访庄咸之,不遇,有事与商,吾又不及候,遂留伯房候之。吾即下舟出小南门,衣谷、顾岩、月槎、公执、慎甫送吾出城始返。是夜舟泊小东门。

读《南匈奴传》。

戎狄之祸,古皆在边鄙,自南庭一立,而腥膻之祸遂遍中原,履霜坚冰,可惧甚矣。我朝圣祖救喀部之死,择地居之,迨至准寇既平,即尽还之漠北。此在边外犹尚歷歷,况内地乎?范史不议耿国之立南庭,而罪窦宪之留北虏,其识渊矣。

汉季不可谓无将才,黄巾之起,一扫而定,而犹为羌胡所制。中叶戎祸几摇都邑,末年残虏入处并州,虽以魏武之雄,不能攘之使却。故知戎虏秉性强悍,非中国叛乱之民可同。故王者于边事不可不慎。

读《乌桓鲜卑列传》。

今之满州,皆号打牲部落,风俗自古而然。

读《后汉书》终。

初二日己未(7月9日)　　晴

晨放潮,日三竿许到高桥镇,仍泊去年泊处,地是人非,殊多枨触。已刻上岸,觅邓二叔坟户裁缝人瞿洪茂,与之著,并饮啖之。下

午到墓上,蓬颗翳然,土坏数尺,不禁惨然涕下。傍晚下舟,而伯房不至,是夜仍泊原处①。

初三日庚申（7 月 10 日）　　　晴,顺风

晨候伯房不至,而潮水已落,吾归既急,遂不复候。辰到吴淞,未泊,午过崇宝沙,潮长停舟沙岸。申刻仍行,少选抵岸返家,家中大小无恙。访小农不遇,闻在竖河镇,三五日当返。又访张振远、柳亭二君,初皆约同行,后皆先返。湖州沈缄斋汝言。县丞来拜。汪虎溪县丞知吾返,遣要饮,与沈君同座,二鼓归。

初四日辛酉（7 月 11 日）　　　晴,下午大雨

饭后虎溪来,房东问渔来。

初五日壬戌（7 月 12 日）　　　晴

早食后访振远及柳亭。傍晚访祝君桐君、龚君允之、吴君竹影、施君映溪、沈君缄斋,并晤龙溪、虎溪。于施氏晚饭后同返。

初六日癸亥（7 月 13 日）　　　晴

柳亭来访,早食后访龚君允之。检能静居书,分四部贮五箱。桐君之孙安甫来候。夜虎溪招饮,二更尽散归。在空野望彗星,光缩不盈尺,渐移至斗柄摇光之左,芒初起指东南,今指正南。

初七日甲子（7 月 14 日）　　　晴

夜到振远处,并晤柳亭。

读《邵氏闻见前录》二十卷。宋邵伯温著,康节先生子。

王荆公枋国新法之兴,用意非不美善,诸贤苦踦尼之,遂成激愤之端,以开党祸。诸贤不能辞其责矣。假使当时得一平心至公之大

---

① 　处,稿本作"所"。

君子,详辨是非,和衷共济,国事未必纷挠至此。新法虽弊,岂无一
二可行,深闭固拒,使之绝望于诸贤,不得不与群佥为伍,荆公愎而
不回,固足罪矣,使诸贤易地而处,未稔有异乎否? 元祐更张之初,
于王氏之人无丝毫假借,惟恐铲除不尽不速,虽以蔡京之奸回,但能
助改新法,亦遂贤之而不察。温公之愎,岂有逊于荆公之愎邪? 温
公之用蔡京,岂愈于荆公之用吕惠卿、章惇邪? 而后世贤奸之论判
若霄壤,殆非允论。此书言外时露微意,王氏、司马氏若无甚轩轾之
心。当时明眼之人亦复颇有。

又载某人讲学获数百缗,宋时聚徒开讲足以自活,天下好学者
多,故两宋之学自足另立门户。

伯温述其先人康节降生之异,若有神物之感。此周秦之际荒诞
者厚诬先圣,古之列辟明辅,尽皆无父之人,识者屏弃不忍观。奈何
自诬先人如此,可为昏谬已甚者矣。

又读《苏氏易传》草草一过,其间微隐之辞多指温公元祐之政。
子瞻自是不凡。

初八日乙丑(7月15日)　　　晴

以将有远行,祃祀路神。下午,允之字来,言明早有舟行。仓卒
捡点行李,并遣辞各处。夜到振远处与言别,并晤柳亭。房东问渔
来。行李箱箧下舟。

初九日丙寅(7月16日)　　　晴

黎明即起,将下舟闻潮,小舟不得行,复止,抄录旧时读书论。

初十日丁卯(7月17日)　　　晴

遣被铺随身行李下舟,坐车同行,顺访龚君允之,闻舟尚不得
行,焦灼特甚,然无可如何。因先令行李尽去,而仍返家捡点藏画终

日。家中尚有三十年前八尺大宣，爇馀不易得，特携数张出遗友人。夜访振远。

十一日戊辰 (7 月 18 日)　　　　晴, 大风

访同住诸小成。是日舟子来，言风大不能渡海。接阿哥信。

十二日己巳 (7 月 19 日)　　　　晴, 大风

辰刻车至江干，舟子仍不愿行，良久方开。由崇宝沙西头行，申刻到吴淞，上岸茗。奴子来言刻即有舟到沪，立即下舟。傍晚开，风逆甚大，月亦朗甚。舟首触浪喷涌，如七尺玉树，千蕊争放。二鼓，舟到小东门泊。

十三日庚午 (7 月 20 日)　　　　晴

辰上岸茗，进城到三官堂旧寓，伯甥尚未起。访陈宝渠，不遇，又访庄咸之，晤之。路逢袁君桐君，铎，钱塘人，随园先生曾孙。奉眉生札偕吾到曾营者。少谈，约下午后会。到左大处晤两昆及盘仲，取装至此共住。饭后访桐君，与约明同行，同趁轮船。访衣谷于城局，并访陈君顾岩、潘君月槎，辞行。同衣谷到其家，又同返三官旧寓，少选，般仲来。傍晚访陈君宝渠，复不遇。到家子卿九兄处辞行，即留晚饭。子兄得京中信，闻车驾留热河不返，科敛蒙古增筑行宫，都中夷兵约数百人，市廛如故云云。二鼓返新寓左宅，衣谷等尚在。是日接子吕信，知已安抵宁波，现暂寓宁郡甬江东岸大关衖内俞合懋号。

十四日辛未 (7 月 21 日)　　　　晴

辰偕般仲、孟辛、仲敏出城，先访吴子石，不遇，又访季圃亦不遇，在其伙杨君明轩广人。处少坐。访许君壬釜、听松，即饭。饭后王君兰卿来，庄君咸之来同茗，茗后再访季圃，遇之。赴兰卿饯席，席散城闭不得返，同兰卿、仲敏及李君壬叔历诸倡楼，供里陈氏与诸

君子饮,左君孟辛、仲敏、李君壬叔、王君兰卿。饮散,左大复要酌沈氏楼,增魏君般仲、许君壬釜,席再终,夜已四鼓,借宿兰卿处。

十五日壬申(7月22日)　　晴

黎明即起,进城访袁桐君与商夷船事。访庄咸之与言售物事。访袁伯襄,辞行,并属姊丈子乔死难请奖事。到旧寓与公执辞行,并晤陈绍庆大令。到龚君念匏及衣谷尊人处辞行。衣谷设饯市楼,与龚君定孙、慎甫、李甥伯房共座。访汪君燕山、童君问渔、苏君晴山,辞行,返新寓。袁桐君来访,同访曾君季圃,属为觅舟,季圃函属旗昌行伙林耀堂料理行舟,遂到本行轮舟名失被里士译言有供给。一观。言十七日一早即行,船价每客银二十两,饭食在内,小菜另带。遂属袁君速领川资,否则不及。与袁别,遂访王君兰卿,不遇。在茗楼候庄咸之来,同茗至晚方返。李君壬叔进城送行,童八、汪四、吴寿年、李知先皆来送行,壬叔留住。二鼓接桐君信,言外间闻有眉生被弹之信,藩司欲缓发川资,仕路崄巇,世情凉薄,可为一叹。

十六日癸酉(7月23日)　　　晴

何君兆梅来送行,龚君定孙来送行,并传其尊人言,要晚间见饯。得金廉访复函。作书与金眉生廉访、丁佛持司马、家朗甫太史、家子卿司马及吾兄、四姊、叔度内弟。以李氏甥女慎娥字魏君般仲,要左孟辛司马、汤衣谷县赞为蹇修,约今晚过庚帖。又约与童君问渔、汪君燕山、左君孟辛、魏君般仲、左君仲敏、汤君衣谷易讳帖,亦今晚举行。下午,到曾君季圃处,又访陈宝渠大令于新关公廨,并晤黄秋河大令。又至孙君澂之处辞行,袁桐君亦至,当收到眉翁付来川费规银二百两,遂到旗昌行定舟,而舟即于今晚行,时已酉末,进城且虑不及,何况再出城下船,不得已,俟后届轮船再行。再访寄圃与商,寄圃言趁舟须择其轻快者,不可过急,否则中途往往搁浅,数十日不可定，是欲速反迟，其言甚谙练，因一切属之，大约又有三五日留矣。访兰卿不晤，晤许壬釜，遂进城返寓。行多足茧，遣辞龚君饯。既昏，先为魏、李纳庚帖，次与诸子撰谱。因觞诸子，甚乐。三鼓客散，四鼓方卧。

童和谦。今名椿，字平父，号问渔，行八。道光五年乙酉正月初二日酉时生，湖北武昌府江夏县人，祖籍浙江会稽县。曾祖肇骎，祖应宿，父濂、母杨。永感下。兄和豫，现仕。和丰、和鼎。均殁。妻王氏。

汪汝桂。号燕山，行四。道光己丑四月二十八日辰时生，江宁上元县人。曾祖遇开，祖炳文，父嘉镕、母秦。永感下。兄复、故。汝霖、汝梅，故。弟汝槐。妻方氏，妾段氏。子元吉、元杰。

左桂。字孟辛，号意轩，行一。道光癸巳五月初三日午时生，湖南长沙府湘乡县人，住本县景庆三坊东阁冲。

左树。字仲敏，号大树，行二。道光丙申四月二十一日亥时生。曾祖炪泽，字芳明，诰赠奉直大夫。祖业传，字建勋，诰赠奉直大夫。父仁榜，名辉春，字青峙，一字清石，道光戊子举人，官至江苏候补知府，遗集名《芭蕉山馆》。母王氏，庶母沈氏。慈侍下。姊二，长归谢，次归陈。桂妻严、袁。树妻汤、杨。树子熹。

魏彦。字般仲，行二。道光甲午十二月二十四日生，湖南宝庆府邵阳县人。曾祖志顺，诰赠奉直大夫。祖邦鲁，诰赠奉直大夫。父潘，字子田，行三，六十六岁，十二月十四日生。母洪氏。慈感下。

汤裕。字衣谷，号重夫，行一。道光丁酉十二月二十二日申时生，浙江杭州府钱塘县人。曾祖烈，本生曾祖灿，祖增。父宝珩，字熙台，行四，五十五岁，正月初三日生。母王氏。慈感下。姊长适祝，次故。弟麟、成、祥。聘吴氏。

十七日甲戌(7月24日)　　　晴

邹君蓉阁来,燕山、问渔来。下午为左太夫人诊疾,又为问渔夫人诊疾。袁受卿来,其令伯新翁来诊疾。傍晚,赴龚君念匏饯席,同座陈君念慈、邹君蓉阁、汤君衣谷及龚君令子定孙、令侄慎甫。

十八日乙亥(7月25日)　　　晴

慎甫凌晨即至,少坐同行,吾访庄咸之不遇,到三官堂要衣谷来。将午,咸之遣要茗。午后般仲、左大、二皆至。日上春,同游一粟庵,下春返寓。

十九日丙子(7月26日)　　　雨,午后晴

晨同般仲到庄咸之家,不遇。访燕山避雨。

二十日丁丑(7月27日)　　　晴,下午阴

晨到庄咸之家,到也是园茗,伯房甥来,慎甫来。茗后到新寓,饭后又同般仲到庄家。将出城访季圃,以将雨,遂返。傍晚又到庄家,得季圃信,知伊行内轮船已至,定廿四下船。

二十一日戊寅(7月28日)　　　晴,下午阴

晨访袁桐君,又候咸之疾。到旧寓,遂同衣谷、慎甫、公执到一粟庵茗。下午到衣谷家,傍晚返寓。复候咸之。

二十二日己卯(7月29日)　　　大雨

下午到食肆,招公执来共话。遂过吴寿年茗,夜归。

二十三日庚辰(7月30日)　　　晴

午后出城,同袁桐君看轮船,即与定。船名威林蒉,住大舱,每人二十金。到兰卿处,晤燕山、孟辛、吴寿年,同二君茗,遂进城。夜写家信,料理明日行。又到庄咸之家,又访衣谷。燕山、衣谷、问渔、

慎甫、定孙、吴寿年、李知先、王兰卿来送。

补录　到崇明路中作

江船载恨趁流潮，又泊前年此处桥。细柳新蒲依样绿，尚留春色伴归桡。

呜咽江波不忍听，推篷坐看隔河星。可怜碧海青天夜，不独征夫有泪零。

梦里何曾识别离，口中石阙镇衔悲。揭来清泪无时尽，不比江潮有去时。归途写怀。

乌衣裙屐异凡曹，作牧河汾保障劳。三尺蓬颗作终古，临风谁与共号啕。吊外舅子期先生。

黑风吹海舞帆樯，忍指荒洲作故乡。何日吴船载归客，卧听柔橹过横塘。渡海。

稚子蓬头履不完，姬姜憔悴谢罗纨。离家六月寻常事，谁道相逢忍泪难。到家。

二十四日辛巳(7 月 31 日)　　　阴雨

卯刻即起，束装出城，燕山来送，以雨故，及孟辛等皆未出城。比至城外，公执冒雨来送，下舟，舟偶坏，修葺不行。访季圃，季圃贻我远镜一。访兰卿，与偕至城，仍返左氏。夜，衣谷来。

二十五日壬午(8 月 1 日)　　　晴

辰刻访燕山，又到三官堂旧寓，遣招衣谷、慎甫至。少坐，袁君伯襄来，与同至也是园茗，公执、燕山、寿年同坐。过袁君受卿，为其伯处方，即留饭，饭后舆返。

二十六日癸未(8 月 2 日)　　　晴

巳刻出城，来送者燕山、问渔及魏二、左氏昆季，到城外茗，闻尚须明日行。日晴,觞燕山、般仲、王君兰卿、李君壬叔于市楼。与壬叔、般仲、燕山茗于繁畅楼,为苏省第一茗肆,乱后移此,楼凡九间,悬灯一百六七十盏,灿烂夺目。衣谷来城外相送。

慎说示龚慎甫

立身无他,宅心厚,与人诚,临事慎而已。名虽为三,合之则一。厚者未有不诚,诚者未有不厚,慎者亦未有不厚且诚也。慎者孝之德,其德最大,而非沾沾于周旋肆应之间之为慎也。吾人奉父母之体,门户之重,全受之思,全归之一举足而不敢忘父母,一出言而不敢忘父母,慎之至也。宅心不厚则薄,薄则生怨。与人不诚则伪,伪则招尤。孝子念亲之心,而敢出此哉。故曰慎与厚与诚一也。诗曰:"无忝尔祖,聿修厥德。"又曰:"明发不寐,有怀二人。"厚之至,诚之至,斯不敢不慎矣。慎甫能善用其慎,虽以跻圣贤,何不可者。若徒用其慎于周旋肆应之间,非吾所望于子矣。

游鬼市作

草草莺花拥沪城,乱时聊得一杯倾。此中亦有鸿冥客,何处秋兰许目成。

沙堤三丈月如霜,夹道繁吹鼎沸汤。二十年来属罗刹,休从七市认天堂。

二十七日甲申(8 月 3 日)　　　晴

来送者问渔、燕山、孟辛、仲敏、般仲、衣谷、兰卿、壬叔、慎甫、伯房,集于繁畅楼,公执同邹君蓉阁复来送。是日,与兰卿易帖,兰卿因饮客。傍晚下舟,与诸子别,般仲独送我江干。与袁桐君合小舟到轮船,下榻处甚嚣隘。同舟遇广东萧君炳南,文英。亦至九江者,与吾六年冬旧识也。

二十八日乙酉(8月4日)　　　晴

午刻舟行,申至吴淞口,曳一夹板大舟,故行甚迟。酉至刘河口,夹板舟浅,不得行。

　　喷涛卷雾日光瞀,万斛艘凭两翼捎。手把纯钩看舟尾,浪山错认夹舟蛟。乘轮舟发沪。

　　一线荒沙此是家,凭阑东望泪如麻。丈夫虽有东西志,乱里分离亦可嗟。海中望崇明。

二十九日丙戌(8月5日)　　　晴

舟行一日,时过浅阁。下午过吴淞,觅带水人。夷舟一长年死,即葬近岸。

七月建丙申

朔日丁亥(8月6日)　　　晴,夜大风雨

晨起舟行,午进洋子江口,夜到狼山泊,江面最宽。

海门已过又通州,闻说轻装此暂留。扬水诗篇三复后,思君有泪不能收。过狼山怀吾兄,时在通州。

初二日戊子(8月7日)　　　〈立秋〉晴,夜大风

晨发狼山,暮至江阴,泊近武进界。是日立秋。

　舟中望军山,忆十四龄赴试时,与吾兄及方君幼静等登眺

　　十六年前共友生,此山曾与共班荆。青峰不改风流尽,何处愁来满腹膨。

初三日己丑(8月8日)　　　晴

晨发武进界,暮至圌山泊。途见乡民有长发者,自宝山以北至

此,南岸皆贼境。

初四日庚寅(8月9日)　　晴

晨发圌山,辰至京口,小泊验税,有夷艘泊此管关事。望瓜州及对岸皆有营。吾自八年春经此,又四载矣,焦山尚无恙,金山馀一塔。未刻过仪真老虎颈,见泊舟甚多。酉过东沟口,见我师船。傍晚过栖霞,南岸见贼营。又过江北一口门,不知名,大约系黄汊河。贼师船甚多。又行数里,过黄天荡,泊,望见燕子矶矣。

第一登临奉老亲,再来兄弟共披榛。即今独客看焦土,我与山灵各怆神。吾十一岁奉讳归里,侍太夫人登金山。辛亥、壬子金陵试归,俱偕吾兄游,今过此山已烬矣,怅然身世之感。

金鼓旌旗一戏同,划江安土各西东。野人一掬伤时泪,只洒荒烟蔓草中。自丹徒以上至东沟,与贼犬牙相错,各陈师江浒,顿军糜饷,民不聊生。

四年陈迹事如麻,空有根生此幻花。犹忆扁舟住江北,临窗五日画栖霞。戊午春到营省兄,归途阻风断窑口五日,舟中无事,隔江看栖霞山色,写作数幅。

初五日辛卯(8月10日)　　晴

晨发,过燕子矶,江中贼舟甚夥。有一船曳帆挨舵欲来夷舟,未至复去。又一小舟中被发贼面焦如鬼,形状可怖。停午到仪凤门,城之西北隅正临江岸,城外一大桥,贼筑女墙于上,迤逦皆炮垒,台上贼徒聚观,望之气甚馁索。江岸营半为水涨淹浸,有空者。仪凤城门改小,仅数尺,外设月城,城上无旗帜而有窝铺,亦无擂木等具。有炮船数艘泊夹江内。江口一夷艘,系英国兵驻此,若欲拊背扼吭,其意则护其本国商舟而已。轮舟过此,贼不敢过问。夷兵船遣一弁十兵,棹小舟来船查看即去。闻城中夷人颇有,有花旗人罗好春并受伪职，在其中行教云。舟过仪凤门，复行十馀里，约至中新河泊，以舟中煤尽，于后舟取煤故也。趁舟广东客曾耀先，字济雨，系三水县人。向在本省暗通贼匪，奉宪严拿，因挈一子至沪。此次趁船，竟投贼巢，并向同舟直言无讳。又以名片交吾，属先呈曾帅，伊日后尚拟到营云云，可为诧异之至。又舟中一趁船夷人亦曾在贼巢数月，与曾甚投合，曾去时，棹小舟送之，良久方归。

　　水火中安衽席过，同艘群客笑颜酡。野夫独有殷忧切，从此中原事更多。夷舟过贼巢，贼莫敢问，群客喜笑，吾以为感。

初六日壬辰（8月11日）　　　晴

早过煤炭，未开，辰刻，有长发七八人棹小舟来窥望，夷人招之登舟。登者五六人，馀一二人不敢上，皆戴笠帽，袒跣，腰插小火枪，悬挂腰牌，与官兵无二，发皆梳至后，打辫用红丝线续之，椎结脑后。其在舟中者一人，臂勒金缠，一小童挥扇其后，大约系贼之小目。贼舟去后，夷艘即开。未刻过烈山，在江南岸，一小土山出水中。申刻过江北针鱼嘴，望见和州塔。此港内至和州仅五六里。酉过人头矶、望夫矶，将至采石泊，俱江南岸。人头矶圆如人头，望夫矶两峰相属，与采石八字分列，势若龛张，不知者多误指与采石为一矣。今日所行，已入皖境，东望怅然。

　　卷发盈巅觌面亲，我惟太息不知嗔。回看碧眼黄髯客，此尚神州一类人。长发至舟，既去，或有詈之者，吾意独异，赋此。

　　乌风白雨隔江飘，江上晴云日正歊。两道长虹跨洲渚，一帆远去渡重桥。

　　屈曲舟行沙渚间，一江西上路湾环。重重翠嶂遮舟尾，不辨江南江北山。

　　江上青山逐渐过，南山青比北山多。不图吴楚成殊域，许我凭阑数黛螺。江上即景。

弹指前游已廿秋,桑田何处不横流。时忧家感无穷事,不辨端由只辨愁。余奉讳归经皖境,今二十年矣。

初七日癸巳(8月12日)　　晴

晨过采石矶,石山直插江水,峭绝无径,惟南崖平而稍低,山上树屋,荡然已尽。辰刻过太平府,江口有贼垒甚大,一塔围营中作望台。巳刻过东、西梁山,两山皆平地起,夹江对峙,洵足称门户。然江面宽将及十里,两崖炮火难及,须济以舟师方可。两山上下皆有贼营防守,山下亦有炮船。又过裕溪口,巢县、庐州由此去。又过四合山,江上四峰并列。午后过芜湖,江口塔下有贼营,望县城屋宇尚稠密。二十里螃蟹矶,有贼营临江。又十里三山夹,我官军水师已抵此,望之甚整齐。傍晚至繁昌旧县泊。江岸土山有塔。

是谁月下理丝绳,更遣何人一跃登。寄语守关豹虎道,攻坚不独古人能。过采石。

初八日甲午(8月13日)　　晴

晨发,过板子矶,有半截塔。巳刻,过荻港。江南山色甚幽折,连绵数十里不绝,江流萦曲其下。下午过铜陵,县城在内不见。傍晚过大通,夜泊老洲头。有小舟来,舟中民尚长发。问之,曰:"杨军门出示,俟安省克复后再剃。"此举用心宽厚,且合兵机。杨诚足敬,非浪得誉者比矣。是日,望见池州九华山,高出天半,地藏大士示现处。

初九日乙未(8月14日)　　晴

晨过黄家套。午过池口,池州府江口,古人说为南江分派处是也。未刻过枞阳口。暮泊处不知名,或云系杨家隔,约离安省垣十馀里,望见东门外塔,又用远镜,见塔下师营及船。

　　作作长庚夜吐芒,晓番甘石主兵祥。黔黎百万疮痍尽,何日高穹悔祸殃。望日落时金星光曜如月。

初十日丙申(8月15日)　　晴

停舟一日,未行,煤复阙故也。连日俱见他轮舟自后来,皆初间离沪者。吾命独偃蹇,虽轮舟亦不利,可笑也。是日,舟中远镜测安省江上军与贼鏖,烟火四起,不禁凄然掩泪。夜月甚皎。

　　皖江明月照江流,江上兵鏖卒未休。如此年时虽好景,无情我忍独忘忧。日间见兵贼交争,夜对皎洁明月有感而作。

十一日丁酉(8月16日)　　晴

晨发,过安省,见东门外塔下我师一营逼城仅数十步,下有水师数十艘,城北面营甚多,不能尽见。城上无旗帜,有窝铺,城门外月城炮台甚合法。南东西三面俱临江,我师环其北,东、西俱际江,江中水师亦多,时与轰击。贼城上发一炮,我东面师船连发百馀炮应之,其实去城远矣。临江群贼方持竿学钓,暇逸如此,恐非旦夕事也。巳刻过黄石矶,闻杨军门在此。午后过东流县,县城临江,望城中已成白地。城外东、西二塔尚岌然。城中高阜一营,疑即曾公驻节于此。城外有二营,水师寥寥。申刻过花扬镇,酉过马当山。吾十岁归时,座船遭风几覆,过马当山,舟已漏,合家十馀人,待尽而已。忽崩訇一声,已阁沙浅,遂得幸全,时舟中一家骨肉六人。太夫人今已弃养,四姊在浙宁,六姊闻在豫章,不获的耗,吾兄在江北,又族姊一人今在山左,吾复萍泛远行,思波涛之险,不足为悸,惟孤子念母,殊喟伤耳。是日又行数里泊,对江为望江县,有塔即大雷戍。

　　拟筑长围绝皖城,将军鼓角地中鸣。十三篇说从头读,修橹辒辒是下兵。

日晒师船大纛红，横江白雾炮烟蒙。城头见惯浑闲事，方理竿丝学钓翁。

潢池盗弄皆吾赤，穷寇严围计况非。汤网曾闻三面祝，慈悲我说是兵机。过皖城作。

二险从来属马当，廿年曾此坏帆樯。馀生久狎风涛恶，只是思亲最感伤。辛丑冬过马当破舟时，太夫人以下皆在舟中，今已二十年矣。太夫人弃养，手足离逖，重过有泪而已。

十二日戊戌（8月17日）　　晴，下午雨

晨发，辰过小孤山、彭泽县。下午，到湖口县。县城在石钟山下，已改筑，沿江绵长数里。县之西即鄱阳湖口，一沙名梅家洲，若门限然，直达西岸，进者必由东岸。石钟山出梅家洲之间，水道宽不二三里，设守于此，江省门户之寄，天造地设。当三年贼犯豫章之时，守土者不知出此，反委要隘于贼，俾之修筑拒守，数年穷兵殚饷而后恢复。噫，今之官者知计会而已，孰于此一措意哉！是日，傍晚尚不至九江，行至二鼓尽，始见东门外塔，三鼓泊舟。城亦临江，望之雉堞虽雄峻，而廛宇萧索，灯火寂然，乱后景象，不堪入目。江北小池口属湖北黄梅，与安省之望江、太湖、宿松俱尚为贼有。

打鼓冬冬官舫行，六龄提抱过江城。重来解瓦盈江岸，只有青山不解兵。吾六岁侍宦，从山右由楚至豫章过此，幼年不辨景色，只今兵毁之后，觉繁盛逊昔远矣。

十三日己亥（8月18日）　　下午雨

晨起登岸，到新设宝顺行晤广友徐君渭南、钰亭族侄，名兆璜。吴君子石、宗瑛。郑君阼东、齐。又杭人郁君子枚，盘桓一日，夜在分机内住。此行所趁船名威林，船主名拔金，船可容五六千石，每月费煤七顿，计百十二石。船主之下，夷人有副手名大伙，犹言伙长，司客

货;再下大车、二车、三车,俱主火轮动止,又有带水等名。广人司行舟者七八人,司煤灶者十人,司厨六人,传递奔走四五人。本船约三十馀人,在轮船为中下等。其机括大略如丁心泉侍御所绘图,而船船不同,不可尽其底蕴也。

与王君兰卿易帖,补录于此:

王瀚,原名利宾,字子九,一字仲蕱,号兰卿,又号懒今,行四。道光戊子年十月初四日戌时生,新阳县人,附生。曾祖鹏翀,祖科进,父昌桂,母朱氏。慈侍下。姊一,弟利贞。故。妻杨氏、林氏。女二。

十四日庚子(8月19日)　　　雨

吴君子石来,萧君炳南来。午后到街市观览,遂进西门数十步,将雨即返。此郡自三年失守之后,至八年五月,李迪庵中丞续宾。克之,迄今民尚居乡。问土人,云居民十成死一,民居十成存一。大乱仅此,已厚幸矣。见楚督官文奏办给票赴淮采买食盐一折,六月初八日奉旨交部议。原呈系广商,则知轮船曳运之事谋之者多矣。原呈章程四条:一由楚给票;一每票十万斤为率,禁止零贩;一请东征水师查斤;一每斤抽银一分归楚饷,抽钱三文与东征水师。

十五日辛丑(8月20日)　　　雨

作书与金眉翁都转。在友人处见邸抄,知邓子久先生升任贵州巡抚,旋调署陕西,由云南赴任。三月十二行至曲靖府地方,于府署暂住。至三月二十二日夜突有劫贼入署搜掠,邓喊拒,受伤殒命,凶手当经官弁缉获正法,并将拒捕已死之数贼戮尸。经云贵总督徐之铭奏报,奉旨:邓系巡抚大员,地方劫贼胆敢行凶杀害,其中情节可疑,仍着查明覆奏云云。阅此不胜骇异。封疆大员于郡城府廨为小窃杀死,实属二百馀年未有之事。邓氏昆季四人,大者方牧,小者府州,一年之间,零落殆尽,刻下仅馀一人,而数房眷属三四十人之众,可为焦虑。其家自中丞公清节岸然,名在天下,后起者亦无甚逾佚之事,惟食用太奢,或此一端,足招天之谴怒邪? 念之复增凛栗矣。后晤营友,知系统兵之何有宝挟怨谋害,乱世而与武人居,其危若此。

十六日壬寅(8月21日)　　晴

晨闻安庆克复之信。吾始过时以为非旦夕事,孰知功成在顷刻。军机诚不易晓,谁谓为将易邪。作家信,作公信寄申江诸友。下午,拜署九江道蔡芥舟太守。锦青,广东惠州人。丙辰年在江西识之。作书与槐亭及六姊,寄省垣。

夜,吴君子石来谭,至丙夜去。言英国国用尽赖印度烟土,小土每箱抽至卢卑四百元,小洋钱名。约抵中国银二百馀两。大土有人包税,每年亦约数千万,共计每年两项万万之外。他国俱不出土,惟土耳其国亦有,与大小土俱不同,名曰金花,行销甚少,先惟广西食之,近日中国南土盛行,不复至矣。中国种烟土,与印度无异,但少有草气,若陈至一年,即与之同。现在御夷之策,莫妙于使各处种土,土出既多,无借外国之产,即彼国土税无出,不病而自病矣。其说颇异,录以备考。又言法国人最巧,一切机器皆以为最。与英国外和而实世仇,近以共力御俄国之故,不得已解仇,其实两不相下云。

寓后一湖名甘棠湖,中有石甃一堆,土人曰此烟水亭废址也。琵琶亭亦在西门外,自北去寓三四里,亭亦毁,故不往游。连日望庐山云雾变幻,山容峭然,如见故人。

十七日癸卯(8月22日)　　阴

蔡芥舟观察招明日饭,谢之。作书与同乡史士良及蔡芥舟两观察。下午雇舟不得。

十八日甲辰(8月23日)　　雨

晨雇舟至,巳刻下舟,阻雨,泊龙开河口。九江关有船守河口,凡舟出进,皆于此丈量。讨关须至道署请免单后免丈,却无零费,与苏杭关异。申刻舟行,夜泊湖口县,行四十里。

十九日乙巳(8 月 24 日)　　　晴

晨发湖口,午过小孤山,酉过马当。二十年前舟坏阁沙处,尚历历在目,不胜太息。夜到华容镇,泊舟楫颇多,依然承平光景。

二十日丙午(8 月 25 日)　　　晴,午后少雨

晨发华容镇,有曾营水师在此抽厘,舟少住。辰刻到东流,泊小南门,登岸至城内大营。先到巡捕桂君实之、正华。史君光圃、济源。倪君镜帆、人涵。成君振云天麒。处,导见督帅,坐谭半晌出。桐君复往见,所事俱略谭,未尽意。午刻下舟饭。舟移东门。申刻倪镜帆、成振云来访,闻安庆克复之信,并无其说。不知前在九江何以讹传至此,可怪之至。

督帅四月初自祁门来此,城内外扎大营三座,众千五百人。闻督帅言,现在全部共五万馀人,正饷每月即须二十万两,加以赏恤官薪,军需杂支,非三十万金不可,而所恃止江、皖抽厘一项,仅有得半之道,各营口粮已欠至六月馀云云。饷源支绌至此,可为焦虑。又闻营弁言营中规矩甚严,黎明即起,每日二操,武弁皆令赤足穿草鞋,营中无一人吸食鸦片者。合营办事及供役,悉用官弁,无私从一人,应酬简易,巡捕官白事,长衫而已。帅亦躬尚约素,所衣不过练帛,冠靴敝旧,与士卒卧起同时,不苟安逸。每夜常私出巡行,察听更号,有违误者,亦不加严责,好语训诲而已。民间辞讼,虽细必亲,小民直至督辕递呈,无一钱之费,其忠清坚苦,至于此,可为流涕。庶几上天鉴此荩臣,番然悔祸,吾生民实受其福,而如曾公者,就令无成,其人亦已千古矣。

二十一日丁未(8月26日) 晴,甚暑

舟中偃卧,读《三国志》一日。

二十二日戊申(8月27日) 晴

辰刻到营,重谒督帅,罄言盐务情委,谭久移暑,督帅问夷事,就所知复之。又及天下大局,吾以为当任团,帅以为团非了今贼之事。至论挽回之术,帅惟蹙额而已。访同乡史贤希同知,怿悠,士良观察族侄,住常州东门。并晤张君子冈。江西人。又闻咏如在此去四十里之吉水沟,现办粮台军械,已保升知县。午刻回舟,有客三人,方与桐君谭,一曾、一严、一杨,皆督吏也。

下午作书寄开孙及昆甫叔于鄂省。以夷书二种呈督帅。闻督帅言二套口、华容镇二盐卡,乃八年夏李迪庵中丞续宾克九江后即设。大通一卡早有之,枞阳一卡系吴全美、李德麟二水师设。后二师至下游,卡撤两月,去年九月复设之。大通归统带外江水师杨军门载福,字厚庵,福建水路提督。取用,而亦归督帅报销。此次若欲裁撤厘金,统归一处,杨军门即不允。又楚督官文奏办楚省采买一案章程内,楚省每斤缴银一分,东征水师则仅缴三文。东征水师系指杨军门一军,此军向归楚省发饷,其意又实欲以此相抵,且先未商同即会衔奏请,未免冒昧。昨批北盐道厉云官禀,言无论如何办法,我下游厘行,断不能免云云。

吾因进言,楚省此次奏案,思欲专利,督帅不难以理喻之。盐系两江美利,盐政系江督专责,而楚省欲尽夺之,不留一毫馀地为两江设想,无论何人,亦难允办。如此之言开导,彼虽蒙昧,亦当幡然。若俟事成而后梗之,未免失和衷之意。今各省能患难一体者,惟楚省与江省耳。天下常患畛域之见,今又启争端,如何而可。且淮盐国之大宝,自乱梗不通,所绌饷入,通计不下数百万。苟有可通之

机,安可失此良会。愚意当腾书楚省,与官节相、胡宫保熟商情形,通盘筹划,减厘以优商利。商利优则运自踊跃而引额可增,引额增则厘金虽减而所获转裕。又官盐厘少则合本轻,合本轻则岸价跌,岸价跌则可以敌灌私。不独此也,向来小贩于贼中出入,贼税每引至四十馀千文,又盐舟过境,供其差使以及夹带他物,种种有利于贼。今用火舟带行,一概绝之,实我之大利,而贼之大不利也。督帅闻言额之,允即函商楚省。

二十三日己酉(8月28日)　　　　晴

舟中偃卧,读《三国志》数卷。督帅遣要明日饭。傍晚拜王鹤生名积懋,廉普先生第四子,武昌人。刺史,问渔妻弟,问渔有要函属寄故也。夜王君来答拜,谭良久。

李次青廉访去年防徽失守事,并记之:

去秋,御史某弹驻徽督师张京堂,茆。奉旨交督帅查复。督帅回奏在褒贬之间,奉旨即以徽防交督帅,而李放皖南道,实率师八营四千馀人。往。八月到徽,时徽防兵勇九千馀人,亏饷至二十馀万,张京堂无策清理,为兵勇阻留,不得行。李素胆侠任事,即允担其欠,张甫得去。李所统多新募不可用,而张之麾下以索饷之故,弃守地来城,又皆弩疲,连日简料,兼修筑城垣,未及布置。贼乘新旧交代之间,蹈隙而至;李遣己麾下二营北守丛山关,离徽城八九十里,宁国来要冲。跕墙未定而贼至,一营出战即溃;一营留守关亦溃,大奔,贼随至城下。城外俱未扎营,贼到即进攻。城中旧勇呼啸先溃,李兵从之,一散而尽。从西路到祁门老营者仅千人,馀俱不知何往。

李既败,路阻,由浙境绕至,流涕自归。督帅即劾奏,奉旨革职拿问。李在祁门,旋禀督帅乞假一归,督帅言李系奉旨拿问之人,我不得作主,行止听之可也。此言原尼其行,而李误以为许可,留启辄行。旋浙抚王奏请李招集旧勇援浙,李禀商督帅,未候复即从楚南募勇而出。会义宁州、兴国、大冶、通山、崇阳、通城等皆失守,李沿路攻复。至江境,楚督官、楚北抚胡、江抚毓亦不函商督帅开复奏案,而径三人会衔奏保,先开复按察使衔。督帅闻之,不过问。按李受督帅恩厚,败衄固当罪,去留自任,未免草率。原其初心,因败无颜,思更立功自效而已。而楚、浙、江各大帅不计督帅与李之旧恩,而径各自陈请,虽好贤求助,然终非宜。且军行之间,政出多门,事权不一,威令不肃,由此类矣。李长厚,非负恩者,他日稍自立,必更泥首自归,吾策之必不谬也。

闻楚北抚胡乞假养疾,皖抚翁奏留,新皖抚李续宜,字希庵,迪庵中丞弟。尚在鄂。江、皖二省目下情形,江省差安善,瑞州已复,惟抚、建、广三府地有贼。皖省则江北庐、凤、颖三府及滁、泗等州皆属袁节帅、翁中丞防守。安省攻未得手,援贼从舒、桐来者纷集集贤关要隘。馀太湖、望江各县皆属吾,江南徽州于五月攻复,全属属清。池属有二县属吾,宁、太、广德皆逆巢,此二省之地形也。

二十四日庚戌(8月29日)　　　晴,日色黯淡

史贤希同知来访。督帅遣人来要,且言庖人供具未办,今日先请便饭,明日再具觞。午刻到营,候中军彭九峰副戎,山屺。谒帅共饭。帅言李次青事,意中微不平。吾又询盐务,帅言当先函复抚军及眉生,俟楚省奏办采卖事既,说明然后可行,其意尚在未决。下午,到贤希处,并晤同乡杨晴渡知县,炳曜。新从常城南乡泛湖至浙杭,复从严州、徽州间关而来。赍羧甫一书与督帅,复陈请团练之事。

二十五日辛亥(8月30日)　　　晴,狂风

早到贤希处,借其案抄写先人行状。缘昨乞督帅撰神道碑,已荷许诺,抄此呈阅也。在贤希处早餐。将午趋帅召,同座二人,莫君

子思、友芝,贵州独山州人。谭君荔仙,溥,湘潭人。帅要来作陪者。帅劝醽甚殷,饮几过量。帅复出骏甫书见示,言浙中情形支绌万分,官与官不和,官与绅又不和,已成一溃散支离之局。又言东之平海,北之嘉石,西之于昌新以及湖、严属县,俱为逆踪出入盘踞。浙西已成秽墟,浙东之金华尚未退出云云。下午复过贤希。

二十六日壬子(8 月 31 日)　　　狂风,早起有雨

贤希招下午饭。即至其家抄行状一日,毕后共饭,菜二三品,皆乡味,食之甚饱。

二十七日癸丑(9 月 1 日)　　　晴

谒帅呈行状,并谢饮。候李少荃观察。鸿章,福建延建邵道按察使衔。其兄筱泉,吾六年春曾识之,今官赣南道。夜王霍生刺史来访,二鼓尽乃去。

二十八日甲寅(9 月 2 日)　　　晴

访霍生,同访莫君子思及令弟善徵大令,祥芝,前任怀宁县。并晤谭君荔仙,而莫弟未出。下午进城,访史君贤希,因为杨君晴渡作合家殉难请恤禀稿。晴渡,吾友子芗之堂叔,子芗客岁与吾始识,倾倒吾特甚。吾至阳羡扫墓,子芗与程君子良纠众护吾行,吾约与之同避难,会城被围未得出,旋闻其死,恒为怅怅。今春获骏甫书,乃知已至浙,今晴渡言其在城,四月初四日手枪击杀数贼,城中赖以不恐,举为四门总巡,城破辗转得脱,吾常人向多胆薄,子芗吾友中之壮士矣。子良亦悍果,惜已死。

二十九日乙卯(9 月 3 日)　　　晴

属贤希觅舟,拟至吉水沟访咏如。夜将初鼓,得霍生字,乃知咏如已至。往晤,因留谭彻夜,并识何君丹臣、敦五。莫君善徵,皆诚笃豪气之士。霍生同在咏如舟,达旦。

前岁冬,督帅在宿松时,桐城乡间有男子自言来自京师,访察地方军务,随从数人行动诡异,有若贵人。水师李德麟迎至舟中,以臣礼见,受之不辞。一时闻者纷纷而至,相视莫测,咸以为亲藩微服探事者。其人以黄纸作诏,面书督帅衔名,令望江县知县某亲投。某遣人送帅营,发视,中言其出京困苦之状,敕某人速遣大员前到水营迎接,自称予,间亦称朕,前云谕某人知悉,后云钦此,年月日下一押,其文理甚荒纰,字多讹误。督帅见函,置之不问亦不究。送书人越数日复一函至,仿佛同前,帅仍不问,当谕送书人再来当究责。其人既不得复,遂以一函与楚督官文,体式文字与前同,官帅拘执来人,不得实,亦未深究,后遂不知下落。或言解至和帅大营,和帅与携手密谭,会江南营溃,遂杳。或又云李德麟杀之。此事端倪,殊不可测。

古来伪太子伪宗室恒起大狱,若此事殊无其比,至今人以为异者有数事:督帅以去年五月奉旨署江督,而伪诏之事在正月,封面衔名则已称之。去岁殿元某,其人先曾以告人,事后不爽。又自言白事御前,另有一密记钤押,岂真奉敕出邪?抑妖妄先知邪?又每夜不燃烛,有蜡丸一,中有光照耀一室。居恒不卧,端坐或仰天泣下。在桐城乡与土豪某换帖,署名黄宝石,而年月日时皆同今上,帖后又书一查访贪污官吏,二察看军务情形云云。尚有数条不记,若刺史六条诏书然。问其所以,不答。且其人既非疯疾,万无以伪诏径下帅臣取死之理,而诸帅亦无模糊了事之理,殆必有由,非世所得闻矣。

杨军门厚庵,镇筸人,起卒伍中,督帅拔之至提督,统外江水师,与塔忠武、罗方伯、彭廉访称四将。杨与士卒共甘苦,能得人死。八年攻湖口,时初至,已麈战一日,逼贼寨立营,杨自微行岸边,闻或叹唱,言:“连日大不得了,日日苦战,夜复哨望不得卧。”杨突出讯之,卒不能讳,具服请死。杨曰:“此吾之过,吾昨夜已睡,今当代汝曹放卡,令汝曹安卧一夕。"遂自乘舢板,燃火绳一,携茶一壶,直泊贼寨。身畔侍直者皆令去,不留一人,士卒环跪,请留护卫,不可;再请,则拔刀逐之。是夜合军闻之,无不涕者。又部将违节制,攻贼不利,失二三十艘。杨时在上游,连日夜驰至,甫到,敕具粥数十大缸,驾小舢板二三十艘。外莫知故,白问何往。杨即自乘舟在前,遍觅沙州深苇之中,凡拯出百馀人,皆前日所失士,饿已垂毙矣。或问何由知吾士在苇中,杨曰:"吾士向多忠义,与贼战尽力,必不肯束手死贼中也。舟虽失,必洇水伏匿,惜吾迟数日至,死已过半,痛何可言!"因为涕下。其爱士多类此。每战必先单舸周视形势,既返,然后分遣诸将,某居某所,以是多克捷云。

三十日丙辰(9月4日)　　　晴

晨起返己舟,少刻霍生、咏如皆来,同访史君贤希。下午,又到咏如舟中,三鼓尽乃归。咏如明日行,因约后会。闻咏如言开孙在胡帅营,颇重之,去岁代作折稿未用,会闻家难,因辞去,今尚未返。昆甫家叔送眷至宜昌而自留省,充厘局委员。子迎现署湘乡,稚威在益阳厘局,庄君卫生告病允准,挈家居宜阳。陆子受辰沅道,恽次山常澧道。吾有游两楚意,而开生不在彼,此亦不得意事。闻霍生言,徽州程君伯溪孝廉,年二十馀,倜傥有权略,遇贼被掳,谲之得脱,闻在祁门住。

八月建丁酉

朔日丁巳(9月5日)　　　晴。日月合璧,五星连珠

三辰之瑞,吾在沪已闻之。合璧在卯初,吾起卯末,已不见连珠,四星皆在高度,不能了了。惟金星照耀明朗,此在古昔为异瑞,

近则道光初与今凡两见矣。三国张辀曰:"祥瑞之兴,皆在事前。"国家卜年已及二百,夫岂中兴之兆邪? 瞻仰昊天,一喜一惧。傍晚得信,皖城于昨日三鼓克复。

初二日戊午(9月6日)　　　晴

辰通谒督帅,贺收城之喜。以客多,因不请见。访贤希不遇。莫君善徵来访,以旧作示之,携二帙去。夜访霍生,并识王君虚斋,庆奎,楚人。又晤善徵。霍生微疾,吾独与善徵谈,甚畅。善徵家黔之独山州,东接丹江、八寨诸苗境,言苗事甚悉。

苗多姬姓,风俗皆类古,字皆古籀文,与今《说文》所载,间有小异。言谭亦多古言,如关门曰扃关,析薪为烛曰燎之类。其民淳朴,畏官长,据土纳赋,于国家初无利害。雍正间,改土归流,由于鄂尔泰之好事喜功,张广泗之残忍嗜杀,连兵数年,反复二次,不独不能以德格,且不能以威服。多设八厅今裁一厅。营,防兵至万数千人,地赋所增,不敌官司吏兵之费。又夺苗地以为屯田,卫兵又八千馀人。及久兵政废弛,而赋入颇丰,今以各卫千总为黔省美缺,于镇守绝无裨益。溯其用兵之初,欲改苗为汉,及既定之后,仍不能革苗俗。时有请令苗剃发易装者,鄂不许,是改而不改,徒黩武耳。前后所杀,亦止万馀。《圣武记》及记载各书言戮死数十万,俱铺张不实。苗惟畏哈元生,至今以怖小儿而不言鄂、张也。吾向论以斯举罪鄂之开边,张之要利,其言乃与善徵合。

善徵又言,今黔省苗乱纷起,实亦自改土之后苛政有以致之。黎平、都匀各府官吏诛求无厌,其事不胜枚举。嗟乎,自吏治混淆,朝廷纵虎食人,雍川之祸,必至一决,夫岂独苗然邪!

初三日己未(9月7日)　　　阴,天气凉肃

晨谒督帅,问盐事究竟。帅疑事与夷人缪戾,而端由我发,终竟

迟疑，尚欲函商于金都转，吾因请以复书令委员先返。帅又问吾能留营否，因告以有湘、楚之行。帅意留吾，吾辞以楚行归再至，约缮书就成行。吾又拟南到婺源见左副帅季高，帅允以书为介。因言皖省复后，大营当即前移，且为进攻庐州之计，吾唯唯。又言皖城之克，死者垂二万馀人，实皆饥极僵仆，故无脱者，劫数之大至此，言次若有戚容。

既出，复过访史君贤希，方扎署祁门，往贺之也。同杨君晴渡至舟中少谭，同访霍生。霍生疾未起，同访善徵。下午，杨君先去，莫君子思、欧阳君晓岑兆熊，教谕，督帅之友。来见。晓岑手中扇为四川李君芋仙士棻，今署彭泽县，其人向有才名，京师多知之。闻为人甚长厚易欺。作，诗笔豪宕可喜，实俊才也。欧阳君精歧黄，湖南番刻黄氏医书，即其家。与莫君子思皆督帅老友，髭眉皓白，清标介然，客此皆无苟求，行止以礼，此诚今世不多见者。

将暮，欧阳君去，吾又留少顷。善徵言直隶韩君南溪以道光末官独山州，倡言苗疆不日当乱，率士民兴举义团，后卒以保捍。近团首某为官司所害，故去岁城败，韩今尚官黔之监司云。

初四日庚申（9 月 8 日）　　　晴，大风

舟中一日，未他去。

初五日辛酉（9 月 9 日）　　　晴，大风

督帅送薛中丞、金廉访复书来，命袁君先行。督帅是日到皖，吾当俟其返。杨循度大令与梁溪王毅生来访。饭后赴贤希招，并为送行，贤希将以后日赴祁门也。晤霍生，又识武昌方君部曹。仲舫，瀛，其尊人某先生亦丙戌进士，官楚南十馀年而卒，其令兄子白大令，吾先在督帅营中曾识之。夜二鼓尽，始偕霍生返。霍生送余至舟，并约桐君行，后到其舟中住。

初六日壬戌(9月10日)　　　晴

晨放舟到南门,就霍生舟,时大众舟皆以水浅移南门也。既并舟,霍生以次舟假吾下榻。下午,霍生招吾饮,同座王虚斋及桐君。饭后,同莫君善徵、王君霍生、何君丹臣、王君虚斋、袁君桐君同至城,为循度、贤希送行,乙夜返。

初七日癸亥(9月11日)　　　阴

作书寄问渔、燕山、兰卿、孟辛、仲敏、般仲、衣谷、壬叔、振远、公执、羧甫及金廉访眉生、徐渭南、吴子石。善徵来访,言其同乡遵义府颜君佐才。雄奇出众,才识俱高,膂力能敌数十人,峒苗土匪皆与交结而听其驱使。恒言丈夫不能佐兴朝,即当持末运,两者俱否,则著书立言。若没世无称,非人之徒也。其言慷慨如此。

初八日甲子(9月12日)　　　雨,大风

作书寄家及阿哥,与昨函俱交桐君。下午,闻营友来言本日接据部咨,今上于七月十六日升遐,皇后富察氏拥皇长子登极,太后听政。遗诏、登极诏俱未至。谨按大行皇帝登陟前五旬,彗星起文昌内阶,破紫宫,指天市,帝座实在尾、箕之分。尾、箕,燕也,天市垣下,元帝星所在,天象信而有征,可凛凛矣。八月朔,三辰布瑞,或以兆新皇光复邪?草莽小民,喜涕并至。方今悍夷拥兵都城之内,亲藩专政而得下心,各方大帅咸统师旅,加之强贼跳梁,苗、回各匪在在思动。新遭大故,民惧国疑,社稷安危,近在举措。侧闻皇太后英明异常,旋乾转坤,倘系乎此,拭目以俟新政矣。

初九日乙丑(9月13日)　　　阴,大风

桐君是日早行,久聚忽别,颇用怅惘。善徵来,同至其舟中,就其书案番阅竟日。下午即在其舟饭。是日患下泄后重,一夜五起。

上曾涤生大帅书①

某年月日治下阳湖县民国子学生赵烈文谨言之。节帅制府大人阁下：某不自鲰浅，好闻外事。自冠年以来，遭世倾乱。窃伏衡茅之下，侧耳而听当世攘安之术，所以弭祸之方。尝有所闻，辄私心窃叹，以为当如是邪？虽以微末，不敢陈议，而思念其故，恒至不食不寝。

乙卯之岁，始荷枉听猥见，宠召进接明论，退见施设，喟然倾心。会丁大故，以是不获趋走。今者来军，阁下虚延之心勿替。往昔下士之微，使抗宾主，虽桓公之进九九，亦何逾于今日。某之谫劣，不副雅义。退自循省，辄用惭仄。方今大乱已构，宇内云扰。贼徒百万，称王十数。跨州连省，糜烂疆域；岛夷乘衅，窥伺便利。便轻蔑华夏，有囊括之志。加以新遭大故，国疑人惧。酋豪魁杰，益生异心。世事亟亟，虽今之涂炭，殆尚为乱始，而非祸之穷期也。

阁下负世高望久矣。名臣枭将，半自汲引；雄都大郡，连建克捷。而口无多珍，身无重采，家无封蓄，己无便安；秉火而起，夜分而卧，身率士卒，寒暑无间；闻者感激，见者慨动。声称洽乎遐迩，节概震乎当世。清粹笃恭之美，善颂者不能尽其长。当此之时，恢六合，典八纮，非阁下其安属？是以东南水火之民，舍近求远，辍食而念，企踵而望。顾旌麾之我后，或歔欷而咨怨。度阁下闻之，当亦太息不忍也。

慈君勤轸，斯民思欲。安之衽席，必料天下之大势。筹其全机祸之所生，患之由起。孰缓孰急，何利何害，了然心意之

---

① 稿本无此书。

中,而后因疾投针,适痛致饵,而后沉痼可起也。今长发之焰广矣,然其技长于守而短于战,坚忍而不能飙疾。坐踞千里之地,有整齐之术而无维系之方。政涣人散,外合内离,是足以病我而不足以倾我也;捻匪器利技精,马骑千群,发如飘风,集如急雨。然凶滔恶虐,无自成之心,是足以乱我而不足以病我也;西夷政修国治,民力富强。上思尽理,下思尽能。人人奋勉好胜,而耻不如于中国之政务。民志险阻,风俗今日一图,明日一说。思之惟恐不明,见之惟恐不审。搜讨经籍,翻译传布,孳孳矻矻,无或闻已。此其志不在小。国家之患,无有甚于是者。又其方教说盛行,使遂威侮华夏,汩陈典籍,乃含生之所共耻,而其患非独一世也。今多传言英法力敌世仇,花旗国僻众少,所患惟一俄夷。以今势论之固然,然而天不可知,胜不在大。要之西人无国不强,无人不锐,诚当世所宜日夜留意也。中国好尚虚文,习用苛礼,虽治世犹不能免,而外方专精简一,夫文多者内必寡,世专者力必优。故三代之下,中外之势,常居不敌。天意欲开通六合,自葡萄牙入居粤边,历祀四百矣,非一旦夕之事也。

　　阁下崇奖王室,抚安中外,思难豫图,是亦有道,不可不讲也。光武答臧宫请击匈奴,曰传闻之事,恒多失实。此诚明主之言。兵志有之:知己知彼,百战百胜。夫两军相当,犹重耳目,安有敌国在境而可不察者哉? 历世以来,轻信妄言,以启边衅多矣。始则视之如犬羊,不足一问;终又怖之如鬼神,而不卒求其情实。倏战倏和,一彼一此。覆辙之败,千古共蹈。有志之士所以椎心饮血,痛恨者也。夫夷人非异人也,术非异术也,反其所为而用之,其效可必也。今言知夷者有之,皆道听途说,揣摹其简，编不可尽信之言以为谭资，其实无裨益也。必求通夷言、习夷字数人，置之左右。再求曾至外洋，其人通晓明白者叩其底蕴，庶几十得其五矣。近则于我之各口海关、与夷相涉之署，各置数人，彼之各夷馆、夷署幕友，罗致数人，酬以薪资，使每日每事汇报。耳目既广，更以深心察之，而后夷事可大略尽也。更能募通敏精悍之人，给与厚资，使由夷舟历至各邦，遍求其政治风俗，记载简籍，山川险易，赋入多寡。所以强弱之故，以出入参较，则见闻必真。用夷之道，还施于彼。其事亦易，非甚难为也。与夷文告往来，必斟酌尽，当务求真实。国产为命，见重邻敌，不可以细事忽之，而必内修兵实，简厉卒将。求己之道，事之最先，非可言语尽也。事豫则立，夷患今虽不切，然长江千里，与敌共险，其出入之地，包举吴楚，不早务知其本末，事至后图，虽速何及。以愚揣之：西人之情，其俗虽勇鸷善斗，而进必思万全，且称尚礼义，所谓南方之强，非夫争利忘患，悉不思难者也。我之力内足以戢其骄，更得其情以御之，必将弭服。保邦已患，非奢论也。

如是而外侮既绥，吾得以尽力于群盗。外内之次，井井不失矣。若平贼之宜，攻守之局，阁下董督鹰扬，十年于今，筹之既熟，更何待于鄙论？然瞽不忘视，跛不忘履，苟有所识，犹愿言之。逆贼蔓延半天下，死者千万，糜帑巨亿，神鬼惨黯。二曜改光，蚕贼之讧，可谓急矣。论目下之势，两江之境贼窃其半，所馀江苏松属数邑，地卑势蹙，非用武之地。有巡抚团臣驻之，杨、镇、高、宝有都巴诸帅；皖北凤、颖有袁翁诸帅，皆非麾节所能进退，可无论于今日也。江北之通、泰，各属千里之广，财赋之薮。南师无一卒之守此，可轻师先驻，据为形援，兵之争地

也。皖南二郡十馀县,大兵萃之,水师下之芜湖,长江不通者三
百里耳。兵之要地也。西省全界,聊云完善,而地势于今在后
兵之内地也。明阁下以江西为堂室,以安省为门户,倚两楚之
重以为后援。今闻简练水师,欲直趋里下河,以收外府之利。
动合机宜,此有识所共心折也。而计谋卒未能合,功效卒未能
明者,力少而势分也。破贼不能无兵,用兵不能无饷。当此民
穷财尽,罗掘无所,已有不给之势,使兵交不已,殆不仅然也。
光武之在河北,百官以升斗给廪;魏武军用空乏,至以桑椹自
济。方之于今,奚啻有甚。不以源流未绝之时,远为彻桑之计,
乱一日不已,兵一日不息。民力日困,土地日芜,盖意料所及,
不可幸其未然也。论富饶无他术,近在征商而远在积谷。夫有
土斯有财,二者皆先,安土保民而后,利可兴也。就征商而论,
以为必严固疆宇以保之,通利道路以行之,薄其赋敛以徕之,一
其征调以安之,使皆欲行于吾途,藏于吾市,斯不患货之不充
矣。夫重为之防护,必有所费;轻为之取入,必有所损。两者若
于饷有大害,然而贪贾三之,廉贾五之,是非仓卒所能谭也。

　　至于愚下所见,兵势先后,其说更类迂妄。夫非常之务,不
可袭常人之规。兵法致人而不致于人。攻所不守,守所不攻,
避坚击瑕,诚千古之明论也。而后世遵用不由一端者,宽绌有
异势,强弱有异情也。我之势倍于贼,兵多食充,五攻十围,有
征无战。堂堂之阵,正正之旗;陈师誓戒,鸣鼓会众;取其所必
守,夺其所必争,是正兵之谓也。力不强于贼而不能不与之争,
饷不饶于贼而不能不与之久,则宜择要而守,伺隙而进;多其间
谍,重其购赏;得间即来,使无暇为客而但为主,无力进取而但
自全,然后东西齐进,蓄锐而逞,是奇兵之谓也。二者不同,皆

攻兵也。而善者必先言守，譬如木之根固而后枝叶畅荣，水之源积而后流委充沛。先为不可胜以待敌之可胜，兵之要也。古云能守而后能战，夫开门逐贼而不固其内藏者，智者不为也。自军兴以来，至于金陵之局，其事大可叹也。兴十万之师以顿坚城之下，至于八年之久，而苏、常重地无一人之足恃，劳兵增筑，一败而并；完善之区，尽成焦土。遗骸覆野，流膏充渠；惨恨痛毒，夫岂可言！方其连营二百，穿濠百里，岂不谓功在顷刻哉？惮攻薄之险，专恃围堑，思拱手以待成功，岁月既久，将骄而黩，士怠而嗟；逆援之来，望旌思溃，全师崩坏，势如决水。夫兵闻拙速，未睹巧迟，斯之谓也。今东征之师，谋力咸效；十年坚守，一旦而下；元老壮猷，介弟神勇；江皖遗庶，喜涕并至。某尝闻之：将位高则易骄，士金多则易怠，所获或不均则易怨，有是三者。愚鄙多虑，反用转侧，古人每胜辄惧。明阁下志务广大，谅有同心也。闻当乘锐东举，进攻合肥。斯地南凭江湖，北带淮泗；狂寇之窟穴，而形势之所必争。又克皖三旬，贼气已定，此亦不易图也。我之师徒殚力于前，深虑猾盗必将观衅于后。江、皖东境与浙衢、严及宁郡相错，在在可乘，有如蜂穴。又蕲、黄之贼方在吾后，增兵则不胜，其饷费之多，仍之则攻守不给，游奕应救则有道路之疲，一不逮而吾之境内复在蹂躏之数。逆焰既腾，居民四散，地不可保而饷无可筹，是吾径路未夷而寝堂已毁。斯寇乱十年，贼势常易而我势常难，职是故也。为今之计，以为当缮固完地，兴起吏治；地之要而民聚者急之，民多而地不要，地要而民不多者缓之，地不要而民少者后之。通计现有要城几何，严择才识之士，令自保任，不论资限，使之自募壮勇，简汰额兵；变更其法，务取可用；招还流民，纠合忠义;团结乡市,立寨要害;地赋所入,或全或半,暂以资之;非常之赏,必至之罚,以耀乎其前,督乎其后;荡弃文法,一切观效。尤要连络三省大吏,破除彼此之见,务求忠贤,与之协德,讲求守法;上下交厉,如是则久至一年,速至六月,设守可备,无内顾之忧,兵食日以充裕,而可尽力于攻取矣。外则简练锐师,以处其表。遣一陆军,由衢、严以抵浙杭,冲贼左肩,为浙之援,而维苏、松之人心,使无绝望。淳、遂以东,千人分守,以通声势;遣一水军,由长江直趋通、泰,沿江设守,东尽海门,拟贼右肩,为扬之助,而维常、镇之人心,使无绝望。外江水师,络绎上下,以通声势。大军自居安省,偏师南援宁郡,北拟庐州,使贼不知所备。更一将之兵,与楚师会靖蕲、黄,使贼无扰吾后。如是而贼无可乘,进则无利,退则日蹙,形竭势见,必将有变。急逆势既穷,吾力益厚,然后徐议攻复,必先掠其下邑,夺其径路,为披枝伤根之计,而后可以集兵大剿,一举图胜,此今日之大略也。夫将校之臣,行间之士,思欲耀功疆场,以战胜攻取为高,斯可矣。

阁下邦之大君,民之宗主,天下之所系,心必思保民之方,使孑遗之民勿更,一人不得其所,是乃盛德大业,无与比尚者也。且内不足不可以图外,守不固不可以言攻,犹拳勇技士,立足未坚则不可以取人。明阁下之所知也。举三省数千里之地,而以数万人兼攻守之役,东实则西虚,前坚则后瑕;地广则兵愈单,险多则防愈急;捉襟肘露,纳履踵决。又明阁下之所忧也,筹全局之利害,讨兵食之二源,而不亟求完固之术,未见其可也。守者非徒一端,守城守乡,各适其用。团练之举,诚今世垢秽之地。然愚终以为未可竟废也。国内之匪徒乱民与外邦之衅不同,人众素不多,饷资素不积;驱民以为兵,因粮以为食,故转战千里而无赍送之劳，戮死百万而无单弱之虑；是以贼利流掠而不利踞守，官利固围而不利捷获，利害之大较也。自古民乱纷扰之时，各筑坞壁者有之，举宗自保者有之；抢攘之中，卒多全济。而贼往往受其弊，何则？寇掠无所则苦饥，裹胁无所则苦弱，其势然也。今之贼自三年以来，俨然有自王之志，杀戮未极，所至城守受贡责赋，城民四散，居乡迄今安全者尚十七。斯近古所罕有，盗之异者也。然仅金陵、皖省及他都会，彼欲以结人而已。馀诸经过之地，掳掠裹胁，在在不免。故于乡团畏忌特甚，虑绝其兵与食之源也。旧年浙之归，贼为团人截杀过半，及破句容、溧阳而后复振；比至营下，众号十万；一扑而和，军为之奔散。使句、溧有团，贼且不得至，何能破吾军邪？某之乡苏郡常熟、常郡、无锡、江阴各村市后皆义民自起，迄今犹在，贼未能如之何也。虽皆不足言，苟得其人，按法以守，其效不仅是也。燹后各邑皆客迁商贩居其中，土著豪右半在郊薮；贼之焚掠，城多乡少，死者亦城多乡少。迩来官兵攻战日强，贼守将不支，不支则踞城必将改为掠野，故言守于今日乡团，实急于城防也。夫假团练之名，为囊橐之计，官绅四出，首言集资，所欲既充，脱然远引，更易一人，再为脧削，馀民有限之膏既罄于贼，而复尽于团，是不独慈君之所痛恨，即亦某所不忍闻也。然因噎废食，君子所戒。团之中有真有伪，有公有私，亦犹战守之有力有不力，不可一概论也。上之政废刑弛，夫何人之可恃？上之赏明罚必，亦何事之足疑。

　　阁下忠荩盖世，引劳于己，推逸于人；身执勤苦，暴露风雨之中。知今之官吏绅民不足多任。边方有警，近者分兵守之，远者驰兵救之。地方之职，有供亿之任而无保障之责。某愚诚以为不可也。今民方日处狼虎之吻,为之牧者犹得蒙难,苟安委过军帅。夫食禄共患,被宠均责,古之通义。使下功则戴赐,过则蒙宽,厚赏而薄罚,甚无谓也。今人非尽驽骀,有骐骥之乘,而不设以衔策,虽伯乐不能使之翔步。诚宜求才能功利之士,任之专一之权,守乡任乡,守邑任邑,其有欺诈或功效不立,立与论抵。如是而下不恭职,境不安定,封界不固,未之有也。诚知承平已久,文网宽弛,纵欲绳切,而事权不一,禀命不威;顾念当今之世,王纲倾覆,民生几尽;忠臣腐心,义士切齿;所望雄略,与时转移。若一切因仍,虽吴、白复兴,何裨斯世。大行先帝知方岳权轻,不可以集大事,故每奏陈,未有不纳,宜奉圣意,稍以便宜;割断以救焚溺,是亦后世之所谅也。抑更有请者,古人戡乱救危,削平大难,必资暖群力而后可以集功。为大事无忠贞一德与共安危之股肱而克济者,未之有也。今上当求公忠同志之友以任方牧,下当求清勤不二心之佐以处郡邑;外当求勇猛轻死之将以资军旅,内当求明识远利之士以参帷幄,四者阙一不可也。阁下爱贤好士,天下之所共知也。远者可无论,第左右人士,屈指可数者。士负阁下邪?抑阁下以为无益而弃之也。儒者信多迂缓,不切事理。然求通达之论,孤鲠之节,舍此不获也。使斯之人恒得清议,出入令天下晓然。知阁下谦冲之虚纳,已将有裨政治;况集思广益,未尝无补邪?叔季之人,匿实蹈虚;外托高雅,内急私利,士习之所恒有。阁下更事既多,识人既广,隐遁容饰,洞若观火,可谓明矣。然某愚以为知之不难而忘之实难。泰山之高,以其不弃粪壤;沧海之大,以其不拒浊流。天下分崩,人志日嚣;凡其器能略过侪辈,咸思奋自树立,四顾以求因依。真伪虽不一端,未尝无也。苟非贤杰,以天下为己任,流俗之情,大抵求利耳。使诚无求,将销声匿迹于南山之南,北山之北,又肯来为吾用邪?是以明君给人之欲,不失其意;责人之力,不求其情。故人人自以为得君,顶踵思效。合众人之私,以成一人之公,所以能收效也。夫与人共患难之际,而务慎密于登进,殆自孤之道也。谓宜多储广纳,收其偶然之用。其有误滥,则亦为损甚微,而以获好贤之称,利甚厚也。军旅之间,一技不没,有道以御之,孰不思尽其力?况贤否之分,不可仓卒。士有造次,倾动亦有;暗然日章,观人之难,及久而后可尽也。故曰贤主求才终日,及其得人,不出闾巷,信笃论也。自古英霸之略,汲汲不遑,惟有求贤自助而已。而士恒偃蹇不乐者,徒以既出,则当分人之忧,非荣宠安乐已也。自后世志节凌夷,以干谒为进身之阶,一登仕途,有利无患,于是游谈之士争扼腕而言利害,虽衡石程书,犹不可计。是使周公在今,亦将爽然而废吐握,何论馀者。

阁下奋其勇智,矫世违俗;恳诚拳拳,千里之外,将共兴起。尤望敦尚儒者骨干之士,以佐不及。宽以纳才,严以责效,是实安危之大端,治乱之所存也。夫士方尽忠而视为奔竞,某尝思之以为大辱,故瞻谒当世贵位不一二矣。未有片言之喋,兹之妄论,毋乃丧初。诚痛大乱无已止之时,而世鲜保民之主;武臣拥兵专土,务求近功以济私欲。取材者以猛悍为急务,求荣者以锋锐为立言;非以已乱,而且以益乱,此古人痛哭流涕而兴谭也。平心论之,如阁下者,今当几人?阁下不为民依,遗黎复安所望!

某自顾薄弱世事,非所堪任;遭际大贤恢广之度,深维昔圣失人之旨。庶几愚虑一得,荷明识之采择,斯某之区区所以自效也。又今所云皆阁下所不乐闻，非敢立异也。使言皆同，安用多费楮墨为矣。无能之人恒自为能，以某方之，无乃斯类。然使言之而当，冀匡裨于万一；言之而不当，犹无损于高明，而足以显兼容之量。故某罔所忌惮，倾臆而出之于阁下之前也。临书悚虔，敢布四体。某惶恐再拜上。

准兵部火票递到吏部咨开，准赞襄政务王大臣咨称：嗣后各路统兵大臣，各省督抚、学政及各城将军、参赞大臣、都统、副都统、办事大臣、帮办大臣、提督、总兵等遇有拜发折报时，另备印文，开明所发折若干封、片、单若干件，用印封，随折报交捷报处，以便本王大臣查核。即希吏部由五百里分别转行传去，一体遵办可也。再，本王大臣拟旨缮递后，请皇太后、皇上钤用图章发下，上系"御赏"二字，下系"同道堂"三字，以为符信，并希转传京外文武各该衙门一体钦遵，按照朱笔，随时恭缴，相应咨照可也。

七月十六日奉上谕立皇长子载淳为皇太子，命载垣、怡亲王，宗令。景寿、额驸。端华、郑亲王，右宗正。肃顺、户部尚书，宗室。以上皆御前大臣。穆荫、兵部尚书。杜翰、吏部右侍郎，山东人。匡源、吏部左侍郎，山东人，庚子。焦祐瀛光禄寺少卿，直隶人，己亥。以上皆军机。赞襄政务，钦此。

（以上《能静居日记》九）

八月建丁酉朔日丁巳起，十日丙寅（9月14日） 阴

雨，大风

昨夜下利，委顿竟日。舟中偃卧，泛览书籍。

读方、汪文集。

望溪老人《周官辨伪》言新莽事规元圣，故令刘歆增窜经文，以文己奸。事原有之，惟于媒氏奔者不禁之条，以为莽时官奴婢传致钟官者以十万数，至则易其夫妇，民人骇痛。故特伪此文以示《周官》之法。官会男女而听其相奔则罪没，而易其夫妇不为已甚也。今详绎其言，似为不伦。使莽躬行淫佚，借以自文，或国俗不贞，用之矫饰可矣。今易配者实罪隶，当增说于司寇诘奸之下，不当列言于媒氏好合之中，理固难牵强也。然媒氏之文，义本废解，虽怀疑而未敢难也。

顷见汪容甫先生《释媒氏文》有之曰："男子三十而娶，女子二十而嫁"，礼言其极，不是过也。《内则》"有故二十三而嫁"，则无故不得过二十明矣。无故愆期，过在父母，则奔为有故，而情有可原矣。若不逾期而奔，是为不用令，此无故者所以有罚也。《国语》句践令女子十七不嫁，父母有罪，此媒氏之遗法也。考《月令》："仲冬之日，马牛放佚，取之不诘。"彼不得为教民盗，此岂得谓教民淫哉！通人之言，足令疑怀冰释矣。

夫先王立法，惟恐失人之情，故凡事恒取其中。贤者俯而就之，不肖企而及之，使民可从也。自后儒以己律人，且欲以己所不能责之天下。躬自厚而薄责于人之谓何，而蒙然不察其事，可深叹也。人之禀性厚薄，各由天定，强而致之，非伪即矫。人尽言忠，己不得不忠，则视沟壑为强死；人尽言贞，己不得不贞，则视闺阁为罪拘。戕贼人以为仁义，吾恐姬、孔复生，将虑一夫不获之辜，而无暇苛此

细文矣。

君子秉彝之性，发于自然，愚者可使渐摩，不可使之粉饰。圣人岂不乐郅治之隆，而顾不欲以伪就。何则？人之性本诚，督之以礼，礼未成而诚先丧，明者勿为也。世愈降则伪愈滋，接其言论，则比户可封；究其隐微，则夫人当罪，而后之君子争乐。此老庄放弃礼法之言，所以中智士之心而弗去也。治道去其太甚，善乎斯言，得圣人之一体矣。

十一日丁卯(9月15日)　　阴雨

今日督帅有信，即住安庆，各员弁俱当往，吾亦拟随众一行。

阅黄坤载先生《素灵微蕴》一卷至三卷。

十二日戊辰(9月16日)　　阴，下午放晴

识禄鸿轩刺史，廉瓜尔佳氏，镶黄旗人。本从寿州来，知彼间事。捻首苗沛霖自去秋车驾北幸，即意图不轨，于所居蒙城设坛，会所属，大临三日，缟素发丧，言天下已无主，我等当各求自全。随僭称河北天顺王，戴用宝石顶、三眼翎等物。时袁帅在凤阳东二十里之临淮关，翁帅在寿春城内，闻信俱札召之来。苗赴袁召，自言为下所迫，僭号实由不得已，愿留麾下效力，不敢归，袁斥遣之。自是遂四出攻掠，劫袁帅粮运，二帅俱无如何也。后见都城无事，复为徘徊两歧之见，会袁遣降捻李世忠往招谕，遂仍返正，而意尚在观望，惟不肯直言反，且不与官兵接仗耳。

寿州团绅孙家泰本捐纳部曹，居家督团事，而与苗仇敌不两立。苗每不逊，必以索孙为辞，孙亦挟翁帅以为重。翁帅先已卸事欲行，孙辄跪求不舍，实亦不能出其范围，无如何也。皖北各郡县，淮以北、颍、泗及各县皆吾有，而苗捻踞蒙、亳二邑，淮以南凤阳、滁州、寿州皆吾有，而毛贼踞庐、和、六安，境内无贼者，周广尚有千里。袁帅

有卒万人，每月需饷七八万，翁帅大约亦同。饷俱恃北省接济，空宣竭为尤盛云。

阅《素灵微蕴》四卷终。

《长沙药解》四卷，读卷一，十页①。

十三日己巳（9月17日）　　晴

拟放舟到皖，风逆不果。善徵来。禄鸿轩来，请处方。下午，咏如同梁溪王春帆大令来。二君自皖至此，言皖事甚详：前月中旬，援贼至石牌，进扎集贤关。二十日、二十一日扑东门外长濠。二十二日巳刻大股扑西北长濠，人持束草，蜂拥而至，掷草填濠，顷刻即满。我开炮轰击，每炮决血衢一道，贼进如故，前者僵仆，后者乘之。壕墙旧列之炮，装放不及，更密排轮放，调增抬鸟枪八百杆，殷訇之声如连珠不绝，贼死无算而进不已，积尸如山。路断，贼分股曳去一层，复冒死冲突，直攻至二十三日寅刻，连扑一十二次。攻方急，一勇掷火包，线长未燃，被拾起回掷，时我濠内遍地火药，包发轰燃，其一二处守者皆溃，奔退十馀丈。贼过濠者已七八人，统领曾观察国荃见事急，亲下斫贼数人倒地。溃卒见统领自战，皆复返，枪炮复续，贼见不可攻，其逼胁为前队之众已尽，乃退。凡苦战一日一夜，贼死者万数千人，我军死者百馀人，用火药十七万斤，铅子五十万斤。是时城外贼之陆营先已尽夺得，沿江炮台亦为水师陆续攻取。内贼已在掌握，惟专力御外而已。

至七月杪，北门地道成，晦夜四鼓，前营开字营官程又忠本皖城守贼，今夏投诚。薄城西北门，缘城而升，城破，会地道亦发，我师蜂拥而入，守贼皆饥倒不能抵御，城上炮架至以铁练锁炮手其上，以防其

---

① 稿本作"读卷三，十一页"。

逸,见军至,跪地乞死而已。逆目张朝爵、叶矮子不知下落,陈某、吴某皆死,杀贼凡一万馀人。男子髫龀以上皆死,各伪官眷属妇女自尽者数十人,馀妇女万馀,俱为兵掠出。房屋贼俱未毁,金银衣物之富不可胜计,兵士有一人得〈赤〉金七百两者,城中凡可取之物扫地而尽,不可取者皆毁之,坏垣剧地,至剖棺以求财物。惟伪英王府备督帅行署中尚存物十七,馀皆悬磬矣。贼绝粮已久,通城惟伪目张朝爵私藏米五石馀于屋顶,馀处俱无颗粒。人肉价至五十文一两,割新死者肉亦四十文一两。城破入贼居,釜中皆煮人手足,有碗盛嚼馀人指,其惨至此。城将破,援贼见火起,尚来扑围二次,不得进,越日始退。

计是役前后阵诛贼不计外,其夏间鲍军门攻破援贼刘玱林,降者四千馀,疑其内应,尽杀之。自四月至今,城外各贼营陆续来降,亦皆戮死,又八千馀人。前月援贼前队驱胁良民,死于炮火者一万数千人,今城陷复杀贼及万,共死三万馀人。军兴以来,荡涤未有如是之酷者矣!闻收城之日,五鼓攻陷,杀戮至辰巳时,城中昏昧,行路尚须用烛,至今阴惨之气犹凝结不散,尸腐秽臭,不可向迩。嗟乎,无边浩劫,谁实酿成,闻之非痛非悲,但觉胸中嘈杂难忍而已!

十四日庚午(9月18日) 阴,大风

晨,王春帆大令来,饭后咏如来。下午到咏如舟,并识李少山刺史。莫君子思来访,吾又访善徵,不遇。夜咏如、霍生谈至五鼓。

十五日辛未(9月19日) 中秋节。雨

晨在霍生处识普钦堂总戎。承尧,云南临安府新平县人,纳桥恭甸土司之族〈弟〉,前任九江镇提督衔。到莫处又遇之,并晤欧阳君晓岑、湘潭人,丁酉孝廉,兆熊。方君仲舫。瀛。普君约至其舟饮宴,肴丰酒旨,厌饫终日。夜二鼓始散。善徵以其尊兄子思先生《邰亭诗》见示,韵高

气洁,真唐人风范,不易多觏也。

十六日壬申(9月20日)　　　阴,夜晴月皎

欧阳晓翁约同诊程尚斋太守桓生。家人疾,辞之。到欧君、莫君子思舟,子思先生更以近作见示。

读《三国志》。

吾丙丁之间读是书,评论数百馀首,时忧中未有日记,未录也。吾兄携其本到秣营,同志史海楼部曹、致浩。方兰槎同守、德骥。陈良叔中翰,克家。皆美吾言。去年夏,王师败绩,书遂以燹,由今记忆,一条不可得矣。既读范书卒业,将重理斯卷,会远行不果。顷舟居无事,开囊更读,军火之中复获斯乐,可谓梵净诸天三灾不到者矣。

读卷首《陈寿传》。

二丁当適庶分争之日,阿党以求后福,安得云佳士,何用立传。寿于葛公推奖已极,特以所遇晋祖,而寿为晋臣,军事之间,不得不微抑其辞。观其序上葛公文集,五中倾折,诚复何似,而以为怀怨,斯之不察,可为盲瞽。即寿之不帝蜀,亦一时事势使然,论者亦以为罪,吾恐寿九泉齿冷矣。

读《魏书·武帝纪》。

关东义师不进,操言云云,王者尚德,霸者尚力。当时卓兵之强,数倍东师,择险固守,挟天子以令诸侯。此官渡之役,操之所以终胜河北也。其事虽后于十年,其言已见于今日。一时同盟,无或识之。夫英雄俊识伟度,岂待有所成立而后可知邪?

操与徐荣战不利,新造之卒,初战必败,成事者贵不为所摇耳。

黄巾入兖州,鲍信劝刘岱固守,无任钞略。按此即坚壁清野耳,破流贼无逾于此。

操迎帝都许,而后枣祗献屯田之策,前此数年旱蝗米贵,计其军

食,惟有掳掠而已。吾昔疑受降百万作何安顿,今乃知其时行径略同,无劳另为储峙也。

屯田之法,遇大乱之后,兵事不已,不可不行。然非大乱之后,亦不能行也。地未尽芜,民未尽散,则田皆世业,不可得而夺也。魏武行之于都许之岁,天时地利尽得其宜,王业始基,于是乎在。夫足食而后足兵,圣人之言,次第固不爽也。

操筹安众之策明矣,归师而为人所遏,不可遽战,战则必散,必至死地而后可以一决,士无幸心也。为将者诱士卒致之死而与之生,兵之理也。后之将者,多好以死地与敌而战之,未遇能者,苟以取绩,然而军之至险,莫甚于是者矣。

操攻吕布,士卒罢,用荀攸、郭嘉计,决水灌城。自古攻城之役,皆乘锐薄升,一鼓而下,其决水堑围特用之于兵疲劳苦之后而已。若恃以为经常之法,彼守城,我守堑,彼所守少,而我所守多,则我为劳而彼为逸。加之师久则老,兵众则骄,既老且骄,而彼方用逸出兵突犯,决吾之围,不待外援矣。

绍两名将,皆一战而死,此有天焉,非人力所及也。

官度粮少,操谋还许,文若劝之固守。方关东义师起,董卓西徙,操尝笑之矣,及今之意,何以异五十步之于百步也。于以见绍力之强,且知艰危切身而不动者,非大成之量不能也。操能用文若之言,卒以定霸,勇怯之机,内战于心而勇胜,曾何敌之足云。文若一言,虽谓之先登首入也可。

乌巢之争,操不顾死矣,强弱成败之机,非此恶战不决,然而险矣。方绍遣车而以万人送护,及闻敌至,又遣骑救,未可谓之疏也。绍军虽众,而无如操之亡命,何也? 故重兵以困敌,必审其敌之何如人,不然,虽困之,实资之矣。

史于操破绍之后，称引占验之言，文至此一束，自是行文家法。而言魏帝始迹，实亦在是。观操之在兖州凶虐奔突，实一贼耳，无自成之心也。至都许之初，定规模，足兵食，而霸业肇兴。克绍之后，取大威，剪强敌，而王图以就。论操生平，战功于是而成，于是而止。前此固不足论，后此亦无复丰功伟烈可震耀于世者，特其馀事而已。故史于此大书以著代汉之事，而托言于天道，其识明，其文美矣。

七年军谯之令，凄怆可诵。彼用兵初起，殆皆乡里邪？

观操征行，必开漕渠，其军中但给米谷而已，不与钱也。使但与钱，一旦商贾断绝，将如何？

操攻邺城，决漳水作围堑。夫用此法以攻城，虽不足恃，然亦观其守者为何如人耳。尚庸才，外援不足畏，审配守邺不可弃之而走，围而守之，有死而已。然犹必去其下邑，披其枝叶，而后可以泰然处之，其于尚之来，犹虑其亡命，及其依险而进，无必死之心，方逆击破之，邺始真为曹有矣。孰谓操徒尚锋厉，乃其慎如此，岂可及哉！

"民亡椎冰"一节，此琐事殊不足录。

操征辽东，凿渠通海以济运，此海运之昉。

柳城，疑即今奉天柳条边，彼时已有之。

建安十三年，汉罢三公官，以操为丞相。维时外患既定，改而内图。自是之后，虽战争不绝，非操意之所存矣。

万物万事各有其量，如斗升瓠石，不可以毫发强也，惟功业亦然。操之量不足以齐一海内，平袁破胡，其志盈矣。外攘之略，改而内图，荆州之役，聊以扩充，值琮之孤，一举克捷，心骄意得，泰然自高，而吴方救死不给，蓄力以待。当此之时，无论操数十万之众，即倾天下而与吴争，亦必为吴所败明矣。至丁赤壁既衄之后，荆襄撤戍之时，操兵纵不能攻，亦岂不足以守，而主军先退，偏师旋遁，及后汉中弃地,事同一辙。观操克绍以前无坚不摧,无战不捷,岂若是之挫折不耻者哉。故曰操之平袁,操志盈矣,其气竭矣。初作于官渡,再衰于邺台,三竭于柳城,其天意邪?其人事耶?二者皆有之,而三分之局成矣。

历代禅让制策,皆用古体训诰,非不可仿而似,而读之索索无生气,其立言不诚也。新莽作俑,操、丕传业,继是以后,纷纷千年,徒令读者欲吐。而史多载之,以为删弃可也。

操女入宫,而伏后被贼,其由于適庶之争可知。篡夺之事虽起于莽,而未有夺上之配偶,使之不保妻子也。操之凶滔,夫岂有纪,三易世而司马氏即以其人之道治之,九泉有知,操之心痛邪?悔邪?

操十九年乙未之令,吾知操世之不昌矣。夫乱世军兴,用人不论其品可矣,事业粗成,天下略定,亦当登进吉人以毂孙子,奈何明诏四海,专取无行之士,独不为后嗣计邪?自叡之后而典午盗权,朝士无或执正,操实贻之,此虽天理,殆亦人事而已。

二十年,省朔方郡县,郡置一县领其民,甚得治体。世乱民稀,务当并省以求实在,官多财费,徒置之无用之乡,为操所笑矣。

吉本等率家僮、杂兵裁千人,即欲谋大事,思挟天子以攻操,顾以操为何如人哉?使令许下事成,不过高贵乡公之事先见汉室耳,于炎祚诚复何益。幸哉,献之全身以殁,操不被弑君之名,然而危矣。

操机略干才,一时自无其匹,然而志量之广阔,以视高祖、光武瞠乎殆后。当高祖睢水之役,光武昆阳之鏖,以方官渡有甚也,虽或胜或败,事非一轨,二祖皆泰然任命,存亡不以系于中。若操之坚守已有退心,乌巢之争舍死图全,其气局之宽迫,安可同日而语。至于破克谭、尚,南临江表,弃师赤壁,委土汉中,非势不能,气盈而馁随之矣。高祖既有天下,犹躬披坚执锐,以靖诸叛,光武受纳赤眉,长安既定,犹亲征陇右,四海之内不一不止,岂操之释外图内,苟自崇高者可比哉。故曰平天下者,志起其始,而量成其终,不可以毫忽勉强也。

十七日癸酉(9月21日)　　阴,夜月甚皎

访普钦堂总戎,禄鸿轩刺史来,欧阳晓翁、方仲舫部曹来,善徵来。下午霍生觞客,肴极美。座中识辰州杨君达廷。访莫子思先生,闻先生言纯庙御批《通鉴辑览》注内考古地名甚可据。又言监利王子受柏心。秋曹有学识,工古文,在襄阳主讲。湘潭王闿运吟秋。有才气,在长沙就幕。淮安尹杏农给谏耕云。有气量,深史学,在河南抚军毛营。徽州王子槐侍郎茂荫。有干局,留心人物,在京都。

读《文帝纪》。

丕即位,改建安二十五年为延康元年,未即位而先改元,名为汉朔,实魏正矣。操功盖函夏,犹忍执臣节。而丕觊夺神器,至不能以朝夕须,虽其奸凶故操之心,抑何仓卒若此? 命祚盈于七年,国胤易于再世,欲速则以速报之,天之理也。

汉以寺人亡国,而魏著金策以为戒。夫矫前事之非易矣,君人者德苟凉薄,祸患之至,亦岂胜防。故魏戒阉尹而疆臣移祚,晋树宗党而同姓乱朝,故君子之有天下,贵自修德而已。德之不昌,安往而不逢其弊,沾沾于一事一节,以为长治久安之术,顾不误哉?

许芝劝进表,至引蝗虫以为瑞,怪哉斯言! 又称《春秋大传》曰:周公何以不至鲁,盖以虽有继体守文之君,不害圣人受命而王。又曰:周公反政,孔子非之。其言尤悖乱无理。汉魏之间,儒者欺天诬圣,造作放逆之言如此者,实足令人发指。其源始于西京之世,而光武成之,夫犹是此谶纬造作之文,而子孙之朝,贼臣以之藉口。光武知之,能无悔欤?

当涂禅继，典午进表，作俑未成，而效法者已至。可畏哉！

法尧禅舜可矣，又必效二女之降，舞弄经文，相率诈伪，以毁误人之国家，当时诸儒，直当骈首而已。

丕之辞禅，至于四复；群臣之奏，不啻百上。欲取，斯取之矣；欲弗取，斯弗取之矣。丕之心路人知之，淫辞连绵，将欲以欺谁氏？当时君臣，真如俳曲上场，清夜自思，不知何颜以对妻子。既夺人之国，而又欲得至让之名，至引舜禹与己为同类。久假不归，安知其非己有，丕之谓矣。承祚于汉诏之下，即接为坛升阼之事，而尽删其伪辞，良哉史乎！

元年，戴陵谏猎，丕怒，论陵减死罪一等。丕才不逮父既远，而虐则同之。作史者深恶之，故著其建国初政，即以游田之故，戮辱谏臣，以明魏之不昌，非偶然耳。

丕禁妇人与政，而司马氏皆假太后以废诸主。夫患女谒之盛，当先减声色之好，岂言语禁令之足以改易弊俗哉？丕不知汉氏之衰由于失德，而徒禁妇家，禁宦寺，此由疾病但治其标，服药百裹，无益矣。

四年，禁天下私复仇。此诏之意甚美，自汉以来，敦尚节侠，父兄之仇，不反兵而斗可也。甚至一面之识，亦为蹈刃犯难，岂理也哉！是以豪强之家，连结宾客，专恣放纵，草菅人命，世治则多起狱讼，时衰则易以生乱。殆犹六国之弊俗，数百年而不改，而上未有议之者。此诏行而世风遂移，魏文生平最足称矣。

丕好学能文，观其言论，仰慕汉文之为人，不可谓无乐善之心也。然而专尚虚名，不务敬德，权谲刻深，似父操具体而微，顾自托儒者之流，为文义之所拘窒，进无当于大雅，退还失其故步，又所学矜奇尚博，不闻大道，是以当涂之业，及身而衰。其理固如此也。

十八日甲戌（9月22日）　　　阴雨大风

在霍生处识李申甫观察。榕，四川保宁府人，钦差营务处。善徵来，代何君丹臣招吾晡间饮。禄鸿轩刺史来，晡赴何君招，同席莫君子思、善徵、欧阳君晓岑、李君申甫、方君仲舫。饮散，共莫氏昆季清话，为普钦堂总戎，王虚斋广文处方。

读《明帝纪》。

叡太和三年之诏，以无子而防后人重所生，嗟哉愚矣。礼，大宗无子，则小宗入嗣。此在常人则然，天子公天下之心，无子则当妙选宗藩，任以社稷之重。古圣人尚旁求他族，何况本支同气之亲，顾念及身后，患尊礼之旁及，抑何私褊之甚邪！人恒私其所亲，此通理也。立嗣而讳其所出，至不知所从来，此齐王早废故耳。使久享天位，威权克行，安能不究本原之所自。欲望一纸之诏，行于骨肉既寒之后，庸可得邪？

叡葬山阳公以天子之礼，此在丕之时亦必然。然而叡近诚矣。读其告庙之文，赠策之作，忠厚拳拳，非若黄初三让，尽以诈伪立言也。魏世无令主，挈短取长，叡为彼善矣。

青龙二年，与司马懿诏，实畏敌而故作虚矫之言耳。葛公方屯田渭旁，何粮之可尽？承祚为晋史，不能无讳隐之言，如此诏者，不载不足以为罪，载之乃失实矣。

景初元年，有司奏定庙乐，以叡制作兴治，为魏烈祖，乐用章武之舞，生而议庙号乐章，此亦千古所无，不祥之甚。君骄臣谄，尚安望治邪！

魏之嗣君，叡为令辟，以智则类祖，以学则似父，使左右有辅弼之臣，未必不能扩清方面也。乃自祖父以来，不求吉士，图维社稷，尽尚机术，以钤群下，故君臣无固结之恩，以可成之姿而莫或匡之于正,歆、朗之徒箝结取容,大臣不言,而小臣反进其忠,止于人微位卑,无以转移上心,卒使土木之功骚动天下,夫谁之咎邪?

十九日乙亥(9 月 23 日) 阴,细雨,大风甚寒,若欲雪

饭后,善徵来。舟中一日未他往。将暮时天色正黄赤如赭,气象殊不佳,不知何处复有惨祸。伤哉!〈伤哉!〉

二十日丙子(9 月 24 日) 晴,天气晴朗,风微;午雨,风复作,下午复晴

自前月杪至今,北风狂吹,无日间已,数日内寒如初冬,每风稍止,一二日辄复作。群舟自今月上旬将赴皖,守风至今日矣。晨,欧阳晓翁来。饭后,方君仲舫、普君钦堂、禄君鸿轩俱来。下午,莫子思先生请处方。晓翁来,与吾同舟。

读《三少帝纪》。

西域献火浣布事,殊不必载。

正始元年,曹爽以司马懿为太傅。二年,吴寇,复遣征之。平居则妒而夺之权,有事则倚而假之柄,爽真奴才哉!

承祚于纪中不载人章疏,正始八年,独录何晏、孔乂奏,思之不得其用心之故,意者以晏儒士,而坐曹爽以死,当时论者皆希权臣之意,众口谤之,承祚为之不平,欲申公道于后世,而身为晋臣,不得显言,故录其忠告以待读者之悟邪? 兼载孔乂者所以乱其迹,使时士莫察也。不然魏虽褊小,忠鲠尚有之,独言二子,因阙进规,恐无是史体矣。

曹操迎帝都许,手安反侧之社稷,东征西荡十有馀载,而后议罢三公加九锡,汉之廷臣犹或尼之,及久而后可得也。懿在丕叡之世拒捍诸葛,幸值其死得以不败,赍功绩者,惟辽东公孙氏耳,无他勋劳在于王室也。一旦杀爽,权势移于其手,而朝士争趋奉之,尊位隆

礼若不可以朝夕缓,呜呼,魏之无人,诚无人矣!操家父子弃蔑道义,专尚斫弛,夫树荆棘者秋得其刺,又何尤焉。

五年诏奖故中郎郭修、刺蜀费祎,爵其子为侯。魏为中原上国,力不足以戡敌,而为穿窬之行,其何颜居南面称天子哉!斯皆司马氏所为,承祚载诏文以丑时政也。

六年,载军士刘整等事,琐碎可删。

高贵初入,折节以礼群下,岂不思以柔御刚,以弱胜强乎?无如倒锋授镡,势成反逆,假神之丛,三日而枯,虽以公之聪明,其何以回既去之政枋邪?卒至事不可忍,仓卒一决,遭屠刳之惨,自古王室之祸无有甚于是者。世之长老方含汉泪以哭魏朝,曾几何时而报施已及,虽故典午氏之惨酷哉?不可谓非操丕菌奋之不善矣。

髦好学夙成,洵乎守成之令主,惜其赋命不辰,遭遇强暴,斯可悯矣。睹贼臣之专朝,痛社稷之将陨,思慕中兴之主不失旧物之艰,恤然情见于辞。方际虎狼在侧,钟会之徒,司马氏之腹心耳目,窥伺人君之好尚,以测浅深,奈何发言吐诚,益奸人之畏忌,髦之受祸,斯兆之矣。又其言美三代而耻汉高,上道德而贱功利,则髦非雄略之主,一言可见。炭炭居炉火之上,而方欲坐论王霸,呜呼偾矣!

齐王、高贵皆以无罪放弑,作史者不能直辞而心痛伤之,故皆载其读书通经之事,以见两主皆聪睿无过耳。

昔征俭、钦,高贵不出,时师逆迹犹微,内无图之者,故坦然远行而不惧。及诞之反,天下震动,而髦年已长,不愤之心昭深知之,己行而变生于内,是司马氏无种矣,故逼胁二宫以临戎阵,于是髦愈愤而昭愈忌,南阙之祸,可豫卜其然矣。

臣子抽刃,君主被弑,事已决裂至此,尚何隐饰之有?虽尽天下之纸牍以为辩论,诚何损于凶德,徒扬秽声令后世切齿耳。以为不如正告天下以救死之故，曹氏无人，司马氏当代之，捐弃唐虞之文，扫荡鬼蜮之状，毅然即位，不假伪禅，犹愈于笺诏往来，欺人欺己也。自古王者以德，而霸者以力，力既胜之，势无在下之理，此亦天下所共知共谅也。必推合三五，比踪古圣，曹、马自以为智，以吾观之，其愚至矣！

山阳公夫人节卒于高贵既弑之后，魏氏之乱，汉氏犹及见之。使节如黄皇室主之附刘，当含笑而入下泉矣。

有司奏燕王尊崇之礼云云。嗟乎！斯亡国之政也。以子臣父，君子之所不忍闻，虽所继重所生，然而未闻以君礼事子也。有父子而后有君臣，父子之恩笃于君臣之义，今使弃其毛里之爱以正天地之分，子南面而称诏，父稽首而奉书，是瞽瞍朝舜诚见于今，而大贤不当以为野人之言矣。魏之廷臣无礼若此，不亡何待？

荀颛拜昭，而王祥长揖，世言祥为壮直。以吾论之，祥乃不如颛矣。方魏之衰，社稷倾颓在于旦夕，祥自以为魏之三公，即当助国锄奸，奠安天下，不可则当隐身避位，无效素餐，又不能则亦随波逐流，自安庸劣，三者之外，无置足地也。乃进不能效忠，退不能洁己，而复欲矫异于凡流，思高拱揖让以取虚誉，曾何裨于宗祏之沦胥，固不若颛等尚不失其本心矣。且数年之间，典午即阼，祥且北面而朝之矣，不耻称臣，而耻一拜，吾谁欺，欺天乎？

自建安始创农官，至咸熙六十馀年矣。法久则弊生，晋文罢之，谅能得时之宜，且见其时安定已久，兵食充足，无恃屯垦也。司马篡乱而兴，与曹氏一辙，然而景象充裕，布政优优，则过之矣。虽时会不同，所承各异，亦由上之好恶殊别，非独时事使然也。观今年丁亥诏书，归于爱民，思先文教，蔼然有君人之言于以统一宇内，获数十年之治安，夫岂无故哉！

二十一日丁丑(9月25日)　　　　晴,风微

晨起舟行至江心,浪犹扬簸。申刻黄石矶,随帮泊船。闻亲兵船坏有死者。同晓老上岸,遇霍生、虚斋、仲舫及彭九峰副戎、刘馨室观察,建德,广东人。督帅营务处。日入返舟,在霍孙处谭彻丙夜。识袁君纳卿。其叔潄六太守,在吾乡识之。

左副帅为陶文毅亲家,督帅初奉旨督办团练时,欲捐陶氏金,左袒护之,以是有意见。左负气凌蔑一切,日益龃龉。七年,督帅以忧归,左责其弃王事,帅深忿而不能辩。及后左遭讼,钦使来讯,钦使者钱宝琛,帅之门生也,既至楚,帅反属解左事。左既罢事,气渐折,又佩帅德,遂修敬先达之礼。十年,廷臣潘伯寅奏左才,诏以问帅,帅力保之。奉旨来帅营襄理军事,帅又奏放帮办,左益德帅,每事必请教后行云。闻左为人才气甚高,而虚冒亦甚。始与某君偕公车至汉津,夜有小舟触其坐船,左呼问不应,诧为盗,惊众咸起,无所见。无何,左寄妇书云,舟中遇盗,谭笑却之。见者皆胡卢之。

督帅二年冬奉旨督团至省垣,三宪皆轻之。帅自陈请擒剿土匪,遂设局劝绅富捐募兵勇。凡民以劫掠诉者,擒盗至,立杀之,戮数百人,乱民慑服。境内辞讼皆至帅所,邑长无复事,由是益遭忌,上下咸掣其肘。三年,攻岳州败,归。四年春,御贼长沙上游之靖港口,复不利,赴水将死,或救之,苦劝而止。比还省,两司来见,言将申详抚军入告,帅言我已自劾矣,始无言去。是夏东征连捷,军势始振云。

今淮扬水师统领总兵官黄翼升者,本姓邓氏,其时为材官,从帅靖港之败,归至省垣,为守门委员所辱。顷奉令返籍,募淮扬水师成,赴教场点名,抚军已下皆会。过城门,前委员犹在,黄为下马,曰:"老父母无恙,久劳苦,尚在是邪!"其人惭不敢应,黄揖径去。

二十二日戊寅(9月26日) 　晴,风如昨

晨舟行至半途,浪高,复返泊。晨在霍生舟识贺君云卿、徐君季荣。下午在普钦堂舟中饭,饭后同善徵、晓老上岸,见某肆中恽南田山水一帧,奇秀绝恒。

二十三日己卯(9月27日) 　晴

晨放舟到皖城,泊城西门外,大观亭故址也。楼台解瓦,名贤丘陇,俱不可问矣。善徵来,令兄子思先生来。晓老入城谒帅,善徵亦去。惟思老坐谈,又良久而去。晓老下晡所返,闻哀诏已至,督帅于前日已成服,甚哀至。言大行去岁北狩时,辞别奉先殿,叩额自诅,至破烂,血流被面,数十日而后复,及今崩涉,殆由忧愤云云。此言闻之令人憯然。傍晚,思老来,善徵复来,谭甚美。思老先去,善徵乙夜去。

晓老言贵州钦差大臣田兴恕,辰沅人,长夫出身,以貌美得幸于善化县知县王葆生,历保领兵,有战功于楚南,遂渐至大帅,昏暴贪黩,管黔军而贩荐牍于楚,馀事可类推矣。其亲兵百人,号曰死勇,人先与五十金,粮糈倍常。应募者至,辄召问:"汝不畏死否? 家何人,可割弃邪?"方其人应答,突拔刀斫之,不动,则喜曰"是好男子",与金留之;稍退却,即叱之出。其行径多类盗如此。督帅尝曰:"田兴恕得钦差,李世忠作帮办,天下安得平?"谅哉斯言。今武臣多拥兵,吾恐大行弃天下,主少国疑,斯辈不可问耳。

善徵言韩南溪观察,超,昌黎人。治兵黔中,使勇学火枪,不用平靶,设的山坡,夹磴道上下数十枚,令且行且放,责其中的,又令垂枪低击,发火而后下指,枪不用塞而子药不落,方为合式。教场习矛处,坎地置水及浮泥,令赤足跳舞其中,又不令高跃,必使步步踏实不倾仆为合式。此二条真南方教兵良法。

舟长年言:桅长与舟长同,柁阔与舟阔同,则使用灵。樯稍后倚,及于舵前,则使横风,舟不甚侧,头尖则行速,底平则行稳。救生船柁比船入水深二尺五寸,故不畏浪掀。襄河即汉水,阔四五里,中有沙滩,触之舟胶,顷刻舟被沙吸入,舟人甚畏之,号曰神沙。

二十四日庚辰(9月28日)　　晨阴雨,午后晴

移舟与霍生舟并,霍生、虚斋来吾舟,即上岸哭临,向例军营不蓄发,缟素三日而除。督帅自依地方官例哭二十七日,而令下依军营例。午后晓老登岸,移住帅署。晓老谭议甚美,失之殊寂寂。舟长年言:汉口、九江、芜湖三关皆税船料,汉口量阔,芜湖量长,九江并量长阔深,而折算之,税法九江最重。汉口每尺五百馀文,皆经过即税,不论年月。来往芜湖,则年税一次,不问经过之数,舟不满三丈者不税,但小费数百文而已。故襄汉船皆狭而长,或中梁反狭,而两头反阔。皖省船名巴斗子者,方其形,甚阔甚深而甚短,皆以避税也。

哀诏

咸丰十一年七月十七日奉上谕:朕受皇考大行皇帝鞠育,顾复深恩,昊天罔极。圣寿甫逾三旬,朕宫庭奉侍,正幸爱日方长,期颐可卜。上年夏间痰嗽,旋即调摄就痊,秋间巡幸滦阳,圣体康健犹昔。乃因各省寇氛未靖,宵旰焦劳,至本年春间,因风寒感发旧疾,六月间复患暑泄,以致元气渐亏。本月十六日子刻,力疾召见载垣、端华、景寿、肃顺、穆荫、匡源、杜翰、焦佑瀛,特命承写朱谕,立朕为皇太子。朕痛哭受命,哀迫战兢,方冀慈躬转危为安,常承恩诲。讵意亲奉顾命后病势益剧,遂至大渐,十七日寅刻龙驭上宾,抢地呼天,攀号莫及。

敬思皇考御宇十有一年,惕厉忧勤,万几鲜暇,无日不以敬天法祖、勤政爱民为急务,蠲缓赋税,简拔人才,国计民生时廑

圣虑。凡有血气者,其悲哀感恋,罔不出于至诚。朕之泣血椎心,尚忍言乎!惟念付托至重,责在藐躬,尚赖内外文武大小臣工,共矢公忠,弼余郅治,其带兵大员,尤须严申军律,迅殄贼氛,各直省督抚亦应抚辑斯民,以仰慰我皇考在天之灵,朕实有厚望焉。

至丧服之制,钦奉皇考遗诏,令依旧制,二十七日而除,朕心实所不忍,仍当恪遵古制,敬行三年之丧,庶几稍尽孺慕之忱。至于郊庙祭祀大典,自不应因大丧而稍略其礼节,应如何遣官恭代及亲诣行礼之处,着各该衙门查照向例集议以闻。其天下臣民应持服制,仍照定例行,将此通谕中外知之。钦此。

谨按:向例大行登涉,先发遗诏,旋发登极诏,从未有新皇未发诏而出上谕者。盖巡幸在外,事起仓卒,从臣竟莫知向例故也。

二十五日辛巳(9月29日) 　　晴

子思先生昨约进城,遣小舟迎之来,饭后同行到督帅行署,伪英王府也。在城西门,府屋颇多,不华美,亦不甚大,门墙皆彩画而已。至大堂,值督帅出,属到晓老处候之。晓老住处,房屋尚宽敞,谭君荔仙先在,复识姚君慕庭。石甫先生子,濬昌。少选帅至,言胡润之宫保病急,信延晓老,晓老必欲吾同行乃去。吾素慕润帅名,藉与一面,因允之。约月杪即行。帅去后,同思老、晓老行观前后房屋,趋瞻大行灵幄,又登西偏高楼一眺,遂在督帅处饭。饭后,同谒帅弟沉圃观察,闻桀贼杨七麻子、宁国守贼,爵辅王。黄文经英王骁将,号黄老虎。皆于二十二日扑濠时打死,伪英王已由蕲、黄、罗田一带窜至汴境矣。在沉帅处识其甥王君惕来、兴韺。王君瑞臣,又访方君仲舫,谭至傍晚归。

是日在成君振云处见袁君桐君,信伊二十左右方得动身。又闻曾君季圃已下世,为之惊怛不已。季圃才气尚爽,沉没于商贾,又不永年,惜哉! 返舟后咏如同李君少山来,谈至定更后去。

二十六日壬午(9 月 30 日) 午前洒雨数点,午后晴

晨到晓老处,巳刻思老亦来,昨约同到城外观战处也。少选帅至,略谭。午刻,与二老行,先访营务处李申甫观察借骑,并约归饭其处。出北门,名集贤门。过贼营二,皆据道旁土阜,望之势甚高。又半里许一卡门,自城外至此濠,三重门。以外为我境,中阻小湖,名林湖,东北顾,行沮洳中约一里,单堤一线,掘断三四处,今皆已架木桥。渡湖又一里馀到内濠,广二丈,深几三四丈,渡濠进土墙门,诸营罗布,各据高阜。西行到吉字后营,访营官陈君芳仙湜,湘潭人,直隶州,今保知府。不晤,晤其弟莱仙及罗君雨亭。少坐,又西行,过振字营,访营官罗君旋吉,逢源,湘潭人,今保记名总兵加勇号。罗、陈皆晓老熟识也。又少坐,舍骑,步到曾沅帅旧垒吉字中营,营最大,容千五百人,在城西北隅,正当集贤关来路。营

后十馀步即到外濠,视内濠尤深广。濠以外又有一濠,稍狭。贼二十二日猛扑,在此处略东,暴骨如莽,此间亦有露骸数千具,臭气尚郁勃,飞蝇集处,攒黑成片,望之惨然。

返入吉字中营,登望台,以远镜瞩集贤关,两小山夹岔,山道甚清白,去此尚十馀里,今夏鲍春霆军门与贼目刘玱林苦战,即其地也。归途仍过罗总戎,欲留饭,谢之。从西北径归,不复循原道。申末到城,仍进集贤门,赴李观察处饭,并识绩溪周君致甫、宿松赵君,饭后与思老先散。出大南门,步返舟。过小南门炮台下,见一铁跪像。土人云,长毛自潜山岳侯庙中取来,欲镕为炮丸,屡冶不化,遂

---

① 钞本无此图,据稿本补。

弃于此。王氏像掷沙际。区区顽铁,岂会老真附之邪? 不可解矣。

吾八年春,省吾兄于秣营,遍观长濠营垒,识其兵帅,与此间有三异:一、钦差总统大营,离濠十馀里,而此处统领营逼近濠墙,且正当冲要。二、长濠深不及二丈,当敌冲处名龙脖子,以在石山上,不能开掘,仅垒小石作墙,高不及丈,而此处濠深广皆倍之。三、濠内各营,虽头敌俱不设严备,无坑堑,而此绕营小濠亦复宽深,鹿角梅坑,无不得法。又人事异者复有二:一、营官饮食,咄嗟立办,客至无不留饮,而此间客至,方谋到城中饭肆买菜,客卒不及候而罢。二、营官及随身亲勇皆华服,此皆如田人,不可辨认。此五者,严既胜懈,俭复胜奢。呜呼,一成一败,非偶然矣!

二十七日癸未(10月1日)　　雨

晨访子偲、善徵。善徵已进城,在偲老处饭。少选,姚君慕庭来。已刻,访咏如。午刻,乘小舟归。姚慕庭来访,曾观察沅圃要饮明晡。黎君寿民福畴,湘潭人,六年已识之。见访。咏如言,本日奉札,督帅已派统带吉字后营候补知府陈守湜为前帮统领,管带湘后左右营总兵李宝贤为副,率吉左老新营副将朱惟堂、朱宽义、吉中义字营提督衔总兵张胜禄、吉中制字营副将周惠堂、长胜营参将朱洪章、嘉字营副将武明良、亲兵马队营参将衔游击杨镇南,共五千五百人,由桐城、庐江进攻无为州。统带湘副后营候补道刘连捷为后帮统领,率管带振字营知府凌荫廷、总兵罗逢源、帮带护军营副将黄思学、参将滕嗣武,共三千人,移守庐江。于初一、初二日拔行,留吉中营、沅帅亲兵。吉中严字、仁字、信字、和字、节字、智字、开字共八营四千八百人防守皖城。李宝贤外号李石版,最善扎营,其结行营于近贼地,初至,率亲兵数人,相度地势,既得,即坚立不动,俟队伍围绕立标兴筑而后退处,虽贼至不挠也。凌荫廷,字问樵,工房出身,亦最善相度,皖省营围,二人成之也。朱洪章、武明良皆最骁勇。

二十八日甲申(10月2日)　　　雨

赴沅帅招,先至晓老处,候思老来同往。少选思老来,沅帅亦来晓老处少坐,约早去,先返,遣骑来迓。同座刘观察馨室、李观察申甫、思老、晓老、魏君柳南、默深先生族侄。陈太守芳先及吾共七人。饮散骑归,骑劣欲颠余下。帅遣送程仪,且嘱晓老致意,欲吾返此专办夷务。

二十九日乙酉(10月3日)　　　阴雨

思老、善徵来。以上帅书呈偲老,偲老许其言。当偕霍生、善徵到城,中路识朱参将焕文,洪章。到其寓少坐。到帅署,访方君仲舫,辞行,晤黎君寿民、唐君寿人及晓老,谒帅告辞谢赆,帅复申夷事之说,且云此事甚简,可以游行自适,意殊足感,遂允楚、湘游返赴约。吾又举孟辛刚决能断,有胆有识;燕山武勇缜密,廉介不苟,帅领之。又为袁桐君求保举,亦见许。又告帅以轮船途遇曾耀光事,帅言此人五六日前已到此,以其语悖谬杀之矣。辞帅出,到沅帅处辞行后下舟。咏如来,同在霍生处饭后始去。是日与善徵、霍生易帖。

莫祥之。字九韪,又字善徵,行九,道光丁亥年十二月十七日辰时生,世居贵州都匀府独山州北兔场,现寓遵义府城内朝天街。曾祖嘉能,母氏吴、周。祖强,母氏萧、邱、张。父与俦,字犹人,嘉庆戊午举人,己未进士,庶吉士,历官四川盐源县知县,遵义府教授,学者称贞定先生。母氏唐、李。永感下。兄希芝、方芝、秀芝、友芝、庭芝、瑶芝、生芝。原配余氏,继室张氏。子祖科,女蕙湘。

王积懋。字小普,号霍生,行四,又行二。湖北武昌府江夏县人,道光辛卯年二月二十日午时生。曾祖父钦来,母氏陈。祖父南曦,广东桂山厅。母氏秦。父成璐,道光癸未翰林院庶吉士,累官至贵州布政使,赏戴花翎。母氏管,永感下。庶母颜氏。胞兄彬,字郎生,行二。弟国荣。字宣生,行三①。妻顾氏。

九月建戊戌

朔日丙戌（10月4日）　晴

咏如来。辰刻坐小舟至盐河口上座船，霍生送余，途过辞普钦堂总戎，不遇。至舟，晓老已来，善徵、偲老皆在。王君竹泉、袁君纳卿、普君钦堂、黎君寿民、方君仲舫、唐君寿人陆续来送，咏如亦来，护送长龙哨官唐、雷、李来见。下晡，偲老饯晓老及余，肴甚美。夜咏如及普钦堂复来，霍生留共榻。

初二日丁亥（10月5日）　晴，逆风

晨起，王君虚斋来送，普钦堂及杨达廷都阃明声，辰州人，善祝由。来送晓老。巳刻解维，至夜甫行三十里，到黄石矶泊。

初三日戊子（10月6日）　阴雨，顺风

晨发黄石矶，辰至吉阳湖，午到东流县，泊舟。晓老上岸归，呼余过其舟谈话。舟复行，风狂浪甚簸，未过大雷驲，进口望江县。申过华阳镇，酉刻到马当山。住舟上岸，到马当庙，庙神为昭明太子，闻甚灵异，不知始何时矣。与晓老游历至夜乃返舟，市镇尚完善。

初四日己丑（10月7日）　晴，顺风

晨过小孤，风利不得泊，午过湖口，酉到浔阳，住舟登岸。访徐君渭南，知季圃病止数日即下世，此系讳言，冤谴自刎死也。母老子幼，可怜，可怜！又闻桐君于前月二十六日方行，吴君子石已到汉口，又

---

① 行三，稿本作"行五"。

浦东、川沙一带俱为贼蹦。自洋行返舟，晤晓老，同上岸小酌，闻胡润之宫保已于前月二十六下世，鄂游殆当改辙矣。

初五日庚寅（10月8日）　　　阴，下午雨

到晓老舟，逢谭君荔仙，亦将到鄂也。午候丁燕山副戎，义方，内湖水师后营统领。见招到其舟暂寓，吾拟小留数日作匡庐之游，凡六年在此所未到，皆须领略。即由南康以至章门，省候六姊，然后泛袁江达湘水，沿江而下返大营就帅，虽不得极览江漓，亦足略抒游兴矣。意蓄如是，得贤主人为吾居停亦甚佳，遂允之。下午，访蔡观察芥舟，借得《匡庐小志》，为问径之始。闻蔡言下江已奏办盐事，因取稿见示。访徐君渭南，知史君贤希到祁门后，封其行内茶，查其漏税，彼行欲由夷官照会钦差饬查，吾为按捺，且允为作书致史大令调处之。

苏抚奏稿七月十日节录

　　奏为议招殷商试运淮盐，并据商禀先缴盐课厘捐，裕课济军事云云。殷商冯鼎亨、周正茂、蒋泰如、李长裕禀称：商等贸易江南，历有年所，当此军需紧迫，急思营运济饷。现蒙筹饷总局及两淮运司劝谕贩买淮南场盐，运至楚西销售。情愿措集资本，置备船只，前赴场所捆运，所过有贼之处，恳请水师兵船护送，以免疏虞。只因总管盐政行营远在皖南，若待运司转禀候示，或由商等自往具禀，窃恐程途多梗，绕道有稽时日，禀求就近准办，俾得迅速举行。并愿先缴盐课银十万两以济军需，其应缴各省厘捐之处，分别咨明，查核定数，于开办时各归各省汇数捐缴，俾免沿途留滞，得以辘轳转输等语。

致史大令书（节略）

　　查祁门产茶，向由华商采办，运至屯溪，装箱运往各海口与夷人交易。今岁九江新设码头，其祁门及江、湘各路茶叶，均由

夷商自办，运至九江，用轮船载赴五口。屯溪不复经由，故改于祁邑四乡装箱出运，此中非有情弊也。和约载明中国各省厘金，不问道路长短、卡口多寡，凡由夷商自运者，均照各口海关税则减半，在于运到出海口岸之处完纳。其出货处所，止给数目引票，及沿途各卡加戳而已，并无分文缴纳云云。今祁茶虽华伙采办而实为夷运，该夷商等本欲照例减半，茶叶每百斤二两五钱，减至一两二钱五分之数，到海口再完。因各行华伙言，中国情事与外国不同，各省之厘归各省之用，不能合一，言之再三，该夷商方始允捐沿途厘项。即据祁茶运至九江，经祁门、景德、尧山、湖口厘卡四道，实不止一两二钱半之数。馀处虽各多寡不同，较之此例，总属有增无减。在夷商已属万分情理，故我处办理不宜过于顶真，若查有的实偷漏情弊，亦只宜宽松好说，告以事关军需要务，理难参差不一，令其照数补出；若事无的据，切不可草率。日下该夷等欲移文督帅处，查还所封原数，经弟按捺，信到之后，望即详细加察，切弗冒昧为要。

初六日辛卯（10月9日）　　　　阴

晨移船傍丁总戎舟，丁遣来要早饭。过舟晤彭九峰副戎，方欲返湘，即为送行。少选，蔡观察、万总戎、泰，字锦堂，九江镇。吴太守字柏庄，江西人，其兄竹庄，带江西省团营保臬司。来送九峰，并见访。既去后就丁燕翁饮，同座魏君绍庭栋，衡阳人，六年来识之。王君雨农澍生，四川人。刘君柏龄长沙人。刘、李皆丁幕客。饮散，江君静山恭堂。来访，徽州人，德化县之亲戚。并为德化县胡君芸圃长芝、六安州人。道意，先送来螃蟹，又要明日饭。芥舟观察复要明日早饭。谭君荔仙来，晤廖君锦春。献庭，永州人，六年识之，现与魏绍庭俱办内湖水师粮台。

上督帅书

自叩别后，倏倏六日，沿途及到此一切，晓翁信中备及，不敢赘陈。昨在此见有抄得苏抚宪金阁下衔奏办淮盐一稿，某在营未闻示及，恐咨照尚未到来，兹先寄呈钧览。此事与某前所陈不甚相悬，惟各省厘金但求汇缴，免分数处，不复求减。又闻有不用轮船之说，却未见明文，其中如何办理，猝不可解耳。某鄂行既无急事，拟改道章门，由袁水、萍江西游，湘曲钟灵毓瑞之地，必有奇观。湘游返棹，即渡湖沿江到鄂，顺流东下。敬以附闻。

初七日壬辰(10月10日)　　　晴

写家信及衣谷信。谭荔仙来。午赴蔡芥舟之招，同席晓老、荡仙、吴柏庄。饭后游谒塔忠武祠。塔齐布，督帅初起时骁将。申赴吴芸圃之招，同席晓老、江静山，甲夜归。

英国领事巴夏里初至九江，本指买琵琶洲地百五十亩，太守陈心泉语之曰洲地甚洼，水长恐湮没，巴领事然之，重指买西门外沿江一段，亦百五十亩，不论民房空地，每亩五十千，一概勒买，其房屋听民拆去。民皆言夷人非欲占我地，实太守教之。方丈量时，聚众大哗，兵勇和之，几至大变，陈以是撤任去。遂易蔡君芥舟来，而二尹唐某亦广东人。主夷事。唐故洋行商人，不知官体，又其族人在金记洋行，有事辄居中求利，与蔡不协。美国商人来买地，并民房材植装修每亩二千千，民皆愿之，而唐以为与英国事当一律，反不许之，以是与蔡几挥拳。口岸初开之际，藩司张公集馨恐夷人与华勇争斗，特令派兵三十名，罗守夷署，然皆具文而已，无实事。昨过路水勇三名到夷署窥探，为其擒送，不得已与棍责，今日又与二套口厘局口角起衅，祸变日日不测，殊可愤恨耳。

初八日癸巳(10月11日) 晴,大风

饭后访廖君锦春、魏君绍庭,并晤谭君荔仙。到宝顺行发家信,又写信与孟辛,留交行友郁君子枚。土桢,识夷署幕友曾霞轩。建昌人,蔡芥舟荐与之。下晡,同丁君燕山登舟前小山,居大江及甘棠湖之间,西望琵琶亭遗址在江岸水中,阻不可往。浔阳城惟东面倚山,三面皆水,而当其西南有一线单堤,为陆路要冲。过堤即小山,八年攻围堑濠之迹尚存。吾本拟买舟先到南康,而吾从陆路当匡庐山,到山南下舟,连日风阻,舟既不可得,得亦不可行,而明日重九佳节,拟先向天池一游,然后缓求山南之胜,因至宝顺行觅本地人董姓属雇筱舆。

西游路程。三千二百九十五里,共走四十四日。

三十里吴章岭,三十里土楼,九月十二日六十七里。七里白鹿书院,十五日十五里。十五里南康府,六十里旱路八十二里,两日。珠矶,三十里吴城,六十里昌邑,六十里樵舍,十九日二百五十里。四十里网铺,二十日。十五里南昌府,二百六十五里,两日。二十六日。三十里生米潭,二十里河泊所。二十七日。十里市汊,二十里张武渡,二十九日四十里。二十里小江口,十五里龙头山,十里丰城县,三十里扬子洲,三十日七十五里。二十里前港口,十里樟树镇,十里临江河口,十月初一日三十里。十里回龙寺,十里临江府,二十五里瓦窑,五里滩头,十里泗溪,初二日六十里。十里太平沟,十里黄土,十五里刘家渡,五里罗坊,二十里安河,初三日五十五里。五里郭家湾,十五里大鳌渡,二十里新喻县,十里杨村,十里颜塘,初四日七十五里。二十里白米渡,二十里水口,二十里袁家渡,二十五里分宜县,初五日七十五里。十里金塘铺,十里昌山,十里江纠,二十里冯星,初六日六十五里。二十五里白沙塘,五里鹅沟,十里陇下,五里下埠,十五里袁州府。初七日四十五里。十里水宅,五里章公石,十

五里心安。初八日三十里。十里黄土坡,十里西村,十里张家坊。初九日三十里。十里杨坑,十里重公头。初十日十五里。五里塘湾,五里宣风。水浅,在此起岸。十一日三十五里。三十里芦溪,二十里高岗铺,十里云居铺,十里十里铺,十三日五十里。十里萍乡县,旱路一站。十四日五十馀里,未至湘东数里。六十里湘东,五里黄花桥,十五里火烧桥,十里坡头。西楚分界。十五里双坑口。十五日八十里。三十五里醴陵县,三十里铁江口,十里新福沟,十五里十停,十五里唐山口,二十里渌口,十五里潦洲塘,十五里朱洲,十二里下湾塘,十里古山洲,十里湾头沟,五里下洲屿,十里萧河口。十六日一日夜至十七日早行一百七十七里。十里湘潭县,五里文昌阁,五里州埠沟,二十里照山,十里回龙沟,十里仁坡沟,十里东洋沟,十里箍十万,十里狮子山。二十七日夜行九十里,二十八日早到。十里长沙府,四日四百〇七里。十五里山沙矶,二十里下阴沟,二十里禁子湾,十五里清沟。十一月二十二日行八十五里。十五里彤关,对岸清港。六里曾沟,十五里桥口塘,二十里樟树沟,十五里三直六湾,十五里杨泗庙,二十四日行八十一里。十里清洲,五里湘阴县,三十里芦陵潭,三十里荣田驿,三十里白玉歧,二十五日行一百二十五里。三十里陈启望,三十里沟渚,二十八日行六十里。三十里鹿角驿,三十里布袋口,三十里岳州府,十二月初二日行八十里。二十里城陵矶,西北对岸荆河口。二十里白鹿矶,十五里羊陵矶,二十五里罗山,二十五里王家保,初四日行一百十里。二十五里新堤,十里茅埠,三十里石头口,三十里六溪口,二十里陇口,初五日行一百十里。二十里杜家洲,二十里嘉鱼县,二十里小洲头,四十里老鼠甲,初六日行一百十里。三十里簰州,五里华口,五十里东江脑,初七日五里。十里下沙湖,初九日行九十五里。三十五里金口驿,三十里申口,初十日行六十里。三十里武昌,十一日二百二十一里。二十五里马公洲,十五里青山,壬戌正月初八日五十五里。十五里武口,俗讹五通口,又名武当口。十五里阳罗驿,三十里双流夹,二十里矮柳铺,初九日九十五里。三十里团风驿,北岸。三十里三江口,三十里黄州府。对岸樊口、武昌县。三十里巴湖,三十里兰溪驿,二十里回风矶,二十里散花村,三十里道士洑,南岸。三十里渔阳口,进口六十里大冶。初十日二百五十里。三十里蕲州,十二日三十里。十里田家镇,二十里马口司,三十里蟠塘,对江富地驿进口六十里兴国州。北岸。三十里邬穴,北岸。三十里龙平,广济属,过此为江西界。十三日行一百六十里。八十里九江府,十五里张家洲,十四日十五里。二十五里湖口县,十里柘矶,四十里胭脂港,十里彭泽县,十五日行九十五里。十里小孤山,二十里马当,二十里磨盘洲,十里花杨镇,十六日行五十里。二十里大雷驿,二十里东流县,三十里吉阳湖,三十里黄石矶,三十里安庆府,十七日行一百三十里。九日八百八十里。

初九日甲午（10月12日）　　　阴,大风

晨,徐君渭南来要饮,且言舆价太贵,游山请改异日,其意欲留吾度重九节。吾以时晚,到天池恐不及,遂许之。蔡芥舟来,商二套口与夷口角之事,挽吾及王君雨农到宝顺行托徐渭南转属夷友叶理调处之。下午赴徐君招,同席丁燕山总戎、唐蕴川司马、九江同知,南海人。张范村大令、前德化县,亦广人。陈子受县佐、杭州人。郁君子枚、王君雨农及晓老与吾,饮至二鼓始散。

欧阳晓岑脉案

形衰,须发早白,毛瘁皮枯,脉涩。素常肩背畏寒,虽夏日无汗,而衣重衣,初秋即用厚绵,略受风辄两足踵脉痹痛,此中年以后服温燥药过多,阴亏营气不充也,畏寒异常者。凡物之

性,遇热则张,遇寒则洳,阳气愈多而愈畏寒,肌理张而疏也。夏日无汗者,是津液枯之象,汗乃津液之类,属阴,所以汗乃温热之气,属阳,故过汗能亡阳,亦能伤阴,非属一偏也。如炊爨然,受热而升腾者水也,使之热而升腾者火也。有火而无水,虽倾薪蒸不能使之如露如雾,此肌表虽疏而汗不多之故也。足之六经自头走足,而太阳经统之,行于肩背,故肩背被风则支体受病。其痛专在足者,阳恒在上,阴恒在下,阳多者上实而下虚,风中挟寒之气乘而结也。其痛在肌肉之间,倏痛而倏止,不拘一所者。凡人营行脉中,卫行脉外,而在肌肉之分,营虚则脉空,风性流行,随空而处非邪,在骨髓沉着不走也。往常服黄芪补剂加麻黄每愈者,黄芪实表,麻黄泄其风气也。然此可用之偶然,而不能恃为经久之法,治宜大补,营血而参辛温之品,行之以助营中之温气,再加引药使达于下,方合其理。愚拟合复脉汤、当归四逆二方加减,高明谅弗以为径庭也。

当归,一钱。芍药,三钱,酒炒。炙草,三钱。大枣,五个。荆芥穗,三钱。阿胶,一钱,烊冲。麻仁,三钱,去壳炒研。生姜,四钱。桂枝,三钱。黄芪,二钱,蜜炙。牛膝,钱半。防风,三钱。黄酒。三杯。

后又口中多浊沫,加桂,二钱。吴萸。钱半。

初十日乙未(10月13日)　　晴

晨,胡云浦大令来访。赴魏君绍庭之招,同席丁副戎、谭荔仙、晓老及余。下午,丁副戎复觞客,同席如早饮。晚到宝顺行吃蟹,二鼓返。是日遣人属胡云浦大令代具舆夫,拟后日动身到南康。另属封一舟,在南康相候。

人材何地卒无,分划出入,调剂轻重,其专长以足下才,何意平生服商贾;

天道有时或昧,好学尚义,贵德乐善,而速死为吾辈叹,不留豪士慰寒峻。

右挽曾君寄圃联。

十一日丙申(10月14日) 晴

下午到蔡芥舟、胡云浦处辞行,并赴胡君之招。同席欧阳晓老、江静山两君。夜散归,复过辞宝顺行友。

十二日丁酉(10月15日) 早晴,午后阴,夜雨

晨起,县署送夫役至,共七人。早饭后动身,丁副戎昨夜跌伤不能起,晓老独送余登筍舆。向南行,地势渐高,二十里唐家坊,过周元公墓,松楸独未损。三十里吴章岭,庐山东北支麓。德化、星子界也。岭北望江,岭南望湖,南陡而北夷。过岭有石卡门,舆人言朱洪武营也。岭下五里名鲫鱼桥,打尖午饭,又过一小岭,地名关帝庙,涧水西流入湖,清沚可鉴。又数里,至湖濒,过一长石桥,北望青山,翼然横插水中,此吾六年旧游地也。

傍晚到一小市名土楼,打尖晚饭,今夜拟宿白鹿书院,尚七里。趱行至暝,雨忽至,山石确荦,行甚艰,上灯后方到。香火他出,晤肄业生黄君日升、龚君玉山,二人扫室馆吾。自九江至此七十里而近,所经之地,不独未入庐山之堂奥,且未窥其藩篱,而林树丹苍,川原绮错,已厌吾心目矣。吴章岭以北土音象安徽,以南土音则江西矣,清浊轻重,截然不同。

十三日戊戌(10月16日) 晓雨,午前阴,复小雨,下晡开朗

农谚曰:"重阳无雨一冬晴。"又曰:"重阳拗不过十三。"今年重

阳密云不雨,至今日乃雨,斯言征验若此。昨住白鹿洞,本为游山近,便拟今日一觅三叠泉之胜。晨卧闻雨,怅恨无聊。辰刻起,到独对亭,步过石桥,上魁星阁,向樵子问三叠,皆摇手言不可到。早饭后,遣夫二名去,留五名供役。少顷雨止,命舆姑游栖贤寺,田塍高下,树林葱蔚,沿途已胜。三里至马头市,流泉绕民居门口,俯汲不烦跬步。又三里至三峡桥,土名观音桥,桥下一潭,靛碧无底,上流水泻石隙,喷珠跳沫,白于霜雪。又里许,到栖贤寺,背山面流,深翠突兀,寺已毁,仅馀偏庑,林木尚有存者。寺僧言三叠泉在五老峰北之阴面,而栖贤在南之阳面,相去凡四十馀里。由此而上,道天门岭,登南山夹。南山夹在五老自北至南第四、五峰之间,壁立三四百尺,一径萦绕乱石间,险不可攀。度夹,由五老峰背北行,过数峻岭而后可至,道远非一日程,崎岖太甚,勿去为善。

吾闻三叠泉可至已喜,又闻经过五老峰益喜,急觅导者,朱姓土人能往,寺中有舍利及罗汉变相,仓卒亦忘观。登舆急行,出寺西向,渡三峡涧,又西上六里至一村舍小憩,太平寺遗址也。导者曰过此即无居人,须直至五老峰后茅庵方可歇息,因命舆夫久坐养力。吾与村老谭,其人淳朴可喜,与苕值亦不受,山中人皆有道气,信然。

出村舍西上,陡岭千盘百曲,土石磽确,行已艰,岭尽又一大岭,路稍平直,直上凡五六里,将至南山夹,仰望如石门双阙,回峙天半。舆夫趑趄皆有难色,就山坡略驻,复鼓勇行。过小山洼,循土山旁径仍西向直上约二里,径下即大涧,其水下注栖贤谷,三峡之上源也,五老第四、五峰之水皆从此出。南望涧外汉阳峰雄伟崇宏,与五老齐立,如二尊官端笏并坐。涧中大石,象蹲蟆高矗至山腰路侧,形态狞恶,名虾蟆石。再上即至南山夹,乱石中如有曲径,履之虺尵,蛇行千级,舆不可升。舍舆步上,一役上牵余行,未及半,喘汗相属。

渡石涧而南,得一大石,少坐,东望蠡湖南半,如明镜在匣。更半里许,忽雨至,石级渐滑,又陂斜无一平正,几无置足地,上下不可勉强。又数十步,雨止,石级亦稍宽。已登岭背,复舆行,绕五老南第四峰后北面里许,至鸡公岭,径复恶,重下舆,鸟道一线,乱石巉巉如齿。就石皮剥处置足,宽不及二三寸,而级高或尺半,下当大壑,俯视何啻百丈。南望汉阳峰下之桃林涧,深陡与此相亚。南之汉阳大峰,西北之牯牛岭、鸡眼峰皆在云表,色苍甚如黑,望之生畏。

复循山北折而稍西,径益高,崖益陡。过乱石坂险道,至此又里馀而尽,重登舆行平道不数武,又登一坂,曲折而上,舆夫盘绕甚苦。如是者再里许,度一岭脊,一望茅棘,导者言至五老中峰顶尚十馀里。舆人饥痛,不得已从导者言,到鸡眼峰下茅棚借爨。下岭西向绕一山脚,三里许方到,茅屋二间,垒石为壁,又西渡涧,当牯牛岭下,亦茅屋一间,相隔百馀步。西僧智禅师,镇江人,向居此已十馀年,他适,今夏从宁波之天童避乱复来。东僧龙海师,广济人,结茅亦三年矣。龙师炊饭供客,智师来谭,闻吾从南山夹来,皆咋舌曰樵人绝迹久矣,天下无复更险者。峨眉、五台,智师杖锡皆到,谅不诬也。吾又问岭巅路,龙师云去此约将十里,路不甚险而高峻已甚,亦劝勿往。吾念入山之艰,而唯见茅棘,若不登顶,此行殆为虚枉,顾天色将暝,姑为明日计。

晚饭后,就智师谭内典,颇通达有志,深可敬仰。夜与龙师共榻,山深寂静,不闻鸟雀,惟泉籁响答萧萧而已。地气寒冷如十一月时,龙师以厚絮被相借,夜卧甚酣。

十四日己亥(10月17日)　　晴,天气朗彻

破晓即起,望天色晴朗,踊跃狂喜。智师曰:"山中无三日不阴,山北龙口时刻云起,倏忽满山,云厚处弥漫不见道路,今天色如此,

是山灵与足下有缘矣。"

辰刻，携远镜登山，挽龙师为导，遣昨朱姓者去。登舆循昨路至所过山脊，东北向升一大岭，数夫翼舆，漫山而上，不问径路，实亦无径也。过岭略洼，洼而又起，起而更高，则五老峰之第四峰矣。望昨登处，惟石壁积铁，不知来从何所。由峰上北行，度一龙脊，宽丈馀，两面皆陡下千尺。度脊为中峰分出一小尖，过尖又度一龙脊，稍短，度此脊又一尖，与中峰相连矣。而北望尚一大尖，方至极顶。既至，下舆步挽而升，又数十步，到峰杪石上凝立，东望鄱湖，形如开扇，南尽吴城，北至湖口，硃矶、鞋岛历历可数。北面从山隙见九江城外江流红黄一线，混茫天表。山下东面支麓如北之吴章岭、中之土楼各山、南之栖贤前山，昨昔崎岖而过者，视之皆如百足之虫瑟缩在地，南康郡城宛然盂碟，东西两窣堵波由蜻尾之植也。至此而登山之愿大慰，因西向肃礼山灵，折崖顶松一枝方下，由原路返茅庵，往还盖二十里矣。

智师已炊熟相待，饱餐竟，复挽龙师导下山为三叠之游。出庵北行，折而西，渡数小涧，至牯牛岭足，又北行，过一茅庵少休。自宿处至此俱行茅棘中，凡三四里，西北过小岭直上，又一大岭名玉印峰，路窄下舆，且步且望，此处在五老西偏北，见鄱湖北半鞋山如叶舟，湖中白帆耀日，类明星数十点出没烟霭。过岭腰舆行，望前又一大峰名金轮峰，行峰之阳，舆步时改，下睹深涧，有若智井，有水不甚大，殆即三叠之上源矣。过金轮峰，自北自东，径渐夷，下多上少。东北三四转，抵三叠之西北面冈上，又行十四五里矣。三叠者，汇五老峰阴之水，北流注于深谷，所谓上叠如露，中叠如雾，下叠如布，为庐阜最胜之地。昔之游人皆不知，自宋绍熙辛亥岁，始为世人所见。其所注之谷，玉印、金轮诸峰数十环夹，谷当其中，石岩自主山下垂，直插谷腹，三叠泉在岩右，左亦一大洞交流其下，相传竹林圣寺之前门也。此岩由西北山冈折入约二里，险极不可言，从者皆欲弗往。余不可，命舆夫停道侧，以三役从，前后牵挽，道宽处可并两足，窄处须接蹠而过，茅草蒙密，望不见地。龙师持杖导引，但见其行深草中，倏上倏下。向西南数十步，已见三叠正面，相距远，不见露雾之象，只如三匹练劈空下垂，境象已异。

更南行度一石缺，宽尺许，两边斜石，水流其上，滑不受足，下视深杳，胫股生战。以麂絪系身缆于石壁小栗树，又以布环腰前后，使人牵之乃过。又南至主山，为竹林岩发源之所，按榛蹋石，时虑蹉跌。既至山腰，

折而东北，直下至竹林岩，有大石勒"竹影遁踪"四大字，闻其下有洞穴，即圣寺之门。由土楼樵径入者，举头往往见岩上有楼阁，或闻梵音。龙师凡五至此，求洞门不可见。岩下复有一岩，跌而复起，路更险。吾必欲穷其胜，复奋往，盘回上下，良久乃到。满山皆瘦竹作金色，岩末怪石参差下垂，上有"声光何幻"四大字立其上，见四面石壁围拥正圆如环玦，石皆直削，俨然铁城，虽人工剿凿整齐，不能如是。下惟东北有小径，下通土楼，左右二山之尾夹之如衔。岩边一石外吐，见三叠之中叠从一大石倒涌而上，白沫喷起数尺，与雾无异。更前一二尺，三叠之奇可尽，而石危甚，从者固挽吾袂不许进。返玉竹岩上，龙师在前大呼石洞门见，吾寻声而往，至岩右乱石之下，磴道数级，得一石衔，横亘岩腹，东西皆露光，西即进径，东一穴若窗户，衔宽三尺馀，高丈馀，两头长三丈。衔之正中背主山，面前岩，一石门上圆下方，两旁皆方石如牌楼柱，其中深黑杳不可测，扣小石，投之无声。山川奇幻，其为圣灵之宅，决然无疑。凡愚下劣虽见，难逢罕觌之境，犹不能弃舍一切，龙师谓吾缘福俱胜，益愧恶矣。徘徊洞

口,无可如何,与龙师各膜拜作礼,怅怅而出,循原道返。

日已及昃,登舆过麻姑崖,土名猫伏崖,音相近,疑其讹也。东北直下,过石牛山,愈下愈深,从上岭观下岭有若坦道,及至其上俯视,又复深峻千尺。从昨宿处盘旋而下,凡二十馀岭,高陡如一,斜日照吾影落对面坡际,无异云霄鹤降,方知五老之高,真去天尺五者矣。下春抵土楼,去三叠泉对面冈上又十四五里,中途从峰隙凡三见三叠,惜皆远不能悉其胜。闻土楼有路至三叠下,即竹林所见东北衔中微径,以俟异日再游。在土楼饭,龙师别去。夜初鼓,抵鹿洞宿。是游环绕五老峰一周,南道栖贤近而险,北道土楼远而夷,游者从北道为宜。然由北道而不游竹林岩,是为宝山空过,吾愿豪者勿惮胼胝之劳矣。

十五日庚子(10 月 18 日)　　　　晴

晨起方栉,斋夫某叟告余曰五老峰下有木瓜洞,刘混种木瓜为饵得道处也,去书院仅五里,盍一游乎? 吾欣然从之。饭后遣奴子押三役肩行李先赴南康郡城觅餐宿地,以二役驾肩舆,命斋夫导行,西南向过一高岭,西向过小村,又过数山腰至一处,背山面壑,湖光满目,地名凌霄,村舍数间,无异仙府。从舍后又登山脊,盘旋而上,正当五老中峰之下,望昨立处,直在天际,不知是梦是幻。行山脊尽,至木瓜道院,晤汪松云炼师,少谈,欲上至洞,闻止石室一间而已,因不往,复少坐,循原道下至凌霄前分路,西南连下数岭,过犀牛塘、白鹤院,各有其胜,置之吴地诸山,可与灵岩伯仲。下山到马头市。自书院到木瓜洞名五里,实七八里,自木瓜洞至此亦然。

市中小歇,逢昨导游人朱姓,指屋后大山告吾曰:此汉阳大峰,由栖贤、归宗皆可上,视五老尚稍高而径不甚险。顾吾精力已倦,俟之异日而已。由马头南行,过桃花铺,下午到南康北门门外高冈,俯望全城，纤悉毕见。城中自乱后迄今，屋舍寥寥，蒿艾充郭。进北门逢役夫来迓，至四牌楼吴姓饭肆歇。饭后上街，握白金无贸钱处，荒残一至于此。

是日德化令胡君遣舟至，舟名鸥稍子，湖北与江西鸥稍复异。

十六日辛丑(10月19日) 晴

晨遣各夫役返，以游山劳苦，厚赍之。饭后，星子令李君博泉溥遣夫四名来，遂拟为黄岩观瀑之举，拉居停吴氏子为伴。午刻出南康西门，过土冈，循湖濒有大庙，已毁，土人称为西观，正面湖。过观西南转过湖嘴，直西行，取万杉路，出城五里矣。又三里馀到万杉坳，在汉阳大峰之下，有小山为其外护，名红毛尖。转过尖嘴，直南行坳里，约二里到万杉寺，寺毁，境亦平常。惟有五爪樟一株，挺然奇表，馀大木尚多。寺后石上一大"庆"字，款云"槐京包帝书"，土人言是包孝肃遗迹，谬也，而其名称殊怪。又三石书"龙"、"虎"、"凤"三字，无款。

出寺过涧南，尽万杉坳，度小岭二里许，到开先寺。寺正在鹤鸣峰下，李中主景读书地，后即位，赐为寺。康熙赐名"秀峰"。有中主读书台，又有王文成纪功碑。寺西数十步，石山礴裂成潭，水自山顶东瀑来注，所谓青玉峡也。泉深石怪，不风而寒。潭上一亭，即嗽玉亭，景地微类冷泉亭，而一则明秀，一则阴森，气象不大侔矣。寺中藏古绘阎摩地狱之象，上写"佛说预修生七往生净土经"，经不见大藏，而字画古妙，不载名字[1]。尤西堂以为唐人笔，翁覃溪以为五代人笔，时不可知，总之可贵而已。题头字一行云"为陈观音庆造"，观音庆之名，唐宋时颇少，岂元物邪？卷为宋漫堂施寺中者，名人题

---

[1] 名字，稿本作"名氏"。

甚夥。

　　阅卷竟，寺僧煨芋供客。食之饱，遂登黄岩，出寺西向渡涧，西南转过韦家嘴，西北行二里到山下，仰望双剑峰，壁立云际。由山足盘旋，舆登一里，径窄曲折多益陡，舍舆步挽而上，又将一里馀，望见文殊台渐近，折而西北行，横过山腰，复舆半里到寺。路旁林木阴森，苍丹满目，幽折非他处所有。鹤鸣峰在寺左，罗家顶正在寺后，双剑峰、香炉顶在寺右，比肩伯仲，而双剑最峭拔。文殊台者在寺南，寺前一涧，涧外土山。西过土山腰下，官路折而东，一径可达孤峰，高耸如鼋昂首，上有石塔，塔下面北而立，正对马尾水，所谓西瀑也。久晴水小无可观。天又将暝，依原路返，宿开先寺。

十七日壬寅（10月20日）　　　　雨

　　昨宿开先，拟今晨到归宗寺。晨枕闻雨，殊败兴，然匡庐之游已畅，不敢生不足心矣。早起命舆冒雨而返。七里到樟树桥，望流星、落星诸墩俱出水上，盖山脉自汉阳大峰数十起落，而为鹤鸣、双剑诸胜。又跌断复起，为东孤山，则已濒湖，此诸墩皆其馀气也。匡庐以汉阳、五老为正面，并列东向龙脉，自德安以西，奔凑而至，至南康为积水所限，截然止住，而地气壮勃，结为石面，巉削千丈。古人不知庐山真面目，非知地形者也。

　　昔咸丰丙辰，吾与仁和龚君孝拱来游开先，龚君以为不足观，而吾特赏其奇，特争论者久之。总之吴越诸山，明媚清丽，皆可开窗列牖纳之洞房曲室之中，庐山则气象岩岩，可敬不可狎，有大人君子之容。山苍如铁，石怪如鬼，其外美则逊灵竺，而高奇灵幻，不可同日语矣。又五里到城，雨益急，回视诸峰絮裹，觉雨中看山，云光树色，别有不同，亦不可不领略耳。

　　返寓后作书谢胡芸圃大令。下午发行李下舟，暮辞居停，到舟中宿。

十八日癸卯(10月21日) 薄阴,大风

波扬不可渡湖,泊紫阳堤内一日。

十九日甲辰(10月22日) 晴,顺风

辰至硃矶,在湖西岸有小港村市。巳刻至吴城,鳞鳞万瓦,较六年在此时兴筑大不同矣。遣人持刺候曹刺史、字吉珊,名禹门,六年识之。魏司马。柳南。扬帆复行,未到昌邑,申到樵舍,夜泊鸡笼山小村市。是日行二百五十里,距南昌尚十馀里。

二十日乙巳(10月23日) 晴,顺风

黎明到省城,舟为内河水师封,送鲍军门兵勇赴皖,与理说,不可。饭后,候鲍军门,超,字春霆,记名提督,湖南绥靖镇。未见。其辖下陈都阃树堂,四川人。言须与内河水师统领孙副戎昌国,字栋臣,六年识之。设法,因候孙理得原舟,即泊孙舟旁,地名里洲罗家墩,去城二里。午后进章江门,访同乡史士良、董瑞甫观察。史名致谔,董名似毂,史已到皖省大营,因不往;董与吾姊丈陈君槐亭新结姻,问知六姊全眷于春夏间已到浙,行抵何处,尚无音耗。兵戈抢攘之中而携细弱来往险地,槐亭之谬已极,念之且恨且惧。下午出抚州门,在孙统领之巡捕唐连元处饭。

(以上《能静居日记》十)

九月建戊戌朔日丙戌,越二十一日丙午(10月24日)
晴

晨起,唐哨官来请吾为处一方。辰刻进城,置备御寒衣被,午饮

于某肆,下午出城。

二十二日丁未(10月25日)　　　　晴。连日南风,天气甚暖

晨光熹微,望对岸螺墩,绿树红亭,如异尘世。饭后渡往观佛宇,改为船厂,石桥、林木尚在,而嚣浊已甚,为之太息。返舟偃卧终日,观荀悦《汉纪》、《方望溪文集》。望老为人作墓碑,常恐死者家之言不足信,篇中俱为疑惑不定之辞。夫人之愿有先生之文,以其人之言足重也,为之文而复不信之,斯言复何贵乎？谀墓虚文固足耻,必如州县取甘结,亦可笑矣。

二十三日戊申(10月26日)　　　　晴

辰刻雇小舟到章江门,登滕王阁遗址。吾丙辰在此,怅忆前尘,忽忽又六年矣。进诚访董蓉初观察即瑞甫。及其弟竹初部曹。观察与先姚高淑人中表兄弟,吾以表舅称之,常俗如是也。同竹初过其三兄坦生先生于李家巷,不遇。又访恽莘农部曹彦琦。及其弟士羲。彦玮。又访管筠墅醴尹,毓和。并晤其三令叔砚云,纪。识令弟篯屏,毓华。令族贻孙及吴君子洽,建榴先生孙。留吾饭,饭后共过坦翁。赴某茗肆看菊,五采错落,几及南中景象。茗座识巢君少游,光许。吴君子和。子洽兄。下午遣奴子返舟,吾留筠墅处榻。晚饭后,同巢少游、管筠墅过同乡许君静山,费佩青先生之戚,老于江西,现署南昌府经。三鼓始返。筠墅尊人纶云为吾赵氏出,故舅我。纶云官玉山县,挂误,现在广信。筠墅年甫二十七,持家事,食指几五十人,料理井井,可敬也。同乡许君静山亦能而任事。董寓小镜台,管寓观音巷,恽寓李家巷。

二十四日己酉(10月27日)　　　　晴。连日晴暖,天时如七月

晨起,同董君竹初、管君筠墅早食市中,因访同乡徐君伯梁。西

乡利市桥人。到蓉翁处饭,饭后复到管寓少坐,返舟,筠墅送吾出章江门。槐亭挈眷于去秋到章门,冬间拟回浙,行至弋阳不得过而返。今年四月,复偕浙藩林桂楣方伯赴浙,行至广信,复阻留数月。槐亭先行,家眷八月内始行,不知行抵何处? 以后无信,其官已开复,并赏蓝翎。又闻羿甫为浙中来至左帮办处乞师。均筠墅云。写槐亭信,托筠墅寄其尊人处,觅便再寄。

二十五日庚戌(10月28日)   晴

敬占四姊全眷在宁波无恙否,得雷火丰至雷泽归妹。

用神化官鬼回头克,应爻复助之,凶险必有矣。世爻文书为道路,疑已移徙,而应为官鬼所至,又复不安。幸青龙临用神,世来去用,庶几无大害。

贞卦辞曰:清懦行贾,径涉山阻。与狄为市,不忧危殆,利得十倍。

悔卦辞曰:"臣尊主卑,权力日衰。侵夺无光,三家逐公。"

详参爻辞,宁波殆尚恃夷为安,恐他行即有惊恐耳。

后得信伊家于十一月在宁波逃难,狼狈万状,幸而得免。

再占六姊全眷到浙,道路吉凶如何,得水泽节至风水涣。

两卦皆坎水,而日建戊土为贼爻,所幸金水旺而土休,不至成大患。此卦用神化生,福德虽空,而无官鬼回头之克,又原神在,应所至得人照应,大象无妨,视前

卦1(右上):
蛇 官 八 戌
勾 文 世 申
朱 才 、 午
青 兄 囗官 亥 丑
玄 官 大应 卯
白 子 、 郑空

卦2(中左):
蛇 兄 乂 子 郑空
勾 官 一 戌
朱 文 八应 申
青 官 八 丑
兄 子 、 郑勃
白 子 扚世 ？空

为吉耳。

贞辞曰："海为水王,聪圣且明。百流归德,无有叛逆。常饶优足,不利攻玉,所求弗获。"

悔辞曰："伯仲叔季,日暮寝寐。醉醒失明,丧其贝囊,卧拜道旁。"

详爻辞兼度之事势,殆亦至宁波住矣。

后得信,伊处行至衢州,于十月中被围数人,后幸得武人照应,全眷复出于险。

昨在董蓉翁处见督帅改征本年丁漕札示,每地丁一两止收十足钱二千四百文,除解藩库正银一两,耗银一钱,再解粮台津贴军饷银一钱外,尚有赢馀,提银一分归藩司,五分归本府作办公经费。再馀者统归本县充公费、解兑役食等用。按本日市价,每银库平一两约一千六百有零,再除耗银津贴,藩、府办公二钱六分约四百二十文,共二千文零,每地丁一两,州县实沾三百多文。漕米折收每一石三千文,除解粮库照部价每石一两三钱,再解粮台津贴军饷银二钱外,尚有赢馀,提银二分归粮道,五分归本府作办公经费。再馀者统归本县充公费,解兑役食等用。照市价除各款外,每漕米一石,州县实沾四百五六十文。其向有奏摊、详摊、札捐各公项一概停止,上司节、寿月费、漕规干脩各私例严行禁断。凡咸丰十年未完丁漕及十一年应征丁漕,即照此遵办,试行一年,或暂或久,俟来岁秋季再议。

读《魏书·后妃传》。

序首汉制云云,与《魏志》何干,安用复述?

景初元年议尊文昭皇后奏,此等淫诐之文,载之何为?

甄后死而郭后兴,郭未必美于甄也。士贵其才,女矜其色,士之才或难知,色则无不可见也。然而乏智数则施威受憎,尚诈谲则钟宿见爱,曾是目睫之际,而莫或定其是非。况文之奥赜,学之渊深,秘于衷而不宣,固无怪人之不察矣。

郭后死在明之七年,使帝仇逼死之,不当久至此日。且观明帝之于郭氏,恩礼未尝废夺,亦足见其不然也。《魏略》、《汉晋春秋》之诬承祚,弃之是也。

魏氏戒外戚,而三世立后皆不以道,欲求内教之明,何可得乎?司马专政,至两结婚郭氏以欢太后,而废立咸假其命焉,然则女主未尝无权也。寿观粗节而以为称,疏矣。

读《董卓》、《二袁》、《刘表传》。

强则臣人,弱者为人臣,居天下纷扰之顷,而欲阻守自安,光武之隗嚣,曹操之刘表,皆所谓既不能令,又不受命,是绝物也。

表亲见袁氏之乱,为书规戒谭、尚而复效绍之所为,及后曹氏亦几蹈其辙。甚矣,割爱之难也。

卓、绍、术、表,皆汉之乱臣,与魏事终始,唯绍有之。然既错见纪传,无劳另篇。馀人尤为无涉,如下之两篇俱然,皆可去也。

读《吕布张邈臧洪传》。

先主薄许汜求田问舍,寿传其言,世皆以为美谭。吾昔论之独不然。夫人生秉血肉嗜欲,攻取之性,皆自爱驰骛而已,大小广狭之分,诚复几何。当三国之时,曹氏谋于内,孙、刘哄于外,其志皆求自立,谓有尊主安民之心,吾岂敢信。一丘之貉,相稽而反唇。曹、孙不信刘之忠汉,虽刘亦不自信,平居之言,违衷以取高耳。刘主入蜀,欺暗弱以夺人之土地,不数岁而偢然有自王之心,夫亦求田问舍之豪,何足以言大志。论其取获之多寡,则百尺之卧不为高迹,其心事之异同,则连床而栖,正其所矣。

臧洪与吕布合传殊不当,且其事于魏无涉也。

二十六日辛亥(10月29日)　晴,暖甚可裸。下午有雨,夜起北风,凉爽

黎明,有人称左京堂新勇来掠吾舟,起属唐弁晓之不可,遂访其哨官曾星楼,始得舟还。午前解维,行不数里,又逢另哨之勇截路,幸尚能辨真伪,喻之即去。下午,行至生米潭住舟,登岸眺望,沙平水远,景色大异吾乡,而别饶清淑之致。连日在省垣为武夫薅恼,骤离尘攘,为之怡旷。顾吾所遭,仅费唇舌无所损。听舟人述兵差之苦,一遇之则舟物荡然,终岁行舟载商客者十二三,值徭役者十八九,闻之足为恻侧。嗟乎! 何日使斯民乐其旧业,乱止虽无旦夕之期,是在慈人君子之用心而已。

生米为晋末何无忌握节致命之地,陵谷依然,凭吊无所。尝叹地之阅人,如器之盛水,一盂之易,虽倾江河不为多而不可求,其迹象久远无论已。即吾幼年来往章江,丙辰再至于此,及今行过五度矣。譬如梦然,问之于地,地不言,问之于吾,吾亦自迷。其真幻欲于妄想颠倒之外,求一证据,了不可得。而世犹争言某之事在某所,想望之,倾倒之,夫亦忘己之梦而劳人之梦矣。以人之梦为真者,己之真必复为梦夺,南无愣严佛偈有之曰:"磨登伽在梦,谁能留汝形。"善体斯言,斯鲜梦矣。尘劳多著,书此自雪。

二十七日壬子(10月30日)　大风雨,寒与昨,一夙昔而凉,燠如两月之候

黎明发舟,辰到市汊,雨甚,泊住一日。在军中久,终夜严鼓,令人不寐。夜卧听乡市击柝,无异承平时在故乡也,觉而思念,怆然达旦。嗟乎,此岂丝竹之能移人哉! 触于偶然,有以会吾情而不能止。声音之道,易于感人,固不在于宫商之中矣。

读《二公孙瓒、度子康、康弟恭、康子渊陶谦四张杨、燕、肃、鲁传》。

陶谦身为方牧，而与寇阙宣合共抄掠，此亦仅事。谦既好学之士，何至于此。疑谦曹氏之仇，寿所凭诸纪载之言，或未尽实耳。

张杨为诸将曰："天子当与天下共之，幸有公卿大臣，杨当捍外难，何事卫都？"嗟乎，当天下纷争、群雄扰攘之际，而忽有此君子之言，杨虽不以功业终，其所遭适不幸耳，非其罪也。

读《诸夏侯惇、渊、尚，尚子玄曹仁、洪、休、真，子爽传》。

韩浩既有壮武之节，加兴创屯田为魏开业之良规，其事必尚有可纪，而仅附惇传之末，非也。

曹丕身为王者子，何至假势以求索，观其获钟繇之玉，则欣喜非凡；失曹洪之帛，则嫌怨致罪。鄙悖之情，直后世严东楼一类人物。虽操之贪残渊源有自，独不知丕亦尝读书知学问，且席丰履厚，富贵盖世，而目光訾小如此，何邪？

明帝赐曹真剑，上殿入朝不趋，其意以重宗臣也。呜呼，典午之祸萌此矣！何以云然？方真子爽之覆族也，司马氏未有丰功大业，人徒见真、爽父子之贵，倾动宫府，而懿不移时而覆之，以为威势莫隆，心为之摇而气为之夺，旦暮之间，九锡至乎其门矣。夫爽固庸劣，即真亦平常之人耳，而叡过宠之，天意殆欲启晋，使为其汛洒清道云耳。故君人者，慎名为重上下之分，孔子"惟名与器，不可以假人"，斯之谓也。

夏侯玄实有通今复古之才，与司马懿书，其言可谓精旨。彼时已病官司之重累，使生于今，当何如邪？

此一篇纪魏亡之事也，世论皆云当涂不任宗臣，故败，夫真、爽非肺腑哉？相继而秉国成，委任抑，不可谓不专也，乃子午之役，真既见轻于司马，而爽复继之，淫谄不才，身以僵而国随之仆，然则非不用宗臣，乃不用贤也。至于玄与丰缉，汉之董、伏同类也。抑从爽而死之桓范、何晏,罪状皆晋人言之,未必信然。故于爽传言晏等之罪,首言其夺司马之权以著其微辞,而以王经终其篇,若曰此皆魏之忠臣而已矣。

二十八日癸丑(10月31日)　　雨竟日

舟可行,而船人既脱兵勇之骚,无恃余,遂不肯行,欲停此,而使余另雇袁州船。雇一日,不得,闷甚。舟又漏,闭顶窗,昏黑不可伏几,偃卧读《方望溪集》终日。

二十九日甲寅(11月1日)　　辰雨,午后雨稍止,阴曀如故

晨觅得赣州船来,可趋至樟树,樟树大市镇,觅袁江船易也。辰过船,遂访邻舟颜君芳栋,字梁才,吉安永新人,江军统领刘方伯于淳所辖哨官也。巳刻舟行,遗履一两在原舟,遣奴子追之不得而淹吾程,是日仅行三十馀里,至大江口泊,去小江口尚数里。闻大江口即抚河,春夏水大时可行。

三十日乙卯(11月2日)　　阴,午有日色

晨发,辰刻至龙头山,未刻过丰城县,里舍郁然。贼至在数年前,生聚渐有复矣。下午到杨子洲,泊舟沽酒,又对岸一里许名拖船埠,有小市。夜泊野村,逢盗舟,来吾舟中问何货,意殊不善,舟人觉之,幸时甫暝,即解维返泊前江口。盗随吾行,见同炮船泊,乃下去。吾始闻舟人言,虽不为动,而心冲冲,细事如此,以遇大敌当奈何,愧古人多矣。且吾无事而好行游,是殆意中所有。《易》曰吉凶悔吝生乎动,即有他故,又何尤? 顾念大军饷需系商贾,而不能为之保护,舟人之言曰,往之负贩者以道棘而税繁,去十之七矣。呜呼,今之盗贼,司土者所不能知,当责之于营伍。闻江军以省地肃清,汰军众,此辈实为不靖,夫贼来用之,贼去遣之,而又亏其募粮,虽为乱且有

说，其咎将孰归耶？

十月己亥

朔日丙辰（11 月 3 日）　　阴雨

辰刻到樟树，甫泊即上岸，到船行趁得一贩笋干船，吾居其舱，舟名杨叶子，此船皆吉安之永新人撑驾，多行袁河，以舟轻，利滩浅，舟名状其轻也。虽小如一叶而甚洁，有窗可明，有几可伏，前后门闼可御风。此去芦溪十馀日程，吾得稍事卷帙，以其暇流览风土，诚乐事也。午间到市中，此市屡毁于贼，今年二月、七月两被燹。今店铺甚大，市口甚繁，能转移天下者惟有利权，乃尽落于商贾，善者当思所以收之矣。下午舟行顺风，傍晚入临江河口，即袁江，又名新喻江，皆以经过郡邑得名，狭得贡江三分之一，水不甚清，土岸不甚高，颇类江浙河道。又行十里，泊回龙寺。

读《荀彧荀攸贾诩传》。

兴平初，操欲争徐州，乃还定吕布。文若争之，伟哉斯言，非独为曹氏谋之善也。凶暴之徒，恒喜轻捷慓悍，取快一逞，君子则恻然于民，思保全之矣。夫保民必先守土，成业者未尝不然，顾上之祁向志量何如邪。方操初起之时，徒好事喜功，思富贵一跻之徒而已，岂有大志哉！文若一言以发之，而始端其趋向，兖徐之间，斯民实隐庇焉。世士或诋文若托为汉而实辅魏，夫辅魏实然托汉何为者？孟子曰“民为贵，君为轻”，又曰“保民而王”。曹氏纵不能大有益于民，犹愈于衰汉之奄奄，非可道里计也。天与之，民归之，而吾何靳焉？若九锡、上公之沮，文若自不欲为祸始耳。谓文若辅曹而仆刘固非，谓必助刘以抑曹，亦未能窥达天知命之衷也。

自古平天下者,先实事而后虚文。曹氏秉政之时,疆宇之内,咸承其命,虽不属冀州庸何伤,而蒙者说以复九州之古制,急为夸大之图,其言不足一笑。乃操食其言者,好大自私之心中之也。

操问破绍之策于贾诩,诩劝之以决机。夫君子多图全,而小人多行险,操之亡命,未为不猛鸷矣,诩复赞之,虽操从之以见功,亦幸所遇绍耳。使逢坚兵,不且以为孤注邪?

操既破荆州,欲顺江东下。诩以为当先息兵安民,其言俨然君子之言,于计甚合,而裴世期以为失图,不亦左哉!方操之得荆州,士卒实疲,虽有新附,其心不固,骤欲逞虚冒之气以争东吴,夫吴非弱国也,君臣一心以救凶败,非如刘表豚儿可以先声夺也。使操从容抚安以定民气,休养宁息以畜士力,然后徐而图之,以大凌小,而居其上流,庶几徼利于万一,然犹未可必也,况以劳罢新附,求胜旦夕哉!至谓荆州,孙、刘所必争,而非操诸将之所能守,则又不然。夫曹仁之败退,以在赤壁之后,孙氏之势既张,而刘主之军复振故然耳。不然,安坐而养威,操之诸将岂尚不刘表若哉?

二荀合传于贾诩,或言此承祚微辞,所以丑文若、公达,若曰是皆曹氏之党,权诈之流而已。以余度之,其殆不然,观其评语,于文若有隐闵之辞,而以攸、诩为良、平之亚,且袁、张、崔、毛诸人承祚列以为魏之正人也。以从此篇之后,则其用心非是居可知矣,岂以诩定丕为适,及沮丕用兵之言为有当于道邪?虽然,诩之乱西京,其祸实大,非小善所能盖也,是殆承祚之疏以启后人之疑,不可曲为之说矣。

诩之劝催、汜也,救死而已,不肯受封,其心固未丧也。至于西京之乱,阴护国家,张绣之降亦由其劝说,及既入魏,言论多出于正,慎执臣节,有君子之风,是亦闻善则迁,改过不贰者矣。君子之论人也，要其终不咎其往，叙诩以为魏臣，诩于魏无邪言，无乱行，从乎君子，则君子之而已矣。斯承祚之用心也夫。

读《袁涣张范，弟承凉茂国渊田畴王修邴原管宁传》。张鲂、胡昭附。

初建屯田，民不乐，多逃亡。夫募民屯田，税入于官虽多，而耕者之利亦未为薄也，民犹疑之。为大事之创，其难盖如此。善乎袁君之言曰："夫民易以顺行，难以逆动。"改弦更张，非此不尽其宜矣。愚民难虑始而可乐成。官缓之则欣前利，官急之则疑后忧，强而迫之，不叛即散。盍亦思此言以求其情，斯不患民之不从矣。

承祚叙二荀之后，不继程、郭，而以此篇及下崔、毛、钟、华为先者，其意殆以德尚于才邪？然而升贾诩其旨未详，又此篇叙前人纪复非同类。袁涣、国渊、王修忠笃而有吏才，张范、凉茂、邴原清高而任师表，田畴粗迹类王修矣，一高德而尚朴诚，一富才而喜饰伪，若径庭然。至于管幼安则云表冥鸿，其心何尝为魏臣，亦厕开国吏佐之间，虽或出或处，殊途一致，论于史体，要亦不类者矣。

初二日丁巳（11月4日）　　阴，有雨

辰过临江府，城隍临水尚完整，未睹其内生聚何如耳。过临江，而西北岸间有土冈，他皆平畴，夹岸多植橘，正值其熟，大径二寸者直一文馀。自南昌以南，米价益贱，每石米缗半至二缗，故居民皆自给，盗贼稀，虽屡更兵后荒落。舟行不择地而泊，黄晨入夜无害。吾乡自宣庙末年道路已多不靖，土狭民稠而谷少，征取又繁，生计迫故也。有国者恒患不均，相土以移其民，是在大有为之君矣。午后过瓦窑，民舍隐隐，橘林匝岸，居者以陶为业，烧烟出林上蔼蔼。自入西省，见乡村多植棕榈，入袁江则惟见橘，物土之宜，民用所系，为治者宜知也。

下午复眺鹚首，见岸上大树盈抱，殆百年物。昔吾先君以道光

丁亥、戊子间始仕得宜春，宦途经此，先夫人实从，时烈尚未育也。俯仰三十餘年，人事变迁，长亭之树阅人多矣，对此能无黯然。是夜泊太平沟，东距郡城五十里，去昨宿六十里。

读《崔琰毛玠徐奕何夔邢颙鲍勋司马芝传》。

孔君滑稽于凶暴之侧，许攸、娄圭轻薄犯上，取死固有由矣。若琰之侃侃尽忠，而亦以之获罪，为臣之难不至此而极乎！夫以力取天下者，其心必好佞谀，自度无德而虑下之弗惕也。事会兴起之初，未尝不降衷以相济，及乎法制粗明，群心既定，自以无恃乎贞臣，偶一不快，而积嫌发于一旦，虽昔之称叹往复若赘辞焉，此前哲所以戒仕乱朝也。故吾以为琰之不幸，其出处之不审，微有过焉，若操之凶滔，盖不足责也。

豫让之言智伯以国士遇我，我故以国士报之。吾尝读其言而喟然叹臣主之分，虽以义起而有情焉，不在勉强为之也。勋之积嫌于丕，自岂不知，及其即位，自求放弃可也，默焉可也，必时时挑其忿暴之气，以自抵于刀锯，岂忠笃于丕，情不能已邪？抑为自知不免，毋宁抗言以死也？使忠笃于丕，丕之无礼而情何由起。使求死所，则一谏再谏而不死，可以止矣，为是哓哓，不已甚邪？譬之妇人守贞，从一义也，不幸而遇荡子，吾自淑焉可矣，必相告责以触"终风"之暴，以为必如是而后可以自尽，斯岂理之得哉！故夫崔琰之于勋，其不审于自处，以死暴主则同。而琰为彼善，何则？操先固尝礼琰而敬之，其死为有端也。若勋者，君子论之，以为自暴而已矣。

崔琰、毛玠、徐奕以强直得罪，或死或黜或退，士君子不幸而处暴朝，不度上之与我情理[1]，而徒恃刚直，其为陈群等之所诮，固亦有

---

[1]　情理，稿本作"情礼"。

其故矣。何夔、司马芝以吏才言之，自足称当世。邢颙、鲍勋得罪公子，一则遇植，而一则遇丕，其幸不幸，不可谓非命也。

读《钟繇子毓华歆王朗子肃传》。

操、丕议复肉刑，钟繇复奏请，事虽罢，而世多疑之。按肉刑自汉文废去后，议之者多矣，莫不言斩趾之罪入于大辟，以为当生而令死，其言本于慈爱，虽有明者不能定其是非。以为当复耶，实惊世而憯吾心，以为当废邪，又昔圣之成规也。窃尝思之，古先后王刑期无刑，其要在于明慎用之，使下无冤而已。至于制度之等，轻重之差，以世为升降，古今不可同揆，且论此于理法之中，犹其末焉者也。夫虑轻罪之受诛，则当明定减死之科，以诏万世，何必举斫斮之典以为仁民之术耶！若欲以复古则尤非也。昔有虞氏之罚不率教者，异其衣冠，而好古之士未有以此为言也。罪疑惟轻见于《尚书》，哀矜弗喜述于《论语》，凡欲上民者平恕其心也。而士多为残忍之言以逢暴君之恶，又外托于忠厚，何其言之不祥。抑又闻之为天下者，从民好恶。得民之大端也。夫肉刑之废垂数百年，民之安之，若远水火，不闻上之制礼改乐以复《关雎》、《麟趾》之化，而首布惨酷之声，是为恶民之聚而驱之也。或者又以为鞭笞之加不足以威民，轻其罪而陷之者众，非复肉刑则终不可止。斯言也，略闻治道者所不称也。夫刑措之由，在于化醇，而法当化醇，则正其源而民自不犯法，当则正其末而民亦不敢犯，非是莫由也。不然，肉刑虽除而大辟犹在，一岁所斩断，虽平世无虑数百，而民之犯法如故。由是言之，则斯论谬妄，更不足辩也。

魏叡于王朗之谏宫室，则置之不答，于论继嗣，则优谢焉，虚而与之委蛇，其内可审。又朗之乞罢役，缓言而不切，殆亦塞责而已。上以是求，下以是应，孰谓魏之君臣交孚一德哉？

钟繇长才干济，允为魏之宗臣，华、王二人，则由之蜀之许靖，世主借其名称，登之台铉以镇天下耳，非有足纪也。观其在操之世，未尝有所建白，及更禅代，遂相二世，卒庸庸无称，人君安利有是贤者哉？承祚登之于郭、程之先，以为尚德而后诈也，然魏之世以诈兴，且郭、程虽诈，于时为有济，若可有可无，虚称而无当者，又足贵耶？

读《程昱郭嘉董昭刘晔蒋济刘放，孙资附传》。

操穷蹙，以妻子托袁绍，昱遂沮之，总昱生平之论，此为最矣。夫成大事者，虽有其志，往往利害所怵，神为之脑而气为之荼，惟赖左右匡弼，有以振之耳。操之初起，岂尝以天下终归己哉？其心欲以求列将之位而已。故其后言志而曰孤，始愿不及此，非诳之言也。荀令君之劝定兖州，昱之说留妻子，此二言实大造于操，而非可以寻常筹策视之也。

刘备奔吴，昱料之云云，惟明之至，故事无遗算。于此又可知赤壁之役，孙刘并命以求全，操不度情势，为必败之道。而贾诩沮操攻吴，其谋为万全也。

嘉算刘表之不能任备，两言明尽无遗。

操求矫弛之士，固未尝择行检。嘉心知其旨，而不复修边幅，亦其明能择主之一端也。

董昭与袁春卿书，殊可不载。

曹休表渡江，丕诏止之。昭以为诸将富贵，无复他望，何肯乘危，不烦诏止云云。武人初起，未有不舍死尽命以争功名，迨乎事业粗成，位禄既显，辄徘徊自重以求安全，故用武人，当常使之不足，不可溢其志量，察昭此言，可以尽其理矣。

昭又论夏侯尚等安屯江陵渚中云云，诚深通军略之言。

刘晔承母命杀父侍人，其侍人虽云有谄害之性，其实然与否，或由母之嫉妒不可知。不请而杀之，是为不有其父，晔诚不可以为人，书之秽于简策。寿既书之，又不定其是非，使后人疑其善恶，此法之不合者也。

晔得郑宝部曲，以与刘勋，曰"仆宿无资，而整齐之，必怀怨难久"，此虽晔之托辞，然亦事理所必至。

晔谏刘勋之攻上缭，乃劝操取陈策，其地同，其事同，而一进一退者，勋、操之势异也。《兵志》曰知己知彼，百战百胜，夫岂有他哉？集两敌之力而权之，斯可知矣。

张鲁既平，晔劝遂取巴蜀，斯言若有理，其实未必然也。刘主虽甫得蜀，民志未定，然其君臣文武才略以方妖妄之张鲁，不可道里计，而巴蜀险阻，又不下于汉中也。操先攻鲁尚不可克，况刘主之老于行阵，设险以守其国哉。至谓乘胜易举，先声夺人，则又不然，昔举荆州尝行之于吴矣，以成赤壁之衄。夫孙刘皆人杰，而可以凡辈拟之邪？

徙民之事行于平一之世，犹患惊扰，况敌国边陲可彼可此者乎！白马徙民，则从淮南，徙民则走者，事存偶然。且孙权大异袁绍，别有招诱之方也。

自古用兵皆易山险而畏水阻，山险无不可逾，若水阻无舟，是死法也。观董昭料夏侯尚之屯江陵渚中，及济阻曹仁之攻濡须州中，可悉其势。

程昱、郭嘉、董昭才铁群伦，谲而不正，然魏之佐命，操所倚重，交孚一德者，仅此三人而已。二荀虽荷敬礼，顾与操薰莸各别，特以才德见任，至于意气之间，未必吻合而无间也。刘晔、蒋济则少异矣。至于放、资用事叡世，事非一类，寿之引合，盖以见金壬不可大任，魏以此兴，亦以此败，其意深厚，有良史之用心，后世足用为鉴戒者也。济先恶曹爽,及洛水浮桥之屯,济实同行,故亦归于一类,顾迹济之辞封,其心未尝有异图也。晔则先死已久,难可比附,其行世遭遇,又不与程、郭、董三人同。以为二人宜皆出之此篇,另为措置,或与贾诩合传,庶几无参差之论矣。

初三日戊午（11 月 5 日）　　阴雨

早发,辰过黄土市,民舍颇殷,行渐上滩,渐多流清而驶。吾昔年从饶江来,两岸赤石,山童童可厌,今此水夹岸皆平坡,林树葱郁,烟霭笼笼,溪流潺湲,带雨益急,善诗者写之皆佳句,吾拙于章律,负此多矣。河中来往舟楫甚多,下水皆载石炭,闻上游多煤山,而土宜茶油树,不复种橘柚矣。趁舟某,吉贝客也,言江西产吉贝,不足用资江浙、皖、楚云。上晡到罗坊,夜到郭家湾泊,行五十五里。

读《刘馥,子靖。司马朗梁习张既温恢贾逵传》。

操专尚捭阖,丕徒用虚矫,虽曰不同,伤教害学,其实一也。至使国庠之选,见耻于纨袴,欲望人材之起,其可得乎？读刘靖疏可知矣。

司马朗乞复井田,曰"往者以民各有累世之业,难中夺之。今承大乱,土业无主,皆为公田,宜及此时复之"。按井田之制,一时虽未可兴,然苟有王者,将均天下,其兴作之端,欲合于时而不扰,必不外此言矣。

操将徙民陇西,三郡扰扰,张既治屋宅居业以安其心,乱由是定。夫牧民者由牧畜然,不得其情则易扰,忽有惊动,则愕顾而思走,惟牧之者有以安集驯之耳。且民不可以语言晓也,三代以下,人气日漓,诅盟不信,愈告戒而愈疑,此其中习于上之欺诈固已久也。能者不言,示之以形若无意,然而后民之心安而气定,有民之责者,不可不讲求之矣。

篇中皆清公能吏,惟温恢但料襄阳事,无他事实。

初四日己未(11月6日) 雨

午过新喻县。在水北,临岸城垣颓坏,无女墙,闻城内亦荒落。南门外水上一浮桥,与广信府城外浮桥正等,惟无山耳。烟水茫白,长虹横亘,颇有景致。过此十馀里,岸上连绵见土山陵阜,水回曲多折。复行至白米渡泊,舟人云石炭下水市口,上去滩多水浅,贩者多至此始易大舟,运至樟树也。

读《任峻苏则杜畿、子恕郑浑仓慈传》。

魏之王业成于屯田,而其议建于枣祗,实功臣之首。昔萧何守关中,寇恂处河内,皆以转继军食,功无与比。今枣祗著绩当涂,岂异此哉! 以为宜专立传而附以峻及韩浩等与田议者。

张进等叛,苏则谋急击之,河西遂平。凡外敌邻寇,击之宜迟,内衅叛乱,击之宜速,寇敌素定而叛逆甫成也。素定则不可摇,更当审计利害;甫成则心不固,但宜分其党援,迟速之分,盖有一定也。

杜畿止讨卫固等云云,仁人之言,其利溥哉! 亦其见事之明,有以济之,遂单车直往,躬探虎穴。仁者必有勇,夫岂不信。

杜恕上疏求安民丰财,务本节用,此言在于当时,不啻祥麟威凤之瑞矣。积乱之馀,武人高爵厚禄,苟非清静之士,莫不慕之。儒舍周孔而称孙吴,农弃耒耜而佩剑戟,民气不靖,乱端日萌,是虽武节高乎往古,战功优于天下,欲以拨乱,不可得也。夫惟慈者忧之不遑,以安民之术,上迪主心,而庸主私臣暗害欣利,莫或留意,此诚有识之所流涕也。观恕之论,实足以箴当时而垂后世,其有所未尽者,不欲州郡设兵而反请专将,则其思犹未周也。疆场有故之秋,拥兵诸臣骄暴境内,甚者淫掠有加于贼,有司束手听命,莫敢谁何,盖由于主兵素不练习,专恃客兵,既赖其力,复怵其威也。使令郡县有司皆得自主,戒备四境之不虞,即以委之专征诸将,出奇而伺利便,不处腹里,攻守责分,内外任异,无警之所,不复命将,以靖民气,以安耕作,此安攘之成规也。恕虑兼材难求,农战不可并举,虽然,五兵之用不可废也。古人安不忘危,存不忘止,虽平治之世,尚修武备,教战农隙,与耕敛无涉,况后世兵农事分者乎? 故恕之言欲以端本正源,格君心之非,旨甚美矣,若夫举措之宜,殆犹未当也。

恕又论考课事一疏,鸣呼,魏廷诸臣之尸位素餐可尽睹矣! 自操、丕奴隶群下,其君臣之间相视如国人久矣。叡又自恃其明,矜于独断,朗、歆诸臣容默自安,大臣无一关其疴痒,徒多绳检以为周防,抱虚文,弃实理,诈伪日滋,不旋踵而祸延于婴孺,岂不悲哉! 夫上之治下,下之奉上,交济其美者,一诚也。使抱三代之政典以布政于天下,而无精意以行之,是为新莽之续而已,况一端之法未备者耶!

前吾读钟、华、王三人传,而以歆、朗之在魏,为如弁髦虚器,上藉其名以镇群士,非有好贤乐善之诚,而二人亦徒以钓弋宠位于尊主,安民未尝庸心也,今睹恕极谏疏而益信矣。使小臣督察大臣,大臣之心灰而气亦沮,即其平日之虚礼,有不足以易人之诚,其过在上,不当责之诸臣也。恃一己之明,鄙盈廷为不肖,是由秦政衡石程书之治也。吾未见暴猜之君而不然者,亦未见如此而不亡者,人君知此,可以免矣。

燉煌大族,田地有馀,而小民无立锥之土。仓慈为守,皆随口割赋,稍稍使毕其本直。按司马朗欲以时乱民弃,业田无主之时,为之均割,夫虽大乱之后,天下必有独安者,当以此法相附,乃可行耳。

读《张辽乐进于禁张郃徐晃传》。

操征张鲁,与薛悌教言,贼至乃发,详其事殊无深意,徒自为诡秘之状耳。

以操之威严，夺朱灵之兵，宜不难矣，犹必择枭健以往，而后无变，武人难驭如此。

禁临难失守，正其罪可也，怜其衰而废之亦可也。外托长厚，内行阴鸷，丕之所以为丕也。

读《李典、李通臧霸文聘吕虔许褚典韦庞德、庞淯阎温传》。

淯无事功于魏，寿传之特以显娥亲耳，然非体也。

二李以下至庞德合篇可也，许、典亲将，不当与外来者比。庞淯、阎温无事功于魏，纪之亦非。

读《任城彰陈植萧熊王传》。

植疏犬马之诚云云，一何沉痛乃尔！其辞之能畅达，其文所以为美。三疏皆无要论。承祚载之者，以植文采不可没，且见当时遏抑藩国之甚。

陈审举疏曰"武皇帝行师用兵之要，不必取孙吴而暗与之合"，霍去病曰"顾方略何如耳，不至读古人兵法"，宋岳飞曰"运用之妙，存乎一心"，三语一类也，用此知植殆亦知兵矣。

又下文陈同族异姓之疏戚，可谓痛哭流涕之谭。盖植智识绝世，且旁观者清，国祚之不长已知之矣。其时魏之上下，离心贰德，执政虽尚有曹真同姓之臣，而平庸下劣，司马氏名位日高，人心向往，中朝文武，无与为比。易世之后，疆臣移国，其机有可先见者。植惟知之，故其言之痛切如是也。亦知终不见用，而要信于死后。呜呼！诲尔谆谆，听用藐藐，叡之自孤而疑宗室，皆丕之无良贻之也。

初五日庚申（11 月 7 日）　晴

晨起推窗，见两岸颇有山，虽土冈不甚高，而有林有石，水萦洄在其间。午后过钟山洪，分宜东大山也，高嶂参差，俯逼水上，嘉树成林,溪流湍涌,渐入山峡,水曲不见来处,亦无前径,景状极似浙中七里泷,惟水不如是之清耳。不二里,出峡口,复有平山翼然在远。行至分宜县郭,山正在郭南,即所谓钤山冈也。县郭小狭,高不过六尺,郭中民居皆露其半,又无女墙,而郭门高大特跱。昔吾见浙中兰溪诸县及此省广、饶各属县皆如此,昨过新喻亦然,不知其制何昉也。县南有大石桥,十孔,工甚伟壮,传为严介溪创。下午复行,夜泊金堂铺。

是日所历皆佳境。吾常言好游不必入山,但适野已胜,观名境不必至,其处径路已胜。今游者如匆匆访客,然慕名而往,一见而退,问所涉见之佳否,不知也。夫善者相赏于世之所忽,流连于人不知之地,斯小故也有道存焉。吾好游,因以志吾游之旨。

读《武文世王公传》。丰愍王昂、相殇王铄、邓哀王冲、彭城王据、燕王宇、陈留王峻。沛穆王林、中山恭王衮、济阳怀王玹、陈留恭王峻、范阳闵王矩、赵王幹、临邑殇公子上、楚王彪、刚殇公子勤、穀城殇公子乘、郿戴公子整、灵殇公子京、樊安公均、广宗殇公子棘、东平灵王徽、乐陵王茂。

叡弥留,任燕王宇以后嗣,宇遂固辞。迹宇之心,非慕名称也,自度不足以扶魏室之倾耳。方其时,司马氏虽未专朝政,然威望日著,国有大事,倚之以为重。宇号为亲藩,素无位任,一旦出而秉国之成加乎其上,其必为所图明矣。夫曹爽藉奕世之盛,绍登公位,谋之不臧,犹受其病而国以毁,况宇之抱空名无素积邪。且魏之拘阏懿亲,罗网凝密,挟嫌疑以处少主之朝,虽无强臣犹不可,况豺虎在侧邪?其时魏之外势虽无故,而实已成痿蹶不仁之疾,此曹冏之论,所以伤树之不早也。

读《文世王公传》。赞哀王协、北海悼王蕤、东武阳怀王鉴、东海定王霖、高贵乡公父。元城哀王礼、邯郸怀王邕、清河悼王贡、广平哀王俨。

读曹冏论,不独计智深渊,且亦文义畅美。

读《王粲、吴质与粲等称七子，徐幹、陈琳、阮瑀、应场、刘桢。邯郸淳、繁钦、路粹、禅孔融。丁仪、丁廙、杨修、荀纬、应璩、应贞、阮籍、嵇康、桓威。卫觊、潘勖、王象。刘廙、刘劭、缪袭、仲长统、苏林、韦诞、孙该、夏侯惠、杜挚。傅嘏传》。

丕《与吴质书》，文字清美，情致斐然，其所痛叹，达情无枉。

刘廙请操罢兵，操答之曰："非但君当知臣，臣亦当知君，今欲使吾坐行西伯之德，恐非其人也。"按操以权力胜天下，一日懈战事，即群士解体，廙言不达事情，操复书一何明快乃尔。

傅嘏《难刘劭考课》，作论大略同杜畿所见，而辞意晦昧，不必载也。

王粲初至，则颂三王之业；卫觊处朝，而赞禅代之事。承祚所以使与傅嘏同篇者，以见人皆趋时附势以逢其主，何代蔑有？人君不端其好，则是曹比比也。二刘著作魏朝，因其事功以附王、卫而已。

读《桓阶陈群，子泰陈矫徐宣卫臻卢毓传》。

阶为张羡谋叛刘表，无缘操知之而表反不知也，此恐不实。

天下已与魏矣，虽扬虚美何益。汉氏臻所以不为附和者，谅此微节，不必见罪时主，违众可以见异，示直可以立名，故为正色不挠耳。

叡诏毓曰："选举莫取有名，名如画地作饼，不可啖也。"语自名隽有识，然而矫枉过正矣。毓答以"循名案常为职，但当有以验其后"云云，斯为中当。

全篇皆合，惟陈群父子宜出此篇。群、华歆、王朗一流人；泰有事功实济，非陈、徐等机管之臣也。

初六日辛酉(11月8日)　　　晴

早至昌山泊舟，贾客过税，洗沐后即登岸眺望，两山夹流如昨经钟山，而无其回折，造舟为梁，在二山间五十馀丈。凭桥栏东望，分宜山明翠欲透，如蓝琉璃屏，近所林树若屏中图画也。水南有祠祀女神，觅碑记不得，遂返舟。闻北山有石洞深十里，不及游为怅。辰刻舟行出昌山峡，滩声洪洞，石出水上，过峡即平旷，虽有山，不夹流矣。分宜小邑，而左右二峡夹其水道，秀异独出，清江、新喻皆不若也。

是日行舟滩甚多，每滩水高尺许，土民植木河中，畜水激轮，灌田作磴。吾昔过浙之衢州，见拦截水道狭不至丈，恶其民之专利而苦行旅，今此亦然，宜为禁限弗使过甚。浙中头亭船每行数里即歇，今行艰相亚，而终日不求安，此方人强劲耐劳苦，非若江浙之窳惰，然浙人犹差胜，使吾苏常舟人行于滩水，日不数里矣。午过江山，顺风助帆，甲夜泊舟白沙塘。

读《和洽常林杨俊杜袭赵俨裴潜传》。

崔、毛为政，俭素过中。洽言立教观俗，贵处中庸。激诡之行，则容隐伪，此言近于知道矣。且天下之事，不独俭然也。自后儒以己律人，不问礼法之过差，不计人情之堪否，一切裁制。于是慕虚者矫名厉节，随世者勉强相从，至有自摧抑以附大义，问其所以然而瞠然不知者。世皆见之谓之忠，吾独见之谓之伪。呜呼！世无通人，孰以语此。

王匡起兵讨董卓，而伺民罪负，责钱收赎。欲举义兵，先自同于盗贼，虽以成功，君子犹不忍道，况无成邪！

常林率宗族保陈延壁六十馀日，以一壁而抗暴师，林之才胆足称，亦见乱世惟此可以自全耳。

丕天资褊狭，虽微过犹不见原，况废立之际乎！杨俊处人父子之间，立心亦是不当，故俊之冤，视鲍勋殆有间。

杜袭夜见操、王粲与和洽云云，夫丈夫事君，当以事能德业见知，饰文词、炫博览，与膏唇饰首何异？人主方俳优视之，而犹以见数为欣慕，至出之语言，不顾耻笑。嗟乎！士习至此，固不如妾妇从人，犹或以德礼见长矣。

裴潜言治胡曰："过宽必弛，既弛又将摄之以法，此讼争所由生也。"数语不独治夷之术尽是，凡为上治民接属，皆当体味之。

读《韩暨崔林高柔孙礼王观传》。

暨年八十乃为司徒，魏之三司必选笃老之臣，或模棱两可者，乃使为之。盖时君矜于独断，不信臣下，又务好贤之名，故宰司极位以为优贤尊老之地，而机管重务，一切以付中书，鼎铉虚器而已。魏政粉饰无实，皆此之类。

崔林为幽州得罪吴质，以不事上司左迁，林不肯屈节强臣，足以知其桢干矣。顾一修笺敬，曾何累于边事，而恐以此旷官邪？为下位不获乎上，民不可得而治矣。君子立身行己，但不当为阿谀，寻常之礼庸何伤。

刘劭作《考课》，林复论之。此一事，杜畿言之，傅嘏言之，林乃又言之，其旨皆同，乃知魏朝台司丛脞而好尚虚文，有识者所共不屑也。

林为司空，无可纪。史录其议孔子奉祀一篇，寡要之言，不如并去之。

黄初定诽谤律之诏及叡末年司徒吏解弘事，皆倏忽无常，出尔反尔，其意皆以为改过不吝也。然轻率如是，非帝者之度矣。

崔林常言考课，意在朝臣之不仕矣，及为司空，未能有所进益也。柔尝指言三公当任朝政矣，及为司空、司徒、太尉，经历二主之废，不能有所补救辅助也。岂前忠后奸，前直后枉哉！为可有可无之官,反不若在下僚得以言事无嫌,至于祸乱之兴,尤无权可以禁遏,不能不默以听人也。昔操以宰司遂篡汉祚,故魏制深防辅臣而不知其所以自弊如此,此立法之不善,无以责之群下矣。

承祚每传魏士,而终以晋之腹心爪牙,一以见二代相嬗易之速,一以见魏无贞臣,可彼可此也。

读《辛毗杨阜高堂隆传》。

隆答凌霄阙鹊巢之问,直云宫室未成,将有他姓制御之。隆虽直臣,不宜凭臆而言至此。盖其时魏政不昌,已有明著,有识之士观祸未形,胸有是虑,口遂出之也。故临终遗疏遂曰宜防鹰扬之臣于萧墙之内,事后之验,不假卜筮,至诚之道,可以前知,不亦然乎!

隆劝崇礼乐疏,于是乎失言矣。夫制礼作乐,必圣人在天子位而后可有其位,无其德不敢作也。且其时何时哉?朝廷骄于上,臣士诌于下,不务德而尚侈,盈廷莫之敢言,虽日夜进节约之论,海以民生不易,祸至无日,犹患其心之纵侈弗可收焉。而乃导之以虚文,教之以繁礼,彼且将曰:"吾非修宫室也,将以备飨会之礼也。'吾非好田猎也,将以教狝狩之礼也。"是非欲使之食而扼其吭乎?夫儒者必有迂疏之失,隆思之不明,而其瑕玷不可掩矣。

隆极谏疏切至之甚,叡曾无动心,亦不谴怒,彼其心已有一成见,以为腐儒之论容之可以得名,不足致怒耳。嗟乎,孰知腐儒之言,若是之验邪!

读《满宠田豫牵招郭淮传》。

满宠迁合肥新城,兵势甚合。凡城郭近水,所以为险阻易守也。使敌长于舟楫,则我险反为彼用矣,故宜徙城,使敌失利。夫地有定形,兵无定势,此岂可语庸下哉?

豫设伏成山,获吴舟楫。按其地至今为海,行者所畏。地形有一定之势，顾豫何从知之？是非勤而好问，不能矣。

孙权攻新城，满宠欲救。豫言勿与争锋，盖客兵恒利战，主兵恒利守，此是不易成法，攻守势倍，主兵自居其易耳。至客兵则不得不进取，与其仰而攻，不如野战之易多矣。

凡民不习战者多畏葸，不可与图功，图功必败。牵招在雁门教民战阵，先以乌桓为胜兵，以作民之气，得其道矣。

胡夷相通，千万里不为远，其移徙素习，不以为事。顾中国以己度彼，恒以为不能，盖地形不习，夷势复不明。牵招之料鲜卑通蜀，其已事也。

初七日壬戌（11 月 9 日）　　雨

辰刻到下埠，有山两峰峭拔，尖如双乳，问舟人，不知其名。按袁山在郡东北，殆即此也。亭午到袁州府，泊北关外。冒雨到城中一行，市肆完整，次于省会，城垣高固，及北门外桥上石卡，皆贼在此所修也。贼五年十一月初二日至此，六年十一月初二日退，整数一年，亦可怪。学宫在城北门外桥下，已修整。城中有山，树木郁然，又城外华石崖为名胜地，不及游。下午舟行，夜泊水宅。

读《徐邈胡质二王昶、基传》。

正始中以邈为司空，固辞不受。魏制三公无权，故自歆、朗以下，不能有所裨益，此自制度如此，不可责诸贤。然独不可辞位不居乎？故夫不负素心者，吾以徐邈为善也。

篇末言人之无常，徐公有常，良史之文，乃能如是。

注中《晋阳秋》载质子威省（威）〔质〕，质赐以绢，威问云云。按质为征东将军，爵亦尊，位亦重矣，俸赐所入，谅足自裕，何至赐一匹绢而犹疑之，不信其父至于如此。贼天性之恩，违人情之素，有圣人作，屏诸放流不待问矣。

王昶为子作名而诲之，欲使顾名思义。按古人作名，不由一致，然终以此论为通。其文则规仿马文渊之作，精义卒罕，不如去之。

景元二年，司马昭欲伐吴，王基曰："嘉平以来，屡有内难，当今之务，在于镇安社稷，抚绥百姓，未宜动众以求外利。"昭报书从之。按基此言为晋谋，不亚良、平矣。魏之二主见废，虽朝士不能有所匡救，而天下之心未尝遂安典午也。师、昭三继重任，手握大权，静以镇之，不敢动耳。使务外利，少发兵则不足用，多发兵则遗人以权，外利不可得，适以自害耳。故基之书一上，而昭从之，且感之，已悟其说也。

读《王凌毌丘俭诸葛诞邓艾钟会传》。

或曰：凌、俭、诞忠乎？应之曰：不然也。凌之时，司马氏之逆节，明者或已窥之，然而未显也。齐王在位十馀年，聪睿无失德，乃凌首创废立之议，是与王芬谋废灵帝，袁绍欲立刘虞，其心皆以京朝在远，自度不能与在内者争，思另有所要挟以令天下耳。安有忠臣举事先废君主者乎？至于俭、诞皆自以当重任，处富邦，恐不为司马所容，图以自救而已。使俭而忠，当席卷西上，以急国难，奈何徘徊不进，坚城自守，岂非首鼠之见，欲待吴援邪？使诞而忠，则当发于得俭书之日，从中而起，则司马氏之要领可得而迟，至于既在淮南之后，且俭之败，诞为司马氏效焉，其志尤不足论也。故夫三人者，汉末二袁、公孙之辈也。必在淮南者，地富而兵多，与吴近而无阻，进足以逼，退有所庇也。中原失鹿，千夫逐之，皆以为有分也，凌等皆思与司马氏共逐者也，于魏何与哉！

邓艾淮南屯田论所载，收纳廪士之数，每屯兵一人，完一百二十五斛，约当今三十七石馀。每人每年食六十斛，约当今十八石，每日五升。按《汉书》赵充国屯田奏折算其数，约每人每日廪米四升六七合,魏时量与汉制大略同,故其数亦大略同。

司马师死,魏诏以兵属傅嘏率之还都,而使昭屯许昌。钟会与嘏谋,辄与昭率兵俱还。鹰扬之臣握权在外,魏因师死遂欲罢昭之兵,枋不计从行之臣如嘏、会等皆其死党,无昭即无嘏、会,而欲使嘏领昭兵,何其计之疏也!

深乎哉!承祚为此传之旨也。夫王凌等世号为魏之忠臣者也,会则皆以逆节而诋之者也,然则何以合之?承祚盖见乎其微而知忠者不必而忠,逆者不必为逆,皆以自为己也。夫凌等之忠,愚者言之,而智者不言也。若会者,诈于魏而为晋,何不可诈于晋而自为哉?昔有挑人之妻者,长者詈之,少者应之,及其夫死而娶之。则取长者曰:在我欲其詈人也,夫在人则应我,在我则詈人者,固不可兼矣。而会何责焉,以诈取人,还得诈报。承祚之旨,曰:会为晋之心膂,则称兵与凌等同,其辞亦同,明夫乱臣之言不足信,而世主当尚德而弃诈也。曰:然则艾未尝反,何为合之?曰:艾之专命,乱之萌也,骄而自擅,喻之不改,艾安得为贞臣哉?此又将而必诛之义也。

初八日癸亥(11月10日)   雨

晨发,夜泊黄土坡,距昨泊仅三十里。是日所经滩益多,舟行甚苦。船所载闽中笋干自樟树至芦溪,每包百八十文,载共五十馀包,几及十千文。吾住其舱面,与钱四千文,此为不常有之善价,馀趁者二三百文而已,故舟人事余甚谨。为舟人计之,自新喻以上,即须雇短纤送至袁州,两人共八百文,供饮食。过袁州短纤不用,而另雇驳浅船送至芦溪,每货一包五六十文,原船仅能留十馀包。每过一滩,本船与驳船夫弁力纤挽,舟相衔尾而上,其用力甚艰,而所得船价当去短纤夫价、饭食千三四百文,驳船钱二千馀文,实所得六千文而已。使无趁客,且将折阅,民生之艰如此。吾辈饱食暖衣,敢不念所从来邪？

过袁州以来，两岸皆有山，山皆产煤，煤贱甚，每十斤值八文。吾昔游饶、广，见其地亦产煤，未审其价何如耳。凡滩河中皆无鱼，水急而下皆石，无以游泳窟穴也。民食鱼皆池中畜，自入袁江至袁郡，市中乃见有鲜鱼，馀处未尝见只鳞。而食牛犬肉皆甚廉，又冬笋在袁郡亦止二十馀钱一斤耳。

读《方伎传》。华佗、杜夔、音律。朱建平、相。周宣、占梦。管辂。

县吏尹世疾，乃阴盛，格阳于外。藏气绝者，中无阳也。涕泣者，悲哀，金气，阴之类也。倪寻、李延病，云外实者，外正气充而内有邪，故当下。内实反是。

李将军妻病云云，安有死胎百日在腹而不溃者，此妄。

叙管辂事连篇累牍，此何理要，而喋喋如是，可厌之至。文人好奇，寿自忘为史邪？

读《乌丸》、《鲜卑》、《东夷传》。《魏志》终。

马韩立大木、县铃鼓事鬼神，今之立竿祭天本此。

《魏略》载大秦国，甚可考证今夷事。

读《蜀书·刘二牧传焉，子璋》。

璋可守而不守，后刘禅亦正同之。不独报应之速，且亦分寸不爽也。

读《先主传》。

备归操，表为左将军，出则同舆，坐则同席，其礼可谓隆矣，而备心中不少动也。夫岂不知其志有不存焉？凡人求人之知与礼敬者，皆事人者也；不求人之知与礼敬者，皆使人者也。于事济邪？虽辱之而不怒，于事不济邪？虽尊之而不喜，其所以见畏于操者，亦惟此而已。不然，若备者，一败军之将也，所为辄不成，尚何异人之有？

盖志者,本也,才与力者,末也。志苟诚笃,虽才力或不副,艰苦则有之,未有不成者也。故君子当辨己之志,正其趋向而诚笃之,帝王圣贤岂异人哉?

备之去荆州,一何落落也。不忍负表而夺其地,不忍弃众而自为谋,懿乎备之所以终有土君人也。使备负义以取荆州,荆州怵于操之威,不足与图存也。使备舍仁而弃从众,操方选锐而惟备是求,不可以遂免也。徒捐美名以就虚利,此明者所不为也。君子当危急之分,有忘利害以取义成仁,而以成败听之于天者,其智也,非尽智也,有诚焉,明之至也。

十九年既得蜀,以诸葛亮为股肱云云。承祚于此等处皆为铺张之,其文调可诵。

备才诈不若操,并不及权,而志则胜。志者心之所初向也,图欲有成而不以剽窃苟且为事,此其所以胜也。志大则凡所由出于正道者多,故蜀虽小弱,终守礼义,以暗主临御四十馀年,权臣更主兵执政而莫或觊觎之。夫行正道者得正报,由树桃李而收其实也。不然,魏、吴之制,防臣下不已周备,而皆篡废不绝。嗟乎!此非一旦夕之事也。曰:然则备终不齐一天下,何也?曰:备之志美矣,而量不廓于操辈也。何以知之?于王汉中知之。方备之践祚也,共主已绝,宗祏非备而谁托,称帝宜也,其先称王何为哉?有君在而不俟命,示臣下以不诚,获小国而遽自尊,示臣下以不广。不诚则下废其忠,不广则下弛其力。如鸟之构巢,蚕之作茧,既有所成,而荧然思息,下之人亦曰,此吾与若竹帛书功之日,而非肝脑涂地之秋矣。上下交怠,而欲以经营天下,岂可得哉!夫备之志非自划也,生平辛苦艰难,至此而倦翮不可以复振也。故天之欲成三国,而使三人之量毕等焉。才不足者,充之以势,于以使之势均而力敌。善乎顾亭林之言曰："才丑德齐,则三国、五代。"吾思之,而知其言之谅也。

读《后主传》。

二年息民,三年南征,五年北伐。盖前篇备传,此篇实诸葛亮传也。故书其经画,自内而外,井井有条。寿诚良史,能知亮者。而世以为不满,俱哉!

史言禅任贤则循理,惑竖则昏暗,盖非也。禅之为人,无所为任,无所为惑,好恶亦无之,奄奄如无气息人,此亦世所罕有。世以宠黄皓罪禅,禅不任受过,又或以任诸葛亮贤禅,禅亦不任受德也。殆天意实然,炎祚之亡非可人力勉强,如田禾既熟,虽有孙稻,其苗不昌也。

初九日甲子(11 月11 日)　　　阴,亭午微有日色

辰刻到西村,小泊。下午到张家坊,又泊,更添驳船,夜泊杨坑。袁江自分宜以上水转阔,滩多而高,每滩上下较尺许,水驶而急,故袁州至芦溪百二十里,必三四日方到也。

读《二主妃子传》。甘后、吴后。二张后。先主子永、理。后主子璿。

读《诸葛亮传》。子乔、子瞻、董厥、樊建。

备顾亮草庐中而言云云,观英杰相与,其言真诚如此。

凡事能危难吾身者,皆由于争,凡德能安庇吾身者,莫大于让。葛公之于刘琦,教之让而已矣,非有高谋异策,然而远矣。使遇吴质之徒,必教之以谋,导之以诈,就使事集,而忠孝之大节亏,教之者不可以为人臣,受教者不可以为人子,安有君子爱人以德若是者乎?故夫君子之为人谋,必平正通达而无他奇异,其以奇自命者,必小人之徒矣。

魏获徐庶母,庶辞先主而去。嗟乎!三国之世,能不失其心者,其惟庶乎。夫君臣之间,守法奉职,分也,义也,亦有情焉,则人主以

国士遇我,而舍死不渝以报之,此义由于情而笃,异于寻常之节。然而安得与天伦之亲、属毛离里之爱并论乎?凡情由恩起,我之得身于父母,长育教诲于父母,与君之贵我、富我、知我、用我,其恩孰大,此不待智者而决也。而或者曰:昔为人子,今为人臣,以为有君者,不得复念父母。呜呼!使后世耽宠禄而废伦纪,此一言足矣。夫忠者,人君之宝也,然而伪为者实多,虽收其效于一时,而晚节终不可保。何则?其心本以要利禄而已。安有遗其亲而能忠者。故孝实观人之本,人主不可不察也。

葛公说孙权拒操,言若诈道矣,然而皆至诚也。自言小之与大,弱之与强,服而从之可也,勉以自奋亦可也。二者皆足以邀福,惟首鼠两端者,鲜不败焉。方是时,刘主之利与权合甚急也,然而人各有志,不可勉强也,为陈利害而使之自审所处,虽以激之,其实听之也。夫为人谋则易,使人为己谋则难,善哉辞令之妙,而又不背于正道,惟葛公其孰能之。

操之不可攻吴,攻吴而必败。贾诩策之于魏,知己也。葛公策之于吴,知彼也。夫军之胜败有定理,而昧者多以幸心图之,何其算之不精也。

备兵败众亡,无一寸之土,方自托于强吴以抗曹氏,乃其使者之言曰鼎足之形成。岂后之取益土可预知哉?而言者不惭,听者不怪,以备之志量素定故也,异乎后之以成败论人者矣。

郭冲所述五事,虽未必可信,要其信不足达美,畸轻畸重耳。葛公治蜀尚严,殆事势必然,观其言曰"吾威之以法,法行则知恩,限之以爵,爵加即知荣",此四语岂冲能道邪?

备临终托孤之言曰:"如其不才,君可自取。"此实以生平赍志不遂,中道而死,自顾后嗣薄弱,不足伸己之志,故举国付之于亮,以明讨贼之事重,而得位之事轻也。人之将死,其言也善,推广此心,虽尧舜公天下,亦如是而已。而或疑其行权,一何鄙浅之甚邪!

葛公破南夷而不置吏,不留兵,算之最当者也。荒陬不毛之地,得而郡县之,不足以为广,使吾得志中原邪,视此呕脱耳;不得志邪,有此亦何益。故惟息争宁人,以得尽力于北伐为至善耳。

吾每读《出师表》,未尝不悲动于心。至诚之言,千载之下犹感人如此!

《后出师表》陈说甚通彻,然而文气不类葛公所为。且中有驳处,如任李服,委夏侯之言,类于自文,马谡之败,葛公不宜有此。或者有是篇,而张俨默记有所增益邪?

葛公身将士卒者数矣,自街亭之败,未尝有尺寸之失。而魏以数倍之势,每一当之,无不破军杀将,如遏水然,动之则决;如弽弩然,撩之则发。入人之疆,若兕虎之在中原,相顾而莫敢近抑,何威势至此邪?虽桓文节制之师,无以过矣。史之言治戎为长,奇谋为短,夫奇谋者,固公之不屑道者也。

三国时,中原之士矫厉名节,有身为方牧妻子衣食不给者,葛公尚有田桑之业,不足多矣。然千载之下,诵其言,论其事,有不贵彼而贵此者,何哉?其事可想也。

读《关羽张飞马超赵云黄忠传》。

羽辞曹操就刘主,去就之间,一何磊落可敬,使千载之下,犹想望丰采而为之感动①。

备克成都,赐葛亮以下金帛若干,自古破都灭国,所得之货皆以归上,而上颁赐群下各有差,此其所以均而无怨也。备之克蜀,以珍

①　丰采,稿本作"风采"。

宝许士卒，而后患之矣，然犹有金锦以赏将佐，则其时货不尽归士卒也。夫攻敌而获不归上，古人因粮于敌之谓何，善者当思古道矣。

初十日乙丑(11月12日)　　大雨

仅行十馀里，至塘湾，阻雨不得行，水大没岸上纤路也。泊处隔岸有山，山下有树，雨中凭望，足舒游兴。

读《庞统法正传》。

凡士欲自树立，不得不思以胜于人，思以胜于人，不得不党同而伐异。由是门户各分，旗鼓并建，相憎之势有若冰炭。大者争地夺国，小者辨是列非，百折不渝，虽死无悔，其执心之固，岂不甚哉！然而自明者观之，其志皆以自为耳。矢人函人用心不同，所祈则一，非此必慈，而彼必暴，利在则然也。统劝备取蜀而备曰：“吾与曹氏每事相反，今不可以小故失信义于天下也。”观备此言，实由至诚，顾其心岂一日忘蜀哉。迨夫衅隙既开，全师独克，备之乐夫岂可喻，然而不可以告人也。饮酒既醉，而饰伪尽忘，遂不觉其倾臆出之于广座，于是统复起而文饰之。三国君臣，较以蜀为近正矣，上下相蒙犹若是。三代圣主，行一不义而得天下，有所不为，是真不为也，其功业终烈烈于万世，岂必诈而后伸哉？奈之何后世之不闻此也。

备南边取璋，郑度说璋云云，此亦坚壁清野也。

备围成都，许靖将逾城降。为人臣而死其事，上也。或以分义不笃，可以无死，城陷而后降，犹不晚也。奈何逾墙相从，此岂士君子之行哉！

观寿此评云云，则知其所景仰，惟诸葛一人而已。于正有贬辞，于统亦疑信之言也。又观其以统方荀彧，则以彧不若诸葛明矣。更观其以正方程、郭，而曰不以德素称，则魏传分合之旨，又可知矣。

读《许靖糜竺、弟芳孙乾简雍伊籍秦宓传》。

世有饰行敦笃可以为乡里之师则，而不可以莅民者，许靖是也。糜、孙、简、伊，坐谭之士，而无实际①。秦宓有文藻而不成篇章，即就其文藻而论，亦枯窘非大方家数，小邦无人，信哉！

读《董和刘巴马良、弟谡陈震董允，即和子陈祗、黄皓附吕乂传》。阙陈祗以下。

世有可参谋议之用，而不可任以独效者，言之与行，二者固不同也。若谡者，参与帷幄岂不足采，而任事即败，用违其才也。度葛公所以专任于谡者，盖以魏延、吴壹等宿将骄豪，不可绳以法度，贪用新进以就检御耳，而孰知其以违令败。用人之难，不既甚哉！

允罢游观而接士，即此亦复可敬。而宁济之效卒鲜者，将主暗难为邪？抑允实德优而才少也？

篇内诸人皆德优才少，以知诸葛之用人为得正道。夫使蜀不昌者天也，多用权谲之士，岂足以改易天命哉！适以长乱而已。

读《刘封，孟达附彭羕廖立李严刘琰魏延杨仪传》。

羕心志广大，葛公以为言，遂抵于罪。从来为人上者，用纳其下，皆以谦约守节者为贵，而恶高视之徒。出身奉君，当思所以自处，且坤道贞顺，理亦然也。

汉末凌迟，士风不古，薄道德而鄙安敦。操、权用人皆苟取一时之效，不拘小节，宽其愆累，故羽翰充而爪牙足也。葛公思出于正，不图目前，为事成之后，计子孙百世之利，理则得矣，然而在中原上国犹无才以供取择，况巴蜀小僻哉？乃其后不得已而用魏延、杨仪之徒，此岂公之素志，无可如何也。观其勉强纠合，任马谡而马谡覆军，托李严而李严方命，艰难委曲，左支右绌，如贫家新妇强供无米

---

① 实际，稿本作"实济"。

之炊,噫!亦可伤矣。

读《霍峻,子弋王连向朗张裔杨洪费诗传》。

官当其能,就加秩位而不移,蜀尚有之,如王连之司监葛公之政也。

张裔对孙权,言出自悔不能阳愚,即倍道兼行。按自武昌至永安逆流千馀里,非旦夕可越,且时蜀吴和好,权既许遣,岂又复追,此非事实也。

备即尊位,诗以为不可,其言诚不当,然当容之。

此篇皆巴汉之令,而所表见不同。霍峻、王连、杨洪政事之良,向朗文学之士,费诗言语之科,惟张裔滑稽而已,殆不若数子也。

十一日丙寅(11 月 13 日)　　阴

辰到宣风,有佛浮屠在水上,遥望大山当前,云在其上,烟在其下,问舟者,不知也。宣风市去浮屠二里许,聚落稠密。下午到芦溪,登岸一行,夜仍宿舟内。

读《杜微周群,(杨)〔张〕裕附杜琼许慈孟光来敏尹默李𧩙谯周郤正传》。

凡术贵以趋吉避凶也,(杨)〔张〕裕自知刑死而不知所以死,安用术为?

谯周缘周群之言而论两主之名为谶。君子立身行己,当求于理之当然,而不问数,故虽尼父之圣而罕言命也。夫葛公之才之美,岂不量季汉之不可兴起邪,既已委质于君,不得不尽也。周而隐居自善,不受人之爵位,如杜微与群可矣,立乎人之朝,而私存两端之见,是直季汉之妖孽而已,卒以败人之国。执左道以乱政者,杀无赦,使当葛公之时而有此言,无以免矣。

荒僻之地多有古风,通凑之区必尚时学。东京古文盛行,而蜀中犹守今文。好名之士如默者,因以为不博于知,变改风俗,必自此曹始矣。

　　谯周之亡蜀,若策勋于魏朝,其劳不在邓艾下也。贬语二孙以尽之,使周生百喙亦无以自解。其上疏直斥人主犹无臣礼,前有张松,后有谯周,蜀之存亡系焉。君以此始,必以此终,斯之谓也。

　　处昏君之朝,括囊而无咎,吾必以郤正为不愆矣。及其后犹尽臣节,岂周辈比耶!

　　读《黄权李恢吕凯马忠王平张嶷传》。

　　读《蒋琬费祎姜维传》。

　　蜀之诸臣,虽无机权干略三才,而皆德素清修之士。使葛公不陨,王业克恢,蒋、费非安时之良相哉?于以知葛公之规模远矣。姜维处乱朝、用贫国,内畏谗而外忧敌,其忠贞之心至死不改,非葛公之教曷以至此。至于出师无成,又当谅其所难,不可责矣。

　　读《邓芝张翼宗预,廖化附杨戏传》。《蜀书》终。

　　芝对孙权云云,所谓修辞立诚也。使乎!使乎!

　　史欲以正统归蜀,而难于为晋,故于《蜀书》终篇,列杨戏赞辞以著一时相将之才,隐然齐一之规焉。

　　葛公之忠,犹有李邈之谤,难乎为上矣。

十二日丁卯(11月14日)　　　　薄阴见日

　　晨登陆,住韩姓客寓。饭后步自大桥上望山,二大峰并出东南,上高峻,异道中所见。南者名大丈山,东者名武功山。其峰高者曰三尖峰,袁、吉二府之望也。过桥入闹市,市繁与袁郡相亚。下午馆人导余游女市,薄暝甫返。

十三日戊辰(11月15日)　　　　晴

　　晨起即饭,饭后雇兜子过山,兜长而可卧,安坐甚适。望西南行,绕山足,中道过一平冈。下午抵萍乡县,落张姓客寓,即趁得一舟,约明日行。日中所经道为商贾往来之地,凡蜀、楚百材由是者多,江浙贾于楚者亦往来是径。自贼踞沿江水道不通,益繁荟。五年贼曾一至,无大损毁,房屋俱未爇。沿途居民供食饮待客者,无虑数百家,皆饰女子捧蔬茗途中。山上皆植茶子树,丛条类槿,分行莳种,亦如吾乡之种松苗然。萍乡山甚多,有杨歧山,相传杨朱泣歧之处。

十四日己巳(11 月 16 日)　　阴,欲雨,夜始雨

晨起入舟,舟尚不行,因到城内观览。城垣新整,市肆殷繁,不觉其曾遭贼乱也。午间舟行,下滩水急,与袁江同。傍晚,行五十馀里,将抵湘东未数里而泊。此水名渌江,发源萍乡,西入于湘。相传楚王得萍,实即此水也。舟行是水者名"倒爬子"为多,两头可行,无所谓首尾,上水不用纤而用篙。每至一滩,努力不得上,后舟踵至,往往相聚至千艘。自袁、饶各江及浙之衢江与此水,其滩皆人力畜水,庳灌作硊,土人呼之为坝,正截河道,仅留一口通往来。至夏月值炎亢,水易涸,往往并闭其口,农夫与舟子争水,械斗日有之。然其地皆山流,使无此坝,奔腾顷刻可尽,舟亦不可行也。

十五日庚午(11 月 17 日)　　薄阴

晨过湘东,有卡征厘金归楚饷,更征其半归东征局。东征局者,指督帅一军也。楚中各县皆有此局,俱照厘金减半或六七成不等,惟湘潭县不减,以市货多也。午过陂头,有庙为分界庙,江楚界上也。吾疑萍县一邑当归楚辖,而以其东之山为界,方合地理,今以江西之县去江西之水口五十馀里,而建治湖南水口之上,其意不可知也。是夜到醴陵县,登岸茗。醴陵无城,而有大桥甚长。

十六日辛未(11月18日)　　　晴

晨发醴陵,下午至唐山口,自此而下无滩坝。夜到渌口小泊,照卡票,复行出渌口,即湘水矣,水宽狭如章贡江。月夜出望,悄然乡思,更闻舟人棹歌,杂击水声,仿佛东吴船过横塘也。枕上诵"湘水直下万里深,谁人不言此离苦",意不适适。

十七日壬申(11月19日)　　　晴

晨到湘潭登岸,城外市井甚繁,为江浙贾者来会之地。行市中,遇操吴音者不一二也。行市尽,到城内,冷落不喧。寻访至欧阳晓老家,晓老返甫一日,相见殊欢,各告述别后事。晓老初归,候者接踵至,识彭君黼臣,龄。善歧黄,论议通雅。晓老言吾友刘君子迎已卸湘乡县事,现在省垣云。是夜下榻晓老处。湘潭县城四年三月曾陷于贼,浃月而退,其时贼从鄂省来,出省西宁乡,思踞此以攻长沙,为塔提督迎击所败,故去。二年贼自粤西来时,其道由道州东绕郴、桂、攸、醴,故湘潭未及于难云。

十八日癸酉(11月20日)　　　晴

在晓老处谈终日。下午彭君黼臣来,述吾先君恭毅公抚偏沅,德政实洽于民,至今妇孺皆知赵抚院,遍于南楚。省垣有专祠,在巡抚署北正街,坐西朝东。又与△△△合为四中丞祠。在△△△其自治官书藏者颇多云。

十九日甲戌(11月21日)　　　晴

早饭后同晓老行城市中,城墉新整,市井大约与吾乡之江阴县大小相等。访彭君黼臣,未遇。访晓老,盛馔饷我,同饮者唐君卓人、倬。其弟寿人,在营中文案处,吾曾识之。夜同晓老复访黼臣,复不遇。因获观女市,尹姓者特翘楚。返寓,晓老族弟香圃来言,本月初六至初八日三日，县某乡地名高师岭雨虫如蚁，遍地有之。初九日复雨，虫丝长丈馀，罣挂林木、房檐皆满，丝杪有一虫，微类蛛而小，前雨之蚁皆缘丝上，或团结成球。香圃目击之，不知属何祥耳。

本日又闻楚西南与粤接处有警，宝庆、武冈、靖州皆戒严，云是石逆复出。石逆自九年从江西由桂东、郴、永而西，不得志于宝庆，遂窜伏广西老巢者数载，外间不得其耗，多言已死。此股属该逆与否，亦难尽信也。

二十日乙亥（11 月 22 日）　　　晴，夜微雨

晓老族子字少仪者，来邀晓老出城饭，吾亦与行，顺访彭君黼臣，同行。傍晚饮于市中，饮散过女市，二鼓返。

读王夫之《书经稗疏》卷一。

《虞书》：“鸟兽跄跄，凤凰来仪，百兽率舞。”疏曰：“圣人尽鸟兽之性，亦惟使安于自然而已。”飞鸣攫拿之物翔舞于庙堂，是物违其性，为妖为怪而不得其顺矣。以为皆韶乐之舞容，其言虽据臆不经，而理则胜。《四库提要》非之，盖循旧说而已。

　　　　　　　　　　　　　　　（以上《能静居日记》十一）

十月建己亥，朔日丙辰，越二十一日丙子（11 月 23 日）
晴

下午，彭君黼臣来。

读王夫之《书经稗疏》卷一。

以中江既入震泽之后，下流东北入海之娄江，即今刘河口。当中江东南入海之东江，当南江。即今黄浦江。而废南江自池洲分派之说。以分江当今运河言，《汉志》之丹阳郡石城分江水，另受江东至

馀姚入海。其石城,即今石头城。

九江孔殷,《水经》、《山海经》皆属之洞庭。《史记》、《汉书·地理志》似皆属之彭蠡。《太康地记》载刘歆说,则明言湖汉九水入彭蠡泽。《寻阳地记》等则以为始于鄂陵,终于江口,凡江南北之水有九,并列其名。郑注则言从山溪所出,其孔众多,言治之难也。似又专指一水,而非九水。王氏不察,以马、班、郑为皆主江南北支水,而实之以江南之隽、湛、涂、富四水,江北之举、巴、浠、蕲、刊五水当之,其说虽可附丽,而终不免武断。

读王夫之《书经稗疏》卷二。

据范史《西羌传》,以为三危在于析支,复凭应劭说,以为析支在河关西千馀里。因以为三危山东与岷山西倾连脉,而在积石西南七百馀里,鸟鼠西南二千二三百里。与旧说在今敦煌关外废沙州卫地者,南北相去不止千里矣。其为此说者盖以黑水不得南北交贯河源,故移三危于河源之南,而后可以大金沙江当黑水也。按大金沙江上源与河源及小金沙江源俱发青海境内,河源在东,小金沙上源之木鲁乌苏在西,大金沙上源之沙克河更在西,无论其去雍州之境三四千里,雍州界不当舍河源而取此水。且去积石山二三千里,就使三危诚在积石西南七百馀里,此水又何从得而过之邪?

二十二日丁丑(11 月 24 日)　　　　　晴

下午,晓老客汤君子惠、亦中,长沙人。王君子佩来,两君皆多学问,晓老称之为气节之士。

督帅改章,省丁漕折色价目,每漕一石,定价三千。闻袁州之萍乡等县,民完向止二千馀,尚征收不起。又此例通省划一,而诸县繁简不一,用度大小悬殊。或曰胡宫保行之鄂省,以地为差,于法为得,然事理繁重,卒不能辩,其当如何也。

读王夫之《思问录》内外篇二卷。

吾儒为学不可不博，不博则陋；而所守不可不约，不约则荒。王氏之学精微博大者已炳炳矣，又取工技小术以核论之，凡事务求其异。如言岐黄而以大黄、芩连为火齐，言堪舆而以山脉为无来去，皆其荒也。尧舜之智而不遍物，吾愿学者知所取舍而已。

辨五味为五行之发用，而非五行之固有。论五行生克，乃言其气之变通，性之互成耳，非生者果如父母，克者果如仇敌。又云先天而天弗违，先，音霰。以圣人之德业，而言非天有先后。又辩张子之言天左旋而日月皆随之，以为阳当速而阴当迟，然五星不当先日月，其说不可通。讥《月令》位土于季夏，不可有十三律而别建黄钟之宫，使林钟不能全应一月，其义为卤莽，及明堂之说之烦冗。复疑吹律之不可以定宫商，言吹之者气之洪纤疾徐不同，吹之有清浊，不尽因乎管。其说皆精卓，不为古所迷。

议明时开中之非策，以为商不可使之农，不如徙民之为愈。夫徙民上世亦行之矣，法者无定，而各当于一时。或为徙民，或为开中，皆事之偶然耳。使有善者行之，不必何者为善，何者为不善也。其言开中之弊，亦勉强不切。

全书精理甚多，而茸细之谭亦不少。岂非订定之本，后人荟萃耶？抑为先生固自喜其泛滥耶？则背乎平素立言之旨矣。

读《宋论》卷十二。

光宗朝，朱子请定经界，卒不能行。论以为商周之天下侯国，提封止于万井，长民之吏，皆百里之内，耳目相习，利病周知。今则四海一王，九州殊壤，郡邑之长，迁徙无恒，乃欲悬一式以驱民，力必不任。在天则南北寒燠之异候，在地则肥瘠高下之异势，在百谷则疏数稚壮之异种，在疆界则陂陀欹整之异形，在人民则强弱勤惰之异质,在民情则愿朴诡谲之异情。此之所利,于彼为病。一乡之善政,不可行之一邑,一邑之善政,不可行之一州,一州之善政,不可行之四海。约略其凡无所大损于民,而天下固已大均矣。

读此而知治地之理,不可以一概为之。物之不齐,物之情也。而欲规画九州,使之如一,虽伯禹不能。然则,均田终不可行乎?曰:胡不可也。重长吏之权,使自为治,则郡县之天下,固隐然侯国也。狭其疆宇而小之,则耳目无不给也;登其土著而官之,则利病无不知也;久其官守而任之,则政教无不恒也。适其南北寒燠之所宜而授之,则天同计其肥瘠高下之所入而等之,则地同量其疏数稚壮之所实而平之;则谷同算其陂陀斜整之所占而合之;则疆界同以不齐齐之,未尝不可均也。至于民俗之异,则责在司徒,既富后教,非治地者所宜虑也。故欲由今之治以返古,不可也;欲执一之规以齐万,不可也。无私心,无成见,举天下之治,以任天下之人,量民生之用,以定民生之产,何不可之有哉?

读卷十四。

论刑具之残酷,仁人之言也。然后世之所以有此残刑者,风俗不厚,而人多不忍其胸臆也。惟君子为能得喜怒之平,故狱得其情,则哀矜而勿喜其心,固哀之闵之而无愤怒之志也。苟怒矣,则口之詈骂,手之掷扬,推而至于刑之杀之,无所不至。皆惟此一怒之淫威,而民之骈仆于笔墨口舌之下者,不可胜数矣。夫怒者其本,刑者其用,君子惟抑其愤盈之气而已。其爱民之防,不在于刑法之疏密求也。使不平其情,则怒于言而为毒詈,怒于事而为残刑。受之者虽殊,而乖于温厚之旨,其源本一也。

吾尝读先生之书,其非贬古人当矣。而所以贬之者,多穷其恶而极其诛,毋亦不忍胸臆,以闲其喜怒之情者乎?推此以论,使先生而临民，殆未必尽平恕之理也。不尽平恕之理，而徒求之刑罚之具，虽轻械薄杖，逞威怒以极之，岂不足以残民哉？不然，先王之为肉刑也，亦既惨矣，而三代不废者，固以为祥刑之实，在此而不在彼也。

二十三日戊寅（11 月 25 日）　　晴

饭后游唐家祠，有塘圃树木。出城访王君半溪，世全。而农先生族孙也。而农先生，明之遗臣，革易之初，语多愤激，属子孙藏其书，言二百年后乃可出，故文字之祸不及焉。半溪既刊其书，而燹于甲寅之乱，今复有重锓之志，此笃学者所乐闻也。在半溪处饭，识龙吉皆，尔谦。晓老称之为和而不介。下午访汤子惠，并识冯此山，准，绘山水、竹菊，竹乃最胜。傍晚返。循后湖堤上，实聚潦耳，名之曰雨湖，为邑人游眺地。进望岳门，邑西门。邑城新茸，甚坚整，每门有空心炮台。

二十四日己卯（11 月 26 日）　　晴

午后同晓老访言君鹭庭。王君子佩来。

楚南通省地丁八十馀万，漕米十一万。辰、沅、永以上无漕，而折色在地丁八十万之数内，每田一亩夏秋两税仅百馀文，以视江浙，十分不及一矣。

二十五日庚辰（11 月 27 日）　　晴

傍晚同王君子佩步出北门，门外多塘泺，其用与濠同。城高可丈六七尺，女墙四尺馀，亦足为峻防矣。

二十六日辛巳（11 月 28 日）　　晴

读《宋论》〈卷〉一。

言宋祖受命，素无功德，为天之曲佑下民，于无可付托之中，而行其权于受命之后，不测之神震动其惧心，而使之保世滋大。呜呼！

此言殆非儒者之言矣。天之鉴观四方,求民之莫,夫莫民者固在于人,而后用其求也。使人之能莫与否,上帝可以神威震动,改易其素衷,则人孰不可以为君,而又安用求?且后世昏德之君,上帝又何不默相其衷,而任其败度以取覆亡?谓天之不仁,一至此哉!为此说者,近于今之西人之邪教。故夫儒者立言当守约,不当务多,极其泛滥之辞,何往而不轶于闲矩,不能不重为先生惜也。

读《宋论》卷二。

论太宗收唐、蜀降臣以修书册,为善用人材,而非忌亡国之士。以为中原数乱,文学散亡殆尽,唯彼二土兵革不兴,故文献犹存。因推论元朝入据中国,而三吴两浙文章盛于天下。此言信为允当。

读《尚书引义》卷二。

论《禹贡·河水》,以为禹时中国之土不至河朔,故禹之治河仅始龙门。使有土如汉唐,吾知其建万世无疆之休,绝漠而东,放河流于奉圣川、鸳鸯泊,以入于鸭绿,夷狄之害,夷狄受之。夫言之不思,率然出之若此,不谋于先生之书得之也。按天山南干东入中国为关陇诸山,为中国之北戒;天山北干行塞外以迄辽东,为兴安诸岭。河行其间,而北高南下,故河得逾而南,不得逾而北,此定势也。为此言者,汉齐人延年已有之,其或未至其地,不知地形,可勿论矣。独不思河之所以泛滥者,以挟并、雍二州之水,千流百派,以成其盛耳。使河而北行,亦将尽中国北方之水皆疏导而从之乎?不然,吾见龙门以下之滔天如故,未必火敦一脉足以溢兖、豫而灾冀、青也。且先生言黑水之界,以三危当积石之南矣,何以征贺兰之独非禹甸,雍州之域何以南北如此其狭,而东西如此其袤?考古笺经,一任笔墨之纵横,资其武断,后之人将以为诟病,先生之道废矣。尊先生者辨而去之,善于曲而护之也。

二十七日壬午(11月29日) 阴雨

是日,辞晓老赴省,雇小舟名乌江子,如倒爬子而小。亭午下舟,晓老携两孙送吾至湘滨始别去。舟即解维,雨至不辍,傍晚到昭山泊,三鼓复行。晓老一子字季临,行三,与吾年相若。其长子、次子已卒。长字功甫,有才学,工诗文,惜早下世。孙六人,长子明名廉,次仲法名度,一年十六,一年十四,皆能作擘窠书,分隶俱擅,可爱也。濒行,于晓老座中识李君。其尊人福生,吾六年识之。

二十八日癸未(11月30日) 晴

黎明到长沙南门,隔江望麓山青黛,在烟霭之上。进泊小西门,登岸,落药王街瞿松阳客寓,洗沐竟,肃诣先恭毅祠瞻谒。祠在北门正街,初为楚人公建,后颓圮。吾里左仲甫先生名辅,号杏庄,道光初巡抚楚省。官此重修,迄今四十年,榱桷不整,檐瓦零落矣。守祠香火王姓,本地人,每月在理问厅领生息钱千数百文,不足供香火之费。吾族后起无人,先人名德将坠,俯地惭痛不能自已。

拜祠出,归途候吴先生南屏、敏树,岳州巴陵人,楚之古文家。其弟惕庵名靖,八年与吾苏州相识交。曹君镜秋,耀湘,长沙人,能诗文,工岐黄。及遣候郭君意城。崑焘,湘阴人,其兄筠仙吾六年旧识。又访子迎于其寓,子迎适他出,其兄小轩尚在浙中,其弟子逊已谒选至都矣。返寓已下午,步到各书肆,无所足观。傍晚子迎来请吾往,遂至其寓,相晤欢笑,谭至三鼓,遂留抵足。冯君述甫与其戚张君叔平任辰溪县,名嗣璜。闻吾至,皆来晤,又识里人吴畹春、化龙巷内住,名岱芝。薛方亭及扬州王君敬五、名庆诚。松江胡君镜湖。名光宠。闻绍兴已失守,吾乡流寓逾万在其地,不堪一念。

二十九日甲申(12月1日) 晴

午间访述甫、叔平,叔平阇人冯夫人,吾中表戚,叔平吾素未识也。在其处，识同乡徐君禄生、葆光之弟。吕君椒生、新田之子。陆君彦甫。彦颀之弟。下午复返子迎寓，盘桓至三更方返。子迎奉川督骆奏调入川襄佐军务，行止尚不可必。子迎欲荐吾到骆籲门处，言其好客，为人长者，吾笑辞之。闻羧甫于十月初到南昌，旋至曾帅营。槐亭尊人全家俱在衡山住。川中初止有咽匪劫盗，九年时，云南界上叛勇从叙州窜入川境，一提督、一臬司往御之，皆败返，势遂猖獗。咽匪皆附和之，遍扰全川，所未至者，寥寥数处云。

是日又闻楚省与贵州接境之靖州属会同县失守。楚南县缺无漕，但有地丁者甚多，某县钱粮仅八十金，官此县非鬻狱无以活民。田额征多者，每亩百馀文，少者数十文，复经前督骆籲门奏减，民心甚悦，其实无裨政体。计亩收获，稔岁总可得米二石五六斗，极贱亦有四千文上下，即加赋一倍，亦不为厉民，为政沽名而不求实在，情理比比类是。

十一月庚子

朔日乙酉(12月2日)　　　　晴

子迎招食扬州面。午后，同同乡吴君畹春及子迎侄汉仪名宫祚，子迎二兄之子。访同乡陆君子良。循应，行一，劭文先生子，年七十矣。其弟小胥嗣初生姨丈为孙，论表亲当呼吾为叔，而劭闻先生与先廉访至交，故仍论世谊。其季弟授名传应，任辰沅道，今以他事罢。其人素慷慨，故乡人多得其惠者。得羧甫在南昌见寄书。又晤族侄子文，道贼中辛苦，全家死难，为之酸鼻。次访吕君盛伯，尧仙长子，名懋修。其弟上之，名懋赏。并晤高君恂九。廷枚，馆其家。次访徐君禄生、谢君伯阳。姑丈谢近华，其族叔。次访薛君方亭。炳炜。返子迎处，夜张君叔平招饮。吴君南屏、曹君镜秋见访。作书寄稚威于常德。

初二日丙戌(12月3日)　　　晴

辰,吴南屏学博来招饮。午前到子迎处,借其舆仆访郭意城京堂。次访王君吟秋,开运,湘潭人,才学瞻博。见其《萍始生赋》,清丽无比。居母忧,逾年茹素缟白,今所仅见。并晤曹君镜秋、蔡君雨村。次访罗君研生。汝怀,湘潭人。通小学,善文,吾六年识之。次访吴子登庶常。嘉善,抚州人,善算学、小学。吾八年在常州识之。次访何子贞编修。绍基,道州人。工书法,今世称最。次赴吴君招,同饮罗君研生、郭君意城、王君吟秋、曹君镜秋。吴君居处系抚署花园,有澄湘台可以高眺。某榭东侧有巡抚题名碑,起康熙元年,移省会至长沙之时,先恭毅次弟三。

初三日丁亥(12月4日)　　　晴

辰巳间,诸同乡来访。同过述甫,述甫尚未起,少坐,至子迎处。同子迎访黄南坡廉访,返晤丁君杏山。槐亭堂妹丈,其伯义甫先生,湘乡之老辈宿学。同丁君及子迎、吴君畹春游李文恭星沅,前两江督,乙酉乡榜,与先君同年。家园,园名芋园,结构甚精,有芋香山房,木篱外高柳如屏,吾最得意。黄南坡招饮,未赴。是日作书寄发甫于安庆大营。

初四日戊子(12月5日)　　　晴

吴君以诗投赠,另韵答之。访子迎,并晤陆君子良。下午同子迎候何子贞先生,见其所藏北魏《张黑女碑》,神采非凡,古折如《张猛龙》,疏宕如《爨龙颜》,美丽如《曹娥》,变化如《昭仁寺》。实为北碑之最,爱玩不能释手。

答赠吴南屏学博并简澄湘台同饮诸子

湘水直下清且涟,岳云荡起胸襟前。都厅九疑起粤边,千仞万仞如腾骞。名山大川广何延,自合命世生高贤。达者众著见不鲜,惟吴先生吾独虔。先生道义最高坚,文采风播传幽燕。其言大者踵传笈,细亦含吐群书编。我所获见窥管偏,一隅三反知其全。先生有弟遨游翩,令弟惕庵,吾八年苏州识之。我从识来今四年。旧游姑胥麇鹿跑,思汝不见心绵绵。澄湘之台景清妍,上有亭槛连云烟。来游玄圃皆众仙,凡下曷许相随肩。万人曰杰俊者千,惠我不弃相引牵。荒尘莽莽逢偓佺,饮罢欲去还流连。竭来故友相周旋,谓刘君子迎。十夜谈剧九不眠。凌晨冒头卧曲踡,推门忽送佳什篇。披衣急读目不眩,如橄愈病头霍然。上称先德下勖游,永矢敢弗心膺拳。九江之门送归船,木叶微脱波湲湲。敲宫戛商俯舟舷,张乐当使惊深渊。传闻下游兵势闻,藕孔摧破魔军瘦。清平一首吴越便,迟子坛坫夫椒巅。

附原作:

百六十年谁所见,我民犹歌赵抚院。君今六世赵公孙,来视甘棠阴处遍。国朝圣治盛康熙,大贤佐世生民嬉。当时偏沅仅分省,公谓此土非荒陲。江山开辟有天运,文物兴起凭人基。湖南分乡闻之议,实自公发之。到今努力报恩子,推本岂不由公为。长沙十月新霜重,射堂东圃清尊共。此地风流信可追,迩年离乱能无痛。看君卓荦才轶群,洒然意度真名门。吾乡文武曾制军,行哉赞画康时屯。

初五日己丑(12月6日)　　　　晴

子文侄来,汉仪来,同至茗肆。下午再游李园。夜同子迎访郭君意城,长谭。黄南坡廉访招明日饮。夜归,见桌上邓履吉名刺,奴子病卧,问之懵然。

初六日庚寅（12月7日）　　　晴

邓履吉名嘉绚。来访，始知已保升楚南知县，全眷在此。六房子鱼先生眷属亦在此。履吉，内子堂弟，先与吾别时，方十二三耳，冠年辛苦，支撑门户，可嗟可敬。到子迎处，同赴黄廉访招，同饮有郭君意城。席中出二牒见示，一系督帅咨照，嗣后夷船往来免税，其用中国船者查验如故。安庆省垣已扣留二十馀号。一系官节相咨照，前经奏请于汉口设立夷关，凡夷船装载两楚土产出口货物，俱于汉口新关报税。其进口洋货仍于上海关报税，已于十一月初设关试办。又出与督帅禀稿相示，系因督帅来函，欲于各省俱设盐局，仿照刘晏之法，遴员办理。其禀复议当先奏派大员，携带执照，前赴扬州招徕积盐无售之户，以盐报捐，仍照盐价运费核算，给与官照，由官雇雕船装载，令水师护送至皖。即将运到之盐分给水师，以抵欠饷，俟积饷既清，然后减厘通运云云。又言淮北军需空乏，其李世忠名下各勇，俱每日发给盐三斤，以抵口粮。

下午，候同乡恽次山名世临。方伯，即到邓处，寓抚署前吉祥巷。晤履吉及其仲兄树人、嘉绩。弟季垂，嘉统。留彼晚饭。始确知子久先生系为云南抚臣徐之铭贵州毕节人。戕害。徐起科甲，历仕郡守监司，以至大府，为人狼戾狂恶，行类禽兽，闺门之内，所不忍言。在滇与总兵何有宝朋比相连。何起勇头，至镇将，挟众恣逞，所为不法，杀人剽掠，专害命官。徐复强污命妇致死，如是之案，不可胜计。邓初署滇藩，即遭嫌忌，比奉旨升黔抚，旋调秦抚，入都陛见。徐恐逆迹发露，遂赏购何部下沿途谋害，行至曲靖，知府吴某，字子拳，阳湖人。邓之门生，向受其德，遂留住署中少休。时何有宝正在其地，奸谋日急，外间颇有闻者，邓不之信。三月二十二日，邓候客回署，叛者随起，遂被戕害，资装所有，一掠而尽。遗妾及幼子女共五人，亦几不免。徐托辞蒙奏,复赠送奠仪,以匿其迹。然事彰著,众皆知之。前署云贵总督张亮基已经据奏,奉旨交后任福济查办。现在邓氏拟各省督抚处俱投状号诉,窃意徐、何逆迹已成,事急必遂称兵,黔、滇更有涂炭之虞也。陆君子良招明夕饮。

淮北盐俱由洪泽湖西行汴省,皖省惟庐州、无为、巢县及和州等处由江运,谓之江运八岸。

初七日辛卯(12月8日)　　　晴

写山西信。到子迎处,访同乡谢伯阳及冯君述甫。夜赴陆君子良之招,同座张君叔平、述甫、子迎、主人倪彦英。

重修赵恭毅公祠堂记　　　左辅

我朝巡抚湖南崇祀贤良祠者,自前偏沅巡抚赵恭毅公始。贤良祠在长沙城北贡院后,以雍正八年诏祀。而《一统志》又载赵公祠在北门,盖即今巡抚署北正街,湖南士民建以祀公者也。辅抚是邦,拜公祠下,钦瞻榱桷半就倾颓,筵几尘封,廷除秽积,盖废祀久矣。

按公以康熙四十二年莅偏沅巡抚任,其时湖湘间疮痍未复,官吏奸欺,民生日促。公奉谕旨,刻以厉官方、苏民困为念。首革浮征加派、软抬硬驼诸大弊,以次清除漕库规例,疏剔商盐引帖,禁采买,惩摊放,抚猺獠,固边围,兴义学,举节孝。劬躬焦思,夙夜匪懈。抚湘九年,官守法,民乐业,士兴行,而全境治安。湘人易宗涒、吴经先等衷辑奏疏条教为十二卷,曰《宝政录》,公从事何祖柱复增编二十四卷,曰《自治官书》,抚湘治绩,略具于是。公尝曰"为官非一清可了",可征其言矣。

五十年,晋秩都御史。去湘之日,九郡士民望尘涕泣,咸请有司建祠尸祝,则是祠即公当日憩茇之甘棠,前之人讴思之所

寄慕者也,亦后之官斯土者观感而思效法者也。吾邑乡先哲专
祀于兹土者,在宋为邹道乡先生,在明季为刘忠毅公。公抚湖
南时,既皆新其祠,且为文以阐之矣。而公遭遇圣朝,清标伟
绩,莫安湖湘,乃居歆之宇芜秽不治,谁之责欤？辅于公为同里
后学,束发即钦志行,今有公之遇,且居公之位,即官公所治之
邦,思无辱公后,冀歆告于寤寐,俾弗惰其气,而懵于治者,能弗
于公祠是寄乎?

　　祠地隶长沙县,久为营伍所踞,檄县令谢希闵厘其址而丈
勘之,爰筹款兴修,属乾州丞翟声焕、永州丞王立名董其事,购
材鸠工,易朽蠹,建门垣,饰丹漆,逾月告成。时道光元年春正
月也。祠旧无春秋祭及香灯、役食、岁修之费,乃又捐俸百金,
长沙守王君衷与同志复襄助之,共得银若干两,属布政司理问
瞿中溶司其事,发商生息,以取给焉。并详院司,令永遵守,庶
祠事不废而遗泽永存乎。爰谨志之,以告来者。

　　赐进士出身、诰授通奉大夫、兵部侍郎兼都察院右副都御
史、巡抚湖南等处地方提督军务兼理粮饷左辅撰。

初八日壬辰(12月9日)　　　阴,细雨

晨,吕君椒生见访。孟辛、仲敏自沪上来见访,畅谭良久。孟辛
有疾,丐吾处方。闻殷仲已得差到江北,衣谷失差闲住,童八兄尚流
落上海,燕山亦沉困无聊,为之闷闷。吾兄八月中从沪返崇,喜事即
办与否,尚不可定。访吕椒生,遂访吴南屏先生,遇郭筠仙观察,即
留午饭,并识江君幼陶。忠烈公之弟。下午复同南老访吟秋孝廉,谭
甚美。又访邓君树人、履吉、季垂,邓约明夜饮。晚饭后由邓氏至子
迎处,天雨,遂留宿。

　　是日闻筠仙言京中事:怡王载垣、郑王端华、户部尚书肃顺皆拿

问,查抄家产,额驸景寿及杜翰等四人皆出军机。照国初事例,复设议政王大臣,恭王初请赴热河谒梓宫,怡、郑欲止之,太后不可。比至,遣官侍迎卅里,连召对七日,怡、郑皆不得见。至梓宫返都,中途遂有此旨。又闻陕西潼关黄河清,河南叶县凤凰至。

初九日癸巳(12月10日)　　　阴,晡霁

午饭后访左氏昆季,久坐,两君即返故乡,属带函致晓老,并以托晓老寄山西信件交去。赴邓君树人之招,座客张君小石,云贵督张石卿亮基。先生子,谈滇省回务甚有条理。回首杜某现据大理府,勇目何之清任提督,何有宝其义父也,任总兵,相与盘踞,与徐之铭外协而内离。张又言云南白鸟见,现为其携至此,形状、声音俨然一乌而纯白无点黑。罗研孙学博、吴子登编修见访。

初十日甲午(12月11日)　　　阴

到陆君子良、张君叔平处辞行。到子迎处。黄南坡廉访招夜间饭,谢之。到邓履吉处,坐良久,复返子迎家。王君吟秋来访,陆君子良来访,张君叔平、冯君述甫来访。

十一日乙未(12月12日)　　　阴

新仆王福来见,即遣令觅舟,舟成拟明日行。到陆君子良处,为子文侄处方,缘服吾药效也。到子迎处,吟秋复见访,同候何子贞太史,不遇。又过罗研生学博,久谭。黄君南坡复遣要话,晚饭后同子迎去,三鼓方返,宿子迎家。

十二日丙申(12月13日)　　　阴,大风寒,始御裘衣,子迎以狐裋见赠

黄南坡廉访来访,谭盐务、夷务,苦留余多住一日,欲邀与张石卿先生一谭,不得已允之,复致赆赠,三却不可。同同乡张君、冯君、

谢君、吴君、朱君、薛君、刘君,松江胡君,扬州王君茗,又在张君处少坐。

十三日丁酉(12月14日)　　　阴寒

遣奴子押行李下舟,以风逆不得行。吾自留榻子迎家,令舟人风顺来说。

十四日戊戌(12月15日)　　　阴,大风

吴畹春熟四川事,四川州县在驿路者俱设夫马局,以供差使。征民田每亩至七八百文,其钱以邑绅主之,有差使过境,署中字条往取,其不临驿路者无之。四川皇木贡十年一次,贡木五根,供立竿祀天之用也。

十五日己亥(12月16日)　　　阴,大风

读邸抄,见东河督黄赞汤奏幕友合家死难、母烈子孝一折。幕友杨传第之母杨吴氏,于八月初五日捻匪窜至开封府城外之黑堽地方时,骂贼被害。杨传第闻信痛不欲生,随于十三日服药殉母,母烈子孝,洵为奇节云云。听胪与吾自幼交好,久不得其信,方拟作书讯近状,忽闻此耗,为惊怛欲绝。

十六日庚子(12月17日)　　　阴,大风

又阅邸抄,见工部主事苏寿鼎呈诉家属殉难,词内只言女亥宝、外甥女瞿三宝投河殉节云云,不言其母强氏下落,想强太夫人已得免邪? 强系姑丈苏杏庄先生继室。

十七日辛丑(12月18日)　　　阴,大风

读邸抄,群臣议上大行尊谥曰显皇帝,庙号文宗。九月二十三日,梓宫从热河回京。十月初三日,奉安乾清宫。十月初九日甲子,今上皇帝即位,尊母后皇太后曰慈安宫,宇文周静帝尊嫡母杨后为皇太

后,生母朱氏为帝太后。圣母皇太后曰慈禧宫。改明年曰同治元年,以先拟祺祥二字太朴,除之。八月廿四,御史董元醇奏请皇太后垂帘权理朝政,又请于亲王中简派一二人同心辅弼。行在军机拟上谕:本朝从无垂帘之例,赞襄政务王大臣业经皇考特派,何用增添,此奏不知是何居心云云。九月二十五日,怡王载垣等以兼管差使繁多,奏请改派,奉旨依准。十月初一、二、三日连有旨,怡亲王载垣、郑亲王端华、大学士肃顺专权跋扈,去年大行北狩,祸由伊等。后屡有回銮之旨,俱被阻尼,以致在塞外受寒成疾,遂至上宾云云。怡、郑二王交宗人府分别议罪,肃顺交王大臣六部九卿从重议罪。

十八日壬寅(12 月 19 日)　　阴雨

十九日癸卯(12 月 20 日)　　　阴

舟人来请下舟,子迎必欲留过二十一日冬至节,勉强从之。饭后访张叔平,为其阍人处方。又访陆君子良,并为子文处方,即留其家晚饭。

二十日甲辰(12 月 21 日)　　　雪

二十一日乙巳(12 月 22 日)　　晴。冬至节

陆良翁来。同吴畹春、岱芝。汉仪到张叔平家,下午归,未晤述甫。得稚威信,复之。

二十二日丙午(12 月 23 日)　　　晴,南风

午饭后别子迎下舟,未刻开行,望麓山近在眉睫,人事卒卒,竟不及游。王吟秋孝廉言山半某亭有万杉夹道,地最幽胜,记之以俟再来。夜二鼓,舟到靖港,离省六十里泊。所乘舟名黄平贵州地名。船,底狭而上宽,颇似浙江舟。

二十三日丁未(12月24日)　　　阴,大北风

舟不得行。傍晚到岸上茗,地颇繁会,灯火如星,濒湘一镇市也。

读《吴书·孙破虏讨逆传》。

豪杰初起,皆有忠义至诚之心,故能成大事。其忘祸患、私富贵者,人心不与,天命不集也。关东将率数十人,奋发者,坚与操二人也。其心非必笃爱刘氏之社稷,悯危乱,思治安,出身以为天下,不以大任待之于人。本是而推广之,王天下有馀裕焉,故神器之膺,不于其身,必于其子孙。又何绍、术诸人,井蛙之类,足抗其颜行哉?

坚忠烈雄猛,而不能不为术用。虽有智慧,不如乘势,无可奈何也。遂以此死,伤哉!

凡物早荣者必早衰,难凋者亦难菀,惟人亦然。精力禄命,相为表里,亟用之,则亟尽矣。策、权才力不相下也。而权有其量。有其量者,待其盈而徐以出之也;无其量者,倾所有而用以竭之也。故福极之分,寿夭之数,虽曰天命,殆亦人事已也。

二十四日戊申(12月25日)　　　阴,风微

行十里,泊清洲庙,去湘阴县五里。

读《吴主传》。

孙策薨,权哭,张昭劝止之。观昭之言,若类达节,察其时势,究无当也。策初定江东,百姓即已归心,且分布腹心各处州县,即策薨仓卒,岂有变动之理。徒仓皇夺人伦纪之爱,后权制为奔丧大辟,害天理,贼彝伦,此一言兆之也。

吴虽偏地,亦一国也。故史于权之初立,叙其规模,与蜀建安十九年辞同。然吴开业实始于策,故策传初定江东辞亦同。

详观权破关羽及走蜀主,未尝得魏分寸之助。若以倾国西争,

恐魏乘隙，则曹、刘切齿，无牵掣吴师理也。至《魏略》以位次尚少，欲先卑后踞之说尤谬。王侯并肩也，由王而帝，可自专，由侯而王，乃必待命乎？权之屈节，殊不得其用心所在。

陆逊陈便宜云云，元勋上辅犹有怀不尽若此，权之骄暴可知。虽报书许之论列，益见其文过饰非耳。

夺情起复，从古有之。奔丧致诛，则自权始。伤伦纪，贼天性，未有无道之政若此之甚者也。顾雍、胡综曲从上心，顾谭以为不可，而不敢诤，遂造欺绐必不能行之法。孰谓吴多士哉？

权两书剖白，实自文过。反以不诤罪人，是愈白而人愈惧，愈求言而人愈不敢言也。雄猜之君，以此自得，其愚甚矣。

赤乌三年正月，诏禁侵夺农时，而四月诏治城郭，不应矛盾若此。岂其麦秋荒歉，以役食民耶？

策蜀不背盟云云，权虽骄昏，遇大事用心度之，自是明过臣下。

权小国馀闰之主，地非一统，业非数世，而所为仿佛秦政汉彻，何以能如此哉？盖三国之君，权享年独永，其称帝初年，魏、蜀开创之君已死，嗣子皆童稚，其势足以自保而已，外焉者无足忌也。拥兵将帅多老才，皆己下，内焉者亦无足忌也。环顾内外，而惟吾之智力足以纵横，故遂耽淫宠极，骄暴其心，以为天下无如之何，终亦无意外之祸患，是其明足以自料料敌也。然自君子观之，岂得为明哉？使权尽其与操、备角逐之才，能终身勤之而不懈，吞二邻，括四海，将无犹可？乃徒纵恣自怠，此权之所以为权，实其气量有以局之也。且权知当身之无患矣，顾不计后嗣之安危耶？有树子而易之，有大臣而远之，一切惟吾心之所欲，身死不旋踵而废夺相仍，则权之明，虽谓之愚可也。

读《三嗣主传》。权少子亮、中子休，孙皓。

按亮元年,改神凤为建兴,而史竟不书,疑改元字下脱误,抑别有深意耶?

五凤二年,书毌丘俭等不曰叛,而曰西入,明其与司马争利,非叛魏也。

綝之无君,人皆欲杀,而或存之于内,或表之于外,成败由此而分,人皆知之矣。察其所以表之于外,非智虑之浅短,实其愤之不深,志之不定故也。逞浮嚣之气,急欲自见其聪明,即其除奸之意,亦徒听入群言,未尝深图其利害。不然,以辩论益其忌,以形迹动其疑,亮虽愚,奚至此哉?

士人而为子孙计,莫如贻之以学;人君而为子孙计,莫如贻之以人。吴之嗣君,休最聪明矣,乃盈庭无一匡弼之臣,则权燕翼之谋不至也。张布、濮阳兴,休皆知其奸诈,然卒无以易之,国之无人,亦可伤矣。夫吴才彦之薮而若是者,作养之无素,谇诼之多庸也。权之末年,大臣既疏逖矣,直谅者复贬斥矣,虽有俊乂之人,孰肯徘徊于罪罟?则吴无人,权实为之也。而亮之身废,休之子黜,皓遂乱以亡国,皆谓权为之可也。

休死子幼,兴、布以国多故,求长君,遂立皓。夫君之嗣乏,当国者谋立长君则有之矣,安有舍分定之正嫡,更求旁叶,犹得为人臣之节乎?兴、布者庸奴小人,而吴之宗祊系焉,欲不亡得乎!

二十五日己酉(12月26日) 阴,夜雨,大风

辰刻至湘阴,有浙中新招必胜军来掠舟,遂泊县城,欲觅其兵目,始卷旗而遁。县城在水东,垣墉颓败,本又甚低,望之若举足可逾。舟复行,前水道益阔,仿佛江流。巳刻至芦林潭,在水西。午后至荣田驿,在水东。夜至陈启望。在水西。自荣田驿以下,平沙弥望,春夏水至,皆洞庭吞之矣。

读《刘繇太史慈士燮传》。

孙策攻繇，或劝繇以慈为将，繇恐许子将笑之，遂不听。夫兵刃县于眉睫，用得其人，可以转败而为功，奈何畏坐论之言，且用同里耳，何事可议耶？书生之见，不可与共艰危如此。

刘繇如蜀之刘璋，士燮如汉之尉佗，皆非吴臣也。太史慈虽为策用，然乃心王室，非与世转移之士，故亦不得谓之吴臣。良史能略迹而观心，此类是也。

读《妃嫔传》。

读《宗室传》。孙静，静子瑜、皎、奂。曾孙峻、綝。另传。孙贲，弟辅。策、权同祖兄弟。孙翊，孙匡。策、权同产弟。孙韶，孙桓。孙河子，本姓俞氏。

权推心待士，颇能得其死，由能用至诚也。读《与孙皎书》可见其旨。

读《张昭，子承休顾雍，子劭，孙谭、承诸葛瑾，子融步骘传》。

昭抱义敦笃，而非纵横之士，权之称号，非其意也。故虽辅相二世，尊为仲父，终不登三司位，昭既不欲，权亦知之，其答百僚之请，盖托辞耳。

权与瑾书，料曹氏诸臣足征其明。若叡之胜丕事，偶然耳，不为出所算也。夫权知魏臣巧态，则当夙求高德，以弼后人。而亦佞谀之是进，诈伪之是庸，责人明，责己暗，其事可喟叹也。且陆伯言表虽未察敌情，使遵其言，终不失人君乾惕之美。如权之明，安所用哉？

融好客欢燕事，不足铺序如此。

昭、雍、恪、骘，皆不保胤嗣。虽步氏之灭，祸由自取，诸葛被害，政非上出，而休、承贬死，非权世乎？孙政多刻，概可知矣。

周昭之论既与史氏见同，顾劭、张承事又皆在篇中，录之殊嫌繁复。

雍、瑾、骘，休休大臣，东吴非此数人，何以立国？张昭虽服事策、权，而志存共主，殆文若之流亚欤？

二十六日庚戌（12 月 27 日）　　　阴

大北风，阻舟不得行。作书与龚君孝拱、方君幼静。

二十七日辛亥（12 月 28 日）　　　晴，大风，午后阴霾

舟阻风不行。

读《张纮严畯程秉阚泽薛综，子莹传》。

策薨，曹公欲因丧伐吴云云。按其时建安五年，操方舍命以争官度，何暇东乎？纮既在许，当知其情，安用谏，若知其不能，乐得而为之，是沽名也，史又何书焉。

纮卒甚早，其时权方克己，而末年骄暴，纮遗笺若已知之，盖有窥见隐微者矣。

权欲以兵授畯，畯固辞。知难而退，君子之操本然。惟富贵当前，坚守亦不易耳。

权征广陵刘颖不就，以其诈病，欲收录之。夫人各有志，不可强同，颖不仕权，未必其不屑，或志乐闲静，或自审不足，俱有之矣，奈何即用强暴，畯为谢而又罪之耶？用知汉高之重四皓，光武之谢周、严，懿乎王者之风，开国而统一天下，保世而祚及子孙，非偶然矣。

此篇在瑜、肃传前，史氏非欲先文德而后武功乎？顾瑜、肃在吴，虽掌征伐而皆有名德，非夫慓悍之流，且赤壁之役，无二人是无吴也。此一篇中，张子纲开国时即与谋谟，又建议徙都，当与张子布等同在佐命之列。若严、阚诸子清修自守而已，以加有功之上，殆非乎？

读《周瑜鲁肃吕蒙传》。

赤壁之役，实为古今壮事。然自操有自败之道，送名与瑜、肃

耳。方其时,操破荆州,下江陵,顺流而东,其势百倍于吴。吴之议臣将帅,觳觫恐惧,以为必见吞,惟操亦以为必能吞吴也。故拒贾诩之谋,信黄盖之诈,而遂以致败。非诩之论不精,盖盖之诈难察也,操之骄心先已造就酝酿,一败机于中,外之败气乘之,故与之吻合而无间也。不然,操更事多矣,其见岂不若诩,而况黄盖者,吴国世臣,方战胜而忽降,操乃廓然无疑乎?故善战者战胜于庙堂,犹未得其要也,必怠与敬交战于胸中而敬胜,斯不为败气所乘矣。

三国之势何所定,定于瑜与关羽之死也。何也?瑜不死,则巴蜀必将归孙氏;羽不死,则荆襄未必不复为刘也。以吴之势论之,无荆襄则不独无以争中原,而且无以自守。有巴蜀则不独可以自守,而且可以争中原。使荆襄不归吴,则蜀不能无魏,可无吴矣。使巴蜀归吴,则固已无刘氏,且可危曹氏矣。而何由成鼎峙哉?故羽之张于襄樊,寇魏非寇吴也,而吴急之若心腹之疾。瑜不死而西伐备,与操争之,必与吴之争荆襄同。顾瑜方羽,精密多矣,成败之数,不相敌也,乃不至而道死。故三国之势均力敌,虽人事,实天命也。

权方为将军,僚属礼敬犹简,而周瑜独先尽臣节。非其纯谨也,其雄奇也。汉室不纲,智者固已决其难复,不如择主推戴,足为元功也。权初即位,在吴未有战胜之威,而肃即劝之割据,非其轻狡也,其至诚也。汉室不纲,而犹欲拥桓文之号,欺天欺人,不如保民而王,反不失为正道也。庸庸者何足语此哉!

肃吊刘表至夏口,知操向荆州,未知琮降也。何以不趋襄阳,而趋南郡?

臣人与臣于人,势相百也,专土与受封,利相千万也。故有国者苟无危亡旦夕之祸,孰肯捐尊就卑,舍多取少乎?刘琮之降,童幼无知,而左右皆异心之臣眷恋耳。非然,则虽袁尚与谭犹不甘以束手,何论孙主。张昭诸人乃欲劝之迎降,何其愚哉!顾无吴廷诸君之愚,不足以显瑜、肃之忠。论瑜、肃之忠,则以见蒯越、傅巽、谯周之逆矣。

读瑜遗疏,为之慷慨流涕。先虑未然,然后康乐。呜呼!其言美矣。且瑜恶备而肃专借之,及临死乃又荐肃,知其忠而不以异同为意,又其器识之广也。

瑜初领南郡,据江陵,及肃继之,乃以之与刘备而下屯陆口,肃豁达大度,不以分寸为计,然非以大事权也。何也?权者,得少自足,非恢举六合之主也。

吕蒙曰"脱误有功,富贵可致",此慧人语,从古有功皆脱误耳。

羽为备谋,蒙为权计,事君各尽其力,本无是非。惟读蒙传,但见纯用谲诈,阴惨之气,千载之下犹恶之,虽成功不足尚矣。

权之爱蒙,虽父母兄弟不若也。定荆州则吴业成,厚宠之,宜若可,然而何至于是,言笑咄唶,盖亦有宠驭之术,伪而为之,非皆诚也。蒙本以诈成功,赏功者亦安能忘诈,气类相感也。使非然者,蒙功虽高,无以尚瑜、肃之持危定倾也。权于瑜、肃之死何如哉?

史合瑜、肃、蒙为一传者,荆州,吴之命脉所系,三人实始终之。肃虽借备,而初发议者,肃也。辟土成业之功,同则同之,其可乎?虽然,瑜、肃君子也,蒙小人也,薰莸不可同器也,合之且赞其谲。郝普禽关羽,又称有克己国士之量,夫克己以礼,不闻以诈,何其谬哉!

二十八日壬子(12 月 29 日)　　　晴,风止

晨发,午至鹿角驿,未至十馀里,有磊石山。自陈启望来,半途即涉湖,弥漫无涯,至此益广阔,望之心目为怡。吴君南屏家居离此十馀里之宝塔村,前约吾到此,必少留,伊闻信来晤。遂遣奴子访诸敦善堂,湖滨救生局,吴氏义举也。乃知南老候吾数日不至,方返家,而南老之

弟惕庵中翰原名靖，今名士迈，吾八年姑苏识之。甫归自浙在此。因登岸往访，行不数武，忽见公执，握手问讯，渠已请咨将赴粤任，道出此，维舟不意相遇，为之欣异。同到惕庵处，便饭后下舟。晚惕庵来访。

与子迎刘君书

子迎先生足下：

别后一日到靖港，一日守风，二日到陈启望，又二日守风，今抵鹿角，凡七日矣。舟中离索，寻绪旬月以来所获妙论，每拊掌独笑，间有疑而忘质者，又自怪其不精也。足下天姿卓荦，超于党类，今兹学力益深[①]，由是涵泳充廓，将期有成，岂侪辈素常标榜之论，足概其无涯之量哉！

忆昔承平，与诸君子同伏里闬，家兄宫詹儒雅而博通，彀甫雄剧以张肆，幼静明允而笃诚，听胪该洽以捷给，足下通明而遒上，开孙弘廓以度越，才叔俊慧而文斐，馀子巍巍，各挺头角。自顷遭乱，图谋散走，每念陈迹，悲怆横集。重以寇乱纵横，沟壑之来，靡旦靡夕。宫詹授命于故里，听胪成仁于汴郊。故诵《颊弁》之卒章，未尝不沄然流涕也。窃念同里俦辈，屈指可数，望其成者尤寡，有用之才，若此其难。

足下抱出群之姿，逸伦之气，居将有为之地，名誉日闻，阶梯已就，同辈莫子若也。君子立身，非徒表见而已，将以用吾之学，大拯斯民也。某所疑者，足下心太高，气太锐。心高则易自足，气锐则易拒人，就吾智识足越一世，然尧舜不可以独治也。亦知闲居无赖，偶若是耳。顾习焉不察，则泰侈日萌，非成德之务也。夫良玉方琢，精金在镕，非不欲光洁昭明，而宛转尘垢汤

---

① 深，稿本作"胜"。

德之中,望其成也。一旦用于王庭,为礼乐之所凭藉,何患彰施
弗远哉?速就者小器,易明者薄物,故君子衣锦尚絅,恶文之
著,其旨深远也。方今屯否晦塞之时,千夫之汶汶,一人之察
察,此肝鬲之爱,所不能已于言也。我瞻四方,同志寥寥,升高
陵以望广莫,悠然而叹,幸足下之开我心也。

　东游非岁内可至,山川之雄宕足以忘日,然发奇吐难,何以
易良友之乐耶?程途所至,肃书先报,并贡缕缕,迷谬惟恕。
不宣。

惕庵言杭州已合围,城中食尽,专人买米于沪,令夷人运入城。
绍兴九月下旬失守,宁饷道阻,势已不可挽回。李次青全军在衢境
不敢进。

公执言吾家无恙,家兄已于十月下旬续娶嫂冯氏,迎归即住旧
寓小厅,闻信为之喜忭。又言衣谷无恙,童八已全家到江北,兰卿在
沪亦好,燕山光景甚窘。又言宁波土匪变乱,四姊全家已至沪,什物
荡然。六姊处不知在何处,闻此又增忧懑。

二十九日癸丑(12月30日)　　阴,辰细雨①

公执凌晨解维,以子迎书付之。辰刻,惕庵遣刺来,言南老片刻
即到,渠甥张氏子疾亟,渠反视之,今夕亦必返,坚请勿行。少选,南
老族孙松岩来访,名允固。去未久,南老来,自家至舟。南老年德高
劭,吾固谢不敢当,欲趋往迓,则已至矣。舟中剧谭,相携登岸,至敦
善堂厚相款,留榻他室。夜三鼓,惕庵至,复谈彻曙。南老有所著
《春秋三传义求》,大约以左氏为根据,而兼取二传,和会折衷之。又
有《四书说》,俱未见。以其友毛君西垣诗二册及其家碑志二纸

---

① 　细,稿本作"微"。

为赠。

十二月辛丑

朔日甲寅（12月31日）　　　阴

晨，二吴君复盛馔饷我，席终，乃下舟，二君送之江皋。舟将行，倏有风，仍止泊。南老言壬子七月，贼至长沙，江忠烈以绅士带勇助守。贼先锋二千人至，忠烈率众出城与争地，遂据浏阳门外之天星阁扎营。越数日，贼首杨秀清至，以不得此地，欲诛先至者，复引兵绕吾营后，来争小吴门外之教场坪。忠烈苦战，使不得前，贼竟不能逞。长沙不陷，实赖此也。

十月下旬，贼解围北下，时不知贼欲何往，忠烈遂西南至湘乡驻守，防其南窜。向忠武扎益阳，御常、澧，而独置北道不问者，以北抚常文节名大淳。已设守于岳州，为其可恃也。常时延惕庵以千人守荣田驿之土星港，为贼来要冲，千人新募，既未练习，又不假以权，使道员某监之。惕庵以士违令，欲杀数人，某执不许，北请命于常，由是士益懈，贼至一哄而溃。先是贼自长沙解围后，西掠舟于宝星塘，舟逃而下，而土星港水道已断，不得行，贼至，尽为所有。拔栅断链，扬帆顺流，十一月初一破岳州，连舻万馀，由是江湖之险，俱为贼有，蔓延不可问矣。

贼先至皆陆师，无舟，长沙不利，使江、向或守宝星塘，贼无舟可得，则祸不至下游，或断其北道，则贼尤不能直下。故楚士至今以不守宝星罪向忠武。独南老之言，以忠烈时舍要隘而西南守闲地，以为有顾己乡之见，不当独罪忠武，其言殆甚平允，非南老不能也。南老又言，水师之兴，实始江忠烈，而今督帅成之。楚士有引以为己功者,吾问何人,南老笑不答。

初二日乙卯(1862年1月1日) 　　晴,顺风

晨解维,湖水广阔,四面无所睹。有豚鱼起舟首,叱之而潜,若知畏人。午到岳州,岳州城南七八里有山,在湖东岸,名宝庆山。山西二里许,水中又有小山名扁山。君山更在西十馀里,雾蒙不可见。舟泊岳阳门外,登岳阳楼,楼据城闉。自江皋拾级百六十甫至顶楼,再重皆祀吕仙,有道士守香火,题咏满壁,不及睹也。楼下平台,石栏刻镂甚细。楼正西向,天空茫阔,下视湖水已落,沙洲距东岸三四里,沙外一白无尽,洞庭真面目矣。岳州城据高冈,周围约七八里,势甚雄峻。城内复有一垣,界东西为二,进岳阳门数十步即到内城,疑城形旧本无外垣,以楼势最高,惧失地险,故筑此以两头衔接之耳。市井不甚繁凑,人居皆完整未燹。午后复行,至城陵矶,守风少泊,或言此多盗,遂移四五里,泊荆河口。荆河者,大江也,由此上四百五十里至荆州府。

读《程普黄盖韩当蒋钦周泰陈武,子表董袭甘宁凌统徐盛潘璋丁奉传》。

权礼诸将,恩纪之深,足以得人死力。而于股肱道义之士,则不闻有是,其心以为不足与国难也。夫立国者,或以文治,或以武功,在上之所好耳。上心之所存,莫不尽忠以取效,曾岂讦谟定命,不如军旅之用耶。或者以为江东褊小而民弱,非穷兵无以自立,殆不闻汤以七十,文王百里耶? 而谓雄据六郡,拥带江湖者为弱国,何其诞也! 且仁必有勇,尚战者害文治,贵德者未必弃武功也。故君人者在自定其志气,以强弱摇,以利害咄,皆妄谈也。

初三日丙辰(1月2日) 　　晴,北风

守风荆河脑。

周瑜将取蜀西上,道卒于巴丘。瑜西上不必至岳州,盖在巴丘之境,城陵、荆口之间近之矣。使瑜志成,将合宇宙为一轨,民庶多数十年之治安。乃盛年夭殂,千载之下,犹为惜之。按瑜传讨江夏,还定豫章、庐陵,留镇巴丘。裴注以为于时孙策尚未得定江夏,瑜之所镇,与后卒处不同。吾以为此言甚是,而以为有两处则非,夫二地一名,传中当分别言之,今既不然,疑瑜卒处并不在岳州也。

寄题陆君子良南游图其甥刘君粹甫所绘

自汴至楚南山水为十二帧

长沙城中逢陆老,鹤竦猿轻鬓双皓。开筵招我候明月,未饮相看共倾倒。自言生长车舟中,七十年来半长道。平生汗漫不可忆,老去模糊众山好。昨从河洛南泛湘,莽莽道路知几长。荆襄尘高浇马首,辰无水曲回人肠。我游异人不知苦,万里由来亦庭户。不辞筋骨疲轮楫,但惜前踪委尘土。绘图昨遣宅相刘,历历经由细可谱。发挥老态乞高唱,便取生绢待君补。我闻君言听不嚣,如附羽翮同翔遨。轩然六合鄾一瞬,神采怪尔如松乔。斯行介弟更握手,谓子授观察。何异归老相昏朝。羡君之乐坐忘食,更展佳图为叹息。南宗北苑久不作,俗笔无灵但颜色。刘君丹绘本名震,何意高风信斯极。欲穷周区尚羁靮,愿请君图当登涉。我缘故乡丧乱婴,兵燹已尽常州城。今年掩泪作游客,忍痛不得聊忘情。东随逝波问家处,有家海中水所潆。舆道鸟道隔两纸,何况屈曲稽行程。君游憎欢我憎怆,展卷悲乐难合并。陆君饮我酒,强我歌,我歌离别声难和。令君饮酒颜不酡,不如浮舟与君别,更谱变征供吟哦。

初四日丁巳(1月3日)　　　　薄阴,下午晴,风微

晨发荆河脑,午过阳陵矶,夜泊新堤镇。下午当过临湘县城,城

离岸五六里，未见也。新堤在江北，属湖北汉阳府沔阳州管辖。江南为两楚界处，西临湘，东蒲圻，二省交会，水陆冲扼，故此地市镇甚大。乱后移汉黄德道来驻此，道署本在黄州，兼督抽分，竹木厂今亦移来，又新设盐厘、土厘局，征收充饷云。晚移灯上岸，见市井甚闹，数倍岳州城，灯火万家，街长五六里，茗肆杯碗几埒下江，不图荒江之濒得此人数。因叹人之聚随利，利之聚随水，故从古郡县多立水津，其势不得不然也。今且移千里外之巡道专稽行旅于一方，不如改分巡为盐榷得其实矣。从古惟一利字可以转移天下，势亦利也。然古者势可以夺利，今则皆随利而转，污下之中又污下焉。可笑又可叹也！

读《朱治朱然，本施氏，子绩吕范朱桓，子异传》。

孙贲欲遣质曹氏，而治往说之，则荆州之役，治亦主战，不独瑜、肃矣。

观权之待治，尊爵厚赐而已。虽区区一郡，犹不使之典事，封之邪？抑放之邪？

范主财计，靳权私用，周谷改簿书，庇权遣责，及权在位，任范而退谷。此虽小事，亦微有度量，过曹丕远矣。

朱桓欲要曹休于夹石，苟获之，魏亡一大将，失数万人，功岂不韪。而陆逊阻之者，何哉？盖休者，魏之肺腑，而实庸下，获之无大损于魏，然伤重臣，魏必报焉。魏又人众，非吴之比，失数万人，亦无大损于魏。二者名美，实皆不足以创之也。而桓之策乃与休死地战，万一不利，休且转败为功，故不可从也。

朱治师友老臣，当与张昭、张纮为一类。

读《虞翻陆绩张温骆统陆瑁吾粲朱据传》。

权遣追羽，使翻筮，得节之临。翻曰不出二日，必当断头。按，节卦九五甘节,吉,往有尚。尚,胜也。往而获羽之象,故断以为吉。此知古人筮以动爻为主。

权进武人,后善士,固矣。若仲翔者,吾亦不知其何谓也。叫以为直,君子所恶,哓哓取憎,不可以已乎?

吴小国乘时力窃,士君子不乐附之,故权称号而张昭上还爵领,示不臣也。绩将死而羡同文之世,伤处僭朝也。谓有汉之志士非耶?

温之为表,卑吴而抗蜀,取罪宜也。迹温所以然者,吴之苟且行政,不足以获士君子之向往,而温复有区区恋旧之心也。

骆统救温为奏甚拙,所以载者,以温为无罪而权枉之也。吴之取民为兵,名曰搜讨山越,其实掠人也。吴之诸贤皆依违暴政而不察,统独理之,可谓仁人君子之用心矣。读此一疏,知吴民之困悴甚于魏、蜀,抑何其酷也。夫吴小国,与敌缘接数千里,非兵多无以自守,然吴之用民未尝核也,父有兵而子获之,号曰袭业。或以人户恤臣下之妻子,名之复客。举锋镝仅存之遗,使仆隶于豪右,供其取盈。诚苟且之政,从古之所无也。先王之政,赏有功者,为其安民也,吴之赏功,乃使之争民以为富,残贼孰甚焉。使遂行之而不改,权在犹或足镇压,而民怨亟兴,与日偕亡之势,恐非威暴所能止也,又何论于后嗣。善乎统之言,保祚三世,为非由是,吾不信矣。

瑁两疏谏伐辽,措辞最善,然不必录也。何也?权之伐辽,设言,盖惭以待臣下之谏耳。辽不可伐,权岂不知耶?

此篇皆吴不得志之臣,而翻、温见弃,有自取之道为一类;绩、綝得正而毙,为一类;朱据死逆乱,非朝政,亦非自取,又为一类;统、瑁皆免于乱国,而统之立言,为有大功于吴,非诸子比,宜自为传,瑁亦附焉。

权不知道之小人也,遭时盗窃,安用文德。张昭、顾雍辈以旧臣不可废耳,然雍之见用,亦近容默。不然名德分望如朱治,且处闲若放弃矣,何翻等之有耶。

初五日戊午(1月4日)　　　晴,风微

晨发,辰过石头口,山上有庙,俗言孔明祭风台。赤壁当江北,而江北无山,俗即以石头口山当之。古地模糊,想当然耳。午过陆口,晡到杜家洲泊,离嘉鱼廿里而近。出荆河口,江水皆狭,不过三四里,非若下游之浩瀚。江舟往来,舟楫极多,一望数百艘,每处如此,足征两楚商贾之盛。

读《陆逊传子抗》

江浙已南,实至吴而始开辟。其初山越阻险,固当讨捕,及后募占之法既开,人人希拥兵之利,山越既尽,而良民不免,即其初亦有滥焉。观淳于式之表逊,非影响之谭也。且立国之道,远人不服,则修文德以来之。使逊建议选良吏绥其郡县,人心既归,曷患无众?其有负固不得已致讨,而弗利其众以为兵,即以为兵,而弗以为赏功之用,皆逊所得言也。乃徒目前之是计,生厉阶而不恤。所贵士君子为能爱民,若此复何望哉!故逊者,权诈之士而已,非君子人也。

周祇乞于鄱阳召募,事下问逊,逊以为此郡民易动难安,不可兴召,恐致贼寇。祇固陈取之,郡民果作贼。夫召募之法,逊实开之。起初不察,但牟近利,及利见争趋,而患害始睹,虽欲止之,不可得矣。故不思而创法,利不一而患或百焉。君子与人国计,不可不慎也。

逊言鄱阳民易动难安,此凡民皆然,岂独一郡。逊言此尚是吐刚茹柔之见。

谢渊、谢厷陈便宜,事下逊,逊曰"强由民力,财由民出,民殷国弱,民瘠国强者,未之有也"云云。按逊垂老渐明治道,故言若此。

夫孙氏者,与为恶易,与为善难。逊开之岷嶓,乃欲遏之沧海,虽神人不能矣。是以言愈正而主益疏,道粗明而身且殆。事人者,慎弗轻率徇之于前矣。

孙氏之于臣下,可为异矣。为之获小利,则亲之愈于骨肉;为之进忠告,则疾之深于寇仇。是与曹氏之政,专求丧节亏行之士,同一昏昧。然曹以之求人,或犹取其愧耻之效,孙以之为政,则尽丧夫是非之公矣。

逊之人始谲而终正①,先驳而后纯,不可谓非聪明善变也。然开召募之风,坑吴人何止亿万,虽有他善,无以掩之。世之不昌,固其宜也。裴氏以为袭石阳之咎,固然,而尚不能以逾此也。抗闻都下政令多阙,上疏言之,其疏沉痛可读。

三国之兴,交呈诈力,智侔力敌,卒不足以相夷,至于晋而略闻道矣。积乱之世,极重一反,君臣上下,相与饰行,以钓斯民,虽不足言之,视夫杀人盈野,草菅天下者,不可同日论也。统齐之运,非晋安属?方祜之在荆州,修礼以怀异国,抗亦师之以相拒。夫此二者,犹是狙诈之风,乃一时疆场之民,已被其泽。君子之道,小用之而小效。甚矣,其可尚也。

抗尽忠乱国,忧心悄悄,诸疏皆可诵。

初六日己未(1月5日) 晴,风微

晨发,夜到牌洲,在江南岸,嘉鱼属。今日江行,见阔处有六七里。湖北全省田亩种荞麦、小豆、高粱杂粮者多,水田为少。闻本地尽种旱地,沔阳方有水田,其田以宽一弓、长三百六十弓为一亩。下江田大小不等,圩田最大者可种稻七八百个,平田至小者三四百个。每弓工

---

① 此处有赵宽校语:"宽按,'逊之人'上当脱一'为'字。"

部尺五尺，裁缝尺四尺。本省食米半恃湖南，乡民多食杂粮。每日每人食亦一升，磨粉为馍以代饭。农家终年不食米者有之。产棉花有收之岁，四十馀文一斤，十八两三钱秤。下江松属棉花，熟年每斤二十文，或三十文，斤两同。奴子言吾乡每民可种五亩田，每田可收粗米二石，舂出白米一石六斗，敷一人半年之食。粪田一亩，粪多者二十石，值六百，或用大豆饼一个，值七八百，大约用钱二千文为上等肥田，田中出柴约五六百斤，可以偿粪值。如用工一人，每年工钱八千馀，食价八千，约十六千，以治田五亩计之，每亩三千零。上等田可出糙米三石，下等半之。田出米多者，出麦即少，少者反是。麦多者石半，少者数斗。

　　读《吴主五子传》。宣太子登。孙虑。孙和。皓父。孙霸。孙奋。

　　三国之际，民之倒悬甚矣，诚能用登遗奏所言，必有大效。孟子曰"饥者易食，渴者易饮"，又曰"大国五年，小国七年"，由此观之，使登为国，所至不可量也。

　　孙和恶博弈而戒之，命韦昭为论，其传已全篇录之，则此数言足矣，何必缕缕？不然，移昭文于此亦可。

　　全主谮和，实以其子寄之故。言与王夫人不睦，非也。何也？霸亦王氏子也。

　　全主所以谮太子和者，以其子寄附鲁王霸耳。于是和废而亮立，诸葛恪受顾命，恪者，和妃之戚也。孙峻者，全主私人也。亮忌和而恩全主，则不得不死恪以用峻、綝。用峻、綝而又不忍，则亮复废而休立。休诛綝假手张布，则不得不用布，布者，庸人也。又欲立非常之功，则休子复废而皓立。三四反复，不召暴乱以趋败亡不止焉，而其祸端起一妇人爱子之私心。甚矣！夫营私者之不可不防也。虽然，使权家道齐而内处辨，则全主不得与国储之废立也。使权身行修而伦纪明,则亦无淫恶之女若全主也。故治国必自齐家始,齐家必自修身始。彼朱据、屈晃之尽忠,皆欲塞江河而遏其末者也。

前言霸与和同母,而此说其子基、壹复有祖母谢姬,则何者为是耶? 按《妃嫔传》谢夫人,权元配早卒,而不言霸所自出,霸决非嫡子,然有盛宠,其母不当无名称,则前同母之说为长,此祖字疑衍文也。

读《贺齐全琮吕岱周鲂,处之父钟离牧传》。

周鲂谲休之书,此等无耻伪言,载之何为?

山越好乱,或其性然,然实迫而使至沟壑,不叛何为? 故西灭东兴,此扑彼起,诚救死之策,愿缓须臾也。蜀之西夷,亦尝乱矣,诸葛一征,而大略遂定。非山越之悍胜也,彼有以使之尔也。

读《潘濬濬,蜀人,降吴陆凯传凯弟胤》。

史载凯谏皓二十事,恐其不实,故不著于篇而列凯传左。不著于篇者,不著之皓传也,史法以帝纪为经,而各传传之,由笔疏也。于此可见其法。

此二十条,意思复冗,必伪作,可去之。

凯与抗一家,由抗故,得不为皓害,其忠梗又类之,宜为一篇。

初七日庚申(1月6日)　　　晴,风甚

晨发牌洲,行四五里至华口泊。

补录:

前日过赤壁陆口感作放歌

北风卷江江浪高,水急争下仍滔滔。飔飗似欲滞行楫,使我俯仰凭吊诸贤豪。今朝经过赤壁与陆口,史册道此三国曾兵鏖。当时健者刘孙曹,各展奇略矜龙韬。持书按索影响不可

得,但有枯苇败叶声萧骚。问天天不语,问地地不语,问水水不语。昔人颠倒数行墨,造作荒唐殆欺汝。扁舟东游逝将去,安问雄雌在何许。乃知盛衰往复天地情,扰扰俄顷还清澄。如盂盛水满复倾,如枰著棋和复争。纷纷载笔最堪笑,翔尔真伪相题评。天公学汝好多事,何处著此龌龊诸不平。君不见天阴欲雨众蚁出,行队分明斗封窟。主人破费一瓢水,伯业王图更谁恤。又不见秋风场圃群儿来,左绕右旋风云开。有如相雄不相让,长者一见徒嘻咍。古来功烈世争愕,抢攘由来一丘貉。当时利泽既不被,纵写丹青等瓠落。我欲呼巫问千载,昔尔诸贤意安在?万千迹遇尽如扫,岂望规模到今代。或言君臣道义敦,效死不敢他心存。从来致君尧舜乃称敬,辟土广地岂足为君尊。又况一人何厚众何薄,伏死百千万亿荣一门。神奸割据尽封殖,欲取盛业贻儿孙。诸贤亟亟为人计富贵,何不归去求田问舍聊自图饔飧。周郎好衿抱,可惜巴丘死中道。卿家道南有大宅,爱玩贤妻足终老。鲁子号知礼,借备荆州致嘲诟。二长一短不相掩,枉掷东城两囷米。丈夫出处道则同,要欲大拯斯民穷。佣奴酣嬉醉饱固足贱,犹胜好事草芥百姓称英雄。我闻盛王用兵不得已,伐叛怀柔众民喜。后来豺虎竞磨吮,贤者犹然更胡底。呜呼!大雅不作道不兴,万古强弱相凭陵。煌煌史官记充栋,愿与继起为规绳。奈何展卷半荒秽,犹愧五伯童羞称。当今论古舍此更无别,曷以效法用慰群黎蒸。不如束缚简册投江水,或者一洗渐染除嚣矜。投书江水君弗惜,万事匆匆终一掷。我来江上偶行路,放笔狂歌倏陈迹。他年好古或考订,后起视今今视昔。游踪欲觅了无有,剩取新诗代题石。新诗题石复何用,中有卮言为君益。

初八日辛酉(1月7日)　　　晴,风甚,守风泊

读《是仪胡综传》。

吴朝争利拥众,辞而不取者,严畯、是仪二人,得不谓之君子乎?

胡综伪作魏吴质降表,此等事既诈伪无耻,文复卑冗不堪。载之何为耶?若以交争之间,兵不厌诈,则使其志行,魏亡一骄桀之吴质耳,何损于毫末邪!

是仪生平大较君子人也,若综诈吴质及定奔丧大辟之科,岂尚有人心者所为,与仪并列,恐仪含恨千载矣。

读《吴范刘惇赵达传》。

权为人主,欲学机祥小数,顾安所用?范、达不以正谏,而诡秘其术,是为交失之。

读《诸葛恪滕胤二孙峻、綝濮阳兴传张布事附》。

恪以丹阳山崄,前发兵徒得外县平民,其馀深远,自乞为官出之。观恪此言,知前屡讨山越,实皆良善受灾耳。吴庭上下,未尝不知,特不言之。为叛民则不可系累之使出,其居心岂可问哉!

薛综劳恪之文无意义,可删。

恪与陆逊书,其言未尝不善。顾恪自以为狭隘,逊嫌之是邪,则当速改,何必有此书;自以为端直,逊嫌之非邪,则当亟辨,安得有此书。口说之士可东可西,己之立身辨志之方,亦以将顺他人而不定,亦可见其非材矣。

恪受顾命之重,统事初始,栗栗知惧,未尝非勖慎其身,以集邦国之思也。然而素行既轻,无君子之德,休休之量,故疑畏起于侪侣,亡者未瞑,而帏幄伏戎,以除孙弘之异己。嗟乎!欲以此辅相幼冲,克全令德,不可得矣。读恪致弟融书,自虑孤处,无与唇齿,左顾右盼,如芒在背。夫上之人能容其下,下必欢然奉之,安有处摄相之

尊,握荣辱之柄,贵德乐善,则正士旅进,右才尚智,则能者纷来,而方忧谗畏讥,自比于孤臣孽子哉?寥寥一篇,其祸败之由,不终读而可得矣。恪者,非奸慝人也。顾量浅不可以图远,力小不可负重,彼徒言谈嬉谑之弄臣,小才小慧而使膺六尺之寄,求其不败车折鼎,岂可得哉。权之昏乱不思之甚,盖平生疾直喜谀,开之渐也。

恪欲用兵,著论以谕众意,与《出师表》所说略同。盖恪信家叔之言得位而为之也。然《出师表》人皆是之,此篇人皆非之,则非以其言,以其人也。盖葛公先内而后外,其不成,天也。恪舍己而图敌,其致败,人也。可同日语哉!

峻、綝不足称奸臣,实乱贼耳。峻稍狡猾,初以名位尚微,无以冠百僚,乃推诸葛恪、孙弘辅政,而己附骥于后,既潜弘于恪,杀之后复杀恪,遂擅中外之势。虽弘、恪任非其器,祸由自速,然峻殆有成谋,非事至后图也。

诸葛恪、滕胤虽皆覆亡,然与峻、綝异矣。恪败还威怒不恒,实欲以盖羞颜,此庸人之常态耳。胤称兵但图自全,故不敢向宫,迹两人皆不忍篡乱也。与二孙合传不可,史合之者,以事相连及,分之则文多复耳。然史以垂戒为先,不以工文为急,善善恶恶,当使分明,不可丝毫弗辨也。

读《王蕃楼玄贺邵韦曜,即韦昭华覈传》。《吴书》终。

史以此篇终《吴书》者,示孙皓多戮善士,为亡国之由也。考皓之亡,杀士固其乱政之一端,而其淫凶昏肆,虽不杀士亦亡也。然则其意安在?曰:吴自策、权之兴,即尚骁猛而蔑礼义。高岱、盛宪、沈友之诛,虞翻、陆绩、张温之贬,皓之安忍固有开而先之者。国无重臣则篡乱起,朝无君子则佞谀升,亡国之祸不外是焉。殆作者之意欤?

阅《三国志》终。用工二十六日。①

初九日壬戌（1月8日）　　　晴,风稍缓

晨发数里,少泊,复勉行。至东江脑少住,又行,夜到金口泊。离武昌六十里。汉口在南岸,北岸有山,江面狭不过一里,实为水路挟要之地,较江南之东西梁山易守多矣。

作书与燕山,以廿金寄与作行资到营,此项黄南坡廉访所赠也。又函与龚慎甫。

初十日癸亥（1月9日）　　　晴,风微

晨发,饭后出鹦首,见鄂口山,自牌洲以下至今日经过,江面皆狭不过里许。辰过鹦鹉洲,午到鲇鱼套,更数里,即武昌城。登岸,先候家昆甫叔,并晤舒甫曾锡,行六。叔、子慎弟承慈,昆叔子,行大。及刘君粹甫,灏,行大。即留下榻。饭后粹甫往同王君右星、臣弼,行大。张君执之,晋礼,仲远先生子也。行大。二君皆幼时友。并识王弟子允。下午同刘君粹甫、王君右星、子允、张君执之、昆叔、舒叔、慎弟登黄鹄山,上黄鹄楼茗,晚归。黄鹄山,费文祎升仙于此,有费仙洞,形单而长,蜿蜒一线,故俗名蛇山。横亘武昌城中,自东门迄西门,隔而为二,山腰凿断为路,武昌城中南北正街也。城广十八里,有九门,江水自西南来,从鲇鱼套一曲包城南门外,西面江之正流,西北江汉合处,城北及东北沙湖裹之,东南草湖裹之,而江汉合流,绕沙湖之外东下,故鄂城宛在水中。惟东门陆道达武昌县,在二湖之间,此外无径路矣。江面宽不过三里,正西对江汉阳府,古之郢州城,枕鲁山之南麓。鲁山,即大别山,以上有鲁肃祠,古呼之为鲁山,今俗名龟山,则与蛇山相对故也。鲁山北麓下即汉口,所为汉水触大别之坡是

---

① 此句钞本系于初九日下,兹据体例移此。

也。从古为重镇,由荆襄以窥中原必争之地,今为商贾凑集最盛之区。以利薮之故,遂招异类踞我要冲,可忧也。黄鹄楼在蛇山之首,已毁,新造小阁于其址。后数十步,亦高厂,四望轩豁。楼祀吕仙,志载吕仙过此,吹笛题诗,又有仙枣在楼下,亦传仙迹,今人补植者,细如箸而已。楼前下山冈即城堞,有石塔据城闉,俗名万年灯,不知其始。现蛇山上荆州驻防兵扎营在上,可为得险。然鄂城周围无驻足地,非先得汉阳不能攻,得汉阳又非先得鲁山不可守。故从古用兵,夏口之戍为最要云。

夜,同乡程君云卿来。

十一日甲子(1 月 10 日)　　阴,甚寒

访同乡汤君彦泽,世镛。又候张仲远先生及令子执之、王君右星。仲翁晤客不得出,留吾饭并属候客去谭话,吾以时暮,遂辞以明日。又访姜春浦,福源,伯厚表兄。未晤。

在仲翁处见邸抄,两皇太后并于十一月初一日垂帘听政。户部五字钞票案,前经肃顺等擅作威福,株连多人,奉上谕该部速与理结。胜保奏请垂帘及另派亲支议政王大臣,以免大权下移云云,事在八臣未拿问前。又闻督帅奉旨节制江苏、安徽、江西、浙江四省巡抚,提镇总统剿务。

湖北兴国人多通贼,至今有信件贼中来往。

十二日乙丑(1 月 11 日)　　　阴

饭后同刘君粹甫、程君云卿、昆叔、舒叔到司前大街,出谯楼下,谯楼正当凿断山腰处,下辟城门,为南北经衢。同粹甫访张仲翁,道出抚署前番桃花岭而过,岭甚小,在蛇山北,另分一支,其脉皆来自东门外洪山。以地形约略观之,洪山为守鄂必争之地。到张翁处久谭,以侍郎宋晋奏五省会剿一折见示,张之笔也。其意请以江西、安

徽、湖北、湖南、四川五省通力合作，共募勇十三万，以五万为东征平吴之师，以二万为川中剿贼之师，馀为各省防剿之师。每月限以七十万此数断不敷。为定饷，请五省合放，总统一人，以归画一云云。中间中肯处为请裁城守其言亦未说明。额兵，颇合近今机宜。然此事亦甚难，即如四川一省，风土强悍，兵额众多，万一撤裁，失其衣食之恃，此辈为善不足，为恶有馀，或酿意外，更增贼势。馀省亦大略相同。至五省通力固甚是，然天下之势，畛域久分，亦非仓卒所能合转，恐封疆之势日重一日，早识者不能无隐忧。且欲合四支之分离者，惟心为能主其政。第一当先清朝廷政本，得一贤相统驭中外，则各省虽不合而自合，若政自外始，能合五省，五省而已，能合十省，十省而已，岂能举宇宙之内，合放一督抚邪？此亦为治之末，利鲜害多，详思之，即可知也。

武昌城中，守备毫无。今春贼来从下游，城中一时鼎沸，兵勇已肆掠，汉口亦同，为夷人禁阻而止。兵起已十年而脆嫩如此，何时当定邪？其时胡抚兵被围太湖，城中无人故然。今人但知言战，不知言守，根本无不空虚，外之堵御略一疏，而根株已担，危哉危哉！

十三日丙寅（1月12日）　　　阴

张仲远观察来答访，久谭。下午，同粹甫、昆叔候汤君彦泽，作饼餐我，久谭，至夜方归。

彦泽久于山左，缕记其语：

济南省风俗繁侈，饮食丰美而值昂。民多食稻米，风土极类南方。本省出米之所有三十馀州县。外府县民多不食米，非麦粉作馍不能饱。或食杂粮，磨磨米反以饲畜，价亦不昂。沙土田甚大，每亩三四倍于南中水田。冬种麦，夏种杂粮豆、荞、高粱等。绅衿大族多住乡，合族居者为多。宅外缭以雉堞，夜登坤巡守，故不畏盗贼。风俗极厚，虽官至大吏还乡，不敢舆行，舟将至城数里即住，步登岸，冠带谒令长毕，出与舆皂抗礼，皆遍揖之。又极俭，每日一食，妇女凌晨起，蒸馍作饼，会食至饱，不作两餐，无菜茹，惟供师有三品，刘、孙诸大族皆然。富者不藏轻赍，窖钱粟而已。钱藏久，凝锈成一，不可折，故买物出钱多论斤，不论数。

曲阜城不大，先师庙壮丽无比，自城南门至北门，两间充塞，衍圣公第在其旁，亦宏壮。孔林在城北门外，出城行林木中，七里方至。围墙有泗水环之，围墙内四百亩，中先师墓，旁伯鱼、子思墓，子思墓反在上手。旁有子贡庐墓处，草屋三架，子贡手植楷已死，作亭覆之。墓后续生者甚多，亦千年、数百年物，木色白，有黛纹如大理石，叶小类黄杨，无枝梗皆方之说。蓍草丛生遍地，茎数多寡不一，适五十茎者不可得。围墙外地界广至百里外，皆孔氏业。衍圣公第有宋以下衣冠纱帽，翅甚短，蟒袍仅二蟒，一前一后，玉佩重六七斤，有银冠红纱复里，大约朝冠矣。靴有方底，尖底，底皆两头小，中腰宽，桶短。鞋多红绫而底皆麻结成，如今草鞋。又有古帝王贤臣像甚多，吾家太祖鼻上至眉间有班七点。

泰山从足至顶七十里皆有阶级，岱庙在顶，市集繁会，沿途景物鲜妍幽折，无美不备。

河南亦食杂粮者多。

十四日丁卯（1月13日）　　　阴

作字赠粹甫、子迎及为陆君子良题图书前作。作书与方君幼静、陆君子良。幼静寓汴省祥符县后街。

十五日戊辰（1月14日）　　　大雪

闻登极恩诏至，合城官员往迎，诏文未见。汤彦泽别驾见访，言上海来信抵臬署，知杭州前月二十八日失陷，抚台王有龄，将军瑞昌死之,餘下文武殉者不可计,从此东南已成一局,事更难为矣。吾乡留浙者不可胜算,槐亭在浙无信,渠向随林桂楣方伯,闻林迎战而死,此信谎,林实未死。渠吉凶竟无从测度,如何,如何?

十六日己巳(1 月 15 日)　　　　晴

欲登黄鹤楼望雪,同人畏寒,尼之不果。子慎言其同曾祖弟介贻,惺甫之子。手有文,自掌根彻指顶。相者魏景春言,法当大贵,削平天下。今年十四,质地亦平平。下午过彦泽,见恽南田、钱竹初、毕焦麓、汤雨生诸先生画,各各绝妙。

十七日庚午(1 月 16 日)　　　　晴

见同里丁氏女芝仙昆甫之甥丁定甫大令女,字昆甫侄承穀。承穀被贼掠,遂蓄死志。今年正月母死,终七,遂自缢。绝命辞《菩萨鬘》四首、《满江红》一首,凄婉泣人。昆叔固要为李香雪观察映棻,四川叙州人,湖北记名道,管牛厘局。诊疾,夜往,为处一方,并识其子小石又琴。

十八日辛未(1 月 17 日)　　　　晴

李小石来访,吾未起,遂去。辰刻,同昆叔过李香翁诊疾,疾服药少瘳,竟夕安卧,为加减一方。饭后,同昆叔、舒叔、程君云卿登蛇山脊,合城了了,城形山南大而山北小,屋宇则西甚繁而东甚荒,则以西近江岸故也。守城据洪山,便得合城祖脉,然无水师,断不能守,以无援路、饷路也。贼无水师,亦断不能攻,以无驻足地,不能合围也。昔人诗云“江郊水当郛”,可谓此城言之。下山同诸君茗,茗散,访王君右星,方作篆,未暇答客。执之已他出,遂返。夜史君卿若来,同里人,从九,分府荆州。言宜昌贼自川中窜至,入山屯聚,不下万人,但掳掠财物,不焚不杀,蓄发如毛贼。我师以路艰亦不往剿,欲俟明春。其地与楚南接,虑其南窜耳。又言荆州城中驻防皆如乞丐,旗粮折扣故也。

十九日壬申(1月18日)　　　晴,午后阴

辰刻,同昆叔诊李君疾。下午,访汤君彦泽。粹甫言夷人与贼有相争之意,货物俱不下去。前督何桂清续奉旨交曾帅遣员扭解。彦泽言,云南巡抚徐之铭奉旨拿问,不奉诏,已放张亮基钦往剿办。贼陷杭州后,有来吞扑上海之意。湖南辰州有失守之说。此信谎。又部复御史卞宝第奏,失守官员不准冒行保举,曲辞遮饰,一次有功,方准免罪,二次给与虚衔,三次方准开复。

寓处间壁正觉寺,明时楚宗藩建,中有铁佛弥陀、释迦各一尊,贼陷城时,图毁象铸炮,千夫曳之,不能动毫末。门外墙亦明时建,击撞亦不倒,遂并置之。

二十日癸酉(1月19日)　　　阴

薛方亭来自湖南,将解饷至皖营,作书与咏如、善徵、霍生,并以子迎衣件属带交咏如。李小石招下午饮,同昆叔往,同座汪君省吾、宿松人,知县。陈君惟州、本城人,孝廉。黎君次平,四川人,府经。晚归。又到汤君彦泽处。

小石述武昌贼氛事,记之:咸丰二年十一月,贼自长沙解围北犯,十二日到武昌。时总督程矞采先防堵湖南,已告病。巡抚常大淳兼署督篆,在城中,不知守御。提督向荣从长沙来,扎东门外洪山。我军陆队,贼水师,武昌攻守扼要俱在水,我师无所用力。十二月初四日,贼地道攻陷文昌门,常死之。三年正月初一日,贼全师趋下游,城复。是年秋九月,贼从江西解围而上,连陷黄州、汉阳,武昌竭力守御,幸未陷,贼复退至下游。时总督吴文镕坚愎自用,与巡抚崇纶不睦,至于挥拳。崇劾吴拥兵自卫,不敢出城一步。奉旨切责,吴愤甚,悉兵下至黄州之堵城扎营。四年正月十五日,贼大至,吴兵

溃,死之。逆焰益大炽。十八、九两日焚陷汉口、汉阳,省垣复大警,学政青麐奉旨办理军务,来省协防。崇纶旋丁忧,青授巡抚,防守颇称尽力。至夏间,城中食尽,署督台勇在安陆寄书城中,言食尽宜自为计,此间颗粒不能接济。城中得信惶迫。幸青得士心,战士每日发二十文,无叛者。延至六月初二日饷尽,遂开门突走,兵出贼入,城复陷。

先自春间贼据汉阳,围攻武昌,又分兵南陷岳州,扰长沙,破湘潭,为曾帅部将塔齐布击破之。时我军已创水师,是秋东下,所至克捷。九月十三日复汉阳。十五日复武昌。贼东遁,曾军追至下游。时总督台勇已革职,继之者为杨霈,亦率师东至蕲、黄。十二月,曾军挫于九江,贼复上犯,杨亦败退至安陆。五年正月初七日,贼复陷汉阳,二月初,陷武昌,巡抚陶恩培死之。是后贼遂坚守。至六年春,援楚统领布政司罗泽南攻城,中炮死于城下。陆师统领李续宾扎营洪山;水师统领提督杨载福率军据鲇鱼套,往来塘角;总督官文军在安陆,称北军;巡抚胡林翼军在金口,称南军,合力进攻。至是年十一月中旬始收复,得失凡三次云。

戒烟用鹅儿不食草最效,须用补剂,与本人相宜者加入服之。断瘾后,不思食,食之必不安,盖烟性愀敛,是物辛通也。医喉痹用牛膝一味,内服外敷最效,以其降也,然此是劫剂。阴格阳症用温热药,以竹叶百片煎汤代水,此吾里某医心法。

二十一日甲戌(1月20日)　　　晴

早到李氏诊疾。饭后,同舒叔、慎弟到市中买宣纸及书。夜张执之、王右星来。

上海薛抚遣弁到湘中募勇,由夷人载至上海,头帮去数百人。过江宁为贼所觉,移文与夷目言,初约两不相犯,奈何助彼载勇?俟杭州克获,即来说理。夷目得信颇惶扰,遂至京师请巴夏里归,赴江宁与贼说,不能妥。现在杭州既陷,逆焰专指上海,夷人在彼修理炮台为守计,将来吉凶,真不可保,奈何奈何! 又闻曾帅已劾薛抚及浙抚。

二十二日乙亥(1月21日)　　　晴

晨起,同程君云卿、舒叔、慎弟出武胜门,北门,俗呼草湖门。渡江到汉口游步。市井繁凑,行半日,不见首尾。到宝顺洋行访广友黄君恒山、唐君亦坪,九江司马唐蕴泉之侄。闻上海夷事,大略与昨执之所说相仿佛。洋行来此已十馀家,俱造屋市中,又于市北买地数十顷,将大兴工作。每亩地五六百金价目。午后,渡汉水,今呼襄河。到大别山下,汉水广不过数十丈,大别山正当水南,汉阳府又在山南,贼在汉阳时,筑外城,起旧郭,沿江北绕包大别山,以尽形势。山颇高,登巅一望,郢、鄂扼要之处,了了心目。汉水自西来,汉口镇沿水北岸,蜿蜒几十馀里,濒江之处宽复十里,可为巨镇。水以南镇市,以北地尽低洼,夏秋水至,即成巨浸。山足稍西北有月湖,中有堤横亘,为汉阳游晏胜地。晴川阁据山之东麓阜上,与黄鹄楼参差相望,今已毁,山顶及阁址俱有贼废垒。汉阳府城枕山之南麓,周约四五里,城南一水自西来,则所渭沔口者,是沔与汉实一水,同源而异派。出大别山北者汉口,出大别山南者沔口。此水冬令消涸,不复通大江,夏即连合,故又称夏水云。

晡渡江归。入汉阳门,复登黄鹤楼茗。蛇山低于大别,在大别望武昌了了,在蛇山望汉阳,不能尽见,故大别为鄂、郢必争之地。日下春,循蛇山脊归。过臬署,后园中有陈友谅墓,能为怪异。道逢张君执之,偕归谭话。

粹甫说杭州事:十一月间,贼大股攻围省垣已久,至廿后城中粒米俱尽，死者日数千，惟巡抚、将军各大宪尚有薄糜自给。二十四、五日，巡抚王有龄知事不济，开城放出饥民数万人，有出死于贼者，有出城无路，复返城闭，触石死者，有饥乏不能行，倒毙者，其中得免无几。二十六日，将军瑞昌手刃全家，然后尽节。二十七日，复放城，贼围愈逼，出无一人生者。巡抚王有龄于开城后，亦全家殉难。二十八日，贼全师薄城，城陷。布政司麟趾率合城兵勇出突贼营，贼败退十馀里，乘势而出。

宁波于十月内失守，现在贼居城中，夷居城外。

广东省垣于八月内夷人让还，或言其国中有事调兵，或言因和约已成，情让。此二事俱洋行言。

常州先查保甲时，合城内外有户一万三千，计户不计灶。分析言之，一户中一二户、三四五六户不等，实在四万户。每户牵算五口，即二十馀万口。每口每日米半升，一日即须米千馀石，每岁四十馀万石。苏州七、八年分查户口时，城内外土著寄籍共五十馀万户。

二十三日丙子(1月22日)　　　　阴雨

早同昆叔到李香雪家诊疾，无瘳意。作书与庄卫生方伯。受祺，其堂上亦钱氏，与先姚钱淑人堂姊妹。

李又琴言，贼目陈玉成在先固有窥伺之意，故麻城、黄安告警，调防松滋关。

阅邸抄，给事中高廷祜奏整顿官方，地方大吏于各属牧令，不得徇私调动；非实在人地相宜者，不得率意委署。御史朱潮奏整饬吏治，请禁近来属员私拜门生，藉以贪刺云云。总理各国事务衙门，文宗原派桂良、花沙纳、崇纶、恒祺随同恭亲王办理，兹复添派宝鋆、董恂。总理各国事务衙门奏请，中国习天主教者，其安分守己，自与平民一律爱养；其有藉势把持一切，既为中国之莠民，亦系彼教之败类,仍当照例惩办云云。

二十四日丁丑(1月23日) 雨

作家信,又阿哥贺信,伯房甥信,振远、柳亭合信。并将陆子良托寄汤禄名信,子文托寄子卿兄信,邓处寄吉止信,一并封好。又作信与弢甫。

子慎弟去年被掳四月,知苏州事,记其语:苏州包南北濠街市,已筑土城,下令数日而工就,俱用城中人皮箱实土为骨,外更傅土。后军主将陈某,陈玉成侄,驼背瞽目,烟瘾甚大,其所辖皆广人,与侍天福熊某屡因事率众争斗。李秀成年四十馀,喜写字,人甚和气。陈玉成未满三十,貌甚秀美,绝无杀气。干王洪仁玕亦年四十馀。夷人去夏有人到苏城,告以上海空虚,尽可来取。又送洋枪百杆与贼,贼答礼尤丰。

二十五日戊寅(1月24日) 阴,风

作书与殷仲、衣谷。

二十六日己卯(1月25日) 阴

粹甫奉差赴宜昌,送之。发弢甫、孝拱、衣谷、殷仲、振远、柳亭、慎甫信及家信,友人托寄信,交宝顺行寄去。下午到张执之处,见弢甫寄仲翁信,言粤匪已逼上海,在离洋场外二三里处扎营,城中不知所为,夷场生意如故,惟寓居者迁徙纷纷。夷人多大言,少实事,恐不能支持云云。夜,昆甫家度岁觞客。汤君彦泽来,三鼓后去。

彦泽言河工事,记之:河水大发,正冲堤岸,为之夺溜大险;堤埽年久失修,内腐倾折,为之侧埽小险。大险督抚俱到,抢工民夫不论价,以双手捧钱与之抢护,护安厅员任意开销,并有保奖,否则,充军出口,罪干严处,一福一祸,只在倾刻。小险虽不至开决,然工费数

皆折核,厅员往往赔钱方谷。埽以高粱杆为之,缚成柴垛,堤高二十丈,埽亦二十丈,宽十丈、数十丈不等,一面齐平以贴堤面,一面凹凸圆如盘陀,以杀水势。堤上及河边皆钉大桩,用巨缆牵缚,堤外其缆以竹为之,每条值钱百缗。拦黄埽从堤上起用一直埽,不附堤面,而直镶至河心,其费更巨。大埽两旁更有分支小埽,为之防风埽,凡用此皆河水夺溜,以此挑溜,使归正中。凡河决皆既报险后,上司惜费计论工价,发银需迟,或本厅官员惜费工夫不踊跃,方有此事,一经决口,则官员身家不保,而国帑合龙工费百倍抢险之需,沿河田庐房屋更复无数可算。若肯尽力用钱不计多寡,无论何等险工,未有不可挽回者。

栗恭勤公,讳毓美,字朴园,山西人,为宣宗朝循吏。自县令官至河督,未尝不清白自守,其言行有足法者,今世所罕闻也。公任河督时,僚属入谒,虽微员必命坐,设茗久谭,曰此中不无干济之才,惟上司贵倨,则下僚必多局促,虽有言论,不能尽辞。且坐则心定,立则心乱,断无立谈而能罄其所蓄者。以是公在时,僚佐无不愿尽其心矣。公有子媳皆弗令至督署,曰署中恶习最重,使之不知甘苦,非若辈福也。自言本一寒畯,得秀才,自视光景大胜白衣,得贡生,又胜秀才,得县令又胜贡生,洊至大吏,自奉日厚,凡能回念平时,嗜欲自然淡泊。其语皆此类,思之大有意理。此亦彦泽言,故并录之。

河南自归德至开封,沿河堤外皆荒土,不能耕,但产碱石,土人以此为业,遍处皆瓦炉,煎炼取之不竭。亦彦泽言。

二十七日庚辰(1月26日)　　　　风雪,奇寒

晨起思渡江,到汉口问上海消息。冒雪至汉阳门外,欲渡无舟,遂返。登黄鹤楼,望空花翔舞,寒光彻脑。

昆叔言，官中堂与胡宫保外和内隙，胡甫暝，官往探丧，即敕抚署将文卷案宗不论已结未结，封抬至其署，旋下札问各局经费及委员之可靠与否。合省皆为之不平。

二十八日辛巳（1 月 27 日） 大雪，奇寒

遣奴子持与王兰卿信交黄恒山，与前信并寄。晚得回信，函件日内有便即寄上海。初因粤匪逼近，甚为惊慌。现在英国调到厦门、香港兵共千馀人，尚有续调二千馀未到，该逆知兵力已厚，经退去数十里，目下情形断可无碍，闻信为之快慰。作书与子迎及广友徐钰亭。

闻上海消息，敬占家中无恙否，得明夷至离。

自外占家室，内三爻为主，今应爻卯木冠常于丑，冬令木相之时，子孙福神临助，官鬼虽挟月建而见克于木，不能伤应爻也。酉金动爻能害卯木，然回头克尽，又遇旬空，无须入断。

《易林》贞卦辞曰："他山之错，与璆为仇。来攻吾城，伤我肌肤，邦家骚忧。"

悔卦辞曰："山林麓薮，非人所处。鸟兽无礼，使我心苦。"

详此辞，疑崇明必有大警，而本地人当欺寓客，然止忧恐而已，无大伤也。

又占妻在家无恙否，得蒙至升。

用神虽伏，而飞神生之，是为长生。又子孙福爻临世，惟值旬空，又遭日克，而岁君月神相助，当亦无忧。

《易林》贞卦曰："何草不黄，至未尽玄。室家分离，忧愁于心。"按此亦无碍，虽忧愁憔悴，而不至大咎。悔辞难解。

悔卦曰:天福所鄹,兆知飞龙。成予得志,六二
已兴。

二十九日壬午(1月28日)　　雪,午间霁

辰刻,同程君云卿、昆叔、舒叔到黄鹄楼赏雪。地
本高厂,又值奇景,天云泼墨,江流煎赭,两崖晶耀,界
际划然。两日中,雪深厚三尺,二十年来未有。登斯
楼,抚斯景,不可一二遇也。日高春归。昆叔今日降,
要客汤饼。

三十日癸未(1月29日)　　晴,亭午云复蔽日,
晴又晴

夜,焚香礼先祖父母,饮守岁酒。昆叔招坐,汤君
彦泽、程君云卿来,王君子诚无锡人,粮台委员。来。

本地风俗,除夕以木桶盛松脂燃之,通衢如白昼,即所谓除夕松
明也。

（以上《能静居日记》十二）

同治元年（1862）太岁玄黓阉茂,三十一岁

正月建壬寅

元旦甲申（1月30日）　　晨起晴,东南风,天寒,曙后大雾

清晨,焚香拜天,拜至圣先师,拜佛菩萨,拜先祖父母。辰刻,王君右星、汤君彦泽、程君云卿来贺岁,本家赞伯司马名□□,镇江人。来贺岁。

敬占本年流年吉凶,得风山渐至水山蹇。

爻辞上九:鸿渐于陆,其羽可用为仪,吉。

世爻日建临之,岁君生之,子孙福爻相助而克应爻官鬼,所求皆吉。虽有月破,不足与之为难。妻财不见而伏,为戌土岁君克制,幸长生于日建。室家或有疾恙,无大咎也。

《易林》本卦曰:"别离分散,长子从军。稚叔就(食)〔贼〕,寡老独安。莫为种瓜。"

之卦曰:"敏捷给疾,如猿集木。彤弓虽调,终不能获。"

详辞意,似指家中空乏,在外亦糊口而已,无所获得也。

元妻　官　○應　卯
白　文　·　巳伏扦
蛇　兄　‖　未空
勾　子　‖　申
朱　文　‖　午空
青　兄　‖　辰

初二日乙酉（1月31日）　　晴,奇寒

降日。晨起拜天,拜先祖父母。在昆叔处见颁到恩诏,凡恩例

二十五条。赦款内除十恶死罪不赦外,其军务获罪、隐匿逃人亦不赦。又另条盗贼就抚,准赦其罪。此二条疑新增。同乡钱君子丰子宣之弟。来,钱君言湖南辰、沅无恙,十二月二十一、二日常德吃紧。

初三日丙戌(2月1日)　　晴,奇寒

吾寓粹甫新宅。屋后三间,其戚高氏两妾借居,夜夜为怪所扰。其物黑色,跳掷行,压人身不得动,被祟辄病,言之数日,吾与昆叔等皆不信也。今日闻雪上迹甚异,偕众往观。见蜿蜒一道,从后小屋斜度所居房脊,自前檐而下,宽约尺馀,斩截如划迹。中间每半尺许一印,正方,若其尻股踊跃所成。开后园迹之,去甚远,视屋上者稍狭,亦每尺许一印,印中皆聚落叶。后园久无行人,雪封数尺,其迹又绝不类人,且不类兽,无接踵并跱之状,当是一足怪。按诸书山魈一足,畏闻铃声,因教其家悬铃自护。

初四日丁亥(2月2日)　　晴,寒

程君云卿来,李香雪观察及令子小石遣刺贺岁。

初五日戊子(2月3日)　　晴,寒

到汤君彦泽、张叟仲远、姜君春浦、李观察香雪、本家赞伯、任君赐生名继勋。处贺年,晤执之、赐生。下午,王君右星,张君执之来。

初六日己丑(2月4日)　　晴,寒

遣奴子渡江觅舟,拟明日行。

见夷人十二月十五日新闻纸,上海法华、龙华、大场、黄渡、纪王庙皆有贼,近者离新闸数里。又番刻京抄国子监司业马寿金一折,陈捐输八弊,请旨饬户部议设限制云云。语颇明白,然不能畅达其说。

高氏怪畏铃不敢至其室内。初四夜扰吾处,仆人闻吾榻前蹋地

作响,吾梦中觉有物来压左肩,重甚。甫压,余即醒,番身叱之,滚地碌碌,直至窗下而寂。初五夜,未至。顷夜饭后,又闻室中响,奴子见如黑猴者夺门去。吾偕昆、舒二叔咸未睡,遂燃爆竹惊之,有物狼狈而遁,自吾室逸至昆叔处,触数人足,逐觅已杳。

初七日庚寅(2月5日)　晴,寒少杀,自客岁腊底至今十日奇寒,为生平所未经

早晨,海宁蒋君寅舫光焴。持玳甫书来访,久谭。检点行李。下午答候蒋君。奴子觅舟成,约明早渡江登舟。

蒋君挈室从上海避难至此。述上海事,录之:

苏州贼伪约十一月中献城,实无其事。前苏府吴沄力保其必成,费抚恤银甚多。及事已决裂,外间争言何桂清羞愧自尽。盖此事实由何起,然亦系讹言,何尚在沪无恙。

见上海前月二十二日信,浦东尽被蹂躏,川沙、南汇、奉贤俱已失守。贼至绍兴时,我军悉守诸暨。贼于富阳渡江,初至仅十馀人。九月二十三日至山阴,破之。二十六日,我诸暨军溃,城亦陷。二十九日,陷绍兴府。宁波十一月中破。

初八日辛卯(2月6日)　晴

凌晨即行,未及候昆、舒二叔。出草湖门渡江,到襄河内登舟。舟甚大,系钓钩子,载米到皖省平粜,本舟千一百石,尚有数舟,并有炮船护送。辰刻解维,下午过青山,低平连续数十峰,在江南岸。晡泊武口,武湖水入江处,距阳逻十五里,俗讹武当口。

初九日壬辰(2月7日)　晴

晨发,辰刻过阳逻,亦小山毗连,在江北岸有人家、铺舍,江甚狭。傍晚到团风镇,江岸市甚喧阗,又行数里泊。

初十日癸巳（2月8日）　　　　　晴,顺风

晨发,巳刻六十里至黄州府。赤嶂山在府西二里许,江岸苏氏赤壁也,雪堂东坡之胜及对岸武昌樊山,俱未获游。樊口在樊山西麓下,内通梁子湖,食鳊鱼以此地为最美。樊口厘金局设于黄州江岸,泊舟候验。望樊山残雪勾皱,神清骨秀。亭午,舟行过巴河大镇市,未泊。日晡,过散花洲,相传周瑜破曹操,犒军酾酒散花于此。又过道士洑,在南岸。一矶直插江中,高陡与小孤相类,顶锐而窄,又太高无立营处。山南有坞,止可见一面,故非设险之地。山后沿江而西,相连峰甚多,亦奇秀,地在大冶,疑即西塞山矣。又过渔阳口,内通沛源湖。沛源、渔阳,声讹也。进此至大冶六十里。傍晚到蕲州,江边小山上有贼旧垒,望岸上州城,舍宇寥寥。南岸大山压江,水流甚狭,迤南即半壁山、田家镇,督帅初东征与贼鏖战处。是日凡行二百五十馀里,过蕲州数里泊。

十一日甲午（2月9日）　　　　　晴,大风

舟阻不得行。

读无名氏《辟邪实录》一卷。书为湘潭人作,以辟耶稣教者。征引颇多,无如未得其要领。中国天地会等,虽原本彼教,而其淫邪荒诞,彼教转不若是之甚,举此以责彼教,彼教不受也。且彼教谬妄可指处甚多,不难使之失据。然中国儒者苟能昌明圣学,力敦己行,风俗之源一正,诸异端不辨自息。子舆氏所以必言拒杨、墨者,杨、墨之说精微近道,易以惑人,故几微之辨不可不急。若耶稣者,不必辨,亦不足辨也。卷后刻杨光先《辟邪论》,尚知体要。

读黄氏元御《长沙药解》终。

十二日乙未（2月10日）　　　　　晴,大风

舟阻不得行,傍晚风定,行到田家镇泊。田家镇上流十里名马

口,南岸截江一沙,江面甚窄。

十三日丙申(2月11日)　　阴,顺风

晨发,过富池口,进口到兴国州六十里。兴国民多为贼,民风最恶。午过邬穴,厘卡候验,邬穴镇市甚大,在北岸,江面狭,南岸有山。过邬穴江流浩渺,山亦断矣。晡到龙平,过此江西界。下晡到二套口在北岸。厘局候验,即住舟,地离九江十五里。吾知家信来者皆在九江,不能候至明日,遂棹小舟先往。傍晚到九江,诣宝顺洋行晤徐君渭南。接家兄九月二十七日信、十月初三信。内子八月十五信、九月二十八日信、十月初三日信。李甥八月十七信。羧老六月十六信、十一月十九信并诗八首。周甥六月十七信。仲明东台县所发信、六月初四杭州发信。问渔九月二十五信。孟辛九月二十三信并夷书。衣谷九月二十五信并夷书、《海国图志》、笔、药壶、指南针,又十月二十四信并书。共十五函。是夜借榻徐君处,又识孙君楚卿。国纪,杭州人,上来办楚盐。

家信内言阿哥已于九月二十一续娶,新房即做小寓厅上。十月二十一日回门,带长庚等上城,阿哥意欲暂时分住,有到江北之意。家中自内子以次尚好,惟贫窘不堪。去冬严寒,为十馀年所无,海中气候寒冽更甚,冬衣典质,谅无力更图,念之凄怆。

羧老信言今正即来营。又言督帅已将贱名与方元徵先生、刘君开生及羧老共折保奏,闻之惭惶无地。诸君皆硕彦,独余薄弱,何以报知遇耶?羧老见勖语,诵之生感。诗八首系生日感事作,悲壮可涕。

仲明前岁夏在常逃难到北乡,遇贼,贞妾方氏死之。越日,贼又至,其弟季英妻庄氏死之。其阃人与女皆投水,贼去救免。资斧罄尽,夏秒至东台,去夏赴浙。其信中苦语,令我热泪难忍。今杭城被

陷，又在陷井矣。奈何奈何？天乎何酷也！幸其眷属尚在东台。

孟辛信论事慷慨可敬，前遇之长沙，信稿已先诵矣。

衣谷待我之厚，可为罕有，读其来书，纯挚忠笃，肝胆流露。书虽潦草作之，然以示后人，可令世之君子敦友谊也。今上海有累卵之急，衣谷孱弱不能贞固以逢大难，又有老亲幼弟，思之焦绝。

徐君言上海目下尚无恙，惟夷兵太单，先在中国之兵已经撤回，再动非饷千万不可，上海恐难保也。贼到宁波后，夷酋巴夏里进江宁城问其来犯通商口岸之故，两俱出恶言，将来必有一战。恐夷人或败，长江路绝矣。又闻贼在吴淞口屯扎，又言已为夷人逐退。吾家侨寄海上，无论贼来，即不来，但道路一断，惟有饿死而已。欲迎来既无力，又无善地安顿，一夜焦愁，不能合眼。

孙君言下江奏办盐务，先交饷银十万两，其钱皆系薛抚台、吴藩司及杨启堂宁波人。所出。又言楚省护照采办淮盐，到汉者已三起。第一起陈愈敬一千九百馀包，用洋船拖过，未缴安省各税，后经查明，由楚北盐道处缴完卡税。第二、第三起即伊自运。其狄港至二套口五处厘金，旧每百斤二千四百文者，已减至七百五十文，其到楚厘捐每百斤银一两者，已减至九百五十文。系官节相函商督帅，督帅允暂减行运，其非楚照采办者不减。

徐君又言，袁桐君十一月中又到皖营，十二月回去。闻今正尚须来，大约盐事未罢也。

十四日丁酉（2月12日）　　晴，下午大风

晨候九江道蔡君芥舟，芥翁言有家信到其处，已寄交史士良观察。又候德化令胡君云浦，长芝。未晤。返洋行饭，饭后下原舟开行，大风，行十馀里，泊张家洲。登舟舷东眺，故乡尽为异域，室家戚友俱在难中，不觉涕不可忍。

十五日戊戌(2月13日)　　晴,无风

早发,辰过湖口,西望匡庐五老,雪凝如玉,忆自去秋登峰造极,已过百廿日矣。山中想如冰窖,未稔智禅、龙海二师安否? 穷荒独处,非化尽热肠不能,念之起敬。傍晚到小孤山下泊,觅渡登山。拾级二百馀已至庙上,望竹篆蒙密,石步益陡,天又晚,遂不敢登。庙中香火甚繁,以女神故,幕垂不见象,余未赏香烛,庙祝无过问者,匆匆下山而返。山旧连北岸,与南岸彭郎山对峙,号海门第一关。元立铁柱于上,陈友谅东寇,唐兀忠宣设守于此,山高陡,前无战地,想亦用炮火御贼也。北岸属宿松,安徽地。南岸属彭泽,江西地。此系土人言,然按地图,则北岸尚是江西界,过小孤而下则安徽望江县界,跨南北岸矣。

十六日己亥(2月14日)　　晴

晨发,晡到华容镇泊。

十七日庚子(2月15日)　　晴

晨发,辰过东流,晡过黄石矶,晚到安庆府,泊西门外盐河口,即石牌河,盖即皖水也。

十八日辛丑(2月16日)　　晴

晨进城,城门逢王春帆大令,遂到鹤生处长谭。到行台谒大帅,询问途中事,少坐而退。到莫偲翁处,晚饭后返,寓鹤生处。接金眉生廉访十一月十七日信并诗文三本。般仲十一月十八日信。袁桐君十二月初十日在皖留信。又接发甫十二月初九日信。

督帅已于去秋及今正叠奉恩旨,加宫保衔,节制江苏、安徽、江西、浙江四省巡抚,补授协办大学士。

善徵委赴祁门银钱所。咏如尚在大通,现出差到运漕,有丧明

之感。

十九日壬寅(2月17日)　　　晴

晨揆帅送来上海信一件,命拟复稿,拟成到行辕送之,未进见。过莫偲老,不晤。候黎君寿民、洪君琴西。汝奎,泾县人,寄籍楚北。姚君慕庭来访。洪君琴西来答候。夜,同乡王君春帆来。

呈揆帅片启

早间接奉函件,命为稿复,兹谨拟呈,惟未审公意欲云何等,只顺信中原文作复,不知无错误否?祈饬指另稿。下游情事如此岌岌,诚为抚膺裂眦。惟是洋人可暂借,不可久恃;可小用,不可大烦。尊见谅亦同之。昨从九江来,闻洋行人道及,贼于金陵一带日夜增筑炮台。我师东下,似宜以速为贵,计自芜湖下至六合东沟口,上下江面不过三百馀里,顺流乘风,一日事耳。到沪之后,整顿营务,裁其不用命而留其自新者,壁垒一新,旧兵似亦可用。至水陆并下,特重行帅,自是不易之论。惟现在江中贼艇寥寥,而两岸不无逆垒,恐陆师不能为益,而反增挂碍,未稔此说有当否?

附录:潘秋曹致揆帅原信节略

忠逆自破杭后,分三路大举犯上海,逆子及吉、黄二逆由平湖、乍浦、嘉善窜浦东为南路,刘逆、李逆由青浦窜松江为西路,何逆由嘉定窜宝山为北路。十二月十二日,北路直至新闸夷营而止,又东达吴淞口西岸。十六、十七、十八日,南路连陷川沙、奉贤、南汇,直抵高桥,惟宝山尚在。又黄浦江一线为洋舟停泊之地,无恙。洋人总兵官出示安民,内言该逆如到上海、吴淞,定当立派弁兵奋勇剿除云云。民间得此大安,该逆闻风亦为少戢,西路贼锋已退。

接槐亭去年十月十九日信，系在衢州发，内言欲送眷仍返江右。其时绍兴已失，家眷万无复至杭之理。凶祸定已可免，为之额手。

接陆君承瑜信，系授翁观察之族孙。

二十日癸卯（2月18日） 晴

莫子偲先生来访。霍生与黎君寿民、王君虚斋要饮，同席李君勉林、兴锐，长沙浏阳人，直隶州山内粮台。何君丹臣、潘君聚垣、刘君彤阶。世墀，汉阳人，内银钱所，吾六年曾识之。晚，李君、何君复来。

接弢甫去腊二十二日信，今正十二日信。内言洋人欲筑炮台，因砖土一时难集，即将洋布整捆堆筑，倾刻而成，约费十万金。我在汉口发信已到。接徐君渭南正月十五日信，上海发逆已稍退，吴淞船只可出入。

二十一日甲辰（2月19日） 晴

午间，揆帅招赐食，在巡捕处识朱君筱山、作霖，广信上饶人，江苏通判。杨君艺舫、宗濂，无锡人，主事。华君若汀。蘅芳，无锡人，六品军功监生。进内赴席，识同座潘君小雅、馥，苏州人，刑部主事芝轩相国侄孙。刘君小岩，传荣，镇江人，新选宁国府。馀李君勉林及余。下午，候朱君，畅谭霍霍快意。同里刘君日心、名献葵。方君子白翊元，兴国人，训导，吾六年曾识之。及令弟仲舫、杨君艺舫、柳君秋航长沙人，训导。来访。

接揆帅饬知，于去年十一月特片保举人才，以贱名滥列，并出"博览群书，留心时务"考语。同保五人：周君弢甫、方元徵先生、刘君开生、徐君雪村。寿，无锡人，能制器物，向在里门熟识。华君若汀。蘅芳，其尊人蝶秋，向亦相闻，此君多才，能制器物。

接弢甫去年八月二十六日信，有云："吾轻君钝，皆非任天下之才。"此语真切。

又正月十六日信内云，北米、南米交哄，南米人伏英舟，为北米兵船所窥捉获,因此英、米构衅,英师伐米,俄、佛二国助米。花旗翻绎官秦镇西言能招降伪忠王,尽献江、浙两省,事成伊与伪忠王俱索头品顶戴花,并银四十万。

又十七日信内云,搽帅命购轮舟,小者已谐价,万二千,大者索五万五千,即吾去年所趁威林篊。属朱君乘坐赴上游,请搽帅一看。此事,帅意价昂未买。

接阿哥正月十二日信,内云叕老欲吾一房家眷上来。阿哥之意,亦欲分作两起,言大难之时,分开或希有一分保全。阅此言心恻。吾意生死当在一处,不可舍离。

接内子十二日信,内阿哥之意,欲同嫂侄赴天津,俟作函阻之。又顾斗南局收,衣谷已代办到。

二十二日乙巳(2月20日)　　　晴

华君若汀来访,朱君小山来访,长谭至下午。同乡杨君艺舫来答访,同里顾君颖甫、翰文,前任望江县。刘君日心来访。客去后偕霍生、小山至莫偲老处,不遇。遂过小山寓,谈彻乙夜。侯许君若秋。丙椿,桐城人,曾在邓籓筠先生幕,前日见访,故答之。

二十三日丙午(2月21日)　　　晴

陈君惺斋斌,萍乡人,安徽知县,吾六年曾识之。来访。洪君琴西招饮,同席黎君寿民及令弟柯堂、吴君缵先,泾县人。范君海门、虚斋、霍生及余。华若汀来,小山来,即移寓吾室。候李少荃观察,未晤。又候李申甫观察、同乡刘君日心子弹局委员、禄鸿轩刺史、华君若汀幕府、程尚斋观察、程伯敷运同、鸿诏、歙县人,吾十年前在里门识之。李眉生部曹、鸿裔,四川潼川人。柯小泉部曹、钺,徽州人。穆海航广文。其琛,四川人。

二十四日丁未(2月22日)　　阴

华君若汀来。揆帅命拟复楚抚毛寄云鸿宾。信。下午谒帅，以内发洋、土货税单运照土货报单见示。夜，洪君琴西、吴君缵先来访。

二十五日戊申(2月23日)　　阴，大风

李申甫观察来答访，刘日心、华若汀来。写阿哥信、内子信，又写顾斗南信、冯小农信、家子卿信、龚孝拱信。傍晚，同小山访若汀。夜，刘君日心复来，咏如自大通来。

接帅署送来总理衙门洋务咨文二件，阅后送文案委员杨君芳三、万锦。张君汉秋复翻。查收，有回片。

二十六日己酉(2月24日)　　阴

写叕甫信。史君叔原化明，金坛人，皖南委员。来访，廖君再卿宇庆，松江人，叕甫之表甥。来访。莫偲翁来，同过咏如，并答廖君。程尚斋观察来，华君若汀来，刘君彤阶、方君子白来。到黎寿民、洪琴西、吴缵先处谭，三君亦来吾处。

接叕甫十二月十三日信。

二十七日庚戌(2月25日)　　晴

写衣谷信，写金眉生廉访信，写徐君渭南信。禄鸿轩刺史来答访，刘日心来。夜同霍生觅咏如，到何丹臣家，不遇。值丹臣觞客，因要共酌。饮散，在偲老函丈久谭，借得渊如先生《易集解》六本。

致金廉访复函

新正十七日自鄂返皖，捧读赐椷，并颁大作，言辞风雅，意思旷达，令人神远。江左兵燹之后，名流硕彦，纷纷徙避，如鸟失巢。使君卵而翼之，一时盛会如云，千里之外，遥深企羡。更复吊死恤孤，以劝忠义，情文悲怆，读之雪涕。亡者有知，足令

下泉不朽矣。武林沦陷，逆锋益肆披猖。沪中警报频仍，情辞十分紧急。此间纠集援军，克期东下，而新增各勇尚须训练，大约仲春月杪，方获成行也。弢甫昨腊赴沪，谅屡通书问，其眷属亦在海陵，有乞阁下资送到沪之说，未审已行否？殊深念耳。

附录：揆帅论借师洋人复奏

再臣钦奉寄谕洋人之在沪者，恐不足恃，其与我和好，究竟惟利是图。一有事机吃紧之时，往往坐观成败，若欲少藉其力，必至要结多方，有情理所断不能从之处。昨据薛焕有据苏省绅民公呈禀请借洋人剿贼之奏，当经从权谕令该抚熟计，以期无拂舆情。谅该大臣早能洞悉，洋人既不足恃，仍须该大臣酌派名将劲兵前往，方可万全无患等因。钦此。

臣于上年腊月初四日，接苏州绅士潘曾玮等信函，商借洋兵之事。臣比复函，言宁波、上海皆系通商码头，洋人与我同其利害，自当共争而共守之。金陵、苏、常本非通商子口，借兵助剿，不胜为笑，胜则后患不测。目前权宜之计，只宜借守沪城，切弗遽务远略。谓苏、常、金陵可以倖袭，非徒无益，而反有害。既已借兵守沪，则当坦然以至诚相与，虚心相待，不可稍涉嫌疑等语。函复该绅，并咨明抚臣薛焕在案。

顷于正月十八日又接潘曾玮等函牍，业已设立公局，会同英、法二国防守上海。惟又称洋兵调齐之后，势难中止，不仅助守上海，并将助剿苏州等语。臣之愚见，借洋兵以助守上海，共保华洋之人财则可；借洋兵以助剿苏州，代复中国之疆土则不可。如洋人因调船已齐，兵费太巨，势难中止，情愿自剿苏州等处，我中国当以情理阻之，婉言谢之。若该洋人不听禁阻，亦须先与订定。中国用兵自有次第，目前无会剿苏州之师，即克复后,亦难遽拨驻守之师。事成则中国不必感其德,不成则中国亦不分其咎。英、法二国素重信义,一一先与说明,或不因见德于我而反致生怨。是否有当,伏乞圣鉴训示。除臣处守沪之兵,俟李鸿章到镇,陈士杰到皖,另行续奏外,理合附片具陈。谨奏。

二十八日辛亥(2月26日)　　　晴,大风

汤君叔美侍其尊人果翁成烈,同里人,浙江司马,与余有中表戚谊。本平辈,因其长君伯温部曹幼与吾友,故尊之。叔美其四子,名世琇。从浙中逃来见访。普钦堂总戎来候。同叔美候果翁,并答史君叔原,时两君同寓。又候文案委员杨君芳三、张君汉秋,又候粮台总办隋龙渊观察,外银钱所同乡王少岩大令。延长,江宁人,江西知县。又答同乡顾颖甫司马,又答候普钦堂总戎,又访咏如,不遇。柯君小泉、方君仲舫、程君伯符来答访。发九江信,以连日所缮各函邮托徐君渭南转寄。刘日心来。

果翁先奉林桂楣方伯札委营务处。九月杪,林弃众入杭城。十月初,贼围合,中外相隔,果翁随大众留富阳。十一月杪,杭城陷。十二月初一贼至,众溃,遂由山路间关至此。杭城诸亲友皆不知耗,惟知槐亭眷属俱在衢州。

二十九日壬子(2月27日)　　　阴

写子迎信,写邓树人兄弟信。普钦堂来,汤叔美来,咏如来,华若汀来。夜同霍生到咏如处,与偲老、丹臣谭话,并识喻庆勋总戎吉三。

致子迎书节录

上海去腊万分紧急,夷人出示与之决战,贼气为之少衰,民情为之略定。在沪官绅已设立会防局防守沪城,兼有代复苏垣

之说。叠次禀商至皖，节相之意，以夷人贪欲无厌，不胜无益，胜则难酬其志。上海岌岌，一时援兵不能骤集，不得不借其力以固吾围，至径欲资之恢复，恐生他变。故此节终未许之，其识力殊精卓过人也。

接帅署送来一函，以自复楚抚稿见示。

又接片信并送内江章程各咨照见示。

三十日癸丑(2月28日)　　　阴,大风

汤果翁来答候，李眉生部曹来答候。以昨缮子迎信并洋人算学七本又邓处信交何丹臣觅便寄湘。华若汀来。

二月建癸卯

朔日甲寅(3月1日)　　　阴

早饭后，史君叔原同汤叔美、刘日心来。识小山之友徐君衣谷。继昌，建德人。下午到汤果处。夜访咏如，晤偲老，见为作楹联，甚佳。

初二日乙卯(3月2日)　　　晴

写士良观察信，即发。写叕甫信，又内子信。

内江通商始末：庚申年和议成，按照戊午所定条约，内江各口通商，俟贼平后听其拣择，不逾三口。嗣于本年十月，英公使卜鲁斯再三欲先行通商，经总理衙门允准，由上海五口钦差薛与该国参赞巴夏里议定，暂订章程十条。嗣于辛酉年春、夏，叠因该国商人运木植、油麻等物济匪，又在安庆、黄州有贼处所停泊，经总理衙门将原例添为一十六款，增设防范，照会英国公使，并声言若不能照允，则内江通商一层，只可按照原约，事平再议云云。英公使卜照复允准。

又将新议改为内江暂订章程十二条,各口通商洋土货出入通共章程五条,及出示晓谕英商,其示文意义与总理衙门所订略同。方议此时,法、美二国不肯随同会议。总理衙门具奏,向来各国通商,俱以英国作主,馀国从之。此次会议,既英国允从,即可作为定准云云。故暂订各文牍,并无法、美与闻字样。

初三日丙辰(3月3日)　　阴,大风

早饭后过莫子偲先生,同候李少荃观察,不晤,晤其亲兵营官韩鉴堂。正国,湘阴人。访李君眉生,并候同乡蒋君莼顷。嘉械,苏州人,现办帅署折奏。复过偲老,与咏如、丹臣皆饭其处,傍晚返。夜又同霍生、小山访咏如。

初四日丁巳(3月4日)　　　晴

早趋公署,将谒帅。见舆马方集,遂返。汤果翁、刘日心来。写内子信,附前函。下午谒帅久谭,帅方患喉疾。华君若汀来。又写弢甫信附前函,小山明日将行也。

今日帅言,学问之道,必当心有所得;著书之法,必当未经人道。近世儒者,掇食陈文,复无分别条理,是抄胥耳,不如饱食高卧之为愈矣。此言即亭林先生所云采铜于山之说。元箸超超,自足吐弃一切。

与弢甫书,节录数语:"足下推荐△△之事,帅言此间甫奉廷旨查复,若遽调用,似乎不便,须俟此事过去,稍缓再说。其意未必以为不可,但不能过急,亦实在情理也。小山往返徒劳,缘帅意每事坚定,我辈旁参末议,未必移易。故仅述小山之才干足用,馀亦未进可否之计也。"

初五日戊午(3月5日)　　　晴

王少岩大令来答候,普君钦堂来。识小山之友沈君慎哉。丽文,

南通州人,淮扬水师粮台。访汤果翁久谭,出所作屯田、筹海诸文见示。华若汀来,王春帆来。是日与小山易帖。

汤果翁言徐幹《中论》世传二十篇,尚有《服制》一篇、《赋役》一篇在《贞观政要》。

洪琴西以其友人吴君信来示,内言宁国、宣城属之金宝圩首事者丁敬甫,副之者刘云芳,主战事者吴大明,自三年即与贼相持至今。其法设团勇五营,仅四百人,有口粮,其馀地方自纠义民为十会。每有警,五营出御之隘口,不利,则十会助之。十会中线枪会最精,出无不胜。若会中亦败,则合团尽出,谓之沿门,夫围内地广四十里,有丁十馀万,积粟甚多。去年贼攻急,遂与之和,不畜发,贼至围内者,四人许之行,一满五人,即截杀之。贼惮之,无如何。

朱作霖,字著春,号筱山,行一。生于道光甲午年三月初四日吉时,江西广信府上饶县人,寄居玉山县城内大街。曾祖讳涛,母氏徐。祖讳孔书,母氏胡、卢。父讳俪,母氏李、华。继,慈庆下。弟作朋、作楫、作元、作恺、作宾。妻氏姚,妾氏张、高、徐。女二。

初六日己未(3月6日)　　　晴

小山将行,送之。廖君再卿来,遂偕步自东门登城,绕北门至西门下城。在城局王君春帆处少坐后出城赴舟。舟今日不行,与小山谈至傍晚。甫返,刘彤阶、方子白来。

安庆城形,南直而北环。自东由南至西,其势近;自东由北至西,其势远。南沿江,东及东北阻菱湖,西及西北阻皖水,惟北来为陆路正冲。城上守具皆贼遗,其北面炮最多,冲故也。东面水涸时,在江与菱湖之间,有间道通枞阳,水盛即没。其地湖水去城远,中有陵阜,沿江有塔,贼营据塔,我军争之,至七月方得。东北湖水逼近,中复有水田,无跕队处,我水师抬船入湖,向城攻击,贼遂于城上筑

大炮台应之。北门外集贤关大路，有石垒二夹之，东垒后高阜上复
一石垒，其路过石垒直南向城，又折而稍西，甫至北门。其直向城
处，城上亦筑大炮台直向之。过北门而西，城外皆坡陀土阜，阜以外
皖水所经，阜以内有小道，自江岸内通北门大路，城上设炮，可击土
阜上跕队及小路往来者。西门外有高垒、小石垒距城略远，形势不
了了。城濠沟通江水，宽约二丈，自东门到北门，城形方折，故相距
远；自北门到西，城形斜迤，故相距近。

初七日庚申(3月7日)　　　晴

亲兵营官韩鉴堂别驾来答候。李少荃观察来答候。下午，汤叔
美、刘日心来。

韩别驾言，湘军出战多一字跕队，勇者、行速者突而居前，弱者、
行迟者落而在后，败退亦然，故队伍多不整。多将军隆阿。其军皆用
连环阵，每哨十人为一行，四哨四行，中哨在行之间稍后。其进法，
行首一人，火器一发，刀矛一刺一击；行尾一人，趋至其前，亦火器一
发，刀矛一刺一击。如是连环而进。其退法，行首一人，火器一发，
刀矛一刺一击，旋身退至行尾站立；第二人火器一发，刀矛一刺一
击，旋身退至行尾站立。如是连环而进，每趋进半里许，即止步齐
队。其包抄逐北，皆以马队为之，故其军难败。现命湘军亦练此阵。
按古兵法，本以持重不可败为先。自今军兴以来，争尚轻锐，胜则猱
附，败则鸟散。向闻人言，勇怯齐进，亦疑其为迂谭，历久始知古法
之难废如此。又闻多军已至合肥城下。苗捻攻围颍州甚急。

初八日辛酉(3月8日)　　　晴

帅以龚君孝拱来笺见示，因入谒帅。访李君眉生，又访程君尚
斋，柯君小泉，均不遇。访方君子白。华若汀来，同过廖君再卿。夜
归，接孝拱正月十五日信。

初九日壬戌(3 月 9 日)　　　晴

晚到汤果翁处,将至二鼓乃归。写昆甫、舒甫叔信,汤君彦泽信,刘君粹甫信,即发。

初十日癸亥(3 月 10 日)　　　阴雨,大风

汤叔美、刘日心来。

十一日甲子(3 月 11 日)　　　雪,大寒

十二日乙丑(3 月 12 日)　　　晴

夜,刘日心来。

十三日丙寅(3 月 13 日)　　　晴

午后方仲舫来。夜到华若汀处,并晤廖再卿。

十四日丁卯(3 月 14 日)　　　晴

下晡,访程尚斋、程伯符、李眉生、柯小泉、方子白、方仲舫。写孝拱信。

致孝拱书

　　月初八日捧还示,并请读《上揆帅书》。久不见,龚君神情跃然纸上,觉行间皆饶酸辣气,醒人脾胃,可当抵足一快谭也。揆帅荐君友三君,皆以为不可,公事公言之,不阿所好,殊异恒俗。惟函中尚有当辩者一二事,姑为陈之。

　　揆帅奏烈留心时务,而君称之为有志读书,烈扪历肺肠,都无影响,是则揆帅既误,而足下再误也。且揆帅视烈何如人邪?行事不异于众,发言无所见长,一恒常之人,即亦恒常视之而已。乃登之荐刿者,所谓招徕之术,请自隗始,以兴起豪杰如足下辈者耳。故原奏有云人才奖借而成,明非实见其可也。君顾

不察,遂明相题署,又言素交,以实其不谬。是揆帅之奏不过奖借之虚称,而足下之函竟作考成之实誉,揆帅误之浅,而足下误之深也。此其一。

来书又云,烈为衣食之故,为虎作伥,又以为进身幕府之资。夫伥虎食人,则不可,伥虎逐害人之物,则奚不可?且吾与其为神之丛,毋宁为虎之伥。然而必辩者,烈闻虎之有伥,使为之导也。必虎无见而后使伥,亦必伥善见而后能导。今虎登高瞩下,物无不睹,伥方彳亍,迷途于其后,是安用伥为哉?足下不知虎之不求导可矣,并不知伥之不能导,是谓非伥之知己,伥不受也。此其二。

幕府众所欲也。烈之情,亦众之情,夤缘进身,理或有之,又何辩。顾外之幕肥而中之幕瘠,足下取其肥如索囊然,烈求其瘠则将进趑趄,亦如烈之读书,尚有志而未逮。是烈或怀进之心,而实无进之具进之,中有才不才焉。足下不以进之方来勖,而急许其进,何其速也。此其三。

至于餔啜是图,诚在不免。我佛有言,一切众生,皆依食住。烈何人斯,而能度此?是不足辩,并不敢辩也。烈昨岁所奉之函,发时方自负愚直,屡绎来问,乃审谬悠,所深愧者。足下九顿乞秦,烈方一帆入楚,是足下念切桑梓,而烈徒事遨游。可愧一;足下不能以著述之事终,而烈方以结集之言进,是足下所志者大,而烈为皮相。可愧二;足下洞明因果,而烈方稗贩尘劳,是足下既解脱,而烈又牵缚之。可愧三。亦有终以为不误者,愚闻十二会说法不拒罗睺,我佛视众生皆如一子,足下何独视一子不如众生?即以《春秋》之事言之,次君决不为许世子,老兄恐不免为卫灵公也。一笑。

家藏湘竹簋柄,足下所赏,已命家人持奉,愿易三边瓶。许诵来书,浮一大白。正月底一函,乞法书作册,肯相贲否?

见邸抄,御史朱潮奏重吏治,讲求爱民之道。其言颇异寻常,惟发挥不能透彻,语鲜中肯。且从古有治人,无治法,不改今之风俗、端士君子之趋向,虽尽变法度,奚益哉?

十五日戊辰(3 月 15 日)　　　晴

帅署以楚督官节相奏洋税设关一折来示。下午访刘彤阶,不晤,遂进谒帅。傍晚华若汀来。晚饭后汤叔美、刘日心来。

十六日己巳(3 月 16 日)　　　晴

闻帅弟沅圃廉访至,晨往候之。下午访洪琴西、吴缵先。汤果翁同刘日心来。何丹臣来。奴子王福辞去。

接阿哥辛酉十二月十五日信。又接内子十二月初二日信,又接衣谷十二月初四日信,正月间信内言已与孝拱约定在其处读书。又接沈君子焕十一月初九日信并见赠诗,又接郁子枚本月初九信。

十七日庚午(3 月 17 日)　　　阴

阅楚督官帅奏稿,签注竟,送呈帅署,交巡捕桂君,有回片。识善后局徐君季恒、树钊。总查委员刘君晴轩。星炳。洪君琴西、吴君缵先来。

揆帅见示官节相奏稿,命为签注,其不妥处,末后复识数语:

详查历来通商税法,总以勒存洋船船牌作为征收把握,可见洋船若无船牌,即难行驶各埠。再查内江新例,必须以船牌换领江照,而入江之船如查无江照,即可将船货一并入官。是节节关防,本为严密。洋船不绕上海而径入长江,则无江照,不绕上海而径出长江,则无船牌。上游若能令其呈照验查,自不虑其偷漏。至于税饷之收，于彼于此，更何分别。今观此件所言，各洋商赴鄂并不呈单报验，则长江以内，洵属漫无稽考，其势不得不争。且按原例弟四、弟七二条，中间亦多矛盾，理宜详求画一。现在既已申明，到鄂、到浔呈照盘查一节，及请将七条删改，则大局已有防闲，不至如前散漫。至欲各关收税不归上海，则其中不便之处尚多。一则外洋货物名色、件数、斤两俱与中国不同，验税员役，上游无此熟手；一则粤、沪各关向延洋人查税，其俸薪有多至万馀金一年及数千金一年者，今增数关，饷未必多，而费不可少；一则新与定议，复为变改，示人以不信；一则沪、鄂地异，同为王土，必欲移彼就此，似于畛域未除，亦足贻外邦口实。审观恭邸所定内江各款，意重防江而不重征税。盖以一入长江，半皆贼境，若不立为门户，则其为行商为济匪，无可区分。故设立上海请照一层，而江照、军械照、油麻铜铁一切验照，至为审密。既在上海请照，则税归上海完清再给，其法亦简绝而顺当。今但使入江船只有可稽查，又何必定言移税耶？至于入内之税单运照，须限制省分及转运土货之税当归江口各关，均近情理，未尝不可行也。

程伯敷《黟农文集》。

海内之地，北界俄罗斯，南至海，西极葱岭，东尽费雅喀。省十九，府百八十五，直隶厅二十，厅七十五，直隶州六十九，州百七十一，县千三百三，将军所驻城三十一，防守尉所驻四十八，卡伦一百七十六。

《世本》宋忠注。忠字仲子，与注《周易》、注《纬说》者为一人。或云宋忠，或云宋衷，或云宋表，或云宋均，或云宗均，或云宋仲子。忠、衷字音近，均忠音转注，宋宗、衷、表字形近。汉有五业从事之官。

《隋志》："汉荆州五业从事宋忠注《周易》十卷。"

今世占易以天干配卦，此即纳甲之说。虞翻所谓：震出庚，兑见丁，乾盈甲，壬巽退，辛艮消，丙坤穷，乙癸坎流，戊离就巳，朱震所谓：乾纳甲壬，坤纳乙癸，震纳庚，巽纳辛，坎纳戊，离纳巳，艮纳丙，兑纳丁是也。

地支配卦即爻辰之说，郑康成注易卦有之。所谓乾贞于子左行阳时六，坤贞于未右行阴时六是也。今则乾右行而坤左行，今依律吕相生之义正之，其乾震艮坎仍依今世所用，其四阴卦皆改右行，以合古法律吕相生之义。

十八日辛未（3 月 18 日）　　　阴

写阿哥信，内子信，衣谷信，郁子枚信，孟辛、仲敏信，欧阳筱岑信并寄洋书四种，吴南屏、退庵信。夜访洪琴西、吴缵先。

十九日壬申（3 月 19 日）　　　阴雨

孟舆甥来自上海，知四姊全家已到。同孟舆进行署谒搽帅，并晤莫君子思、程君让斋等，并晤帅弟沅圃方伯。前日奉旨放苏藩。同孟舆至四姊舟，舟满不能坐。访王君春帆。夜到莫偲老处，偲老赠吾书一部，帖一种，并晤何君丹臣。

接帅署送来楚督咨文一件，阅后送文案处张、杨二君查收，有收条。

接殁甫二月十五日信，言眉生已革职查抄，为之恻然。

接振远正月二十七日信。接阿哥正月二十四日信，复武昌所发信。二月十五信，复前月底此间所发信。又内子正月二十日信、二十四信。复武昌所发信。又炳甥正月廿四信。

二十日癸酉(3月20日)　　　阴

晨，汤叔美来，为四姊处看屋。孟甥来，华若汀来。同孟甥候偲老，不遇，又候汤果翁。吴缵先来，汤果卿乔梓、刘日心及同乡毕裕庵在祁门史贤希处。来，史叔原来。同孟甥看屋。夜访莫偲老。

阅陈芰裳翰林与岊甫书，记其数语："温州系平阳会匪窜扰，扑郡城一次，攻围瑞安十馀日，焚劫情形与发贼无异。新正三日，闽师攻复平阳，逆匪均已就擒，温州内患已平。台、处二郡皆为发贼所据，现闽师进攻台州，发逆中有应伏，想易得手。浙闽督庆端已奏请放左帅为浙抚，并请驻衢，即以衢州为省城。金华、严州皆发贼现踞。"

接岊老二月初七日信。

二十一日甲戌(3月21日)　　　晴

同孟甥访李眉生，又访程尚斋。发前缮龚孝拱信，汤衣谷信，郁子枚信。写邓树人信。刘日心来。写岊甫信，阿哥信，内子信。何丹臣来，汤果翁来，王春帆同同里姚君彤甫来。彦嘉叔，北城门盘查委员。发前缮吴南屏丈及令弟退庵信。候吴缵先，闻其有亲丧也。

接帅署送阅郭筠仙观察信，洋洋千言，力与揆帅前函辩诘。夫谓上海收各关之税，不如各关自收是矣，然尚不如不使之入内江为犹愈也。外邦凭凌帝京，藐视神夏，岂独一税事为受其侮，何斤斤不置之有？征收归于上海，非必上海之善也。既已与之成议，苟不至税项尽空斯已矣，焦头烂额之中，岂尚有万全之计邪？且城下之盟，名曰和议，实嫚书也。吾以为天下英雄节士所共争者必此，乃不闻讲明自强之术，以求振国威，雪国耻。今日一疏，明日一揭，惟铢两之是图。不畏今人,亦不虑后世笑邪?西人一掷百万,而未尝言贫,盖虽商贾聚歛之术,亦必诚实行之而后有效也。以中国浮伪之习,由今不改,纵法令如凝脂,终画饼而已,何益之有哉!

二十二日乙亥(3月22日)　晴

辰刻,刘彤阶、方子白、潘聚垣三君来。到四姊新寓料理。晤刘日心及江西张孝廉。宗澍。访莫偲老,偲老为购《玉海》一部。复到新寓,午后四姊率甥辈入宅,与四姊话别后景况,颠沛流离所不忍闻①。二鼓返寓。

接阿哥二月十五日信。

二十三日丙子(3月23日)　雨

辰刻,候沅圃观察处,送其行。下午访莫偲老,又冒雨到霍生处别霍生,移榻四姊家。汤叔美、刘日心来。发刘子迎、欧阳晓岑、左孟辛、仲敏信,又接内子二月初三日信。

二十四日丁丑(3月24日)　晴

辰刻,候汤果翁,送其行,将随李少泉观察到下游也。又候何君丹臣,送其行,将返里也。霍生来,偕霍生、王虚斋出城小南门,觅何君舟不见。下午张仲远观察自夏口来,来访。谒帅。访程伯敷,以其大作还之。访程尚斋,并晤蒋纯顷。访李眉生。

接槐亭二月初九日信,已挈眷抵章门。自去腊廿后由衢起身,绕江山到玉山,乞李次青廉访派兵护送,家眷分作二起,第一起腊月廿七到玉山,第二起正月初八日到。次甥、幼甥女已殇,六姊现亦抱恙颇笃,促吾及殁甫到章门一行。

① 颠沛流离,稿本作"流离颠沛"。

二十五日戊寅(3月25日)　　　雨

莫偲老来答，孟甥访。张君执之晋礼。来候，刘日心来。访华若汀。霍生来。

接槐亭二月初四、十九日信，语略同前。接史士良观察二月十九日复信。

二十六日己卯(3月26日)　　　晴

写槐亭、六姊信。蒋寅舫中翰自武昌来，同其友杨君利叔象济、嘉兴人。来候。答候张叟仲远令子执之、蒋君寅舫、杨君利叔。张叟仲远来。发十八日、二十一日所写阿哥及内子信，又殳甫信。夜访王霍生。六姊二十八日交子吕带去。

二十七日庚辰(3月27日)　　　阴

午刻，张执之来。赴揆帅招饮，先访刘君彤阶、潘君聚垣，闻同座客为张君仲远、邓君守之，传密，顽伯先生子。守之在帅署下榻，因过候。少选，张至，同入席。晡，席散返寓。晚访莫偲老。

二十八日辛巳(3月28日)　　　阴

辰刻，汤果翁来，同访张仲翁、蒋寅舫。将午，邓守之来，孟舆甥亦来。孟舆是日赴章门，偕众送之，登舟而散。闻轮舟来者甚多，到帅署问信。访霍生不遇，返。晚王春帆〈来〉，同访华若汀。

上海道吴煦雇来火轮船七只，专接李少荃一军赴沪，议明水脚十八万。洋人之在汉口入内地卖买者，照例子口半税，归各关收取，湖北当事以其数较厘金为少，遂并此不收。其至上海交纳与否，亦不可知。

二十九日壬午(3月29日)　　　晴，连日甚寒

汤叔美来，蒋寅舫来。袁桐君自上海来，来访。刘日心来。饭

后同桐君到霍生处不遇,偕返。张执之、杨利叔来。夜,霍生来访。写阿哥信,内子信,朱小山信。三月初一日即发,交袁桐君。

接羿甫二月十八日、二十日两信。又般仲正月二十七日信,有到皖谋事之意。又阿哥二月廿一、二日信,言已为借徐雨之银二百两,吾一房细小不日即来。又衣谷同时信,语同阿哥信。

三月建甲辰

朔日癸未(3月30日)　　　阴,晡微雨

写羿甫信,即日发,交刘日心。写般仲信。即日发,交袁桐君。汤果翁来。刘日心来辞行。答候同里姚彤甫,不晤。候李少荃观察,送其行,并晤马雨农学使、恩溥,云南人。彭雪琴侍郎。玉麟,衡州人,咸丰六年识之樟树。访汤叔美,送其行,其尊人及刘君日心尚在城未返。访同乡杨艺舫,送其行,不晤。晤潘小雅、馥。钱调甫鼎铭。两部曹。将午,访霍生,同霍生出西门,答候袁桐君于轮舟。候蒋寅舫,送其行,并晤张仲远观察令子执之司马及杨君利叔。

初二日甲申(3月31日)　　　晴

帅命复郭筠仙观察信,是日稿成,适遣材官来取,因付之去。王春帆来,同到北门觅屋。访霍生。写咏如信。即日遣奴子将至大通。吴颖函府佐来访。昌言,浙江人。张执之、杨利叔、汤叔美来访。霍生来。写阿哥信。初五日发,交华迪秋。访莫偲老,途遇华若汀,同往少坐,偕返。接昆甫二月二十五日信。

初三日乙酉(4月1日)　　　晴

写徐雨之信二件。一件初五日发,一件交张执之。写吴子石信。交

张执之。访霍生。又到吕八街看屋成交，房东姬姓。刘日心来，同日心到张仲翁舟，晤利叔、寅舫诸君子，遂偕汤果翁进城。

接金眉生廉访二月二十日信，又诗一函。又邹君蓉阁二月二十日信。又递左中丞禀一折。又阿哥二月二十六日信并诗。又上揆帅书。又内子二月十一日信，并寄湖南家信。当发，交王虚斋便寄。

初四日丙戌（4月2日）　　　晴

张执之来。写金眉生复信。即日发，交万篦轩。候万篦轩廉访，启琛。不晤。下午谒帅。遇同郡华君笛秋、翼纶，若汀尊人。徐君雪村。寿。到新寓。写殷仲信。附眉生信内，即寄。王春帆来。华、徐二君来访。

致金眉生廉访书

惠示省悉。是非之公，久已茫昧，细事逼人乃尔，足令有心者丧气。更念知爱如阁下，忽罹无妄，烈辈但能抚膺长叹，愧恧岂有已时。顾不遇磨磷，安征坚白。况今圣明在上，虽一时风尚口说，以阁下才美，为世久钦，澡雪之期当不旋踵。务祈平心顺命，时保玉体，所为祷切。昔贤云遇不得意事，必于身心有益。读大作《别友》之次章，益望推广此心也。今正望后，从鄂到皖，捧获前所赐函书篇咏，情辞风雅，语言旷远，诵之神往。闻尚有《冬柳》数律，媲美渔阳，惜未一睹为怅耳。台旆赴淮之后，江右名流，谅皆星散，盛会不居，局外犹为兴慨，况当躬者邪！袁帅闻极关注奏案何时可定，更希示悉，以慰忱系。弢甫在沪未返，日内大约可来。烈到后，节相间以笔墨相命，馀无一事，颇闲散足以自适。知念附闻。

初五日丁亥（4月3日）　　　晴，暖甚

写阿哥信。即日发，交华君。晨，答候华君迪秋、徐君雪村。访霍

生,遇汤小秋司马。益阳人,汤海秋之子。吴颖函来,杨利叔来。下午到新宅看工。又访华、徐二君。

初六日戊子(4月4日)　　　晴

霍生来。华迪秋来辞行。汤果翁来辞行。写阿哥信。即日发,亦交华迪秋。下午,访史叔原。到霍生处,晤汤君诗林。小秋弟。送华君行[①]。

初七日己丑(4月5日)　　　晴,下午风雨雹,始雷

张执之来。下午,访方仲舫、子白。又访眉生,并晤莫偲老、洪琴西及桐城方君诚之。植之之堂弟。同莫偲老返其家少坐。

初八日庚寅(4月6日)　　　雨,大风寒

接帅署送来俄国陆路通商条约款,初九日阅毕,送交文案杨、张。二君。

初九日辛卯(4月7日)　　　阴雨,大风寒

到霍生处为诊疾。

初十日壬辰(4月8日)　　　阴雨

候霍生疾。下午到新屋看工。

十一日癸巳(4月9日)　　　阴雨

候霍生疾。午后访蒋莼顷、李眉生。又访莫偲老。

十二日甲午(4月10日)　　　阴

出城候张仲远观察,至南门,其舟不见,觅至东门,又觅至西门,均不见,疑已解维,遂返。顺访王春帆。到新屋看工。孟甥专足来

---

① 此句稿本作"到华君处送行"。

言六姊病急,促吾及四姊去。即到帅署乞假,帅有客未见。访霍生。又到帅署谒帅,允假一月,并询及舟楫之用,诚意感人。又访霍生,即在其处饭。访莫偲老,访徐雪村、华若汀。写槐亭复信,并拟药方。十三日早,遣专足先返。

接槐亭三月初五日信,言六姊生疮于左足,症甚危急。又孟甥三月初五日信同。

十三日乙未(4月11日)　　　晴

写留与羧甫信。此信临行呈交摸帅,并将张师敬收条及金眉生信留与。到若汀处,到霍生处。出城候张仲远观察,在其舟饭,遂雇赴章门舟。访华若汀,访莫偲老,并晤方子白、刘彤阶。谒帅谢赈辞行,有客未见。访幕府诸友辞行。到新屋看工。若汀同徐雪村来,方仲舫来。奴子赴大通未返,吾又将到江右,遂收若汀荐来新仆吴江。检行李。

接郁子枚△月△日信。

十四日丙申(4月12日)　　　晴

霍生来。写吴畹春信。以请旌呈底寄与,此信交霍生觅便。写留与阿哥信。交霍生。王虚斋来。访莫偲老,并晤方子白、刘彤阶。写阿哥信,写羧甫信。此二信交华若汀觅便寄上海。候张君师敬,不晤。其尊人名葆,托周处带家信、库纹一百两,兹为送去,而师敬已赴江右,交其家中,取有收条,寄与羧甫。候同乡姚君、张君瑛。二君俱常熟人,在华迪秋处识之。不晤。徐雪村、华若汀来送行。到霍生处辞行。发行李,先送四姊全眷登舟。霍生来,同到新屋看工点木器。下晡登舟,霍生送之舟中,又派勇陶复兴护送。

接羧甫三月初二日信,又接阿哥三月初二日信。接张仲远来字,闻羧甫已于初九日在沪动身。

十五日丁酉(4月13日)　　晴,大风

停舟候殳甫,访张仲翁讯殳甫耗。访霍生不遇。谒帅讯殳甫耗,则尚是传闻之言。写留与殳甫信,交霍生。写阿哥信,即日发,交张仲翁觅便。写郁子枚信。未寄。张执之、杨利叔及执之族孙纯甫来送行。在帅处识南丰吴子叙庶常。嘉宾。

十六日戊戌(4月14日)　　晴

逆风阻舟,不得行。

十七日己亥(4月15日)　　晴

逆风阻舟,不行。

十八日庚子(4月16日)　　早雨,午后晴,顺风

午过黄石矶,申过东流县,暮泊华阳镇。

十九日辛丑(4月17日)　　晴,顺风

早发,辰至马当。榜人有事维舟,过午复行。申至小孤山,暮泊处离柘矶二十里,名流澌桥。

二十日壬寅(4月18日)　　阴,大雨,顺风

早发至柘矶,五里到湖口,遥望石钟山足,窾窍连比,江声镗鞳,异于他处。梅家洲正在石钟对面,湖水宽不及二里,入口即望见鞋山,湖波浩渺无际。已刻过鞋山,山上有塔,已折顶。少选,抵大姑塘,停舟候关。船名把竿,约载四五百石,完钞七千五百文。傍晚复行,初鼓时抵南康府,泊。湖形入口初甚阔,过大孤塘后,西岸青山,东岸屏风山,相对一束。过青山,西岸凹而入,水面亦宽。至南康,山势复东凸,与蒋公岭相向,湖水最狭处也。过此而南,东岸出蒋公岭沙嘴,即为东湖,又一望无际矣。自南康以南,吾六年从军熟游,去岁

又经行青山以北,则二十年旧游踪迹也。

二十一日癸卯(4月19日)　　阴雨,风微逆

晨发,午后过珠矶,晡泊德安口,距吴城尚廿馀里。

二十二日甲辰(4月20日)　　阴雨,顺风

晨发,辰刻至吴城,停舟继蔬肉,复张帆行。过捐卡,卸帆偶缓,武人以炮击之。午过昌邑,申过樵舍,有土山在右岸,沿山瓦舍数百家,亦有捐局,吾舟过不问。晚泊鸡笼山,吾去岁来时,亦泊一夕。

二十三日乙巳(4月21日)　　阴,无风

晨发,巳刻到省城。赴陈寓见六姊,恙已少瘳,喜慰如释重负。槐亭及姊与吾别两年矣。忆往岁乱中分手,泣言相见无日,今复欢晤,殆由数定,非人力也。晤金君慎甫、槐亭侄若愚。谒沈幼丹中丞,葆桢,福州人,与吾六年识于吴城卡局。值其出,既返复往,久谭。沈明日将赴信州,有边警故也。四姊新寓与六姊寓斜对门,余榻四姊家。

二十四日丙午(4月22日)　　大雨

幼丹中丞来答候。同槐亭及孟甥到东湖湖心亭,省垣一胜地也。雨大至,匝地烟树暝合,其景适人心意。同乡李子寿来。其弟通甫,与吾易帖。

二十五日丁未(4月23日)　　晴

辰后出候同乡董蓉初观察、令弟菊初部曹、许静山府佐、名庆丰。吕晋亭县佐、名懋先。金君华亭、名勋。管君彦云、笏墅、董坦生先生、史士良观察、恽莘农名彦琦、部曹、庄金墀前上饶县。大令、钺。庄君仲求秀才、张伯才大令。晤管君、恽君、两庄君。下午同槐亭茗,逢同乡巢少游。庄君金墀来答候,董菊初来答候。

二十六日戊申(4月24日)　　晴

同孟舆甥市物,自苏杭陷后,百货皆绝,至觅一簏不可得,始知两省繁盛,为天下冠。访金华亭,不遇。访管彦云。金君华亭、管君笃墅同一徐君来。亦同乡。管君彦云同一刘君来。亦同乡。同槐亭至东湖晚眺。

二十七日己酉(4月25日)　　黎明疾雷甚雨,江省地湿,岚气厚,故雷多霹雳。午后晴

同槐亭、孟甥茗。

二十八日庚戌(4月26日)　　雨

同槐亭、孟甥茗。

二十九日辛亥(4月27日)　　大雨

下午,遣要管君笃墅,并同金君纯甫到东湖湖心亭,途遭大雨,衿袖淋浪。夜,槐亭馔我。与二姊话幼时事,为之惘然,若有所失。

三十日壬子(4月28日)　　阴

董、史两观察见过。

四月建乙巳

朔日癸丑(4月29日)　　阴,细雨

杨晓村大令树东,四川人,向在江苏粮台,〈寓〉常州,与吾熟识。来候。访庄仲求,同游书肆。晡后,候王荫斋观察、曾樾,向在江苏粮台,与吾熟识,与槐亭有亲。陆君康侯,里人,有亲,客史士良家。并晤史君士良,令子顺生。又答候杨君晓村,并识同乡熊君望山。南昌照磨,亦江苏粮

台，与吾兄旧交。熊望山言二月望后，江省小试，童生毕集。值佛国人在此讲教，诸生闻传教，事积不平，遂群往与之论难。夷人争执不服，殴之。越日，传揭毁教堂，夷师得信即遁。众知其遁，乘夜往，已去矣，遂毁堂席，卷所有而散。夷人诉于夷务钦差薛焕，行文责偿，且言其事系徐、夏二绅为主，二绅恐白当事，言毁堂时得人骨一包，以证其害命。而骨呈于行文之后，既不于当时即缴，承讯者皆不信之。抚君素疾夷，闻事快之，及哄后咨明总理衙门，近已奏明矣。

初二日甲寅(4月30日)　　晴

午后访管君筼墅，不晤。候董坦生疾，访董菊初，同茗，并晤其二侄。恽君莘农彦琦，与伯方一辈，比次山小三辈，与吾祖妣唐村恽氏虽通而疏甚。来答候，许君静山庆丰亦来答候。

初三日乙卯(5月1日)　　晴

陆君康侯、庄君仲求来访。雇返皖舟成。董丙阶来访。坦生子。

初四日丙辰(5月2日)　　晴暖，下午风雨骤寒如仲春时

管彦云偕同乡庄蓂孙来访。其兄厚庵，在常时曾见之。

初五日丁巳(5月3日)　　阴雨，寒

初六日戊午(5月4日)　　阴

初七日己未(5月5日)　　晴

在槐亭处识薛慰农大令。时雨，全椒人，浙江知县。饭后，辞两姊下舟，相聚无几，复为远别，殊多愁黯。申刻舟行，顺风，夜泊龙王堂卅里。

初八日庚申(5月6日)　　晴，立夏，顺风。下晡大风雨

晨发，辰到樵舍，将午到昌邑，满拟今日可抵吴城。因作两姊书，题署自吴城寄，写未竟，倏狂风起，舟急拢岸，浪来击舟欲破，欲避

浪冲,又不敢解缆,幸人众上岸,用数铢牵舟头尾,倒放十馀丈得一小沟始免。方作小小自满语,祸患已随其后,可不戒哉!

初九日辛酉(5月7日)　　　　晴,顺风

晨发,午到吴城,发昨写二姊信。登望湖亭一眺,咸丰乙丙之间,吾来吴城,登此亭,颓废未复,今焕然矣。彭侍郎雪琴《获石记》言此亭三国周郎所作。古昔不可知,而吾俯仰数年,时移物换,亭阅人邪?人阅亭邪?怅惘下舟,即解维。申至硃矶,硃矶与蒋公岭南北相望,束湖水如门。出此门,东南望,浩渺无际,鄱阳乌玲湖也。入此门而西北数十里东望复浩渺,则彭蠡宫亭是矣。全湖形椭圆,为都昌诸山所逼,成蜂腰形。湖干之山皆石山,戴沙北起湖口,东南尽都昌,西岸则惟硃矶山为然。下晡泊南康府,遣刺候令君李博泉,索游山舆人,明拟重登黄岩,观雨后之瀑,并补游归宗。

初十日壬戌(5月8日)　　　　薄阴,亭午放晴

写郁子枚信。当日发,交本地饭肆。辰刻舆来,循旧游之径,将至秀峰,垄而西南,径升黄岩。遥望飞流悬注,如闻喧响。亭午抵寺,先探西瀑之源,出寺左行,一涧自幽谷中出,泉流触石潆洄,旭日照之,影落涧底,如散金缕,诚天下之至文也。寺中饱餐,住持金波导赴文殊台观瀑,夹路长松,僧云此唐物也。一株为贼爇,根干尽枯,而枝叶葱郁如故。瀑水视去秋数倍,白沫渍涌,直下几百丈,石潭靛碧在其下,亦名龙潭水,由潭口东注,总归青玉峡,与东瀑会,所谓开先双瀑是矣。

将赴归宗,顺山腰右行,循双剑、香炉峰半,一径萦绕,路平不陡。双剑上有莲池,曾开莲大如栲栳。香炉有李太白读书堂,一洞俗名太白洞,皆峻难上。香炉顶高圆,更出一石峰如炉盖之掭,故名香炉峰。前一岭稍低,岭半二石相并,名姊妹石。过香炉峰而北而

西,盘旋而下,所经皆荒山,不足观。

尽此山,复有双瀑,瀑下一涧,涧东有道院名东岳观,入观少息复行。观小而门外甬路甚长,两桥跨涧上,长松交覆。自此而南四五里许,到归宗寺,寺初甚巨,为四丛林之冠,左为行宫,遭贼已尽毁矣。志载右军舍宅为寺,有墨池,在行宫内,笪重光碑记之。寺后登山十馀里,至金轮峰,有佛舍利塔在其上。塔铁所造,高可一二丈。金轮峰再上,可取径晒谷石直至汉阳峰,路甚陡,登者罕有。主寺性空昨岁识之秀峰寺,烹山中新茗为供,芳香特异。晡令舆归,东北行,循东孤山足,回望金轮峰,宛如飞鸟将起昂首动翼之状,野人云地名凤皇展翅,无塔镇其上,已飞去矣。言虽俚,甚得其似。日下舂返舟,倍酬舆人,令无取官值。

十一日癸亥(5月9日)　　大风雨

阻舟不得行。

十二日甲子(5月10日)　　大风雨,下晡有晴

风辍,复作舟,仍不得行。午前冒雨循紫阳堤观浪,堤在城正南,朱子造以泊舟者。直南沙山,西连庐阜,东接砵矶,为府城正案,即南湖嘴是矣。写槐亭信,交便舟去。

十三日乙丑(5月11日)　　晴,风如昨

饭后,循城足东行里许,败垣矗立,寂无人踪,堤内野花丹白自赏。回望岚雾尽开,黄岩之瀑,微茫一缕,类青玉之有纹然。

十四日丙寅(5月12日)　　薄阴,风微,下午小雨

晨发,五里到谢师塘,泊舟早饭。昔吾乙丙之间从军于豫章,谒帅于星子,实宿留此,崖上废屋犹在,怅焉如遇故人。已刻至屏风,屏风之南有山陡入湖,舟人曰火焰山,土人曰桃花尖,实则寡妇矶二

山,皆西岸与此对。屏风圆而隆起,亦际水。昨得庐阜一石,其理如云,其纹如水,祝而投之湖中,曰:千年为玉,与子更觐。午刻过青山,得顺风,俄抵孤塘。青山、孤塘之间,有石生水上,高六七丈,上丰而下削,俗曰蝦蟆石,盖即落星石,星子之名所由起也。

　　未刻到孤塘,过关复行,酉刻至湖口。湖口之山,西曰灰山,特起,与匡庐不相属。东曰石钟。石钟有二,一曰上石钟,在上流;一曰下石钟,在湖水接江处,相隔里许;中则湖口县治,其形正如一蟹,两石钟螯也。水师丁副戎燕山移驻是邑。往候,谢去秋馆餐之惠,并晤王雨农大令。澍生。坐未定,副戎要游下石钟,盖髯苏之游迹,而彭侍郎建祠于其上以祀国殇者,有园圃颇胜。既往,缘山而升石级二百许,至祠前,堂祀楼船群将,复祀勇兵。有周廊,有复室,小池椭圆,过池梯,石上小亭高而厂。祠东高榭南向,曰坡仙楼,远眺匡阜,湖流在其足下。俯视藤蔓丛密,石出奇峭。副戎曰下有窟室甚深,水没不可入云。下山已将暮,归至舟,副戎要饮,更馀返舟,又来答候。

十五日丁卯(5月13日)　　　　雨,逆风

　　早发,辰过柘矶。晡至彭泽县泊。县城在谷间,江岸绕跨山顶。贼更筑于彭郎山,相距约五里,舟泊旧县郭下。

十六日戊辰(5月14日)　　　　阴,下午见日,逆风

　　晨发,辰过马当,午过华容镇,候津吏验舟。未刻过东流,申刻过吉阳湖。有小土山类高岸,在江南,草舍数百家。酉到黄石矶,夜抵皖省,泊盐河口。

十七日己巳(5月15日)　　　　晴

　　黎明移舟南门登岸,至军械所,未见霍生,逢仆人言吾家眷已同毁甫于昨日到皖,已进宅矣。匆匆到新寓相见,毁甫尚在轮舟。即

命舆至舟，则已登岸。吾又到帅署，亦不见，仍返新寓。廖君再卿来。叕甫来，约叕甫榻吾家。饭后赴帅署进谒，又候莫君善徵，伊新自祁门来也。霍生、虚斋来贺进宅。李君壬叔自沪来过访。夜与叕甫连榻，罄谭甚美。

接叕甫三月二十后信。又阿哥四月初二日信、十一信。又冯小农三月三日信。又振远信。又眉生廉访三月廿七信。又衣谷信。又沈子焕三月三十日信。又咏如三月二十五日信、四月初四信。又才叔二月初五日信。又善徵三月二十二日信。又袁伯襄四月初八日信。又紫卿兄三月二十九日信。又寄两四月十七信。

十八日庚午（5月16日）　　雨

写四姊、六姊信。即日发，交便人。霍生来，姚彦嘉来，善徵来，皆在此夜饭。华君若汀来贺进宅。

接史贤希大令一片，并寄银九两。

十九日辛未（5月17日）　　晴

写史贤希复信。访莫偲老、华若汀、王霍生、李壬叔、廖再卿，皆晤壬叔处。识湖州周缦云侍御、楚南邓弥之观察。程尚斋、伯符、柯小泉来贺。接帅署送阅桐城人萧穆上书并文一本。

二十日壬申（5月18日）　　晴

拟复萧君信。即日送进。祀宅神中霤，立灶神。莫偲老、邓弥之来，刘肜阶、潘聚垣来，贺进宅。谒帅。答谢程尚斋观察、程伯符运同、柯小泉部曹。访蒋莼顷太守，并晤霍生、虚斋。访李眉生部曹、穆海航广文，并晤偲老、善徵。答谢刘君肜阶、潘君聚垣。姚君肜甫、张君子厚载福，苏州人，轮舟同来。来候。廖再卿来。写金眉生复信。交来足。

接帅署送阅楚抚移咨总理衙门来文。批阅后廿二日送进。

在帅署见帅复恭亲王书,前称某某上书某王殿下,后称某某再拜,中言置买轮舟事,云现有七舟已敷用。长江水面肃清,贼势在陆不在水。今拟从太平之金柱关驶入黄池一带,内河即长龙舢板尚嫌其大,若泛海攻宁波,亦不在多舟。又言轮舟装载兵士,拟多配江、楚兵勇,令其司火司柁,以期渐渐熟习。又言会剿之举,最难统帅,与夷共事之人,必智勇能劳苦三者兼备方可。现在文臣惟左军门、武臣惟多将军克当此任。徐如李中丞、杨军门近于左,而耐劳稍逊,鲍军门近于多,而智计不如云云。

又接帅处左孟辛所上书,命作复。又接孟辛四月初八日信。

二十一日癸酉(5月19日)　　晴

周缦云侍御来访。学濬,乌程人。同乡储赓芸。来候。祀祖先。下午,邀霍生、虚斋、善徵、殳甫饮。写阿哥信。二十四日发,交火轮船下去。

二十二日甲戌(5月20日)　　晴

霍生来。张君子冈璨,江西人,有孝行。来访。拟复左孟辛信,即日送帅署。写孟辛信。即日发,交帅处代递。同殳甫访莫偲老,不遇。彦嘉来。

二十三日乙亥(5月21日)　　晴

写咏如信。即日发,交来足。写才叔信二件。一交咏如寄山东,即日发;一呈揆帅交折差五月卅日发。同殳甫茗。下午,殳甫友人汪秋阁、杨子劭伯厚表甥。来。访莫偲老、善徵,并晤普钦堂总戎。

二十四日丙子(5月22日)　　晴

清晨,杨子劭、汪秋阁诸君来,与殳老同去料理轮舟事。善徵来。写贤希信,交善徵。霍生、虚斋来,夜饭后去。

二十五日丁丑(5月23日)　　薄阴

李眉生部曹来候。同羧甫到城外一行。李壬叔来,华若汀来。谒帅。访眉生、海航诸君。又访仲舫,不遇。

二十六日戊寅(5月24日)　　薄阴

姚彤甫来。写沈幼丹中丞信。交姚彦嘉,本月二十九发。蒋莼顷太守来访。写李少荃中丞信。五月初二日发,附阿哥信内。霍生来,夜饭后去。写四姊信。本月二十九日发,交周公执令爱。

二十七日己卯(5月25日)　　阴,午前细雨

写邹君蓉阁、袁君伯襄、沈君子焕、家子卿九兄信。五月初二日发,附阿哥信。同羧甫散步市衢。

二十八日庚辰(5月26日)　　薄阴

候姚君彤甫、姚君慕庭、魏太守绍庭、杨达庭都阃、王君虚斋、霍生、张君子厚、储君、虡芸,号稼堂。周缦云侍御、邓弥之观察、李君壬叔、廖君再卿。晤杨、二王、周、李、廖六君子。方仲舫来候。谒帅。写汤衣谷、此信未发。张振远信。五月初二发,交阿哥。徽州金子春、方声远来访,因茶事。

二十九日辛巳(5月27日)　　晴

金子春等来。写金眉生、恽伯方、魏盘仲信。五月初四交万篪轩,未发,至五月二十四日交眉生来足。写陆伯珩信。名承瑜,原信正月到,今日方复,五月△日发,封入子迎信内。写汪虎溪信。五月初二日发,附阿哥信。写邓季雨信。五月初四发,附殷仲信。

接阿哥四月二十二日信。

(以上《能静居日记》十三)

五月建丙午

朔日壬午(5月28日) 晴

吴竹庄观察坤修。来候,久谭。检点书籍。访刘君彤阶。谒帅。访子偲先生。同乡秦啸石大令豫基。来候。从湖南来。夜,金子春来。

接邓履吉三月三十日信。

初二日癸未(5月29日) 晴

答候吴竹庄观察、秦小石大令。候王朗生、彬,霍生胞兄。厉斌堂、鸿飞。陆伯吹。厉、陆,文报委员。吴竹庄来,甘子大、晋,四品京堂。赵吟椒炳麟。来。同乡薛方亭炳炜。来。访仲舫、眉生、伯敷。

接帅署送来小河口太平县属。夏村厘局委员曾季为遵查山口洋行暨开厘局关防日期一禀,属拟批。当批就送去,交巡捕倪手。

接子迎四月八日信,又昆甫四月廿四信,又丁燕山贺节信。

读《晋书·宣纪》。

史言晋宣闻曹氏辟不起,后又称引天人以答魏武之问,始则不肯屈节,继又劝进于操。晋宣一时英杰,不应失据如此。

又白言于魏武曰:"兵甲未卷,宜且耕且守。"魏武于是务农积谷。按屯田之议,创于都许之年,不起于魏国既建之后,皆后人妆点之辞也。

魏武薨时,晋宣位微,不得有纲纪丧事,内外肃然之事。

称魏帝当称谥号,不当称天子。

对魏明曰:"贼以密网束下,故下弃之,宜弘以大纲,则自然安乐。魏兴,中原征调无宁日,咎吴搜山民以充兵,蜀亦苛丁户之法久矣。"夫宽大之言不闻于世矣,晋宣独知求民,其子孙卒有天下,宜哉！

葛相出师,司马惴惴,才力不相敌甚明。今观此纪似晋宣强于葛相数倍。夫作者晋臣,内讳可矣,事隔今古,何粉饰为哉！

襄平既克,男子年十五已上皆杀之,渊实称兵,其民何罪？晋宣未必惨酷至此。或者当时无识史官震矜之说,操简者遂信之,不足诏后世矣。

史载曹爽等谋乱,非实事也,《三国》止录晋宣奏语,不加一断,识高此远矣。

初三日甲申(5月30日)　　晴

同乡薛方亭来。又陈竹堂大令德明,常州人,前任盱眙县。来候。霍生偕其兄朗生来答候,即共午饭。魏绍庭太守、高慧生部曹兆麟,杭州人。来候。金子香同广东友人容君淳甫光照,香山人,通夷言夷字,曾居花旗八年,应其国贡举得隽,去年左孟辛函荐于我,属引见揆帅,故来。来。

接槐亭四月十七日信,又二十四日信。又接子吕四月二十六日信。又子迎四月初九日信。又孟辛四月十八日信。又仲敏四月十三日信。

读《晋书·景纪》。

史于晋景辅政之始,叙列晋之腹心,以拟《三国志》纪吴、蜀初年之文,殊不宜。吴、蜀割据,非强臣尚假朝命者比也。

齐王之废,史备载太后之令,司马篡主,孝子顺孙不能讳,载笔者直书其事可矣。此等淫滔之辞,载之何为？

立扆主司马氏之福也。魏主之不率于礼,亦司马氏之福也。曰固争,曰忧之,岂信史邪？

又此篇伪辞最多,删之为宜。

既平诞、钦，或言吴兵必不为用，请坑之。"帝曰：'就令亡还，适见中国之弘耳。'于是徙之三河"。魏晋之兴，尚诈一耳，而晋主起于士族，较为知道，故其规模亦较阔大。

进封晋公九锡策辞及郑冲等劝进文，皆宜删去。

初四日乙酉（5月31日）　　　薄阴

帅以夷事案牍见委，与羖甫同谒谢。访周缦云、李壬叔、金子香、容淳甫，不遇。周缦云、李壬叔来，下午同二君及羖甫访赵吟椒观察、张君子厚。又访华君若汀、徐君雪（汀）〔村〕。写丁燕山总戎复贺信。即日发，由驿。

初五日丙戌（6月1日）　　　阴，风霾

谒帅贺节，未进见。候幕府程、李、柯、蒋、程、穆、方，文案聂云山、琪，管画地图。王子云、香倬。王芝圃、瑞徵。阎禹邻、杨芳山、万锦。张汉秋，复翻。内银钱潘、刘、洪，巡捕倪、成、桂、史。在幕府晤李申甫观察，识万篯轩廉访。在内银钱所晤霍生、虚斋、高慧生、魏绍庭，识马君△。又候周缦云侍御、李君壬叔、容君淳甫、金君子春。晤赵吟椒观察。其堂兄竹泉先生前在江西藩司任，与先君至交，通谱又换帖，故以先辈礼之。又候王霍生、虚斋。又候莫子偲。霍生、虚斋来，杨达庭游击来。遣刺候善后局李申甫、万廉访篯轩、粮台隋龙渊、普总戎钦堂，外银钱所王少岩，子弹局禄鸿轩、徐雪村、华若汀，水师粮台魏绍庭、吴观察竹庄、赵观察吟椒、张君子厚、高部郎慧生、杨达庭都阃、姚君慕庭，同乡姚君彤甫、陈君竹堂。李申甫观察来候。访吴竹庄于其舟，傍晚归。同登大观楼忠臣墓址眺望，方在兴筑，彭侍郎雪琴力也。

初六日丁亥（6月2日）　　　晴

吴君竹庄来，留饮，至午后去。

初七日戊子（6月3日）　　晴

王虚斋、霍生来。下午同谇甫访赵吟椒。又访容淳甫、金子香，送其行。

接眉生四月廿七信。又欧阳晓岑三月十九信。

初八日己丑（6月4日）　　晴

下午轮舟来，杨君子劻、汪君秋阁偕至。

接阿哥四月二十九日信。

初九日庚寅（6月5日）　　晴

写阿哥信。初十发，交谇甫。霍生来，吴竹庄来，杨咏春太守沂孙，常熟人，凤阳府加道衔，吾族姑丈，前曾识之上海。来，莫子偲来，赵吟椒来，王虚斋来。写衣谷信。

又接阿哥五月初信并洋点心一匣。

初十日辛卯（6月6日）　　晴

晨偕谇甫赴吴竹庄之招，肴极美。同席骆芝衫、余铁香，允圻。皆其委员。饮散，出梅道人、徐青藤真迹见示，皆妙。答候高慧生部曹。候周缦云、李壬叔送行，将趁轮舟到沪也。金子香、容淳甫尚未动身。答候赵吟椒、杨咏春。写邓季雨信。即日发，交谇甫携去。写金子香、徐雨之信。交邓季雨面致，为子楚家眷上来事。金子香来。谇甫今日行赴沪，送之登舟，顺访莫子偲、杨咏春、赵吟椒。

十一日壬辰（6月7日）　　晴

余铁香来候。写子迎信，孟辛、仲敏信，欧晓翁信，邓履吉信。本月十三日发，附刘子迎信，俱交帅署专足。姚慕庭来访。

十二日癸巳（6月8日）　　晴

读《晋书·武纪》。

受禅一告文一诏,俱不必存。

司马氏睦于家族,观其推封之广可知。然万事皆有节制,乃不为乱。好仁而不行之以义,非子孙之福矣。

元年诏除魏氏宗室禁锢,将吏遭丧者遣宁三年,百姓复其徭役,罢将吏质任。晋虽不以正得国,而即位之始澄泽滂流,臣民有解悬之乐,非三国操切规模可比矣。天命诚实,统一华夏,虽翼世肇乱,而子孙尤获一线之传,岂倖也哉?

晋文之丧,吴人来吊祭,有司奏为答诏。帝曰:"昔汉文、光武怀抚尉佗、公孙述,皆未正君臣之仪,所以羁縻未宾也。皓遣使之始,未知国庆,但以书答之。"敌国未尝稽服,遂以臣礼待之,往往召辱,不然,亦不足服其心。懿乎!汉文、光武之抚小邦,晋帝乃能绍之,明识大度不可及矣。

九月乙未,因皇甫陶等之谏,诏曰:"每陈事出付主者,多从深刻,乃云恩贷当由主上,是何言乎?"晋武斯言,骎骎知道矣。安得不兴?

大举伐吴,安东将军王浑出江西,明年,浑克寻阳、赖乡诸城。按寻阳等地,彼时已称江西,不始于宋之江南西路也。

太始、咸宁十五年间,吴寇屡至而鲜报师,大国蓄力而待时,小国骄逞以忘祸,胜败之分,不俟交刃而知矣。

晋武帝宽慈大度,遂统寰区。乃目瞑未接,毒祸起于周亲。其何故邪?天之怒篡乱之人久矣。霍光始开废立之门而宗族血,王莽遂肆攘夺之恶而种类夷。曹氏虽取汉,然建安二十年之祚其所延也,故其世稍永。而晋为之讨,夫晋之得天下由上之人,其享祚亦由上之人耳。乃其君克谨天德,天意若曰吾盍终界之乎?无何,天下一,侈心生,帝用赫然,不遒其罚,一传而大乱,使无江东一线,曷异秦二世矣。智取而仁不能守，虽得必失，况欺夺之天下。获罪于天，命之靡常，尤昭昭焉。

《惠纪》。帝名衷，武帝子，在位十六年。

《怀纪》。帝讳炽，惠帝弟，在位七年。

《愍纪》。帝讳邺，武帝孙，吴王晏子。

愍帝数年而被虏以死，于其始立，犹书祥瑞，史之无识至此。

元年诏琅琊王睿、南阳王保云云。宗社荡覆，君父系虏，其言犹皆夸辞，晋之无人，诚无人矣。一言丧邦，一言兴邦，能知言，则其邦之安危，观其诏令可决也。

盗发先朝陵寝，君子之所不忍闻，而收以实内府，礼义绝矣。复敕他州掩骼埋胔，殆自欺耶。

怀、愍纪后总论，拖沓繁复，拟用不伦。

读《元帝纪》。讳睿，宣帝曾孙，琅琊恭王觐之子，在位六年。

惠帝贾后弑太后杨氏，是杀父母也，伦常既灭，安得不亡？元帝赦令曰"杀祖父母、父母，不从此令"，大义略明，而国命亦续，理岂诞哉！又对四方上符瑞者曰："孤负四海之责，未能思愆，何征祥之有？"其言亦由至诚，非愍帝颁诏夸浮之比。

刘琨等劝进书不足载。

劝进而引晋人立圉之辞，殊为失言。

苟全扬越，思华夏之沦陷为耻，甚矣！仅存昆弟，思合族之血刃为痛，甚矣！乃立侨县，比汤沐于汉高，其心若已甚足，一哭再哭于宗子之被杀，君墓之毁掘，聊涂饰天下之耳目。则登位之始，负愆思过之言，欺众耶？抑忘之邪？神州陆沉，皇舆不复，自贻之矣。夫君人者，享祚之久促，德为之，得地之广狭，量为之，晋元兢惧于艰难，急终于功半，谦盈之分，可以定事业之兴沮焉。

秦时望气一节可删。晋氏丧土苟安,何愈于孙吴,而争先秦之诞说,以为属此不属彼耶。

王濬先至建业一节,附会无理,亦可删。

读《明帝纪》。讳绍,元帝子,在位三年。有王敦之乱。

问长安远近一节,辩慧小智,何足称数,可删。

帝为太子,王敦谋废之,温峤不顺其旨而止。按敦力自不足为乱耳,非数言即能止其奸谋也。

破王敦赏功户数、绢数可以不记。

十三日甲午(6月9日)　　　晴

下午,答候余铁香、李申甫。又贺刘彤阶任芜湖县,洪芹西、向伯常师棣,溆浦秀才。委内银钱所。访莼顷、尚斋、小泉、伯敷、眉生。又访金子香。又访赵吟椒、杨咏春。

接吴紫石四月廿三信。

读《晋〈书〉·成纪》。讳衍,明帝子,在位十七年。有苏峻、祖约之乱。

济岷郡。按《通鉴》注引《晋志》曰"魏克蜀徙其人于济河北",为济岷郡。

《康帝纪》。讳岳,成帝弟,在位二年。

郭璞立始丘山之谶,庾冰知而叹曰:"如有吉凶,岂改易所能救乎?"语自名隽。

《穆帝纪》。讳聃,康帝子,在位十七年。

《哀帝纪》。讳丕,成帝子,在位四年。

《海西公纪》。讳奕,哀帝弟,在位六年。为桓温所废。

《简文帝纪》。讳昱,元帝子,在位一年。

郭璞见帝曰:"兴晋祚者,必此人也。"按简文在位不及二年,何兴晋祚之有? 此语当删。

元帝、康帝二诏不必录。末后叙帝生平,亦多可删。

读《孝武帝纪》。讳曜,简文子,在位二十四年。

《安帝纪》。讳德宗,孝武子,在位二十二年。有桓玄之乱。刘裕弑之。

《恭帝纪》。讳德文,安帝弟,在位二年。禅宋。

篇末载郭璞筮云云,此等安可入帝纪。

十四日乙未(6月10日)　　薄阴

金子香来,汪秋阁来。傍晚莫子偲来。

读《晋书·天文志上》。

当从刘知幾之说,全志不存。

《天体篇》,宜删引古及诸谬论。仪象较他史序述为详明,然与晋史无关,可去。州郡躔次附会,不经。

十五日丙申(6月11日)　　晴

刘彤阶来答谢。王霍生来。下午,霍生又偕虚斋来。汪秋阁来,共晚饭后去。

读《天文志中》。

《客星篇》张衡曰:"老子四星及周伯、王蓬絮、芮各一,错乎五纬之间,其见无期,其行无度。"按此说类太西人十一行星之说,特未能审知其行度耳。

自七曜至杂气,皆与《晋书》无干事验,亦多阑入他事。

十六日丁酉(6月12日)　　晴

下午谒帅。访霍生、子偲,子偲昨移寓马学使行署。

读《天文志下》。

上中下三卷,多与《晋史》无干涉者,即晋事,其无征验及太附会者,皆宜去之。

十七日戊戌（6 月 13 日）　　　晴

天时久旱，官令禁屠宰。张子畏先生寅，桐城人。与先廉访同官江右，昔戊午吾拜识之于苏。来候，其同里倪镜帆、姚慕庭偕来访。

接子迎四月信。

十八日己亥（6 月 14 日）　　　晴

答候张畏翁，久谭。写敩甫信、朱小山信。当日发送上海文报局。写槐亭信、四姊信。二十日发，交马递。

十九日庚子（6 月 15 日）　　　晴，午后阴，傍晚雷雨

时不雨弥月，田禾可蓺，更三日无复可望矣。张畏翁来，久谭。

录张畏翁语：道光五年河决，倒灌洪泽湖，运河水竭。时曹中堂用事，大农为英煦斋先生，奉旨令议变通之法。英饬合部司员条议，议者二十馀人。朱朵山先生昌颐，海盐人，丙戌状元。与张皆有说帖。朱主两运，谓坝断北岸运河以蓄水，粮船回空，未出口者泊坝下，南船至，盘坝转运，虽可行而费甚繁，且米经番动，耗折多。张主海运，而事久不行，无故实，群虑风盗之患，皆言不可从。张先馆崇明，稔知沙船由上海至登莱、牛庄运豆、麦，来往甚易，力言无虑。英据张说入奏，成庙然之。曹相密询之朱，朱曰不行海运，米虽不至北，而尚在南，若行之而有害，无（夥）〔颗〕粒矣。曹入言之上，且曰英某身未至江南，皆其门生张某之言，不可轻信，遂用朱议，费耗甚多。

六年运道仍梗，上终善海运之说，众尼之如初。上召英造膝决其事。英力任之，上遂弃众议行之。钦差理藩院尚书穆彰阿督办，以张及同司四人为随员，事成费果甚省，米亦速至，不逾半月，毕集津郡。而漕督以及仓场各署以例规尽失，不愿行之，顾无可吹索，

张私计此曹怀愤，日后必指京仓陈腐，为此次海运之米，言受海风易坏，以尼其事。又虑本处解兑各省巡哨诸费章程不定，必为口舌。既抵京，遂力言于英，奏请以此次之米尽先支放。又促各大吏于三月内奏报经费销册，而使英饬合部司员会议准驳，限一月结案。张及同事四人不与议，俟议定，注明避嫌，另日画押，皆从之。奏案甫定，禧恩来继英为司农，素不善海运议者，抵任即求其弊漏，则米已尽放，经费分别准驳，已定案无可番改，竟无如之何而止。

海运用沙船，每石水脚银三钱，另与耗米，每舟许带三成客，货免税。海运既行，各州县所省粮船帮费均议定，酌照前时成数，提归藩库，为之津贴，藩库津贴一项始此。

宁波有南田之地，因数海盗，封禁时久，奸民匿其中甚多。初入者开垦其地，招集流户，凡至者与之资及地，地成取其租，为之老本，有老本七人，散户不可胜计。帅仙舟先生承瀛抚浙，虑其通寇，欲迁出其民。方伯朱桂贞号幹臣。力持不可，不商之帅而出示，托言奉抚宪之谕，南田当听民耕种，以安穷黎。朱者素强直有才气，帅之所提挈也，不欲与之斗，且事已然，不可如何之。乃奏保朱以为粤抚。朱既去，遂饬员访明流民人数，而先密查嘉、湖各属官田绝产，计人数配给；又筹盐课盈馀，亦计人而给，以资耕种，既得审，骤下令行之。流民初惧，顾仓卒难为乱，既获大惠，咸歌舞而去，地复封禁。初帅为此，人无知，既定，具片奏，寥寥数语。亲识或叩之，曰："凡举大事，事前不可令众知，众知则异议多而事不成；事后不可令众诧，众诧则忌怨集而事且变。"

浙盐当帅抚浙时，法亦刜弊，私煎之户，皆就海岸支锅熬取，其人甚多，不可禁止。帅知浙属多废场无主，亦无灶户，下令招集穷民，官与牢盆，分地授之，并给资本，遂复废场数所，盐产大旺。

　　两淮盐商向有所谓根窝者,如执照,然欲办盐,非此不准请引纳课。盖盐利无常,歆利之徒,利则麇至,亏则兽散,无此则官无把握也。陶文毅节制盐政,始奏罢之。盐务隐受其弊。咸丰元〈年〉陆力甫先生为盐政,淮南复改票,是年盐行大畅,课甚丰,而各岸盐壅,坏可计日,票商获利,黠者皆观望不复至,老商已散,无可责课,于是大窘。然根窝之毁,铁案如山,断不能复。张时掌教金陵,为陆画策:招殷实西商、徽商及各散商,分立三局,每局仍立商总,令之认票办盐,即以其票咨部用印发出,而令后之来者,皆顶旧票商名,方准办理。是无根窝之名,而隐复根窝之实。陆然其说。会逾年贼至,不果行。

　　两淮旧额引二百十馀万,淮南百八十馀万,淮北二十馀万,淮南每引正杂课,较淮北盐每引多数分,故虽淮北片引不消,但淮南畅行,即于盐务无碍。然南盐淋煮,用力甚多;北盐灌晒,费功甚寡。北之场虽少,而盐产既易,往往侵南盐引地。陶文毅不察,遽改北盐为票。北盐费益省,利益厚,又无定数,商趋如鹜,场产日丰,于是南盐大受其病。时运使余陶潜,德渊。陶不之商,先奏请而后令具详。余心知其谬,然无可补救。会张过维扬,余语之曰:"淮北改票,则淮南受害益深,久则南盐不可为,亦必改票,从此鹾政尽坏矣。今改票为某任内事,后之人必以咎予。然事起某不知,既奏而后奉札,吾子识之,此非予之过也。"

　　向例盐至口岸,以抵岸先后为次,鱼贯出售,谓之整轮。其盐价则由上定,故两湖总督莅任,旧制必使绕道维扬,定盐价也。价之增减,虽一文必达天听,故民食有恒而商无垄断。及后镇商愚弄官长,每毁成法,先后价目,悉听商便。于是盐壅则争跌减,以求速售;商稀则共居奇,以求善价。减则病商,抬则困民,弊不可胜言矣。

灶户烧盐，每人管一镦，烧一昼夜，谓之一伏，计可出盐若干。锌镦皆有成数，望烟而知伏数，计伏而知盐数，本属一定可稽。灶户售盐垣商，垣商不能尽，则官售之，仍以济垣盐之不足，其价皆丰于私贩。是灶盐有数，既不敢私售，垣价复优，并不愿贱卖，私盐本无足虑也。鹾务既坏，商本日空，垣商收盐日少，官复不能代收，灶户贫窘，不得不减价以趋私贩。然海河与田河不通，田河与外河不通，各坝均有守卒，灶户不能出，私贩不能入，于是囤户场上村居之名，曰囤户，以别灶户也。以小船为之运递，而贿坝卒传递，遂不可复稽诘。故欲息私贩，惟使灶盐皆有售路，不致阁起，则不禁自禁矣。

国朝经制，外省藩库于每年仲夏奏销旧年一岁之用，既达部，归山西司经办，限定于十一月内汇算各直省一年出入之数，造册销算奏结。故欲知经费出入多寡之数，但须于该司抄案一查可悉。惟乾隆以前之案已毁于火，不知何年，非文宗时事。不可得见。宣宗一日御朝，问度支之数，祖宗朝兵事不息，而用常有馀，今兢兢守旧，而用常不足，其故安在？大农承旨，遍查陈案，弥月犹不得其故。后查至三库，始得乾隆四十七年阿文成奏案，其详在《圣武记》。时高宗以户库满七千八百万，诏各省武职名粮虚额俱挑兵实充，而别设武职养廉二百馀万。京师、陕、甘各增兵伍，又兵丁赏恤红白均准正次开销，二项又百馀万，计每年多出三百馀万。阿上疏力争未允，遂为成例。是后民欠日多，而此制丝毫不可减。至此五十馀年，所失凡万六千万，库款之拙，盖有自来。所司据此入奏，后议减各营兵额百名中一名，遂不可得。

嘉庆中叶，有男子诣阙自陈某母为梁溪尼，皇考南巡，幸之而有娠，遂生某，年长故遣诣阙云云。在庭莫能谳，或劝上送盛京圈禁之。时松筠为热河都统，闻其至，遽出麾斩之而上言："事果真邪？

不当圈禁,且留之足以惑人;伪邪? 罪不容诛,安可复宥。故先斩以闻。"朝士咸服其勇,以比翟方进事。

二十日辛丑(6月16日)　　阴

桐城陈文治兆壬,候选县丞。来,候谒帅。赴姚慕庭招饮,同座张子畏观察、倪君镜帆。

录帅语盐务:去年冬楚北咨会采办淮盐事,计盐每斤楚北抽九文半,皖省抽七文半,比去夏奏定之东征水师抽捐三文,已为倍称,帅遂允行。今春因皖西各口盐税均抽至十馀文,几二十文不等,独优楚商,未为平允。又改定为每斤二十五文,楚省仍得九文半,皖省得十五文半,计皖省以下共三卡省卡、大通、荻港。斤抽十四文,皖省以上尚有二卡华容、二套口。斤抽十文,此次虽已增加,尚较零贩轻免八九文一斤。又言沅圃方伯新克金柱关,复设一卡。

录陈文治语盐事:"泰州出口每引先征盐课一两三钱半,焦山、荷花池等卡已撤,归并口岸,亦同抽每引一两三钱半,二项计盐每包银二钱二分零,纱帽洲每包银钱三分,通江关每包三钱三分。此卡在九洑洲下六合江口,本长毛关,现在李世忠克复六合,仍其卡收税。贼卡通海关在观音门,本有九关九卡,现在各地为官兵克复,仅存此一关。贼将九关之税归并一处,每包抽钱四千馀文。荻港每包五百文,作银三钱,大通五百文,作银三钱,省卡四百文,作银二钱八分。以上除贼卡四千馀文,每包正课厘金二项一两五钱六分。

泰州口岸收盐,长落不一,约每包七钱三分,水脚约每包三钱,以上成本一两零三分,二项共二两五钱九分,约市价三千八百八十五文。除卤耗可得净盐八十五斤,每斤四十馀文。

商人在口岸买盐完课,及纱帽洲各厘,俱按包清完,过纱帽洲后,到东沟口买大蒲包,改装三包并一,甚至四五包并一,过贼卡时,每舟有私费三、四、五、六元不等，即可隐混过去。及入皖境，复将盐散装船舱，过官卡时，以多报少，无从稽诘，五、六、七折俱有，遇商贩狡猾，厘卡厌烦，将就过去，十完一二者亦有之。

二十一日壬寅(6月17日)　　阴

答候陈文治。在畏翁处并晤甘子大京堂。候万篯轩廉访，久谭。饭后又访张畏翁。

录万廉访语盐事：从皖到楚盐厘，华阳镇五百，二套口五百，楚省自抽九百五十文，再加皖省以下先捐十四文，共每百斤三千三百五十文。去年楚督奏行采办淮盐票，定为每百斤楚岸纳银一两，皖捐纳钱三百文，事本偏私，经节相批北盐道厉禀，不允其事。往复议至岁终，始定楚岸纳钱九百五十文，皖岸纳钱七百五十文。昨因盐商何俊发未经禀定章程，辄请运司护照，装盐五百数十引，径运江西，沿途因其有照，任其直过，至皖省省卡，方始发觉扣留，照例完厘。又以西楚两岸同为淮盐引地，而一多一少，未为平允，复咨会楚督，请仍照旧制完二十四文一斤，往复直至今月初，楚盐道禀商皖岸再加三百五十文，成一千一百文一百斤，节相允行去后，尚未接到咨复。

从皖到西盐厘，华阳镇五百，湖口五百，西省设卡吴城，自抽八百文，再加皖省以下先捐十四文，共每百斤三千二百文。西省之盐，自军兴贼梗，向皆零贩，由贼中买路而出。咸丰五年，官军始于吴城设卡，截其下流，时南康以北皆贼地也。江西渐次肃清，尚有贼窟之处。轮船入江，可以拖带径过，因有广商在楚岸请票之事，而西岸无人踵继，故往来水贩仍各遇卡抽厘。何俊发不详底细，未知楚岸咨商减厘往复之难，冒昧往请运司护照，希图混免。既经扣留，后奉批仍照水贩遇卡抽厘。经万廉访禀陈商情不堪赔累，此次令之亏折，则后来裹足，应请略示宽减，以广招徕。节相是其言，遂改定嗣后盐商持照运盐赴西者，减为每百斤千六百文归皖捐，其西省原捐八文照旧，计减原捐之数八百文。

南鹾百四万引，西岸止二十七万引，馀均归两楚安岸，少不足言,故有西三楚七之说。江西十三府,赣州,粤引地;建昌,闽引地;广信,浙引地;馀俱淮南引地。

咸丰五六年间,淮鹾道梗已久,因开浙盐官运局于西省,谓之浙盐借引地。局初设时,私盐充斥,商贩虽至而盐不售,遂跌价至二分二厘一斤,尚不售,又加秤至百二十斤为一石,私盐渐不能敌,官引畅消,私商皆投局请运,又逐渐增至三分三厘。每引六百斤,合价十九两八钱,制为定额,每引捐银十两,以四两达部报消,馀留以备赢缩,每年获二十馀万云。

二十二日癸卯(6月18日)　　　雨澍

揆帅合试幕僚,每月二期。今当第二试,应教撰对策一首。接眉生五月十二信二件。

问:治世之道,不外刚柔二端而已。老、庄、《淮南》偏于用柔,管、商、申、韩偏于用刚,惟孔子上承二帝三王,称为得中。然《尚书》所称“人心惟危,道心惟微”,乃类道家之言。“先时者杀无赦,不及时者杀无赦”,又近法家之说。何也? 或曰此梅赜所上伪古文,不足取信耳。至如《礼运》记仲尼大道、小康之别,孔子闲居所称五至三无,志气如神。余玩其辞,殆与《淮南子》无异。而《中庸》如至诚前知“渊渊其渊”、“毛犹有伦”等语,亦几与道家无殊。岂未果为孔氏之书邪? 抑别有判于异端者在邪? 名法操切之术,儒者所不屑道,然孔子论卫,必以正名为先,其于鲁则诛少正、堕三都,若已开刑贵近、杜私门之风。岂名家、法家其源未可厚非与? 抑圣贤齐一天下举,非此之谓欤? 墨子之劳于民事,俭于自奉,荀子之学以化性,礼以防民,恂有刚柔互用之意,余窃韪之。前世每以大禹、墨翟并称,荀子则与孟子齐名,然司马温公笃信荀子,而程子则讥其极偏驳。韩文公谓孔、墨必相为用,而孟子则斥其兼爱无父，比于禽兽。又何悬绝之甚也？方今大乱未平，政之宽猛，本于学术，毫厘或差，流失甚巨，愿闻至论，匡予不逮。

执事敦学好古，勤求治道，以能问于不能，诱掖群士，使咸陈说。顾今者所问，圣贤事远，道理宏大，此非谫陋所克堪也。不获自已，苟试馨竭。

窃谓治世之道，道之一端也。大道无所不备，有物浑成，先天地生，大而家国天下，小而蜎飞蠕动，庆赏刑诛之政，饮食嗜欲之情，慈和宽退之理，清严肃杀之气，大无不该，细无不入，宇宙之内，万有咸具。古先圣王得其全以宰天下，一张一弛，因于时不因于己。故或以刚克，或以柔化，厘然悉当，非二者之不具，有所用有所舍也。世衰道微，群言淆乱，各以其教，教于四方。四方之士，分途而并骋，其流益远，其派益分，若背驰然。于是慈者煦姁而伤义，谊者廉刿而贼和，其用之也因于己不因于时，各有流弊。然而悉其精纯，犹足以保邦国、召富强。盖皆得圣人一体，道之少分焉。仲尼氏作，折衷群言，由博返约，黄老大道之半偏，名法治世之一得，虽刚柔不备，而皆道所本有，圣人所不弃。不独此也，举凡诸子之异同，莫不大备，而乃会观以得其中。中者，当也。愚又闻之，中者，起于两端，如量一尺，则其半为中；倍之则中在尺之尽，随物以移，各中其中，而无定向。故曰执中无权，犹执一也。圣人蕴道于内，布政于外，制爵禄厚惠以劝贤能，即有刑罪诛殛以儆不肖，万事万理，莫不备于其心，而后能有中也。

谨按：人心、道心之言，道家也，见于《道经》；先时、后时之诛，法家也，列在政典，而皆称于荀子。儒家之言足征，万汇之咸备于儒矣。撰之为经，则伪抑于道，不必其甚乖也。大同小康，皇帝王伯之异时，五至三无，《关雎》、《麟趾》之精义，至诚之道,可明前知不易之定理,而非妖诬卜射之小术。"渊渊其渊"、"毛犹有伦",穷理之极致,而非影响凿空之虚谭。此虽近似道家之言,倘亦圣理之奥赜也。愚以为惟圣人大理物博,故智无不该,非人所能伪作。仲尼曰:"夫言岂一端而已。"明道之大也。儒者贵名教,老庄明自然,二者将毋同之。自放者为之,绝去礼学,兼弃慈义,然道家自不能兼圣学。而谓圣学之中,必无清静无为之理,或者未尽然也。名、法操切,信儒所耻,而循名以责其实,所谓肤奏以言,明试以功,虽伊耆之世,不废斯典。夫人必好名,而后可以征其践行。君明臣忠,父慈子孝,兄友弟恭,夫义妇顺,天地之纪纲,伦常之大者,皆于是乎权舆,以劝其不能。苟名之不欲,是无耻心矣,其治何由而兴?

谨按:夫子论卫之时,卫之三纲弛,四维绝,犹抱邪名以迷罔天下,虽有圣智,无所用其力。庶几速定其名,名立而实无不随,物耻可以振,国耻可以兴,斯盖为治之本,疑非操切之谓也。至于治鲁二事,则甚可疑。谨考《左传·定公十二年》,仲由宰季氏,将堕三都,季氏之邑费,公山不狃以之叛。叔孙氏之邑郈,侯犯以之叛。故季氏、叔孙氏皆听其说而堕之。孟孙氏之邑成,无叛臣也,孟孙不之听,故围之而不克。堕三都既非实事,欲以张大圣人之政令,其见甚浅。《史记》无识载之,《家语》伪书,不足信也。少正卯之诛,不见经传,《史记》、《家语》之外,泛见《荀子·宥坐篇》、《淮南·氾论训》、《说苑·指武篇》、《白虎通·诛伐篇》诸书,大要战国纵横捭阖之所依托而已。

圣人治世,不废刑法,四凶之放流,三苗之遏绝,非务弗杀也,必其罪成而诛当,然后刑之,犹或哀矜焉。况劫袭以立威,后世奸雄之所为,而谓圣人为之乎? 私门擅权,不可不杜,不能修政，三城虽堕何益？贵近有过，不可不刑，不能正罪，少正卯死且不瞑。圣人为政立纲陈纪，不岌岌若是也。故尝谓治卫正名，其言正而可信，治鲁用法，其事伪而足疑。愚鄙之见，不逮齐一之术实远也。墨、荀闻道，冠于诸家，然而禹、翟并称，孟、荀方驾，则愚所滋惑。仲尼既没，七十子之徒不能正群论，至于后世学者，师心自用，是此而非彼，合则以为圣言，不合则以为邪说，称誉过情，毁斥逾当。子舆氏当周之末世，结轶之士，膏唇拭舌，簧鼓天下，得失之林，一决千里，正道殆乎将绝，不得不大声疾呼，以警异端。则或者禽兽之比，为已甚乎？此非隅见所得窥矣。

仰惟执事，不耻下问，一月再策，将以为治也。伏承明论，政之宽猛，本乎学术，斯言为得道之要。下士弇愚，犹识钦仰。夫学以明道，道以识时，时以定政。平国中典，乱国重典，秩乎不紊，而后可以为教也。际遭休明日久，大小窳惰，不事事求实，人人劝功，苟尚浮伪，曷以匡乱？然使韩非管朝，申害专国，尹文、孙龙之徒，清议出入，而遂可治乎？大不然也。刑名者，圣人不得已而用之，所以董齐天下之具，而非圣人乐为之也。必恺悌为本，断制为用，行德布惠。吾恺悌也，陈原肆朝，亦吾恺悌也。生道杀人，虽死不怨，况教人而成之乎？诸葛公，儒者也，学圣人者也，而其治蜀，则尚申、韩，其道行而民被其惠。故惟知刑名为圣人之所本有者，而复能以圣人之心行之。自后世屏弃不屑道，廉悍之士为之者，遂自绝于圣贤之途，使其学行，民咸殃焉。非学术不明之过欤？

不揣妄对，惟进而正之。幸甚。

二十三日甲辰（6月19日）　　　晴

张子畏先生来。陈文治来。写万篦轩信。交陈文治，说盐事。下午陈文治又来。应教撰议一首。

接帅署送来楚督咨照五口钦差薛咨复提洋税事咨,阅后送文案张君。复翻。

多将军会攻金陵或援陕西议

元年大师集金陵擒渠扫穴之际,乃逆贼窥我崤柳,迫我长安。上命多将军撤会攻金陵之师,西援关中,督师相公命幕下议其事。〈烈文〉谨献议曰:

伏论多将军留攻金陵有四宜,西援关中有五不可。何谓四宜? 将卒习粤贼之战,粤贼慑我师之威,得军之先声,一宜也;寿春南下历阳,东渡采石,为自古平吴之路,建瓴势顺,得地之利,二宜也;自此年初起,号曰东征,使竟其局,人士效命,得众心之踊跃,三宜也;水军杨、彭,陆军曾公首尾素共,缓急相通,得师克之和,四宜也。何谓五不可? 粤、捻势异,舍所素习,以攻不习,一不可也;千里步趋,缓不及事,长安急邪,此军为无济,缓邪,不烦锐师而馁东征之势,二不可也;自庐至江三百里耳,而转运告艰,西征千里,陆路崎岖,襄、沔流湍,丹、淅水狭,粮路难继,关中不必储粮,以待客师,三不可也;将军所统,不及二万,今寿春以北,捻贼充斥,少留兵则淮南空虚,多留兵则西用不足,四不可也;庐城奏功,擒贼枭骁,丑徒震心,凶类荡魄,卷旆东下,朝至夕举,而乃弃垂成之局,趋不可知之数,彼方以逸待劳,吾无以图万全,五不可也。夫兵者,不动如山,难知如阴,致人而不致于人,善之善者也。巫臣怒楚曰:吾将使汝罢于奔命,今烽燧千里,寇蔓数州,东灭西生,北仆南起,乌可使名臣大将仆仆不遑哉? 几何不自困邪!

难者曰:关中完善,东南残破,以残破之地,易完善之区,失算。

请应之曰：天下本完善也。自洪逆猖乱，糜烂几半，今急殄之，足以奋军气，而寒作逆之心。舍之，安知他处不复受害，是轻残破而并弃完善也。且关中虚桴，无师可救，犹足为说，僧邸、胜、袁，咸拥骁劲，旧督师张公在陕乡里，岂不足以抗丑逆哉？

难者又曰：留将军则金陵之举决乎？且无将军，杨、彭、曾诸公独不足策功乎？

更应之曰：是何言之易也！昔者向公忠武攻金陵矣，继之者为和公，拥兵八万，连师十年，垂得而复失。虽师徒之失律，亦金陵之不易图也。夫金陵之城，萦抱百里，径直三十，江流在西，山阜在东，形格势禁，天险之国，魁渠之所都。今我军势张，风卷电发，故视之如弹丸黑子，不足一蹴。使兵合势接，一战再战，军久而威轻，贼久而气定，不可旦夕期功也。急宜厚集其势，全力以搏之，胜则功在唾手，不胜无深入之虞。吾乃虎踞要害，传檄三吴，贼虽有金汤之守，而枝叶已披，根株必伤，东南之孽，一举可尽。然后还兵返旆，北尽中原，孰与忽弃良会，奔走不急哉！夫一日纵敌，数世之患，利害之际不可不坚以处之也。

军机大事，非颛愚所及，公庭济济，必多硕画，愿随簪裾之后，尽一得焉。谨议。

二十四日乙巳（6月20日）　　薄阴

万篯轩廉访来答候。王虚斋、霍生来。下午，陈文治来。写金眉生信。当日交伊来足。访杨咏春，不遇。又访张子畏先生，怀其诗三卷归。又接万篯轩来信。

二十五日丙午（6月21日）　　晴

接张畏翁来信，赠诗一章。

读《晋志·地理上》、《地理下》。

《交州篇》引汉高十一年以南武侯职为南海王事。遍查《高纪》志、表，《陆贾》、《南粤》传，俱无之。

《交州篇》载士燮事云"加九锡、六佾之舞"，按：不得有此，恐是士氏假托朝命。

读《晋志·律历上》。

律吕上下相生，诸儒言之数矣，而应钟、蕤宾、夷则、无射忽多畸零伸缩，亦似有牵强。

《子史精华》释道部不知何人所编，绝不类类书。其前段发明佛氏之与庄、列相同，极有见地。吾尝谓老子承儒之后，庄、列开佛之先，今证之此而甚信。首体解是篇用意而称之者，周君韬甫也。

《左传·桓十七年》日官居卿，即汉太史令位丞相上之说。

昌黎《原道》之文，亦无甚精义，文不称题。

《备急方》瘴与疟分作两名，其实一致，或先寒后热，或先热后寒，岭南率称为瘴，江北总号为疟。

二十六日丁未（6 月 22 日）　　　阴

夏至袷祭先祖，取天时畅遂，万物咸备之义，并祭诸祖之庶室及兄弟之殇。午前华若汀来。下午延张子畏观察、杨咏春观察、姚慕庭大令、陈文治县佐来馂祭馀。

东坡虽晚年流入道家，讲求服饵修养，然其性分中自然光明净彻，微嫌不能专致，亦智者之动耳。观《与秦太虚书》，则其胸次皎洁可想。

读《晋志·律历上》。

杨伟引《孟子》"方寸之木，可使高于岑楼"，木作基，可怪之至。

〈读〉《晋志·律历下》。

二十七日戊申（6 月 23 日）　　　阴

廖再卿来。写张畏翁复信，代拟盐事禀稿。陈北壬名禀万，臬台。陈文治来。

两接张畏翁来字。接咏如十八日信，寄还千里镜。

读《晋志·礼上》。

异哉！魏景初定大祀之礼，一天也，皇皇帝天、皇天之神与上帝分而为三，可谓黩嫚之至者矣。乃唐人善王肃、高堂隆之制，薄光武一郊之礼，抑何谬邪！一天也，而与上帝化为二，一上帝，而与五帝化为六。及泰始群臣之议，则又言五帝实一帝，乃又分设五上帝位，使上帝之灵靡所适从，一何可笑。

天与上帝，一也。天而离乎帝，则一渺莽无垠之器而何神？帝而离乎天，则一浮游莫主之精而何祀？惟天之大，惟帝主之，故其尊无上，其祀莫重也。本无名而强名之曰天，本非帝而假称之为帝，是斯民报本返始之怀，即亦上天灵命之所托也。夫曰天、曰上帝，互称之辞也。于郊、于明堂，求索之义也。礼或简或繁，备物之象也。奈何世儒不察，但用心于异同称号之间，而不推阐夫至理。七郊、五帝纷讼日嚣，当时人君皆以武功偷诈取天下，本不足制礼乐，故任愚儒颠倒而不知。嗟乎！三代以下，沦于夷敌久矣。弃礼黩祀，中国云乎哉？

古者郊社之礼，郊以祭天，社以祭地。地者，阴德象母，故祀之国中。不于郊，不敢与天同尊，且郊阳明之位，非地德也。社者不屋，阴顺承天，不敢专也。其义甚精，不可以群经出入而疑之。

父一也，宗子之所奉，故郊祭天，公侯不得有。母各也，其子之所宗，故社祭地，庶民得立之。地有形质，故可分寸寸而割之，可以为寸寸之土。故有天下则有太社，有藉田则有王社，有国则有国社，有侯籍则有侯社,大夫成群亦置社,私之义也。天子一耳,而有后、有夫人、有世妇、有嫔、有妻、有妾,其亦取法乎此乎?

社者,地也;稷者,主地之产以养民者也。地之德,母也,地有五谷以养民,犹母有乳以哺子也。非母则无乳,非地则无稷。故古人祀稷以配地神,其用也,亦可见社之神为后土矣。

孝武时,祠部郎中徐邈奉诏议祀典,其议有曰:"明堂所祀之神,积疑莫辨,按《易》豫大象'殷荐上帝,以配祖考',祖考同配,则上帝亦为天,而严父之义显。"按邈此议甚明,周郊后稷远祖也,宗文王近祢也。总郊之配于上帝,足见上帝与天互文无疑。

二十八日己酉(6月24日)　　　　晴

候万篾轩廉访,不晤。访张畏翁,又访杨咏春、廖再卿,廖君未晤。下午再访万廉访,少谭。到帅署探上海信,豥老久无函也。再访张畏翁。杨咏春来,同到西门看屋,道出故怀宁县官廨,荆榛遍地,为之忧然。

录张畏翁语:曹中堂振镛,徽州人,谥文正。当国,始嘉庆末年,至宣宗朝,特见委任,而性模棱,终身无所启沃,入对但颂而已。又最忌士之有能者,稍出己上,必排挤之使去。本朝家法,政无大小,皆由宸断,至宣宗嗣位,尤虑大权旁落,必择谨畏之士,使之佐治,故一时才臣,半遭废斥,而与曹有水乳之合。有识者每仰屋窃叹,以为二十年后才与财皆尽矣。帅公承瀛时为少司寇,一日者退食,召张问曰:"鄙夫可与事君也与哉? 朱注云:鄙夫,庸恶陋劣之貌。夫庸者,寻常之谓,世多喜之。至恶陋劣矣,世主虽暗,何至不能知此邪?"张不能对。帅徐曰:"庸者外貌恶,陋劣者隐衷。苟患失之无所不至,庸者未有不恶陋劣也。"既而曰:"汝安徽人将红顶藏荷包内,初亦世俗恒情,而其究至不可问,其此谓耶? 彼死必有继其业者,不三四人,世事不可问矣!"愤叹而入。至曹死,穆、潘两相国相继柄政,用人行事,一遵其辙,升达者非贪刺即疲荼,士风既变,国事遂日非。张至今叹其先识云。

袁金溪侍御铣,湖北人。道光初以部曹入谏垣,以才能直言称,宣庙一日六召见。袁建议凡遇恩赦蠲免,当免新漕,不当免旧欠。其意以为旧欠半多官吏之所欺隐及大户贿嘱、黠民狡展,其贫穷细民畏官守法,悉皆早完课税,故蠲免但利奸徒,而于良民无益。疏上,内批发农部议奏,大农复发诸司各抒己见,将择其善者据以复奏。张时官云南司议,以为旧欠拖延已久,虽不蠲亦不能追,而新漕一免,则州县尽皆枵腹,势不能守死,必将巧取于民,其伎俩百出,禁不胜禁,不如仍旧为便。议上大农,即以作奏奉旨,是其说而罢袁之议。曹中堂初忌其才,因以下石,拟袁擅议祖宗成法,逐出谏垣,归原衙门行走。张之友某者亦友袁,谓张曰:"金溪素号旷达,盍往观其辞色。"及晤,则绝不道昨事,剧谭如平时。友疑其未悉,微叩之,则曰:"吾已束装出谏署,以君至,故迟耳。"其雅量如此。

各省库款每积欠既多,则奏请清查结算旧亏。顾旧亏各员,物换人移,赔项尽归无着。而旧亏既尽,则州县脱然无累,更放胆为新欠。故名为慎重国帑起见,而实为上下各官卸责之地。朱相国筠。由皖抚入都陛见,上问及各省清查之事,朱对曰:"无清查则亏空止一分,有清查则亏空加十倍。"上为之愕然,而其弊竟不能革。

江苏各州县缺大钱,多半为奸幕之所欺隐。杂征各款,往往贿通胥吏私征入橐,而厚赂司府各幕,数年之后,则归入豁免案内。即如丹徒一县,有芦课银九千馀两,而历任不及知。张之族人为令,张闻其账房某言之云。

定制,凡庶常必派国史馆纂修筹差。帅仙舟先生为庶常,语张曰:国朝兴作改易诸大政,原案因由,国史馆皆有之。故清班恒使兼领俾习掌故,而今人但知白折小楷,非祖宗育才之意也。

帅抚浙时,凡世交、友谊来干者及属吏有旧者,必随才任使,或先任以难事,及有功而后语藩司,亦终不为之说,藩司退与之优地,然不能言其私也。合省委署皆使藩司主之,终任未尝言一人。曰此分职有常,不可干。而合省补班,以本次及劳绩与苦缺调剂,分为三单,遇缺各轮一人,故藩司亦不能毫末颠倒。

陆力甫先生官江督时,凡相随旧仆皆派内署差遣,为挂名门印签押,其任事者则皆外来之人。或叩之,曰:"旧仆有恩情,适管事而有弊,不遣不可,遣之则伤厚道。且旧仆恃恩,多能挟持主人,故不用也。"

张又云己任南昌时,仆止八人,人少则弊少。其言亦精。

接邓履吉本月初九日信。

二十九日庚戌(6 月 25 日)　　　晴

写幼静信。五月初三发,交万篯轩。写开孙信。三十日发,呈揆帅交折差。写孝拱信。三十日发,附阿哥信。下午谒帅,久谭出,识陈君虎臣艾,池州人,忠义局。于巡捕处。遍访幕府诸君。写叕甫信二件。一交文报局厉君,一交金子香转寄,俱三十日发。写阿哥信。三十日发,交金子香。

接金子香二十八日信,又茶叶六包。

录帅语:"有人在京中具呈,遍诋江苏文武无不可杀。纵使官场、军营习气并多污秽,亦安可尽诛? 即尽诛之,代者又岂必皆善。江浙人浮薄之习,殊令人闷闷。往时患言路不通,今则忧言路太通矣。

"李中丞奏贼破太仓后,我军之守嘉定、青浦者皆不肯走,为夷兵守城者挟之强行云云。我军之怯懦善走,洋人已熟悉之,将欲欺谁。况我国遭其败覆,为城下之盟,强弱势定,虽我军实强,犹当处之谦损,况不足恃而与之争体面邪?

"自太仓、青浦之衄,洋人欲调兵印度。数万人来助攻上海,此兵淫掠无纪,一至,中国必大受其毒,而无策止之。奈何! 奈何!"

三十日辛亥(6月26日)　　晴

写金子香信。即日发,交来足。张畏翁来,久谭甚美。写邓季雨信。即日发,托金子香寄。写徐雨之信。即日发,交季雨。写子吕甥信。即日发,交马递。

录张畏翁语:凡部中议复奏定各项案件章程、条例,当准者准定,当驳者驳断,则部办无卖法之地矣。切不可驳而不断,与外官商议往返,其奸欺尽在此中。

张为南昌首府,凡他府上控不结之案,交理者凡数百起。遇一案至,必三日决之,审问录供与原状不符者,立即传代书照其口供另写一状,审毕而案尚未结者,两造皆留署中镝闭,明日再审,两造讼师无由教唆,故其案易结。

张在部中,遇外来不拘何案,必详查原案,直搜至例根而后止,故事到目即了了。

张为太守,文书必亲拆亲阅,简房不得拆送文书,仆人不得禀白公事,虽小委员必亲见之。

军机处起于高宗时,初皆派内阁司员当差,后因天下大政皆属军机,内阁人员不习例案,改定军机大臣保举六部司官一人入内当差,其事既慎重,膺其选者皆强干之才。曹中堂当国,嫉忌才能,患小军机之难制,因奏称由大臣保举恐开汲引私人之路,不如考试取之,试以告示一道,糊名易书一如棘闱之制。于是入军机者皆写白折小楷之人，无一习吏事者，而字眼关节通行，枢政由此大坏矣。

帅公承瀛奉旨出查河工事，并审某县令亏空案，有从严治罪之旨。帅至工查勘事毕，即提某令审讯，而河工各官咸为抱屈，言其致空帑项，实属因公赔累，并非有意化消。公曰："上命追其亏空，但有弥补之法，余亦何必深究。"时其所空二万，各官皆力任之。公责其具一月限状，允收银后题结。无何忽奉廷寄，该员逮捕入京，与公同事某者大恐，欲还限状，而遵旨解该员归部。公执不可，曰："违制之罪，公但推某，某自不辞，若奉命理事而出尔反尔，示下以不信，死不为也。"银既收足，公拜疏题明未奉廷寄之先，已据该员全数缴清亏项，无更治罪之理，谨将原旨封缴。疏入时，蒋公砺堂当国，曰："此本朝未有之事，帅二好大胆。"比进御，为之流汗。既而，上览疏是之，一无所问。

英煦斋相国德，文庄之弟四子。和珅美其貌，欲婿之而不可，将乞高庙御旨成之。德先二日得信，诣某氏求亲，欲即日聘定，自午迄夜，父子跪求不起，某氏许之。翌日入直，上果谕姻事，以既聘对而免，和怒之切齿。英为庶常散馆，和特求巡视差，至英案前，佯称美之，而窃诵其诗。和去，英觉之，易其原作，及卷入，和大索不得，英遂留馆。和益怒，故高宗世，英终不达。仁庙亲政，和党诛斥，始大显。及宣庙初，英以大学士兼内务府，时全妃有盛宠，内旨令造绣花褺衣，僚属白行文织造，英改用函信，曰此事胡可见之公牍。继又立索旗鞋合用马蹬，英以向无此器沮其事，妃故已怒之矣。一日者，宣庙召见，语政务毕，命查各库，欲觅碧珋瑌可掣手钏者。既出，遍查所有，皆无此大料，独一蟠桃径五六寸，为高庙八十万寿广督某所进，价且不赀。既复奏，上命改造，英曰："此先帝瑞器，不可为玩亵之物,且破大作小可惜。"上默然不应,事遂寝,而妃闻大怒,上亦浸疏之矣。宗室禧恩、敬徵、耆英者,三人为死党,欲去英而夺其内务府大臣之缺,且迎合上意,遂摭其过以奏,奉旨降理藩院尚书,差使尽撤。攻之者不已,又革职下刑部监。耆英本英所识拔,从笔帖式至卿贰,不以为惠,而挟其父,查抄时,英苾其事之嫌,遂奏请查英家产,狱上,英发军台。及后赐环,上欲复用之,英坚不起,以四品衔终于家。

六月建丁未

朔日壬子(6月27日)　　　晨微雨,午前阴,午后薄阴,夜雨

万篪轩廉访来候。吴竹庄观察来候。要张子畏观察食馄饨。

录万篪轩语浙盐事:浙盐官运,初起时每引以六百六十斤为额,六百斤归官局行销,以六十斤与本商作小货,听其自卖。盐价定为每斤二分二厘,计每引十四两五钱二分。以四两归公,以八钱充办公局费,以七两五钱与本商归本钱,以二两二钱二分与本商作利息。计从浙中盐本水脚,比到章门,巧商不过七两一引,拙商不过八两一引,故以七两五钱牵中定价,而以七两五钱之本赢二两二钱零之利,几及三分矣。后盐价大长,每引值至二十四两,而官局之价如故,盐一引售入分销,盐店即有十两之利,请盐者皆钻求情面,争夺不休,遂改为赢缩归公,其十四两五钱二分定价之外,倘有盈馀,一并归官局收充饷项,其争始息。嗣因浙盐本地价长,脚费复增,然西岸定价不宜改变,乃改重浙省盐秤,百廿斤为百斤。到岸后所有馀斤,俱给本商,以弥补其增多之本,仍不得与官局异价。

凡办盐卡,不得发给官秤,只可点包作数,若过顶真,不独不能

清楚,转为委员上下其手之地。

录吴竹庄语:曾方伯营已扎至雨花台,直连江边,贼亦不出。其弟事恒司马贞幹,揆帅之最少弟。营江边,有燕巢其帐房支柱之上,司马以为不祥,深恶之。我军虽未遭挫败,而进退不得。

录张畏翁语:国帑有二库,内务府东茶库、藏参之库,而实银库,以储各省关榷杂款,备上供。户部大库以储地丁各款正项,充国用。国初管理三库事务大臣满汉并用。纯皇末年,或言于和珅,库款平馀,累积甚多,若请旨盘查,其正数外,皆可取也。和从之而大获,于是旗人争谋其缺。至成皇初从宗室某人之请,不复派汉人管理,作奸犯科,奸弊丛起。库中大桶每桶装银十万两者,至以方桌入桶内垫底,每届照例盘库,司员、书役均有分润。直至道光二十年,上有所闻,特旨清查,库款竟亏至九百九十馀万。旗下诸大老无一人不经三库事务,皆当株逮,合朝大恐。宗室某王言于上曰:"自嘉庆初盘库无亏,直至今日而尽,用旗人系皇上即位后始改变成法,今王公大臣俱蒙污名,恐为圣德之累,不如普令嘉庆四年之后至今凡管理巡查库务者,责其分赔,此时姑免深究,以全国体。"上惑其说,从之。于是无辜勒缴,至去官数十年而忽遭赔累者。其舞弊之官,止照股摊赔,微谴不及。时王晓林为少寇,力言内帑正项,监守自盗至九百九十万之多,而以模糊了事,外省州县亏不过数万,即被参处治罪,何以服其心? 天下将无法矣。面陈至三次,上曰:"汝言甚是。"王出,次日遂外放。

各省春秋冬三季,各具库存清册报部候拨,此册归户部北档房旗员主之。凡外省报部存项属虚者,即至本房用费缓拨,费不至者,尽拨无遗,其拨解又不择邻近省分。即如甘肃之甘饷,理宜于山、陕拨解,而往往拨诸江浙,解费倍增苦累,其弊不可胜言。天下惟江浙、河南、安徽、江西、二楚诸腹地,进款除本省额支外,尚能协济邻省,广东有海关,故亦有馀。其馀如川、滇各省,均俟外来津贴,滇省铜本每年百廿万,黔省铅本亦数十万,均由部拨。其新疆兵食各项由甘肃转解前往,统为之甘饷。

岁入漕粮总共四百八十万,内山东等处半系豆、粟。额支旗粮每月二十四万,通年即已二百八十八万。再加皇城老公口粮、百官俸米,所入仅足敷衍。每添一代陵寝,增设守卫,每年费至三四万;每添一府亲王,俸给亦至一万;与旗下养育粮、孤寡粮,均属日增一日。而京、通各仓止容六百万石,除支放外,仅有半年存馀,故一遇凶荒,天庾即有空虚之患,而莫知发一策者。道光初年,英煦斋为大农,创行奉天采买、台湾采买之举,廷臣犹争尼之。今则南粮不至,每恃此以救急矣。

旗粮每月米二十四万石,银四十万两,系定额,其额外之孳生者,谓之养育。兵日多一日,而红白恤赏银两亦日增一日,本属不了之局。仁庙末年,松中堂奏请派遣旗丁口外屯垦,虽奉旨允,而旗人坐食性成,不能作苦,定例每年各旗造册愿往者报名,竟无一人赴募。文宗时兵兴饷乏,旗粮空欠,旗人生计断绝,投御河死者,日夜不绝,因于河岸设栅栏守,而缢于室者复相踵,妇女鬻色者比比皆是。

南漕至京,国家每石费至十两有馀,尚有各旗卫屯田,俱系官给,所入复不赀。而卫户游荡,半将官田典质以供饮食。乾隆年间,发饷代赎,安庆一省凡百五十万馀。省陆续代赎之案,推此可悉。其馀如河工一项,专为漕运而设,费尤不可胜计。故漕运事实为国之大蠹。道光中,创办采买,外价二两馀,先奏定三两馀之价,利息既重,不患商人不踊跃,而国家已减往日所费十之七八矣。

道光间,因京储不足,张曾建议将八旗、蒙古、汉军各各遣还,听其占籍居住,内务府亦听各回、汉籍共事。未敢上请。国朝初立汉军时,其降附官弁、兵丁分隶各旗。仆隶下人、工匠手艺人俱入内务府,故内务府最贱。官显而有名德者,奉旨抬入各旗,然后脱于奴籍。内府人取名虽如旗人,必仍带汉人姓于今名第一字之下,如英和本姓石,人呼之者为英石大人之类。

张初任南昌时,官场风俗刓弊。张素有风力之名,比下车数日,但觅里邑小事整顿之,人咸笑其琐碎。相爱者或问其故,曰:"此地风俗懈弛已久,骤绳之必不能胜,一事挫退,后无可为者矣。且欲整顿地方者有二忌:一到任未几,不能识透情形,而遽示操切;一则好寻前任瑕疵番案,苛索过情,吾见多矣。二者未尝不败。"问者大服。后政果大行,官吏慑服。

穆相彰阿与桐城姚伯昂先生元之。同岁生而至交。穆未显时,其肄习词赋多从姚请益。穆既贵,姚官亦显。宣庙中年,夷务初起,穆力主和议以迎上意旨,而事甚秘,外间窃议而已。姚者,直道人,且挟故旧,一日诣穆;语间问之曰:"鹤舫,外间皆言君主和议,比汝为秦桧何邪?汝何故为秦桧邪?"穆支吾而罢。翌日,穆语人:"某与姚伯昂至交数十年,而以秦桧见比,吾不复见之矣。"未几,而姚勒休之命下。

阅邸报三月十九至廿六:上谕户部奏京仓需米孔殷,江苏采办粳籼米各十万石,曾否采办,未据奏到。广东捐解米价仅到头批,福建仅到二万四千馀石。山东省额运新漕,迄今未奏起运确数。

上谕著盛京将军玉明于沿海各属仓存粟米筹拨二十万石解京。

吏部奏,二月五日户部颜料库不戒于火。

上谕蒋琦龄前任顺天府事。奏请开屯垦以恤旗仆等语,著八旗会同该部妥议具奏。

孔繁灏衍圣公。片奏，尼山距曲阜五十馀里，建有书院、圣庙。二日初八日，教匪将书院及颜母祠拆毁，圣庙器物毁坏。

上谕祁寯藻、景其濬奏，捐班军功妨碍正途，请饬变通办理，著分别妥议具奏。

礼部奏，笔帖式敬恩呈请会试三场，另备一卷，士子各抒己见，切实指陈云云。有乖定制，应毋庸议。

礼部遵旨议奏，给事中吴焯奏请造就真才一折，臣等拟请嗣后三场策问以经史与时事分问，贡士对策，不必拘以字数，不专力于缮写云云。

户部奏，奉旨速议盛京将军玉明拨米雇船一折。原奏奉天海口向无出口船只，渔船只可内河剥运，此次拨运，应由直省雇备。每号装米一千五六百石，计该百廿号云云。应请饬下直督迅速雇备。

春佑片奏，蒙古金银矿厂向派总办、帮办二员云云。

初二日癸丑(6月28日)　　雨

同乡庄栗园懋仪，心惠之子。来访，新从江西来。陈文治来辞行。敳甫所办轮舟来至。杨君子劭来。谒帅，帅以蒋奇龄奏见示，命为评论。杨咏翁来。

接邹蓉阁五月十二日信。又燕山五月内信。又般仲、衣谷四月十八日信。又敳甫五月廿三日信、又廿信二件并书三本。又阿哥五月十五、二十三日信二件。

录蒋奇龄奏诘戎行条所引《平定教匪方略》：

> 仁宗时襄阳、达州之贼各以五色分号，分突川、陕、楚、豫，股数至多，或分或合，不可胜记。于是分命某军剿某股之贼，以专责成，过境穷追，期于扑灭。命各省督抚各督守令，坚壁清

野,各守其地,亦有专责。

又恤旗仆条:

> 合计中外禁旅驻防二十馀万,而居京者半之,圈出近京五百里之地,重逃旗之禁,所以固根本也。已而丁口日增,定为十二万,甲丁虽增而兵额不增,是在康熙朝已逆料饷糈之难继矣。乾隆八旗丁册已数十万,约今日又当数倍,而粮与地不加多,安得不困。先朝之臣尝有以此条奏矣,舒赫德谓东三省沃壤数千里,俱为牧场闲田,请移八旗以实旧都。孙嘉淦谓独石口外之江城子、开平城,张家口外之兴和城、新丰城,川原膏沃,可耕之地各数万顷,请于四城驻防满兵数千人,令其屯垦牧猎,又旗人愿下乡耕种者,给旗产许其自种。汉军罢仕愿在外者,允其择乐土以长子孙。道光末年,枢廷亦尝议及口外、热河等处亦有闲田,足可屯垦。

在帅处见永昌徐氏寄弟信有云:忠逆于数日前传令,民间不准点太平灯笼,不知何意。又金陵危急,不发一援。

初三日甲寅(6月29日)　　午前阴,午后晴

出城候竹庄都转,路遇之,同至其舟少坐。候彭雪岑侍郎,适撰帅在其舟,少俟,乃得见。撰帅与彭祭唐兀忠宣墓,甫经终事也。并晤魏绍庭太守、高慧生部曹。归途顺访张畏翁。彭雪岑侍郎来答候。

读《通鉴·晋安纪》。

魏主珪分置三百六十曹,令八部大夫主之,此与近制八旗相仿。

奉教评论蒋疏

第一条,端政本。

前段劝王进德,反复肫至,忠矣。欲使集议以防其专,则

误。自古治乱,系乎人,不系乎法。使恭邸周公其人邪,朝廷方委重之,何必开其嫌隙;非其人邪,则太阿之倒,岂帘前一议所能防范。且虽圣贤,往往见有彼此。以周公才美,君奭尚不说之,况在今世,转恐政多牵掣,筑室道谋,非所以成当机立断之美矣。

第二条,除粉饰。

深切明著,使行其言,积习一除,可以新天下之耳目。

第三条,任贤能。

求贤佐治,不独垂帘之世所急,求其有裨当世,亦视贤主何如耳。徒取垂绅缓带,清议从容,风眩而进肉糜,非愈疾之方矣。举士责之大员,诸侯能荐人于天子,此自古制,不妨与大小臣工,并尽明扬之美,必谓执者可信,执者足疑,成见不化之故也。不逆诈,不亿不信,令人求才,而又疑其挟私,天下之政,何一事不可疑哉?百年来,惟防奸防弊之法,束缚中外,使之索索无气,究之弊亦日滋。今又踵其陋习,殆乎不可。惟云召对俄顷,不足以判贤否,则甚当。

第四条,开言路。

雕刻奸欺之状,颊上三毫,苟非燃犀之烛,孰能知此?然其习气之来,匪朝伊夕,未可轻易革除也。此之治乱,视言路之通塞。一语亦似孟浪①。

第五条,恤民隐。

南宋以半壁之地,用度最奢。即以军务言之,韩世忠一军,封桩每月至四十馀万缗,民亦安之。明末海内全盛,乃加派一

---

① 孟浪,稿本作"猛浪"。

行,天下大扰,何则?宋取之商,明取之农也。此时耕耨之民,失业可悯,而商贾依然。一城收复,但当津要之地,数月复成闹市。是则酌古准今,商可捐,农不可捐,事理明甚。今日捐厘、劝捐,其害更甚于加赋,其说诚不可解矣。军务繁兴,现在所有之兵,尚不足用,兵多不能无费,费多不能不筹,需用既殷,不得不广设征收之局,用人既众,不得不稍宽取择之途。语曰:治道去其太甚。徒以身经厘局之扰,遂言之有若切齿。夫当此岌岌之势,欲使用人行政,悉中绳墨,是必使天下咸束手受毙而已。即其补偏救弊之法,亦究不能别开生面。惟所云撤分卡一层,似有意义。

第六条,整吏治。

此条所见是矣,而立言未善。正途皆士子,好善者或有,捐班半杂流,牟利者实多。是则正途宜扶,捐班宜抑之故也。今其言外则以吏治之衰,为民请命,而内则为正途之不得缺鸣冤。古云为官择人,不为人择官,殆不若是矣。正途而贤,当速升,正途而不肖,亦当速升乎?今日寒畯可也,曰迂陋,亦足取乎?夫迂陋矣,犹不如他途桀黠之辈,用之得宜,尚有效也。汉武求研弛,魏武用有过,虽不足法,然以之资用,实收其绩,乱世不得不然也。至曰军功不可为牧令,所关诚大,而徒为正途争缺,则尤不宜。疆场战争,死生呼吸,孰与矮屋呫哔之难易?收城克地,验著实在,孰与陈言菜饰之重轻?至于垂涎膴仕,士夫毕生帖括,何独无此心,而以责之武人,欲其为善不求报,不亦慎乎?又曰,杀贼而令牧民,是用所短,犹不足以服其心也。国家右文左武二百年矣,牧令本正途之所有,驯至今日,祸乱孔亟,长于牧民之正途,能几人哉?

第七条,筹军实。

剜肉补疮,为喻可为沉痛。因设州县团兵之法,则用心虽切,尚不足以救弊也。一土之人财,足用于一土,明论诚不磨矣。然欲兼施境外,则不免冒昧。夫县邑各集数百人,正供之外,酌量捐养,即团练之法也。以牧令为偏裨,道府大吏为元帅,有事调拨,然则今何省无事,何地无防,此制非尽天下之守土官为将帅乎? 又何前条之言,领兵者不当与文途也。且一县调遣离境矣,设事不速蒇,本邑听其虚无人邪,抑更立令,更募兵邪? 知其不行矣。以一县之人,任一县之守,尤必通团四乡,而后声势足恃,区区数百人,守且不足,又何能出境助剿耶? 王文成之奏功,如捕蝉之螳螂,伺之已久,一举即能蹑其后,以为仓卒能然,为古人所愚矣。至于偏闰之朝,用民无艺,尤不可为引喻。今军伍之士,专心致志,屡经苦战,习于行间,然后能东征西荡,成功收效。若牧令者,有抚绥之责,有供顿之劳,有计会之繁,有讼狱之寄。兼才难得,舍吏事,治兵事,天下无一好官。舍兵事,治吏事,天下无一良将。而可行乎? 秦汉之吏兼兵任者,其时政简势专,然叛乱发兵征讨,仍以中兵驰赴,而郡县之兵仅以捕逐小寇而已,非今之比也。其言十利,曰良民无跋扈之虞,不知今之跋扈者,其初亦皆良民也。曰将士相习,今之牧令,与民诚相习乎? 不可以自欺也。曰派有定额,共见共闻,夫用兵而先虞其侵饷,以为之防,使之束缚手足,此事所以无成也。其馀数利,亦类琐细,且有此而遂去征兵,势必不能,则科派朘削,无可减也。为此计者,不几于助额兵之糜饷乎,何军实之能筹耶?

第八、九条,诘戎行,慎名器。

二条意略相同,实皆言言精当,确有把握,称引方略,尤见明审。其言时弊,亦往往有之。虽监军一层,颇遭指摘,然不害其全体。昔曹魏与孙吴相攻,曹休表渡江,丕诏止之。董昭以为诸将富贵,无复他望,何肯乘危,不烦诏止云云,实为明论。驭武人者,不可不知其情也。

第十条,恤旗仆。

筹饷不如节用,使财赋多入十钱,不如度支少出五钱之益,何也?多入钱,有受其弊,少出钱,所省者必滥用之类,去之无损也。旗屯一法,历经诸名臣论列,只以无真心忧国,实力奉行之人,故每作辄辍,其实不可旦夕缓。而移屯之户,宜仿晁错徙民之策,一人安然受利,则虽惰食之旗人,亦必趋之若骛。此时豢养旧制,已万不可行。穷则变,变则通,此疏其嚆矢乎!

第十一条,挽颓风。

服官从政,禄足代耕,仕官所以谋身,而廉士于出处之际,有饿体肤而不为者。末世风俗凌夷,清要之官,至于屈身商贾,为之鹰犬,朝叩富门,暮随肥马,以视托身方镇,犹为驰驱王事,不足怪矣。此自上下交征,积成污染,非一语所可挽回。俸米之加,徒成虚说,至外官陋规归公,殆为不知外间情形。即以各关而论,正课之外,必有耗羡,一经上闻,取以增课,为之杂款归公,而杂款之外,复生杂款。今查明陋规,抵充廉项,久必更将此钱充度支,而官无所得,又必巧取于民。夫天下之弊无穷,欲澄清之者,适足厉民而已。祈有司之能廉,此在上之有以转移风俗,承平之世,或可徐议,非今日事也。

第十二条,崇正学。

圣门弟子,分为四科,虽以德行为冠,而不废文学也。况宋儒讲性理而空谈实多,汉学重训诂而发明不少者乎。近世汉学门徒,不无我见贡高,诋訾逾当,然亦深衷厚貌之伪儒,有以召之,木蠹虫生,非尽诬罔之言,即足以转移风俗也。诚有见乎君子之道者,谓宜平矜释躁,以正是非,而亦嚣然与之角胜,且诋之曰邪说,岂反躬自厚之谓欤?至曰宋儒之践履为实,汉学之记诵为虚,然则朱、陆异同,陆子尊法性,朱子道问学,亦当左朱而右陆邪?若以祸乱之来,责汉学之害风气,尤为语病。宋以前之天下,不必长衰,宋以后之天下,不必尽治,足征兴废之故,不系是矣。所虑者,本朝家法,政由宸断,而迩来言路一开,淄渑难辨,言之为公为私,皆有所挟之成见,俨然明季台谏之风。为上者苟无真知灼见,以察群言,鲜不至于五色无主,非治象也。若再朋党之风兴起,害政更甚。今天下痿痹久矣,专心一虑,犹苦不能振作,更以陈言范围之触前踬后,困其心思,废其耳目,几何不僵仆哉?

统论全疏,忠爱之心,溢于言表,亦能直揭隐弊,其文传世定矣。而其中若干条,愚则以为不能烛察事理,且助科第、抑军功,重京僚、轻外任,扬宋儒、薄汉学,其言虽多见地,而字里行间皆带不平之色,若有积感重怒者,岂成见不能尽除之故欤?其除粉饰、开言路二条,深中时弊。诘戎行、慎名器、恤旗仆三条,实可见之行事,非敷衍泛论时事之比。其他条各有精语,惜疵醇互见耳。

初四日乙卯(6月30日)　　雨

写咏如信。交廖再卿即日发。送还帅署取来蒋尹奏稿,交巡捕。接张畏翁来字,又赠诗一章。

初五日丙辰(7月1日)　　　阴

张畏翁来。吴竹庄来,久谭,并托寄发甫信、银三百两。写咏如信,即日发,交来勇。邓履吉信,初七交万。发甫信、阿哥信。俱交杨子劻。接咏如五月二十九日信,并托寄家信、银三十两。寄发甫转交。接容淳甫初四日信。

读《晋志·礼中》。

晋氏起家清素,故知谨守礼法。观武帝答诸臣请易服复膳诏,殊类发于衷诚者。然而身没之后,兄弟称兵,不受孝友之报者,何哉?

初六日丁巳(7月2日)　　　午前阴,将晡大风雨

闻楚西各省水溢,米价大长。倏忧旱,倏忧潦,人心之惶扰,殊可忧也。写史贤希信。初七发,交容纯甫足。张畏翁来辞行。汪秋阁来。

录张畏翁语:道光末,苏州顾元凯为浔州府,而卓海帆相国之族人某任贵县令。时洪、杨诸逆皆在贵县乡间,潜谋举事,为邻近民所觉,俱缚之来,渠魁凡七人。顾即委卓令录问,卓以案大患受累,乃以无事实,皆纵之。诸逆既得脱,即作乱。事闻,卓当大辟,相国庇之,分过与顾,皆问遣出口。

张子畏观察《燹馀稿》序

今元年,烈在皖,桐城张先生自其邑来,相晤者十日而九,语掌故及时政,往往移晷。烈退辄记之,几盈帙矣。先生曰:咸皇初,河水流决梗漕,天子诏大农议其事。吾官曹郎,与同列上议。议者二十馀人,长白英相国和,时为尚书,独取吾议主海运,据以奏,而无故事,众尼之不果行。其次年,道仍阻,天子悟群言之非,独断行之,犹取决于英。英既造滕受命,出至掖门,飞骑召吾往,曰:"事定矣。第吾皆信若言,行之无成,祸不轻

也。"吾正色曰："此国大政，敢谩言邪？脱有他，愿死无怨。"英喜而入。是年，穆相国彰阿遂奉命出督其事，吾实辅行。事成，运速而费寡，率舟千石者，与三百金，行迟者十五日达。自是河有患，辄举前议。至文皇朝，终用之以济京储焉。

吾旋改外为九江府，下车，值合省水潦。大府议赈，檄各县，以邑大小为差，颁各数千金，而揭示民，口大者几何钱，小者几何钱。郡县奉檄，取示遍张之，民坌至，其资不抵十分一，于是大窘，凡桀黠者皆贿之去，穷黎卒无获。吾初见有灾，先下乡核灾户，檄至，不使属邑官吏闻，以其钱与灾户相较量而定其数，先其至贫者，更有馀，及次贫而止，民免者众。烈喟然曰："甚哉！为政之难也。知之不难，决之难，决之不难，任之难。事不成，当受其过，事成，孰有知先生者。顾事往矣，其奏议条教有存者，盍以嘉后人而诏来许乎？"先生曰："吾往来兵间，平生所诵所写所撰作皆燹，独诗数百首存耳。非有关于当世，岂吾子意邪。"烈曰："闻之古矣，诵诗三百，可以为政。诗以道性情，性之所近，志在焉，事在焉。扬子曰雕虫小技，壮夫不为者，未闻道焉尔也。"先生出以相授，既得终读，卷凡三，长短体备，上以忧国家，下以轸遗子，蔼乎慈人之言。《乐记》有之"温良而能断者"，其此谓乎？其此谓乎！

学者求先生事与绩弗多见，反而观性情之所发，露思过半矣。则是诗也，虽谓之方策之政可也。将以归之，先生命弁其首。烈惟少贱之义，不敢当，又长者之命，弗可以辞也。先生与先大夫同官江西，为父行，先生又吾省之监司，为邦伯，以才学及行，则师也。而烈实序先生诗，将有疑之者，故备书之。

初七日戊午（7月3日）　　　五鼓时狂雨、暴风、雷电, 辰巳间霁,

晴终日

写容纯甫信。即日发,交来足。霍生来。华若汀来。以银百两交,转托杨子劭寄沪。写殷仲信。附发甫函。写燕山信。附发甫信。

接袁桐君五月初九日信。又张畏翁来字,留别诗一章。

初八日己未（7月4日）　　　晴

吴竹庄来,写六姊信。十一日发,交秦小石带湘。

读《晋志·礼下》。

魏蒋济、晋卫瓘等劝封禅,既未有实事,徒载虚文何益? 蒋济奏尤与晋氏无干,删之。

江霦议子不能封母,甚当。

读《晋志·乐上、下》。

两篇所载谣诗,惟《拂舞》谣诗五篇可诵,情真则言挚,非陈言铺葇之类也。

东汉时正旦设戏,即今戏法踏索之始。

读《晋志·职官》。

元帝为晋王,以参军为奉车都尉,椽属为驸马都尉,行参军舍人为骑都尉,皆奉朝请,后惟留驸马都尉诸尚公主,刘惔、桓温皆为之,此额驸之始。汉殇帝以邓骘为车骑将军、仪同三司,此仪同之始。魏以黄权为车骑将军,开府仪同三司,此开府之始。

读《晋志·舆服》。

司马氏创五牛之旗,及后祚归牛氏,亦谶也。

中宫法驾,太仆妻御,大将军妻参乘及奉引,诸臣之妻。皆宫人权领。夫太仆、大将军可权领,太仆、大将军妻不可权领,后人不学而造作制度,往往令人喷饭。

初九日庚申(7 月 5 日)　　五鼓时大雨,天明霁,晴终日

张子畏来,久谭。姚肜甫来,汪秋阁来。

读《晋志·食货》。

咸宁初,杜预上疏,以东南水灾特剧,乞坏兖、豫州东界诸坡,随其所归而宣导之。按此即近来淮河水涨开五坝泄之之智,实以邻国为壑耳,非善政也。其时屯田利去而弊存,预实欲为坏陂之举,然开国时军政之所恃,恐言不行,故托救灾之说耳。观后疏自知。盖时势已迫,不得不直言之矣。

预后疏云"良田变生蒲苇,人居沮泽之际,水陆失宜,放牧绝种,树木立枯,皆陂之害也。陂多则土薄水浅,潦不下润,故每有水雨,辄复横流,延及陆田。言者不思其故,因云此土不可陆种。臣计汉之户口,以验今之陂处,皆陆业也。其或有旧坡旧堨,则坚固完修,非今所谓当为人害者也"云云。按枣祇兴屯于建安,邓艾辟地于正始,其时人民最稀,田业荒弃,究之所佃不过数万人,故纵横而无不如志。其后招徕民户,生聚既广,而田多为水占,其弊乃见。故屯田者譬如遗金在道,不顾可惜,殆金主既返,即当与之,不可据为久利。而一处之堤防水堰,凡往日民力所为者,皆尽一方地土之宜,不可因一切之利,草率更改,否则,千载制作荡于一旦矣。

男子一人占田七十亩,课田五十亩。女子占三十亩,课二十亩。课田由公田。晋赋盖助法也。

晋之于臣下可谓厚矣,有田又许荫免宗族,又有佃客户,又有荫客户,又有衣绢之赐,《职官志》又载有俸,有莱田。一人升进,戚郦咸不忧贫,重禄劝士,蔑以加矣。《职官志》不载占田,而此无莱田,盖遗脱耳。俸者,拜官时已过夏收,则与俸一年,过年仍给田。

成帝时,度民田取十分之一,率亩税米三升,然则其时亩不过收

三斗耳,较今亩亦十分一。

录张子畏语:

张官南昌监摄粮道,时粮船岁修,例派委员监造,属员求书札来请托者,纷不知数。张召问其故,曰:"旧例每舟赠送监修八金,修百舟即八百金,此腴差也。"张曰:"修舟系奉成规,何必贿汝,其中必有故,能知之者,即与差。"越日,一人告曰:"得之矣,今舟皆较旧制尺寸不符,载千石者,放至加倍,便于额装粮米之外多载货耳。"张与札去。后幕江南,陆立夫先生为总督,张告之,且言粮舟北上难行,皆由货多笨重之故,请奏饬天下之照旧制核定舟之大小。陆入告,而粮船之载货,自粮道至仓漕各署皆有费,事格不行。

淮南盐课旺时,征不及五百万。

录汪秋阁语:

来沪经商之夷,四国为多。英人、法人、合众人、白头人,馀国附丽而已。英人生意最多;法人无生意,亦无地亩,近日方占沪城北门外地,亦设巡捕;合众人生意次英人,而皆无钱;有钱者白头耳,白头,即印度,为英属国,鸦片皆其所产,完税与英国后,载来中土,出息极大,而为英国所制,徐雨之云不确。不得贩丝茶,故其钱无出路,皆会与英商,英人资之以为货本,而以货与之,到各埠收钱偿欠。上海洋行本最大者义和行,主凡九十馀股,然轮舟止一只,不大,做汉口内江生意。宝顺稍次之,行主三十馀股,船最多,兴贩不遗馀力,各山内产茶之地,皆亲到自买。其收茶之价,视中商加数分,故货皆归之,不独出口洋茶,即中地用茶亦被垄断吞尽。又白头行、沙逊,专贩土;会隆行专做会票,放账本钱亦坿二行。目下汉口红茶每担六十六两①。花旗消绿茶,英国消红茶,俄国消福建乌茶。牛庄豆石、豆饼及油为沙船生意所靠,故善后章程第五条议明,不准外商贩运出口。今春英、法助剿之说兴,英人求改此例,恭王允之。现在上海所有沙船皆停废,往时船捐所入及南关进出口税,*中国运货出海归南关完税*。俱归乌有。

初十日辛酉(7月6日) 晴

写王璞臣信。附汪燕山函内。下午谒帅,久坐,以吴人殷兆镛五条奏疏见示,诋訾上海官吏不遗余力,鄙恶之事,亦亹亹言之。廷寄交督抚查办。又见示议撤五口大臣,以其事归督抚廷寄,帅复奏请设长江通商大臣。又见示议与印度兵合力攻剿金陵、苏、常廷寄,录入洋务案牍。命拟复疏。又见示三月内复奏与外兵会剿事务折稿。

在帅处出,见杨子劢,知轮舟已至,遂到张畏翁处知会之。秦小石来,未晤。莫子偲及令子仲武来。杨子劢及其姊夫潘之廷来,知轮舟不候帅命竟开,张畏翁等俱不及趁,伊亦遂上岸。

读《晋志·五行上》。

此《志》屡书涛水之变,虽为灾异,然必其时,建邺之潮本盛,特不至漂舟溢岸耳。古有广陵观涛之说,而今惟在武林。地形迁变无常,水势随之亦异,理之所有也。

吴妇人修容者,急束其发而剿角过于耳,即今大鬓也。元康中,妇人佩金银玳瑁为斧钺戈戟以当笄,干宝以为服妖。

泰始之后,中国相尚用胡床、貊盘及为羌煮貊炙,卒有胡氏羌之祸。

读《晋志·五行中》。

---

① 稿本作"三十六两"。

录帅语："前批蒋疏意见均相同,惟帅以为诘戎行等二条不可拟之于今。且云本朝军务惟川楚一事最不足称,而今人多言之,亦是古非今之见也。教匪倡乱数年,未尝敢破府城,今粤贼则蹂躏及七八省,然彼时调兵半天下,用饷至数千万。今吾与此匪角逐,十年所用额兵不过千人,馀皆自募,所用库饷不及十万,馀皆自筹,与往日有劳逸之分,难易之别矣。历来乱贼未有若是之多,亦未有若是之久,惟北魏末年与此相仿,诚史册所仅见也。"

又曰："自古成败利钝,皆由运气,而书册尽不足信。"吾妄对曰："明谕诚超出一世,然嫌语意微过。凡运气与事理相随而行,与治同术罔不兴,与乱同道罔不止。作善降祥,不善降殃,未可竟曰无也。而天下之事,又实运气主其大半。至于立言之体,则在上者多道事理,则善者劝而恶者惩;在下者多道命运,则穷者安而通者静矣。孟子曰尽信书则不如无书。书之多为诳耀,明者皆知,惟圣贤问学,非此不载。至史中尤饶文饰,而观其善恶之应,历历不爽,亦可见其非尽虚无也。"

十一日壬戌(7月7日)　　晴

晨送还帅昨日交与廷寄二件,又抄奏疏及片一件,封交成巡捕。写徐渭南、郁子枚信。张子畏改赴九江,吾为属洋行照料。叶茂亭来,云南人,上海曾识之。秦小石来,吴竹庄来。拟昨帅命疏稿成,封交成巡捕。有回片。以吴竹庄、华若汀、刘咏如银信共四百三十两交杨子劬。

十二日癸亥(7月8日)　　晴

谒帅。候张畏翁送行。赴吴竹庄招,同座杨咏春太守、余君,饮甚畅。写叚甫信。即日发,交子劬。

十三日甲子(7月9日)　　晴

下午访潘聚垣,并晤洪琴西、向伯常。又访李眉生,又访莫偲老。又访霍生,不遇,闻至吾寓,返则与其兄朗生皆在,留晚食后乃去。

录董叔纯刺史与歿甫信:

> 九年滇匪李永和、蓝大顺犯川境,连破筠连、庆符、高县三邑。秋间攻扑叙州府不克。十一日,窜至犍为县之五通桥。十年正月,窜富顺之自流井、荣县之贡井。二月,复回五通桥,又攻嘉定府不克。三月,蓝逆分股上窜,叠破青神、彭山、蒲江、名山等县,其李逆大股仍踞桥上。从桥上至省有二路,一由嘉定、青神、眉州、彭山、新津、双流至省四百馀里,经州县城五六;一由井研、仁寿至省亦四百馀,仁寿无城,专恃井研以为屏障。闰三月十二日,进攻井研,围逼至五月十八日,不能克,乃退。是役也,董实主守事云。

十四日乙丑(7月10日)　　晴

闻汪秋阁、杨子劬尚未行,遣要秋阁来一谭。访廖再卿,不遇。访杨咏春于其新宅。访王朗生、霍生、虚斋,二鼓后归。廖再卿来二次,不晤。

读《晋志·五行下》。

读《晋志·刑法》。《志》终。

读《列传·后妃上》。以上补十三日读。

晋宣以景后系魏氏甥,鸩之。当魏明之世,司马氏已有异图,其谋可谓夙矣,曹族竟不之察,何邪?

武悼后之被害,以子贼母,千古之奇变,而朝臣不知以死争之,犹称引圣经以庇大恶,使千载之下,犹掩目不忍视。张华之徒伦理绝矣,犬彘几何邪!

晋武为子娶妇,而虑其不知房帏,使己妾导之,其荒谬足为笑柄。即此以观,晋之内乱无礼,安得不召贾氏之祸。

读《后妃下》。

读《列传三》。

王祥,晋武世保傅,魏遗老。弟览,武世卿贰,儒臣,郑冲,武世公傅,定策。何曾,武世公傅,宣、文世心腹。子劭,惠世三司,庸臣。遵,武世卿贰,庸臣。石苞,武世三司,景、文世爪牙。子崇,惠世方镇,乱臣。欧阳建,惠世守令,附石氏。孙铄。武世郎曹,附石氏。

前读《魏志》论祥不拜晋文,以为不能守节而饰小行。今详其遗语,于改国易君之痛,闵然不能去怀。夫沟渎之行,既非大雅所宜,而委质服官,又违忠贞之素。固辞引退,欲不以晋之命服,君子处世途之变如是,亦可无讥矣。惜不能致仕于魏朝,坚卧以避位,先见知几之美,其未有邪。

永康初,何劭为司徒,其后三王交争,劭以轩冕而游其间,无怨之者。此冯道之鼻祖也。

何曾告子孙曰:“吾每宴见,未尝闻经国远图,而多说生平常事,非贻厥孙谋之兆也。”曾虽豪奢,而实有才识,然知晋嗣之殆是矣,盍亦反谋己乎?晋武非不宽慈大度,而竞图安乐,志不在民,故其佐命亦知富贵而已。小人而乘君子之器,不亡何待?

晋宣薄石苞,晋景以为其细行不足而有才略,遂用之。魏武求有过,没不旋踵而效之者来矣。

石崇居牧伯之位,为盗以求资,晋政之秽甚矣。魏晋二世求有过之士,积垢乃至于此。不以五胡荡涤之,此风何时已耶?

王敦谓崇“子贡去卿差近”,其俊快,目中无崇矣。

郑冲委质魏朝,夙于王祥矣,而奉策佐命,实则晋臣也。何曾任心腹,石苞为爪牙,同传有所不宜,而祥尤当分别。

读《列传四》。

羊祜，武世将帅，名臣。杜预，武世将帅，名臣。子锡。武世丞郎，外戚。

魏陈留王立，祜不愿为侍臣，求出补吏，出处之道当法此矣。祜实为晋官，受晋禄，知魏之不能复久，引而远之，不诟害以为功，不矫枉以取誉，君子人也。

读祜请伐吴疏，虽赞伐国，然实慈人之言也。孙皓虐使其民，二境连兵不解，不加荡涤，是终无休息之期矣。世有貌非而心是者，非浅夫之所得知也。

以晋之强，当吴之可伐，而延之十馀岁，及祜兴议，众尤挠之。为大事若此之难也。绥怀小国，置之度外，或者慈人之心，而实则上下偷惰，故然耳。

登岘山慷慨数语，超伦逸群，胸无凡想，千载之下犹见风采。

将伐吴，祜时已病，帝欲使之卧护诸将，祜曰："取吴不必臣自行，但既平之后，当劳圣虑耳。"老子曰："功不必自己，成名不必自己出。"羊公知道而笃信之者矣。

祜避名而预专好名，二人优劣，相去千里。夫平吴者，祜之绪馀耳。预幸际会，功不及（预）〔祜〕十二三，然而震荡之威，不得不归之。前者惨悴，后者乐成，岂不平邪？盖预求称誉，而祜则求实在者也。所获亦各如其分，无所枉矣。

羊公不读书说经，而其解诣超于杜公万倍。杜亦名臣矣，以配羊固愧。

录杨咏春语："助夷助剿之事起于冯桂芬，为之介绍于夷者，龚橙也；惑其计而毅然为之者，潘曾玮也；为冯说潘者，顾文彬也。其始议有八条：一凡破城得地所获资财，皆归夷人估价而后分与中国兵；一凡中外文件往来，皆归会防局云云。馀条大率类此。夷人故甘其说，及后冯亦自知不可行，不复出之矣。推其初倡议之意，不过欲借以饷馈，殊足鄙哂。庞阁学钟璐则深不以为然，曾与潘力争云。"

十五日丙寅(7月11日)　　晨雨，即晴

下午要王朗生、霍生来食馒头，霍生后至先返，朗生二鼓去。

接帅署送来上海道吴煦报明楚督移咨洋税务事呈文二件。十七日送还，有张、杨二君回片。

读《列传五》。

陈骞，武世将帅，爪牙。子舆附。裴秀，武世三司，文世腹心。子颁，惠世令仆，庸臣，有文学。从弟楷，惠世令仆，贤臣。子舆、宪。附。

裴颁《崇有论》有曰："兆庶之情，信于所习，习则心服其业，业服则谓之理然。"又云："老子以无为辞，而旨在全有。"诸语皆有意理，而嫌其全文不能畅达。

颁与张华谋废贾后而不果，赵王伦求官，二人执不许，两者于明哲之道谬矣。天下事理无中立无两可，二人不知贾后、赵王之足害国可矣，知之而畏之，泆涩以自全亦可矣，不能行之，而但言之，不能去之，而顾恶之，处世如此，鲜不被其祸矣。迹华与颁非力弗能及也，非慈之而舍之也，其迟迟也，偷心中之而已。当断不断，反受其乱。旨哉言乎！

纵横之时，退让者免。楷之更变乱，犹得正命，非是道欤？

读《列传六》。

卫瓘，文、武世将帅，能臣。子恒，惠世丞郎，儒臣。恒子璪附玠，怀世宫僚，名士。张华，惠世台司，庸臣，有文学。子祎、韪。附刘卞。惠世官卫，不必传。

卫玠尝以人有不及,可以情恕;非意相干,可以理遣。故终身不见喜愠之色,其获免乱世固宜。迹其言行,实为知几得道之士,知祸将至,而携家南行,王敦礼之,而亟去若浼。呜呼!亮矣。

武悼后之废,张华以谓宜还称武皇后,居异官以全始终之恩。按是言少差于诸人矣。然子挞父不得使姑徐徐,即可曰忠告也。势不可谏,不如不言,而亟去之得矣。

华知贾后乱国,而不能去,非社稷臣。然刘卞欲为太子废母,华辞之则得道,而正不可没也。

录霍生语:"马队扎营最难,草堆、马棚、溜场皆须在营内,每百人占千人之地,故筑墙难,而守墙尤难。马队皆当用口马,以其力大能忍饥疲也。惟口马最畏热,不能跳坎,不如南马不畏热而灵便,然南马柔脆,终不可用。口马出队先晚,即不与食,饥则行久不碍,饱则受伤矣。"

十六日丁卯(7月12日)　　　晴

黎寿民来候,未见。检点藏书。

《通鉴》臣光曰:"老、庄之书,大指欲同生死,轻去就,而为神仙者,服饵修炼以求轻举,炼药石为金银,其为术正相戾矣。是以刘歆《七略》叙道家为诸子,神仙为方技。其后复有符水、禁咒之术,至寇谦之而遂合为一,至今循之,其讹甚矣。"

宋朱弁《曲洧旧闻》。

科举自罢诗赋以后,士趋时好,专以经义为捷径,非徒不观史,而于所习经外,他经及诸子,无复有读之者。举人试卷有云:"古有董仲舒,不知何代人。"传者莫不以笑。

十七日戊辰(7月13日)　　　晴

霍生请去诊疾,为处一方。答候储稼堂大令。当涂县。又答候黎寿民太守。宁国府。访蒋莼顷,并晤柯小泉。谒帅。答访秦小石。又访吴竹庄,已行矣。张霞臣刺史葆,安徽候补直州。来候,未见。廖再卿来访。

帅见示左中丞书,记其语:"洋人不过四端,火器精、队伍整、饷糈厚、军令严。然有时而不能。其守青浦、嘉定而自退,足见其畏贼亦与下游官兵相同。云调印度兵者,特其解嘲之语,未必真有其事。其将帅欲之,其国主必不愿,即来亦不多。为今之计,不可求助于彼,亦不必虑有后患而拦阻之,堕其计中也。我兵能自立胜贼,贼败则夷亦畏我矣。"

又曰:"雪琴与厚庵不协,宜为调排之,当今廉、蔺不可多见,非能中为说解不可。"

接胡镜湖五月初九日信。接帅署送来官督咨送洋税新章并文二件,命拟复。二十日面呈帅收。

十八日己巳(7月14日)　　　晴

同乡庄耀采威凤。大令、吕亮臣懋采。秀才来访,从豫章来。下午,同乡史士良致谔。观察来候。

接子迎六月一日信。

十九日庚午(7月15日)　　　晴

叶湘雯来访,从江西来。拟复楚督稿成,袖以谒帅,帅卧,典谒者不敢通而罢。答候史士良观察,不晤。又答候张霞臣刺史,亦不晤。为霍生诊疾,霍生盛馔飨我,以家忌却之。访杨咏翁,同访华若汀、徐雪村。

接沈幼丹中丞五月十四日信。又槐亭五月初十日信。又四姊五月二十六日信。

（以上《能静居日记》十四）

六月建丁未朔日壬子,越二十日辛未(7月16日)　　晴

写族兄殿英信、二十一日发,附阿哥信内寄。阿哥信、二十一日交文报局。刘咏如信、廿五日发,交王朗生。刘子迎信。二十五日发,交王朗生。下午谒帅,答访同乡庄耀采、吕亮臣,并晤庄仲求。

接殁甫六月十四日信。

论子口税事呈帅

通计庚申和约之后,通商大患,无有甚于入内地买卖一层。详观天津所定各条,不过略改旧制,大段无碍,即赔偿兵费,尚系有数之事。独此则上害国计,下害民生。害国计犹止厘金减损,其害民生则十馀年后,中商悉皆夺业,不至膏液尽枯不止。虽曰害在于下,其实为国隐患,尤为深切。中国贫民生计,向资富商大贾,分其馀润者不可以亿计。故货物市集之所,其民每繁于省会。今商贾一切被洋人垄断,生意不拘大小,甚至木耳等微物亦行搜采,无丝毫馀剩,无论业商之户,无事可为。试思此百千万亿分润商贾之众,尽使之仰洋人鼻息,其不至变夏为夷,尚几何邪？又中商各贩各货,人数众多,本有厚薄,其势不齐;夷人本重人少,合数家之力,即足以网截利孔,加价于产货之地。商势莫能与争,齐行于贩货之地,民生必至加困。况遍行内地,日推日广,名为三口通商,其实百口千口而不止,非如仅许内地游历,其人少势孤也。种种大患有不可胜言者。

今春楚省奏改内江章程,其于子口税有限地限税之说,甚为有见。而此次奏定新例,未能重申限地之制,其限货例亦未能推阐透彻。查英人和约第九条,有准听内地游历通商一语,第二十八条前段所说系指中商转贩之税厘,后段方有英商在内地买货运口及洋货进售内地之说,其意总为商伙代伊兴贩,不服重征之故,未尝议明英人自行入内转运。至善后章程第七条,始制入内地收税报关,即有无论远近,均不重征诸语,为内江章程之所本。推原其故,其内货指丝茶,洋货指实系外来之钟表等件,均无准洋人贩运中国需用百货明文。此时与之计议,彼无可执之例也。即为洋人计之,从来丝茶百物,皆中商贩至海口,售入其手。后虽多有洋商遣伙入内代办之事,而各路厘金不啻较今子口税倍称。则今之许令入内办茶办丝,已为便宜无尽。若必竭中国小贩之利源,恐非可久之事。

目下洋人乘胜,我国多虞,固不可不委曲羁縻,而楚省既与番案改章,何不穷竟其说。总之此事断不能久,与其两次为难,何如一番饶舌,倘能立为限制,实于国计民生大有关系,不仅关税之于彼于此为微末不足争也。

录帅见语事:"陕西汉、回相斗,杀汉人数万,与云南始乱时同。而陕西回人布满,直从甘肃通至哈密回疆,一有动摇,万里响应,尤非滇回之比。"

汉口英国领事忽至上海,呈禀该国提督,言为炮船所欧。又汉道郑兰因外国人买地,诈索多金云云。求发兵船到汉,并欲赴京控告公使。

二十一日壬申(7月17日)　　　　阴,夜雨

写弢甫信。即日发,交文报局。

二十二日癸酉（7月18日） 　阴,夜大雨,烈风、雷雹

廖再卿来。答访吴颖函。访霍生,不遇,为朗生诊疾。访杨咏春,不遇,出门遇之。访莫偄翁,久坐。

接眉生廉访六月十六日信并上撰帅书,廿四日代呈。

读《列传七》。

安平献王孚,武帝从祖,宣、景、文世将帅,爪牙。子邕。义阳成王望。武世将帅,爪牙。河间平王洪,孚孙。洪子威。随穆王整。孚孙。竟陵王楙。孚孙,惠世方镇,乱臣。太原成王辅。孚子。翼。孚子。下邳献王晃。孚子。太原烈王瑰。孚子。高阳元王珪。孚子。常山孝王衡。孚子。沛顺王景。孚子。彭城穆王权。武帝从父。孙纮。纮子俊。高密文献王泰。武帝从父,惠世公辅,宗贤。子孝王略。怀世将帅。新蔡武哀王腾。泰子,惠世将帅。庄王确。泰孙。南阳王模,泰子,惠世将帅,庸臣。子保。泰孙,愍世藩镇,庸臣。范阳康王绥,武帝从父。子彪。惠世将帅,乱臣。济南惠王遂,武帝从父。曾孙勋。谯刚王逊。武帝从父。子闵王承。元、明世将帅,忠节。烈王无忌。承子,穆世将校,志节。敬王恬。承孙,孝武世将帅,才。忠王尚之。承曾孙,安世将帅,忠节。休之。安、恭世方镇。高阳王睦。武帝从父。任城景王陵。弟顺。西河缪王斌。陵弟。

孚于晋宣之世,与诛曹爽,及有寇至,皆总统戎任。夫宣、景之心,路人知之,孚而纯臣于魏邪,则当释柄遁去,佐命于晋邪,则又安用伪辞。既贪高爵,复掠忠义之美名,左右望以罔市利,千载之下,亦遂翕然称之曰贞臣,呜呼,愚矣!

刘裕伐司马休之,休之治中韩延之与裕书,其文美于臧洪之作,而其为人附书后数语足矣,不必重立一首。

习阳侯顺,"武帝受禅,叹曰:'事乖唐虞,而假为禅名。'遂悲泣,

由是废黜",此得为魏贞士矣。非司马孚之比,而世皆知孚不知顺,夫亦爵位所眩邪。

二十三日甲戌(7 月 19 日)　薄阴

黎寿民太守来辞行。

接史贤希六月十九信。

二十四日乙亥(7 月 20 日)　晴

候黎寿民送行。谒帅。访眉生,并识吴桐云部曹。写四姊信,并寄去徐孟祺奠分二两。即日发,交吕亮臣。写金眉生信。即日发,交来足。写史贤希信。即日发,托霍生。写容纯甫信。廿五日发,交来足。储稼堂大令来辞行,之任当涂。

二十五日丙子(7 月 21 日)　晴,晡风雨

下午,王朗生来辞行,霍生同来,傍晚去。以银五十两属寄问渔。

读《列传八·宣五王》。

平原王幹。惠世保傅,贤者。琅琊武王伷。元帝祖,武世将帅,才贤。子恭王觐。武陵庄王澹。伷次子,惠、怀世客傅,乱臣。东安王繇。惠世卿贰,伷三子。淮陵元王漼。伷四子。清惠亭侯京。扶风武王骏,武世将帅,贤才。子畅。新野庄王歆。骏子,惠世将帅。梁孝王。肜。惠世公辅,庸臣。

《文六王》。

齐献王攸,武世公辅,贤才。子蕤、赞、实。城阳哀王兆。辽东悼王定国。广汉殇王广德。乐安平王鉴。乐平王延祚。

伷才能优裕,高于宗党,而克己恭俭,笃行孝友,宜其启佑中兴,延祚百世矣。

齐王虽贤,而于神器之重,不能无觊觎也。修身以立名,众望归之,重以先帝之宠,太子之不慧,其孰无当璧之心。不然,避嫌远去,何不可之有,而抑郁以死邪?

读《列传九》。

王沉。文世腹心。子浚。惠、怀世将帅,乱臣。荀颉。宣、景世腹心,佞臣。荀勖,武世公辅,佞臣,有才能。子辑,辑子绰、子藩,藩子邃、闿,子组,愍世公辅,庸臣。组子奕。冯紞。武世黄散,佞臣。

王沉悬赏以求谏,主簿褚䂮曰:"若好忠直如冰炭之自然,则谔谔之臣,将济济而盈庭,逆耳之言,不求而自至。若德不足以配唐虞,明不足以并周公,实不可以同冰炭。虽悬重赏,忠谏之言,未可致也。"按䂮所陈,可为至言,沉虚诈之情如破的矣。

士之操行,恒系于上,风俗所起,孰不趋之。晋之诸臣,率在家有孝友之称,而干国乏忠贞之节,求忠臣于孝子,几乎谳言,此故何哉? 孟子曰:"修其天爵,以邀人爵。"若颉辈流,炎炎之思,正以趋时立名而已。

时议省吏之半,勖曰:"省吏不如省官,省官不如省事,省事不如清心。若欲省官,则九寺可并于尚书,兰台宜省付三府。若直作大例,皆减其半,恐文武众官、郡国职业及事之兴废不得皆同。凡发号施令典而当则安,傥有驳者,或致壅否,先精其得失,使官长各裁其中,先条上言之,然后详宜所省,则令下必行。"按诸语实达治体。

读《列传十》。

贾充,文世爪牙。弟混,从子模。惠世卿侍,庸臣。郭彰。杨骏,惠世傅相,乱臣。弟珧、济。

迹充为人,亦荀勖诸人之比耳。抽刃弑主,此是桀犬效忠,充实受晋禄,不容不为尽力。至于恶女乱晋,非充所及料,约婚帝庭,固宠而已,何足多责。世以二者之故深罪充,谓之大奸大慝,或者过当矣。以愚论之,司马氏无道得国,亲养死士,畜谋逆乱而成之者充也,至于将亡,虽充之无子,犹以其女启其祸焉,则天命诚实昭著不爽者也。

汉高祖论诸功臣曰:"猎追杀兽者,狗也;发踪指示者,人也。"夫高贵之殁,发踪者司马氏,充亦猎之狗而已矣,何责之有?而世言晋文,则曰明主,言贾充则曰贼臣,岂允也哉!

读《列传十一》。

魏舒。武世三司,贤臣。李憙。武世令仆,良臣。刘寔,惠怀世三司,贤臣。弟智。高光。武惠世理官。

舒泊然不喜名争,及为三公,引身辞禄,可谓贤矣。而累陈封禅以求谄悦,将晋世习俗如此邪,何为其然也?

读《列传十二》。

王浑,武世将帅,能臣。子济,武世卿贰。王濬,武世将帅,功臣。唐彬。武世将帅,才臣。

齐王攸当至藩。浑上书谏曰:"若以攸望重,于事宜出者,今以汝南王亮代攸。亮,宣皇帝子,文皇帝弟,伷、骏各处方任,有内外之资,论以后虑,亦不为轻。若以后妃外戚,则有王氏倾汉之权;若以同姓至亲,则有吴楚七国之殃。历观古今,苟事轻重,所在无不为害也。不可事事曲设疑防,虑方来之患者也。唯当任正道而求忠良,若以智计猜物,虽亲见疑,至于疏远者亦何能自保乎!人怀危惧,非为安之理,此最有国有家者之深忌也。"按此言可为至理。

观济不为无才,而纵诞至此,晋世习俗使然。上失其道,民散久矣。观此而知孔孟之术不可一日无也。

二十六日丁丑(7月22日)　　晴,晡后雨

吴缵先来候谢步。伊四月内丁外艰,吾曾唁之。写问渔信,以霍生银五十两寄去,即日发附盘仲。写般仲信。即日发,交咏春。访朗生,送其行。访杨咏春太守。是日见有蝗过。

接敬伯二月初五信。

读《列传十三》。

山涛,武世三司,铨臣。子该、简,怀世庸臣,方镇。简子遐。王戎,武世将帅。从弟衍,惠世公辅,庸臣。衍弟澄,惠世方镇,庸臣。郭舒,惠、怀世谏臣,藩幕。乐广。惠世令仆,良臣。

有高节而藏户自肥如虞喜乎,退一整治,乃谗祸交构,晋政之弛可见。

王夷甫称尚虚无,荡泯臣节,及遇石勒,遽劝称尊,其品不足言矣。然谓之为奸,则又非也。自曹、马相承,争为苟且,秽杂充朝,士子进无执争之力,退不自甘于佞谀,于是决去防维,以处礼法之外,不得不毁有崇无,用文其过。迨乎风俗既移,习非成是,始作者之用心之故,莫或能窥之矣。而颓唐之风,遂莫能挽。然则士习之凌夷,实时政致之,其势然也。观晋人之倾倒于衍,君臣共赞,而迹其生平,一巧言令色之徒,绝无过人之处。其鉴别去石勒远甚,足为一粲。

二十七日戊寅(7月23日)　　阴雨

庄耀采来。杨咏春来辞行。接姚彦嘉初九信。

《通鉴》元魏高闾奏:"请依秦汉故事,于六镇之北筑长城。计六镇东西不过千里,一夫一月之功可城三步之地,强弱相兼,不过用十万人,一月可就。"

魏初民多荫附,荫附者皆无官役,而豪强征敛倍于公赋。给事中李安世上言:"岁饥民流,田业多为豪右所占夺。虽桑井难复,宜

更均量,使力业相称。又所争之田,宜限年断,事久难明,悉归今主,以绝诈妄。魏主善之,由是始议均田。冬十月丁未,诏遣使者循行州郡,与牧守均给天下之田。男夫十五以上受露田四十亩,妇人二十亩。杜佑《通典》注曰:"不栽树者谓之露田。"奴婢依良丁,牛一头,受田三十亩,限止四牛。所受之田率倍之,三易之田再倍之,以供耕作及还受之赢缩。人年及课则受田,老免及身没则还田。奴婢、牛随有无以还受。初受田者,男夫给二十亩,课种桑五十株。桑田皆为世业,身终不还。恒计见口,有盈者无受无还,不足者受种如法,盈者得卖其盈。诸宰民之官,各随近给公田有差,更代相付,卖者坐如律。"

二十八日己卯(7月24日)　　　　雨,下午晴

晡时到徐雪村、华若汀处看火轮机,两君所作,用火运动,与洋制无异。同观者周君致甫,成,绩溪人,吾去年识之。吾又要杨咏春、庄耀采、仲求来看。少顷,同耀采至咏翁寓,谭过晚饭,又同访史士良观察,二鼓归。

录耀采言越州事:十一年秋,伪侍王李逆败于江西景德,馀匪窜至浙境,绕衢州至金华,陷之。来者贼不过二千人,屡败丧气,而杭垣不之知,方支牾忠逆之扑杭。忽闻贼从南来,大震。王巡抚调提督饶廷选帅师二万往御,败退至诸暨,贼遂进围浦江,浦江告急。诸暨令许君耀光湘省人。力言于饶,乞其进援,十馀日议始定,行数十里,逢贼哨数百人,又大奔,仍回诸暨,贼遂陷浦江而进。省中遣林藩台往总统军事,与饶协守诸暨,相持俱不出战。贼舍诸暨而北,将掠临、浦,更在诸暨北、萧山之南少西为水陆孔道,米商所集,林、饶皆利其富,声言救粮,争欲行。议定林往而饶军潜至,先纵火,贼见火大至,两军皆溃,贼遂从临浦进陷萧山,林、饶皆单身返省。溃兵麇

集于绍郡数日,而绍郡殴太守之乱起。

初绍郡防守诸务,皆为邑绅把持,团练大臣王履谦,郡人,性素暗,为乡里细人愚弄,黠者借以牟利,而与官府为难。前太守怀清,旗人,知势不能敌,一切不问,故防务尽弛。黠商胡光墉者,业杭城钱肆,省中候补牧令莫不与往来,丐其馀润。王巡抚昔在杭府,委以事而办,才之,既抚浙,引以为用。胡有所捐助,屡保至江西道员。胡向与绍城钱业张存浩争利有隙,绍之风俗,搢绅皆兼业商贾,张力既厚,祖之者多,怀太守素畏土著,胡知不可用,遂言之巡抚,以廖宗元来守绍。廖者强吏,向协守菰城有效,金言其宜。而廖友胡久,胡私意则欲其助之攘利而已。廖之至,乞水师四十艘于林藩台,又亲勇数百人皆至,水师骚甚,民咸畏怒。胡托他事干廖,以释憾于张,廖不知而行之,绍绅慑其兵力,不敢违,私愤益切。九月二十四日,贼既陷萧山,东至郡城尚百里,未得耗,但知有警,遣水师十六艘往,未遇贼即溃,大掠而返,民群起歼数十人。廖出抚民,为邑绅所拘,庄时为山阴令,往力解,事得释。廖返,未抵署,邑中水龙夫要之于道,殴之几死。水龙夫者,董事赵德山、王纪泉二人所嗾,二人张存浩党,殴官实由私愤,其意欲辱之使去而已,故不至死。然祸既构,城内大乱,势不得止,复围廖亲勇于某庙,不克,皆逸去。时信息日逼,诸暨溃勇大集,无粮给之,绍人藏粟尚有万计,(夥)〔颗〕粒不粜,王团练亦束手无策。二十八日夜,廖在署见火光,从者误言八桨船复抢掠,廖愤极,吞洋烟而死。第二日城陷,实廖部卒怒绍人,导寇而至。故推原祸本,绍兴不陷,杭省或不至失守,廖习军事,不死,绍犹可完。廖无私憾于邑人,则当时不至死,非胡、张争利,则廖初至,无开罪绍人之端,全省数亿万之横死,乃肇于匹夫垄断之心。利之一字,吁,可畏哉!

先是年春,南镇会稽山神像首忽断落半载,城陷,其祸兆不爽如此云。

二十九日庚辰(7 月 25 日)　　　晴

三十日辛巳(7 月 26 日)　　　晴

耀采、仲求来,潘子庭来,家中作夹饼,食之,下午始散去。姚彤甫来。

接左孟辛△月△日信。

七月建戊申

朔日壬午(7 月 27 日)　　　晴

杨咏春来。周致甫来访。

初二日癸未(7 月 28 日)　　　薄阴

华若汀来。下午谒帅。访眉生、蒋莼顷。答访周致甫、叶湘雯,不晤。

接弢甫六月初八、初九、二十、二十四日信,又诗四章。初八、二十日信呈帅。又胡镜湖六月初十日信。

录帅语:"东南大局,殊有起色,而人心不平,恐尚有波澜。下江士庶,浇浮之习不除,尚是创痛不切于心之故。当局者不能和衷以济,各挟私见,亦由于不闵鞠凶。人事既然,天道因之,可见悔祸之期未可知也。安省民气似乎稍平,或者可以小休耳。彭侍郎与杨军门素有不协,李皖抚与胜宫保复生龃龉,其胜、袁二人之水火,尤牢不可解。苏绅动兴是非,哓哓入奏,实则各快私意,皆非善兆也。"

录眉生语:"浦东皆肃清,陕西贼已退,惟汉、回械斗,杀死至数万人。张小浦京堂偕一回人知府某往劝谕,为所拘留。"

初三日甲申(7 月 29 日) 晴

写弢甫信,以前后所积函件共十六件同寄。初四日发,交文报局。霍生来。接子吕六月二十七日信。

录霍生语:"彭雪琴侍郎初与杨厚庵军门同攻武昌,中流彭舟桅为炮中折之,舟欲覆,呼杨救,杨直前攻贼,不之顾,彭遂望望。又杨以武职为水师总理,彭以道员副之,虽微上下,彭犹不甘,故至今不协。"

初四日乙酉(7 月 30 日) 阴

下午,庄耀采来。写子吕信。初五日发,并寄银二十四两,交叶湘雯带去。

录耀采语:"王履谦为浙江团练,听任匪人,其用事者有三王,一王梅溪,本幕苏藩署,得贿为雪轩中丞所逐,故挟嫌嗾履谦,连上三疏劾之;一王纪泉,即嗾水龙夫殴郡守者;一忘其名。"

《曲洧旧闻》。

熙河用兵,岁费四百万缗。自熙宁七年以后,财用出入稍可,会计犹岁三百六十万缗。而北方自增岁赐以来,绵絮金币不过七十万贯,是一岁开边五倍之。

艺祖养兵止二十万,京师十万馀,诸道十万馀。

汉初有假左丞相,曹参之徒悉尝为之。后汉殇帝以邓骘为车骑将军、仪同三司,开府之名起于此。唐制节度使兼中书令、侍中、同平章事,并谓使相。按此节相之始。

初五日丙戌(7 月 31 日) 阴雨暴凉,如八月末

读《列传十四》。

郑袤，景世腹心。子默，武世循吏。默子球。李胤，武世三司。卢钦，武世令仆。子浮。从子志，惠怀世藩国佐，忠。志子谌。华表，子廙，惠世仪同，志士。子混、荟、恒，成世卿贰，忠节。表子峤。惠世台省，儒臣。石鉴，惠世三公。温羡。

读《列传十五》。

刘毅，武世谏臣。子暾、惠、怀世卿贰，权奇。总。程卫。武世强吏。和峤。武世直臣。武陔。武世令仆，魏遗臣。任恺。文世机管之臣。崔洪。武世谏臣。郭奕。武世直臣。侯史光。何攀。惠世卿校。

毅上疏言九品取才之制有曰："人才异能，备体者寡。器有大小，达有早晚。"又曰"官职有大小，事有剧易，各有功报，此人才之实效，功分之所得也，今则反之。"又曰"官不同事，人不同能。得其能则成，失其能则败。今品不状才能之所宜，而以九等为例"云云，因列为八损。呜呼！观此一篇，而魏晋政事之不修，可以识其故矣。取虚誉而略真修，薄当官而重乡曲，观人不舍昔以求善，用才不量能以取宜，故当时人士皆清静笃修于未达，而昏秽败度于已升，何者？品望一成，诛责所不及，废黜所难加，遂侈然自放而不恤。如此求政之修，难矣。且孝弟饬躬，行也，廉干为治，职也。行非所以求职，职非所以报行。职而修，不可以无行黜；职而旷，不可以笃行容。曾、闵之孝，不列于政事，明异途也。夫用人必求贤者，千古之定训，然但求其贤而不比其能，则虽圣人不可以为治。大孝如舜，尚有诸艰之试，况下此千万倍乎？当涂为不学之政，典午不能革，其风尤加厉焉。上以伪求，下以伪应，不二世而大乱，无实故也。

毅非议九品而复身为州都，谬矣。

读《列传十六》。

刘颂。惠世议臣，直节。李颂。惠世议臣。

颂在郡上疏几万言，其前段言择长王王吴、蜀，殊无意理。

又曰："泰始之初，陛下践阼，其所服乘皆先代功臣之胤，非其子孙，则其曾玄。古人有言：膏粱之性难正，故曰时遇叔世。当此之秋，天地之位始定，四海洗心整纲之会也。然陛下犹以用才因宜，法宽有由，积之在素，异于汉魏之先；三祖宣、景、文。崛起，易朝之为，未可一旦直绳御下，诚时宜也。"按此得晋武宽容臣下之本心。魏祖好求才士，不计驵秽，然已实能笮压之，故咸收用。后嗣渐弱，此辈竞逾礼法，晋氏从而诱之，以夺魏祚。魏祚移矣，而诸臣之恃劳放逸尤甚，绳之必失众心，将生异图，此其姑息之政所由昉，实势使然也。

又曰："矫世众务，自宜渐出公途，日迁就肃。譬由行舟，虽不横截迅流，然俄向所趣，渐靡而往，终得其济。"按此诚改弦更张者不易之法。

全篇不能简炼，然中颇多精语。

沈括《梦溪笔谭》。

先儒以日食正阳之月止谓四月，不然也。正阳乃两事，正四月、阳十月也。《诗》有"正月繁霜"，"十月之交，朔日辛卯，日有食之，亦孔之丑"，二者先王之所恶也。盖四月纯阳，不欲为阴所侵，十月纯阴，不欲过而干阳也。

汉人有饮酒一石不乱，当今之二斗七疑当作九。升，人之腹中亦何容置？秦汉以前度量斗升，计六斗当今一斗七升九合。每斗当二升九合八分强。秤三斤，当今十三两。原注：一斤当今四两三分两之一，一两当今六铢半。

唐人填曲多咏其曲名，所以哀乐与声尚相偕会，今人不复知有声矣。哀声而谓乐词，乐声而谓怨词，故语虽切，而不能感动人情。

世传算茶有三说，法最便。予在三司，求得旧案，三说者，博籴为一,便籴为一,直便为一。博籴者,极边粮草岁入必欲足常额,每岁自三司抛数下库务,由今之部拨。先封桩现钱、紧便钱、紧茶钞,原注:紧便钱,谓水路商旅所便处。紧茶钞,谓上三山场榷务。然后召人入中便籴者。次边粮草,商人先入中粮草,乃诣京师算请慢便钱、慢茶钞及杂货。原注:慢便钱,谓道路货易非便处。慢茶钞,谓下三山场榷务。直便者,商人取便于缘边入纳见钱,于京师请领。

刘晏掌南计,每岁运司和籴米于郡县,须尽得郡县之价,方能契数行下,比至则粟价已增,晏令郡县以数十岁籴价与籴数各为五等,粟价才定,更不申禀,即时廪收。但第一最贵。价则籴,弟五最少。数,第五最贱。价则籴。弟一最多。数,仍会计之,多则损贵与远者,谓损价,粜远处之粟以省运费也。少则增贱与近者。谓增价,籴近处之粟以补数也。

师行运粮不但多费,而势难行远。余尝计之,人负米六斗,卒自携五日干粮,人饷一卒,一去可十八日。原注:米六斗,人食日二升,二人食之,十八日尽。按:连干粮在内,止可支十七日半。若计复回,只可进九日。三人饷一卒,一去可三十一日,计复回,只可进十六日。若兴师十万,辎重三之一,止得战士七万人,已用三十万人运粮,此外难复加矣。运粮之法,人负六斗,此以总数率之也,其间队长不负,樵汲减半,所馀皆均在众夫,所负常不啻六斗矣。若以畜乘运之,则驼负三石,马、骡一石五斗,驴一石,比之人运虽负多而费寡,然刍牧不时,畜多瘐死,一畜死则并所负弃之,较之人负,利害相半。

初六日丁亥(8月1日)　　　　阴雨,寒如深秋

世传雪深一寸,蝗子入地一丈。又曰天旱虾鱼卵化为蝗。去冬雪深七尺,今夏水溢四省,两楚豫皖。而昨见飞蝗蔽天而过。古语之难信如此。

读《列传十七》。

傅玄，武世议臣。子咸，惠世执法。咸子敷。咸从父弟祗，惠、怀世贤臣。祗子宣、畅。

〈读〉《列传十八》。

向雄。武世直臣。段灼。武世议臣。阎缵。惠世直臣。

段灼临去，上表直言魏晋之异唐虞，虽为悖直，尚新异可喜。后陈五事，敷凑无识，全删可也。

《梦溪笔谭》。

国朝六榷货务。荆南府、汉阳军、蕲州蕲口、无为军、真州、海州。十三山场。光州光山场、子安场、商城场、寿州麻步场、霍山场、开顺场、庐州王同场、黄州麻城场、舒州罗源场、太湖场、蕲州洗马场、王祺场、石桥场。

都卖茶岁一千五十三万三千七百四十七斤半，祖额钱二百二十五万四千四十七贯一十。荆南府即长沙地。受潭、今湘潭，即长沙本郡地。鼎、今常德府。澧、今同名。岳、今同名改府。归、今宜昌西境。峡今宜昌地。州及荆南府茶。汉阳军今同名改府。受鄂今武昌府。州茶。蕲州、蕲口今同名。受潭、建今建昌府。州、兴国今同名改县。军茶。无为军今同名改州。受潭、筠、今瑞州府。袁、今同名改府。池、今同名改府。饶、今同名改府。建、歙、今徽州府。江、今九江府。洪今南昌府。州。南康、今同名改府。兴国军茶。真州今仪真，改县。受潭、袁、池、饶、歙、建、抚、今同名改府。筠、宣、今宣城县地。江、吉、今吉安府。洪州、兴国、临江、今同名改府。南康军茶。海州今同名。受睦、今严州府。湖、今同名改府。杭、今同名改府。越、今绍兴府。衢、今同名府。温、今同名府。婺、今金华府。台、今同名府。常、今同名府。明、今宁波府。饶、歙州茶。

愚按：此榷务分受各路茶，与今盐引分地正同。场者，出茶之地，官之所有，而设场以收其租，馀茶尽买之，即卖于本场。馀他州邑地系民业,则官就园户和买,潭、鼎以下皆是。而皆送于六务卖之,此但叙其地邑,出处尚不分晰。按《通考》载茶价,蜡茶每斤买三十五钱至百九十钱,卖四十七钱至四百廿钱。馀率类此。又按:景祐中叶清臣上疏言:茶利岁入,以景祐元年为率,共止九十馀万缗,而茶商税钱此商人行售所过关税。已五十七万缗。若令天下通商,只收税钱,自是数倍。嘉祐中始行之,悉罢官场,而令商贾与园户自相交易,一切定为中估,官收其息。园户之种茶者,官收其租钱,商贾贩茶者,官收征算,谓之通商。至治平中,茶利每岁遂及二百万。盖征榷之利,惟官征而民贩,方可通行。若官夺商贾之利,凡货之装收,利之厚薄,官悉不谙,即有谙者,不过十之一二,而榷务不止一处,势无若干明察之人主持其事,加以官吏之侵欺,商侩之奸猾,故官贩一法适足害民,实不利国,万不可行。惟就场征税,而听其所之为无弊。然永叔、贡父讥之,其不达于政矣。

庆历中,议弛茶盐之禁及减商税,范文正以为不可。茶盐商税之入,但分商贾之利耳,商贾亦未甚有害也。今国用未减,岁入不可缺,既不取之于山泽及商贾,须取之于农。与其害农,孰若取之于商贾。今为计,莫若先省国用,国用有馀,当先宽赋役,然后及商贾,弛禁非所当先也。

按:此诚老成经国之言,非苟求虚誉者之比。按此与元魏彭城王勰、邢峦议甄琛奏弛盐禁之说同。

盐品通行者四种:一者末盐,海盐也。河北、京东、淮南、两浙、江南东西、荆湖南北、福建、广南东西十一路食之。其次颗盐,解州及晋绛、潞泽所出,京畿、南京、京西、陕西、河东、褒、剑等处食之。又次井盐,凿井取之,益、梓、利、夔四路食之。又次崖盐,生土崖间,阶、成、凤等州食之。唯陕西路颗盐有定课,岁为钱二百三十万缗,自馀盈虚不常,大约岁入二千馀万缗。惟末盐岁自抄三百万,供河北边籴,其他皆给本处经费而已。

按:彼时颗盐行于末盐,故以数池之产,其课几与沿海数省敌。又其时课至二千万,视今为多数倍。

发运司岁供京师米六百万石。淮南一百三十万石,江南东路九十九万一千一百石,江南西路一百二十万八千九百石,荆湖南路六十五万石,荆湖北路三十五万石,两浙路一百五十万石。通馀羡岁入六百廿万石。

按:较今多半倍。

切韵之学本出于西域,然古语已有二声合为一字者。如不可为叵,何不为盍,如是为尔,而已为耳,之乎为诸之类。

太宗朝常戒禁兵衣长不得过膝,买鱼肉及酒入营门者皆有罪。又制更戍之法。欲其习山川劳苦,远妻孥怀土之恋。又请粮者营在城东,即令赴城西仓,在城西,令赴城东仓,仍不许佣僦车脚。

跋尾:博丽易也,其精审不为古人欺。如辨张率之识晋磬及王摩诘之画霓裳谱,皆非小说家能办者。载宋逸事亦能撮要,于读史甚有裨,不可草率观之。惜此是摘本,未见全豹。

初七日戊子(8月2日)　　雨

下午,同乡李祥生维新。来候。

初八日己丑(8月3日)　　雨

答候同乡李祥生,觅舟不得。候杨咏春送行。候厉斌堂大令。谒帅。

接阿哥六月十九、二十、二十二日信。

录帅语:"韩城相国王杰。与和珅并相数年,同在军机,不交一语,为和所中者数矣,而终不挠。道光时寿阳相国自二十年起至三十年,并与穆相共处枢密,外则咸知二人异操,然在政府,穆遇事专主,祁无间言,亦未尝乞退,似古人微不类矣。"

初九日庚寅(8月4日)　　　雨

史士翁来候。过中元节,遣要庄耀采、仲求、潘子亭来食茄饼,二鼓乃去。

读《列传十九》。

阮籍,隐士。从子咸,隐士。咸子瞻、惠世宫僚。孚,成世方镇。咸从子脩、隐士。放、明世铨臣。裕。隐士。嵇康。才士。向秀。隐士。刘伶。隐士。谢鲲。明世志士。胡毋辅之,元世方牧。子谦之。毕卓。狂人。王尼。狂直。羊曼,成世忠节。(子)〔弟〕聃。光逸。狂人。

母死而围棋、饮酒,非人情也。使其心中乐邪? 则不容有后哭;苦邪? 则安能忘情于先。史乃以为籍之本趣,外坦荡而内淳至,俱矣! 夫籍者,志操之士,虑不免于世,佯狂以求苟全而已。凡此吊诡之行,皆有为为之,贵尚虚无,亦有为为之。观其教子,使弗复尔,嗟乎,籍之本心于可见矣。

籍以明哲,免于魏晋之间。而孚师之,以免苏峻,裕师之以违王敦。一家之学,渊源有本,夫其智识过人远矣。而谓之为狂,何盲者之多哉?

阮籍、嵇康皆善士也。不幸值草窃之世,不忍如钟会之流偷荣世禄,遂自放庄老以晦其能。虽然,岂得晦哉? 群聚竹林,清言畅谭,名之曰晦,实播之矣。固宜为山泽之士鄙夷之而弗答也。籍少能转圜,以求明哲之道,佯狂吊诡,卒以自免。康则方驰声气,同心者千里命驾。然则二人晚途优劣见之矣,瓦全甑破,夫各自取,岂有他哉?

阮籍伪狂以免世,其风传播,天下波靡,智者皆知遵用斯术,以衽席水火而无恐。乃昧者为之，则认伪作真，略前人之苦心，转以之为高致，谬矣。如王尼之斥东海，犹为古狂之肆，至父子叫呶，偷酒钻窦，何如哉？荡而已矣。

初十日辛卯(8月5日)　　薄阴，午后晴

写咏如信。即日发，交霍生。写敬伯信。附咏如信。写金眉生信。即日发，交来足。写孟辛信。即日发，交霍生。发山西邓信。吉止自写，交万桌台署马递。

接眉生廉访初一日信。

读《列传二十》。

曹志。武世儒臣。庾峻，武世儒臣。子珉、怀世忠节。攸。狂人。郭象。怀世藩臣，幕僚。庾纯，武世卿尹。子敷。武世谏臣。秦秀。武世直臣。

读《列传二十一》。

皇甫谧，隐士。子方回。挚虞。武世礼官。束皙。武世文学。王接。惠世文学。

谧作《释劝论》，皙为《玄居释》，其文皆无足取。自东方朔始开风气，为者接踵，凡士之不遇，例为一篇，托曰高旷，其实牢骚所发，且千篇一律，数见不鲜。今可悉去之。

十一日壬辰(8月6日)　　晴，晡后少雨

饭后访吴赞先，不晤。次到霍生处，亦不晤。又访咏春，并识代州冯君子明。卓。天堂巡检，其子年十三，为贼掳至药铺，因捣药毒杀贼十数人而自死。已经皖抚部院奏奖。又到莫子翁处，逢霍老。傍晚归，顺访若汀、雪村。

读《列传二十二》。

邵诜。武世良牧。阮种。武世贤守。华谭。武世良吏。袁甫。

〈读〉《列传二十三》。

愍怀太子,子霜、臧、尚。

读《通鉴》百四十八。

魏人多窃冒军功,尚书左丞卢同奏,在军斩首成一阶以上者,即令行台军司给券,当中竖裂,一支付勋人,一支付门下。按:此即今勘合之制所起。

又百四十九。

魏贾思伯为侍讲,帝从思伯受《春秋》,思伯虽贵,倾身下士。或问思伯曰:"公何以能不骄?"思伯曰:"衰至便骄,何常之有。"按:此实旨言。

十二日癸巳(8月7日)　　晴

访蒋莼顷、程伯敷。答访史士翁、庄耀采、仲求,并晤识士翁族孙诚斋。在士翁处饭后同耀采、仲求二君归,谈至乙夜。接欧阳晓岑六月十九日信,并地图、《水经注》图。

见邸抄,陕西叛回攻扑同州,并窜扰省城。在籍京堂张荩往劝谕,被劫留,至今无信,著抚臣瑛棨、将军托名阿查明复奏云云。陕、甘回部直连口外各回城,扰动可虞。东南红巾之乱已见矣,西北白帽殆将复应妖谶。如何如何?

读《列传二十四》。

陆机,惠世庸臣。孙拯。陆云。文士。陆喜。文士。

《豪士赋序》曰:"〈四〉时启于天,理尽于人。庸夫可以济圣贤之功,斗筲可以定烈士之业。"可为明言旨理。

《五等论》曰:"国安由万邦之思化,主尊赖群后之图身。譬犹众目营方,则大纲自昶。四体辞难,而心膂获乂。"此与"合天下之私,成一人之公"同义。

世局变迁，各因其势，智者立法，贵顺其机。圣王兴封建于淳古
之世，伯主改郡县于力争之馀。志虽不同，理亦异也。故梁襄出卒
然之问，而子舆创定一之说。诚识高千古，事符百世。非大贤夙见，
其孰能之？夫圣者发端，多创于未著；俗夫生议，只戒于已然。盖由
魏之宗室凌夷于禁锢，遂使晋之献纳必诤夫屏藩。此所谓亡羊补
牢，惩羹吹齑，执一之论不足为多。三皇不沿礼，五帝不袭乐，古制
不可施今，今政未必逊古。主昏于上，无不弊之法；德修于君，有必
熙之绩。治乱在人不在政，其理昭然也。且论郡县土崩之祸，信矣。
至于封建之末，雄强专土，征伐无虚岁，沟壑随旦夕，其祸又可胜言
哉！是以君子读机《五等》之论，乐其独饶义理，而惜其未融通矣。

孟元老《东京梦华录》书后。

事类俚鄙，小说中之无味者。惟汴梁城市、郊飨仪制，可资考订
家采掇。

十三日甲午（8 月 8 日）　　阴

写孟辛信。附前件。庄耀采来。

读《通鉴》百五十六。

贺拔岳死，诸将或欲南召贺拔胜，或欲东告魏，杜朔周曰"远水
不救近火"。此今俗语有之。

又，魏六坊之众，从孝武帝西行者不及万人，并给常廪，春秋赐
帛以供衣服。注：养兵之害始此。

读《通鉴》百五十七。

司马子如为高欢曰："妃是王结发妇。"此今俗语有之。

又，苏绰始制文案程式，朱出墨入。此官书用朱之始。

十四日乙未（8 月 9 日）　　雨

王霍生来，下午去。

接咏如初五日来信。

读《列传二十五》。

夏侯湛，武世良吏。弟淳，淳子承。潘岳，文士。从子尼。惠世令仆。张载。文士。张协。隐士。张亢。

湛昆弟诰亦新莽之遗风，而规仿犹不如。

十五日丙申（8月10日）　　　晴

陈子芳司马来候。庆瀛，湖州人。选授本郡江防，加府衔，办李少荃粮台。下午谒帅。接周甥孟舆六月三十信。又旧仆李宜来禀。

读《列传二十六》。

江统，武世贤才。子霦、惇，隐士。孙楚，狂人。楚孙统、绰。哀世贤臣。

《徙戎论》曰："有道之君驭夷狄也，惟以待之有备，御之有常。虽稽颡执贽，而边城不弛固守；为寇强暴，而兵甲不加远征，期令境内获安而已。"按此深得圣王待远人之法。晋初诸议论皆掇先朝之弊，矫枉过正，其祸未形，则莫能知。江子此论可谓卓矣。

绰谏徙都疏，足千古矣。其言曰："国以人为本，疾寇所以为人，众丧而寇除，亦安所取裁？"嗟乎，此言莫或思之矣。

史臣论曰："江统《徙戎》之论，实乃经国远图，然运距中衰，凌替有渐，假其言见用，恐速招祸怨，无救于将颠也。"此言亦有理。胡祸徙亦发，不徙亦发，速则祸轻，迟则祸重，审量情势，自以统言为得。且如统言，廪其道路之粮，令足自致，各附本种，返其旧土。果然如是，亦未必成乱也。为政在人，苟惮其难而置之，亦晋庭诸臣养痈之见耳。

读《列传二十七》。

罗宪，武世疆臣。兄子尚。惠世疆臣。滕脩。武世疆臣。马隆。武世将帅。胡奋。武世将帅。陶璜。武世疆臣。吾彦。武世疆臣。张光。武世战将。赵诱。元世战将。

隆传云隆"夹道累磁石,贼负铁铠,行不得前",安得如许磁石?浮浪可笑。

十六日丁酉(8月11日)　　晴

下午庄耀采遣来要往看新得大砚,既往,遂留便饭,饭后,同两庄君返,谈至二鼓尽。

读《通鉴》百六十三。

宇文泰始籍民之才力者为府兵,身租庸调一切蠲之,农隙讲阅战阵,马畜粮备,六家供之,合为百府,每府一郎将主之。

读《通鉴》百六十九。

齐世祖令民十八受田输租调,二十充兵,六十免力役,六十六还田免租调。一夫受露田八十亩,妇人四十亩,奴婢依良人牛受六十亩。大率一夫一妇调绢一匹,绵八两,垦租二石,义租五斗。奴婢准良人之半。牛调二尺,垦租一斗,义租五升。垦租送台,义租纳郡以备水旱。

十七日戊戌(8月12日)　　晴

潘子亭来,华若汀来,姚彤甫来。李子受司马来自豫章,欲觅觇老,因留餐宿。

十八日己亥(8月13日)　　晴

写子吕信。十九日发,交来奴。李子受移住对门旅舍而饭于吾处。

读《列传二十八》。

周处,惠世忠臣。子玘,元世乱臣。玘子勰。元世乱臣。处子札,元世豪族。处孙筵。元世忠节。周访,元世名将。子抚,穆世将帅。抚子楚,楚子琼,琼子虓。孝武世忠节。访子光。

元帝东徙,周玘及子飙纷纭思乱。吴之疆宗,晋固其仇也,当乱亡之后,挟异方之人以君临之,其不靖固宜。使以开国兵威,此辈正当荡涤。至于甫经丧败,众志未齐,则不得不含垢纳瑕,与之消息。虽威刑不肃,奸臣怙祸,遂成习贯。要之元帝当时有无可如何者矣。

读《列传二十九》。

汝南文成王亮,宣帝子。子粹、矩,矩子祐。亮子羕、宗、熙。楚隐王玮。武帝子。赵王伦,宣帝子。齐武闵王冏,文帝孙,献王攸子。郑方。惠世直士。长沙厉王乂。武帝子。成都王颖。武帝子。河间王颙。安平献王孚孙。东海孝献王越。武帝从父高密王泰子。

晋武即世,八王交乱,前世骨肉之祸,未尝至此。魏猜手足,而强臣窃朝,晋反其弊,而祸复踵于族党。善乎王浑之言曰:"古今事苟轻重,所在无不为害,不可事事曲设疑防,虑方来之患也。"其言旨矣。虽然,八王之祸实则始于贾后,使主德澄清,牝晨不作,斯八人者,多夙有令誉,无故称兵,必不然矣。故夫乱乱,乃贾氏所为,八王不可云戎首,而度江一线之遗留,究赖诸藩之屏建,由此思之,然后知亲亲之典为不刊也。

十九日庚子(8月14日)　　　晴

姚彦嘉自江西来,来访。夜间又来。

接子吕十三日信。又金眉生廉访本日途次发信。

读《列传三十》。

解系,惠世节士。弟结、育。孙旂。惠世牧守。孟观。赵王党。牵秀。成都王党。缪播,怀世忠节。从弟胤。怀世忠节。皇甫重。长沙王党。张辅。河间王党。李含。河间王党。张方。河间王党。阎鼎。闵世举义。索靖,河间王党。子綝。愍世举义。贾疋。愍世举义。

二十日辛丑(8 月 15 日) 　　晴,晡后大雨

杨咏翁来候。潘子亭来。金廉访顷到,往候畅谭。候霍生、虚斋。候咏春送行,并候同居冯子明。答候陈子舫司马。姚彤甫来。金眉翁廉访来答候。

二十一日壬寅(8 月 16 日) 　　晴

姚彦嘉来。庄耀采来,同耀采至其家,二鼓归。

读《列传三十一》。

周浚,武世将帅。子嵩,元世直臣。谟。浚从弟馥。怀世忠臣。成公简。苟晞。惠世将帅。华轶。怀世方镇。刘乔,怀世方镇。孙耽,曾孙柳。

洛阳孤危,馥上书,迎天子迁都寿春。详读其疏,实为怀世至忠,晋之君臣不能用,反以私意贼害,可伤矣。

读《列传三十二》。

刘琨,怀愍世方镇。子群。琨(弟)〔兄〕舆,东海王党。舆子演。祖逖,元世将帅。逖兄纳。元世议臣。

陈川掠豫州,大获子女。逖要击,所掠皆令归本军,无私焉。此风真不可复睹。

人之有才有识,尤必充之以恢廓之量。知人情可矣,尤必能知天命而后志充操定,成败不移矣。夫修己行政,使民不背人也,得君之专,举无牵掣,则天为之矣。且以葛公之才,刘主扫境,天人之理交至,若可有成,而年命促之,然则,成败之运不可强期。而逖击楫之初,期清宁而后返,是欲以己胜天,宜乎专任则尽图,分权则忧沮,褊心中之不达时命尔也。夫君子者,内尽于己,委命于天,成不贪天之功,败无反躬之愧,岂不进退绰绰有馀裕哉?

二十二日癸卯(8月17日)　　晴

金眉生来访,廖再卿来访。下午谒帅,访眉老。

读《列传三十三》。

邵续,元世义旅。李矩。元世义旅。段匹䃅。怀世义旅。魏浚,怀世义旅。浚族子该。元世忠节。郭默。怀世义旅。

读《列传三十四》。

武十三王:毗陵悼王轨。秦献王柬。城阳怀王景。东海冲王祗。始平哀王裕。淮南忠壮王允。代哀王演。新都怀王该。清河康王遐。汝阴哀王谟。吴敬王晏。渤海殇王恢。本传只有十二王,脱去城阳殇王宪。

元四王:琅琊孝王裒。东海哀王冲。武陵威王晞,晞子璲、遵。琅琊悼王焕。

简文三子:会稽思世子道生。临川献王郁。会稽文孝王道子,子元显。

二十三日甲辰(8月18日)　　晴

姚彦嘉来。夜,潘子亭来。

读《通鉴》百八十四。

唐高祖命世民击西河,时军士新集,咸未阅集。世民与之同甘苦,遇敌则以身先之。近道菜果,非买不食,军士有窃之者,辄求其主偿之,亦不诘窃者。军士及民皆感悦。按:此新起之法。

又,渊命刘文静使于突厥以请兵。私谓文静曰:"胡骑入中国,生民之大蠹也。吾所以欲得之者,恐刘武周引之共为边患,聊欲藉之以为声势耳。数百人之外,无所用之。"

二十四日乙巳(8月19日)　　晴,下午大雨

李子寿返豫章,晨起送之。

接阿哥十九日信,言张仲翁下世,惊怛无已。其令子执之先已去世,可伤也。又张畏翁初七日信,并见赠诗。

二十五日丙午(8月20日) 阴

金眉翁来,久谭。庄耀采、仲求来,见有客,少坐即去。下午访华若汀,答访廖再卿,访霍生、虚斋,访眉老。

古董肆主回回人,自言回教在皖城者千馀家,明世从河南迁至,本有清真寺二所,在南门外。

华若汀言苏州阊门外旧有钢行三家,以李永隆为最,其业专炼铁取钢,用本甚重,非有存铁数十万斤不可。其钢甲于天下,遭乱无复有矣。

二十六日丁未(8月21日) 晴

史士良观察遣刺辞行。庄耀采、仲求来辞行。姚彦嘉来,同耀采、仲求至其家送行,并送士翁,晡出西门一行。写张子畏观察复书。附阿哥信。彦嘉、潘子亭来。写子吕信。此信未发。

接眉生来字。

二十七日戊申(8月22日) 阴

眉翁来,久谭。写阿哥信、二十八日发,交文报局。叕甫信、附阿哥信。殷仲信、廿九日发,交彦嘉。衣谷信、附殷仲信。欧阳晓岑信。廿九日发,乞帅处代寄。访眉翁。

读《通鉴》百九十二。

唐太宗患吏多受赇,密使左右试略之。有司门令史受绢一匹,上欲杀之。民部尚书裴矩谏曰:"为吏受赇,罪诚当死,但陛下使人遗之而受,乃陷人于法也。"上悦,召文武五品以上告之曰:"裴矩能当官力争,不为面从,傥每事皆然,何忧不治。"臣光曰:古人有言,君明臣直。裴矩佞于隋而忠于唐,非其性之有变也。君恶闻其过,则忠化为佞;君乐闻直言,则佞化为忠。是知君者表也,臣者景也,表动则景随矣。

又百九十二。

大理少卿胡演进每月囚帐。今人言簿籍为帐始此。

又百九十三。

上令群臣议封建。魏徵议以为,若封建诸侯,则卿大夫咸资俸禄,必致厚敛。又京畿赋税不多,所资畿外,若尽以封国邑,经费顿缺。

又百九十五。

流鬼国遣使入贡。注云:国直黑水靺鞨东北少海之北,人依岛屿。按:此即今之库页岛。

又百九十七。

上谓太子承乾悖逆,泰魏王。亦凶险,我若立泰,则太子之位可经营而得。自今太子失道,藩王窥伺者,皆两弃之。按:此与吴太子、鲁王霸事同。

又二百二。

吐番大臣仲琮入贡,上问其风俗,对曰:“吐番地薄气寒,风俗朴鲁,然法令严整,上下一心。议事常自下而起,因人所利而行之。”按:外国风俗,君臣之分不严,故政多舆论,与今西人相同。

又,以来恒等为大使,分道巡抚。按:此巡抚官名之始。

二十八日己酉(8月23日)　　　　薄阴

眉翁来访。夜,姚彤甫、彦嘉来。

读《列传三十五》。

王导,中兴佐命。子悦、恬、洽。洽子珣、孝武世令仆。珉。导子协，协子谧。导子劭、荟。

导劝元帝尽礼于顾荣、贺循、纪瞻、周玘，于是南士归心，为政不难。不得罪于巨室，虽以壮王贤宰握方面之权，欲以资收天下，不能不托根于土著，可以思矣。

读《列传三十六》。

刘弘。惠世方镇。陶侃，成世名臣。子洪、瞻、夏、琦、旗、斌、称、范、岱。兄子舆、臻。

二十九日庚戌(8月24日)　　　阴

姚彦嘉来，饭后去。谒帅。访程尚斋观察，并晤李眉生、柯小泉、程伯敷诸君。彦嘉再来，同访金眉翁，初鼓后同返。其令叔复来。

在眉生处见淮上来信，北捻为僧邸追逼而下，袁军支拒不利，多所伤损。胜帅奏言苗捻之或抚或剿，由李续宜相机斟酌云云，意在推出不管。

录眉生语："苗沛霖奸猾残酷，能御其下，凡有征调，莫敢少迟。自居颍州之乡，而其支羽遍于数邑，寿州城内亦有其人，诸邑守令虚置而已。多诈数喜反侧，初事胜帅，得保叙后，因与孙家泰争睚眦之怨，以翁抚助孙之故，遂生反谋，投顺粤贼四眼狗，奏授伪爵。及见官军势盛，适狗逆投之，因缚献以为功。朝廷以楚军之故不赏之，苗殊愤愤。其占地不甚多，力不能抗大敌，而招携贼捻，皆能如意而进退之。其皖界之捻，惟以张落形为大魁，手下凡数十股。豫省另有大股首某人，不下数十万云。"

八月建己酉

朔日辛亥(8 月 25 日)　　　雨

眉生招饮,其同乡吴颖函亦至,谈甚畅。接丁燕山副戎贺节信。又槐亭六月廿三信,已挈眷寓长沙东长街。

读《列传三十七》。

温峤。成世忠臣。郗鉴,成世忠臣。子愔,愔子超,桓温党。超子僧施。鉴次子昙,昙子恢。鉴叔父隆。

峤拟王导于夷吾,殊不类。或者其品足相埒乎?

峻、约之平,峤一人力也。克敌不难,而辑和为难,辑和于士众兴发之先犹不难,辑和于军势沮败之馀则诚难矣。夫峤非恃侃助也,侃非纯臣,一与之决,且图吾后,一敌尚难,况两敌乎? 故处大事不难于勇决,而难于坚忍。

桓温败归,超教之以废立,逢温之恶,而云不如此不足镇压四海。夫外不武而内逞,取笑邻敌而已,何镇压之有哉!

初二日壬子(8 月 26 日)　　　雨

下晡,访眉生,同至市肆,得佳砚一。长今尺五寸,广三寸馀,厚一寸馀。实大西洞产,为仅有之物。

读《列传三十八》。

顾荣。中兴推戴。纪瞻。中兴推戴。贺循。中兴推戴。杨方。薛兼。元世宫僚。

读《列传三十九》。

刘隗,元世强毅之臣。隗孙波。刁协,元世强毅之臣。子彝,彝子逵。戴若思,名渊,史避唐讳书字,元世忠节。弟邈。元世儒臣。周颉。元世忠节。

论者多谓隗为奸邪,非也。此以为善求人主意则近之,当时人主何意邪?疾强族不奉法,及恶群下之专而已,事会初集,不得不相假藉,势少定则不平之心起矣。隗独知之,故排击豪强,不遗馀力,晋业之不光复,隗之不终而遭谤,皆不明事势尔也。昔孙策渡江,宾礼顾、陆士姓,其不附者,如盛宪等,则害之,其势强也。观贺循之于元帝,未之输写,周玘等遂致异图,而帝不能诛,则亦始终包荒而已,何不忍之有?以此知元帝才略不足也。

颛虽荒于饮,而严气正性,大节不挠,自是东晋有数人物。

初三日癸丑(8月27日)　　细雨

初四日甲寅(8月28日)　　清晨大雨,早食后晴

要金眉翁小饮,王霍生亦来,未食。顷得殁甫下世凶耗,惊怛欲绝。急赴帅府问死期,揆帅出,不得见。归谢客而后哭,惟君与吾之情非复常交可拟,中道舍我,天之酷虐至此,夫复何言!下午,再诣帅府谒帅,系得李中丞信所言,亦不知死期。

接帅示告殁甫凶耗。又咏如七月二十五日信。

初五日乙卯(8月29日)　　晴

取回二十八日交报局信,拆去殁甫之函,加一纸阿哥信内,仍即送往。霍生遣信来候,旋又自来。莫子偲来,洪琴西来。适眉生以余悲故,要至西门外茗楼舒散,慰伴竟日,诸君来,皆不晤。又接霍生来信慰劝。

初六日丙辰(8月30日)　　晴

于寓堂设位哭殁甫,眉生亦至。撤后,霍生复来见慰,至下午,要同过眉生,傍晚始返。在眉老处晤徐君毅甫。子苓,庐州人。

哭弢甫文

维同治元年八月辛亥朔,越六日丙辰。遗友赵烈文,谨以膳羞清酒哭奠于处士周君弢甫先生之灵,曰:

呜呼周君! 年不半百,事无一成,而竟死耶! 上天酷虐,不遗典型,祸胡止耶,邦之虚邪,家之恤邪,而至此耶! 君之襟怀,炳于日星;君之性情,厚于胶醇;君之品类,贵于兼金。书君之美,馨纸不足,痛不能言,但有一哭。古人有言:生我父母,知我鲍叔。噫嗟余生,终老离索。君之交游,万杰千英。癖谬所耽,而余独深。况余与君,趋道各异,何图高明,不我遐弃。君得异书,必以示余,君有至言,必以诏余。茫茫之情,孰则继余? 毕生之悲,孰则起余? 名山幽岩,江流川原,君今已死,孰与游观? 秘册高文,奇论异作,君今已死,孰与探索? 呜呼哀哉! 鳏寡孤独,圣王所恤。悲余失类,其谁共戚。痛哉伤哉! 安有楮笔,此悲能述。呜呼哀哉! 君生不辰,婴丁苦衰,壮怀如岳,而竟摧颓,思智如河,而竟竭哉。呜呼哀哉! 元老祐君,难于登山,驵侩杀之,易于走丸。孰有此世,而生其间,非聃伊周,奚以生全。呜呼哀哉! 君何幸斯,而舍劳梦;我何辜斯,而不君共。面目形骸,望之依然,神无与游,从君九泉。呜呼哀哉! 抽笔陈辞,泪如雨垂;俯如贯刃,心如彻锥。尚何可言,尚何能文。呜呼周君! 呜呼弢甫! 君之爽灵,在天不衰,盍从游风,来鉴我悲。呜呼哀哉! 尚飨。

初七日丁巳(8月31日)　　　　晴

早食后访眉老,并晤同乡杨小泉。饭后同眉老出,拟访霍生,中道不果。余谒帅,问弢甫的信,尚不得,闷闷而返。夜,眉老复来。

初八日戊午(9月1日)　　晴,傍晚雨

午间,眉生同徐毅甫来访。

初九日己未(9月2日)　　阴雨

眉生来,饭后同至其寓,晤徐毅甫,谈至晚归。

接万篪轩信,送来还弢甫纸钱七千二百六十五文。

初十日庚申(9月3日)　　晴

华若汀及徐雪村之子来访。写咏如信。即日发。下午,答访徐毅甫、洪琴西、华若汀。若汀出其家信见示,知弢甫确于七月廿三日酉时一刻以痢疾下世,又闻杨子劼亦死于火轮舟中。一舟之微,遂杀二人,可悲也夫! 遂至霍生处,与商觅舟到章门事。又答访莫子偲,并晤旧友罗君伯宜。研庵之子,五年冬识之。写贤希信。即日发霍生手。归捡行李。访眉生,二鼓回。

接史贤希信,并寄赠银八两。

十一日辛酉(9月4日)　　晴

写槐亭信,即日发,交霍生转托帅署。陆子授信,附槐亭信。子迎信,附槐亭信。稚威信。附槐亭信。莫子偲来送行。霍生来。写张振远信,附阿哥信,十二日发。周缦云信。留交陈子舫。同乡陆章甫来,少逸先生子,名开文。自沪与杨子劼同乘威林船于七月十八开行,到焦山船漏,上海李中丞另遣舟来载之到皖,而子劼仍留原舟,始知昨信之讹。徐毅甫来,金眉翁来。华若汀来,少坐即去。王、徐、金三君留至二鼓去。

接弢甫七月十一日信,言己病状起于六月十一、七月初八、九间,屡次昏冒,然信内尚不言己欲死,惟念家特甚,阅之可惨。

又张仲远观察六月初八日信,言夷税事,并述执之之殁,语殊悲

怛。又阿哥六月初八、七月初七日信。又接振远六月、七月内信。

十二日壬戌(9月5日)　　晴

华若汀来，陆章甫来，金眉生来。谒帅辞行，至江西迎四姊全家来此。并访程尚斋、蒋纯顷、穆海航、程伯敷、李眉生、柯小泉辞行，晤程、蒋、穆。访眉生辞行。写阿哥信，即日发，交成巡捕转托轮船。写振远信。十三日发，交狄稼生。杨小泉来访。夜杨子劬趁他船到沪来访，同访金眉翁。是日陆章甫下榻余处。写季雨信。即日发，交眉生转交狄稼生。

十三日癸亥(9月6日)　　雨，巳后晴

杨小泉来，桐城马君慎甫、起升。江君待园有兰。来候。马君在沪友衣谷、公执，闻其谬誉予，故来访。江君则六月中晤之张子畏先生座中。马君以《慎庵图》属题，又见示文一帙。访眉老，并晤狄稼生，学耕，溧阳人，八年在常州识之。以江北信交带。答候马慎甫并识令弟立甫、惠甫。是日遣奴子觅舟不得。

十四日甲子(9月7日)　　阴

马慎甫、惠甫来。写周瀛士信。即日发，交杨子劬送轮舟。张子冈璲。来访，以刘遂怀银、信托寄。常熟蒋君再山来访。成，蒋伯生先生之侄，前任湖南乾州厅同知，与方彦闻母舅交好，亦识先廉访。狄稼生来访。答访蒋再山先生，不晤。访眉翁。邓履吉奉差过皖来访，言子迎丁内艰。

十五日乙丑(9月8日)　　晴，夜月殊皎

孟辛来自湘见候，相见狂喜。马君慎甫与其两弟来候贺节。霍生、虚斋来贺节。邓履吉来访。写张子畏观察信，写信与金眉生辞行。饭后同孟辛、子劬、章甫出西门觅舟不得，姑共茗。孟辛舟大而

价贵,不得已赁之。船名沙窝子,似钓钩子而圆,其尾腰无门。下午遣取行李登舟,子劻、章甫去。孟辛先去至帅署,晚复出伴我同宿舟中。又偕访履吉,闻吴子登庶常至,又访之,并识其同舟赵君。既返舟,子登复过访。

十六日丙寅（9月9日）　　晴,顺风,夜大风有雨

孟辛卯起去,余舟辰发,午过吉阳湖,晡过东流,夜至华容镇。

十七日丁卯（9月10日）　　晴,顺风

平明舟发,巳过马当,午过小孤,晡到湖口。写郭芸仙观察信,写金眉生廉访信,俱附孟辛函内。写孟辛信,写伯房信。附孟辛信后同纸,即日发,交丁燕山寄。泊舟与丁燕山总戎坐舟甚近,而中间无路,遣奴子绳城往候,并属寄信件。

致芸仙信

闻阁下知弢甫之殁,嗟叹殊甚,足征相与气类自异恒俗,不胜感怆。念其生平慷慨豪迈,此犹世之所有,若性度醇厚,心地光明,见识超卓,谋虑奇纵,殆乎绝世独立。乃不获展毫末,祸起针芥,遂以至死,可为腐心腹烂！至于元老爱才,殷勤拥祐,竟不敌一驵侩之逞。臆则所悲甫大,非一人一家之事矣。烈才逊弢甫百倍,而疏阔正同,每怀艰瘁,不知死所。蒙揆帅垂录,充路府朝,放臂入参,分庭称客。叨重禄,窃高望,德厚至矣,而猥薄之姿,曾无分寸足以自效,使诚抱异才,虽尸素于今日,终收绩于往后,则古人有行之者,烈亦可以无愧。自顾枵然,能不羞读《伐檀》之诗邪？间闻府中有刊布书籍之意,烈思得握铅椠以事校雠抄写之役,进不与世竞荣禄,退以免愧于稟饩,庶几不羞友生,苟活妻子而已。阁下超然渊识,或谅素心,倘能代陈鄙怀,至以为幸。

十八日戊辰(9月11日) 早时阴,午后晴,先顺风,后逆

早发湖口,午到姑塘,候关泊女儿港。

十九日己巳(9月12日) 晴

守风,饭后上岸,绕姑塘山一周,时湖水犹涨,女儿港南北相通,宛在中央矣。在山东面水榭茗饮,东望无崖,直欲浮沤天地,西南黛色参差,五老诸峰近压眉宇,使非四达之冲,真可幽居终老矣。

读陆氏《春秋集注纂例》十卷。《春秋经》辞微义远,又文多错误,最难通解。啖赵之说,往往能见其大,原书集注已亡,幸存此书为之羽翼,后儒由此考订补辑,非稽古之盛心哉?

《吴越备史》,于武肃王小字亦讳之惟谨,时国亡矣,足知人心之爱戴。书为其臣范坰、林禹撰。

《蜀梼杌》,宋张唐英撰。叙王氏、孟氏兴废,议甚平允。

二十日庚午(9月13日) 晴,顺风,亭午变逆

早发姑塘,辰过青山,至屏风山对岸某地守风泊舟。写吴竹庄都转信。二十二日发,交吴城行。写郁子枚信。二十二日发,交吴城本行。下午风微,行至南康府北十五里分龙港泊。

读刘向《新序》,虽分十卷,而篇名止三、四,不足备类,疑未成之书。

读《华严经》"世主妙严品",列言某天、某神、某菩萨得某解脱,似与吾儒言圣徒具体而微同意。

二十一日辛未(9月14日) 晴

守风泊,夜大顺风。

《华严》"如来现相品",惟心惟佛之旨。"普贤三昧品"、"世界成就品"。

二十二日壬申(9 月 15 日)　阴,大顺风

平明舟行,巳刻已到吴城。登岸到宝顺洋行,逢孙楚卿,少谭而别。舟复行,申刻已过樵舍。风益甚,舟不能张帆,遂泊,地名王家渡,离省三十里。今岁江西水甚涨,章贡江下流,宽阔与大江无异。

二十三日癸酉(9 月 16 日)　阴雨狂风

舟勉行,张一叶帆,舱中器物犹倾倒跃动。辰刻到岸,赴周寓问四姊以次,皆无恙。即告凶问,一家号掷,惨不可言。苦劝以灵榇在远,当念大事,不胜丧之为不孝。辞穷舌敝,始少息。同乡汪幼聪来访子吕,闻变因留助丧事。汪名薇垣。遣要金华亭来,属制孝衣及讣帖各项,伊偕汪君往转托同乡许静山府佐。庆丰。写家信,即日发,交蔡芥舟。候芥舟观察。本地人三戴君来唁子吕。下午,金君来,言与许君定议廿五家属成服,二十七日开吊。

二十四日甲戌(9 月 17 日)　阴

晨候金华亭,又候许静山,不遇。叶湘雯祖巽。及林方伯桂楣。令子又其友陈君来唁子吕。史士良观察令郎闰孙、思继来唁子吕。管阆坪、庄纪平来唁子吕。写蔡芥舟信。即日送与。

挽彀老联额:

千已则诟,百已则疵,只应悔负长才,孰与先生共斯世;

不可小知,而可大受,所痛虚膺异禀,未留盛业在人间。

明煎芳蓺

二十五日乙亥(9 月 18 日)　阴

崇仁甘毅生来唁子吕。道森,其尊人子和向于上海识余。吕亮臣来候。蔡芥舟答候。下午,彀甫家设灵成服。金华亭、许靖山来吊拜。恽士峨来唁。

二十六日丙子(9 月 19 日)　　　晴

谒沈幼丹中丞,以疾谢客。孙楚卿光谟。来候。同乡赵叔平钧和。来访。李子寿来唁子吕。下午,华亭来,留榻此间。

二十七日丁丑(9 月 20 日)　　　晴

弢甫家治丧发讣六十二通,同乡四十二,官府、流寓及本处人二十,吊客共止三十人。恽莘农、吕亮臣、史闰孙、许靖山、毛子容作陪,金华亭、汪幼聪为志。

二十八日戊寅(9 月 21 日)　　　午后阴

谒李黼棠方伯,桓,其先人与吾先府君乙酉同年。不晤。候许靖山、毛子容、史闰孙、孙楚卿、薛慰农、时雨,浙江知县,在槐庭处识之。王荫斋、吕亮臣、叶湘雯、恽莘农。晤许、史、王、吕、叶、恽。又至徐孟祺、陈惺斋家作吊,孟祺家无人,未入内。

二十九日己卯(9 月 22 日)　　　阴,早食后晴

下午,金华亭来。夜访叶湘雯、陈惺斋。

三十日庚辰(9 月 23 日)　　　阴雨

再谒沈中丞,中丞疾未瘳,尚不见客。候蔡芥舟。薛慰农刺史来候,王荫斋观察来候。陈惺斋大令来谢。写芥舟信。未发。沈中丞信:初一日递。

再谒铃辕,侧闻玉体违和,未获一亲颜色,私怀企渴,不可名言。弢甫不幸短命,诸无所成,夭枉天才,可为肠烂。阁下厚垂赙助,高谊属云,凡在气类,同深钦感。烈此来拟欲迎其眷属到皖,再偕其子奔沪,扶榇安葬。荷府主慈闵,许之往返自在,而到后将次一旬,渠家债负累累,不能以时引道,烈又交识甚稀,竟无摆划,殊切焦懑。昨询其家,尚有殿雕《三通》一部,市价向值百金,以外绝无分寸长

物。顾今倥偬之时，书籍只堪焚弃，孰有好而重之者。遇此细事，一筹莫展，亦见无才足哂矣。俟事少就绪，即当解维，不再趋烦典谒，伏希为道为民，加意摄卫，不胜至幸。

闰八月

朔日辛巳(9 月 24 日)　　　晴。大风

沈中丞遣刺来，言疾少瘳，明日当过访。访吕亮臣、恽莘农，在莘农处饭。三谒沈中丞，获晤久谭。史润孙来答候。徐崧甫来访。慰曾，孟祺侄。毛子容来访，夜饭后去。

初二日壬午(9 月 25 日)　　　阴，大风，细雨

沈幼丹中丞来下顾，遂吊殁甫，并再助之百金。先是已致奠金二十四两，昨予述其景况，几不能脱身，因有此厚助，殊令人感德无已。饭后到抚辕谢步，尚未返署，不晤。写子迎信喑之。初三日发，交子吕。

初三日癸未(9 月 26 日)　　　阴

访吕亮臣，同至市中，饮于新丰引酒肆，又游万寿宫。下午散归，复访之。傍晚，恽莘农同吕亮臣来访。

初四日甲申(9 月 27 日)　　　明

下午，同四姊处全家下舟。毛子容、许靖山俱遣刺来送，毛又有赆物。

初五日乙酉(9 月 28 日)　　　晴

守风。

初六日丙戌(9月29日)　　阴

逆风,舟行数里,牵挽不动而泊。下午复返城下。

初七日丁亥(9月30日)　　薄阴,傍晚微雨

守风。

初八日戊子(10月1日)　　薄阴。傍晚微雨

守风。饭后上岸访金华亭、毛子容,同茗,散后独饮市中新丰引。

初九日己丑(10月2日)　　晴

守风。

初十日庚寅(10月3日)　　晴,下午风微

解维行三十里,泊王家度。

十一日辛卯(10月4日)　　阴,微雨,下午后晴

逆风,行六七里,泊不知名地。

十二日壬辰(10月5日)　　晴

逆风,行八里,至樵舍泊。上岸者,见土人赛神,或曰宸濠之鬼为厉,故民祀之,遂成俗。下午舟行约二十里,泊荒地。

十三日癸巳(10月6日)　　晴,顺风

早发,巳刻过昌邑,申刻抵吴城。泊舟登望湖亭,潦水未落,四面皆成巨浸,风帆洲渚,极目无限雄阔,不亚岳阳之景。斜日既落,圆月已升,尤得眺览之时,因题一联于此。

望湖亭联:

　　　　万顷对洪流,波荡云回,我欲披胸与吞吐;

　　　　一亭题往事,危栏斜日,不堪洒泪数兴亡。

又忆岳阳楼景,亦撰一联:

> 绝世孤标,手接仙灵踏云雾;
>
> 稽天一浸,心随鸥鹭浴波涛。

十四日甲午(10月7日)　　阴,狂风彻日夜,夜雨

四鼓解维,行数里,舟子见天际云起,知有暴飓,遂退回,甫系揽,已萧萧偃木矣。

记郲亭神异:神号晏公,明朝封靖江王。俗传神本巨鼋,明洪武鏖此湖时,舟败,见神负舟登沙,故赐褒异。五百年来,昭灵赫濯,贾舟过者,争刑牲衅血,不敢斥介族一字。昔辛丑之年,吾家奉讳归,度湖亦致祭,比至马当,遭狂飓,柁毁而帆不可卸,危在顷刻。余时正幼,呼祷于神,舟倏胶沙,合室竟免,恒念神德不忘。昨到章门私祝,归时祭谢,甫登舟,即具牲醴敬以待事。乃癸巳之夜,月明在天,湖水如镜,有二神使赫然水上,隐隐隆隆,如二土阜从湖心来掠余舟过,声如疾风,姊氏偕女甥未寐,皆睹之,俱悚息不敢声。噫! 神其来鉴吾之诚邪? 抑示今日风雨不可行,警觉之邪? 皆不可知,而其昭昭,信不爽矣。

十五日乙未(10月8日)　　阴,风如咋

十六日丙申(10月9日)　　晴

风少定,仍不能行,复登望湖亭,见有洋人夹板船入口。

十七日丁酉(10月10日)　　晴,下午阴,逆风

午刻舟行三十里,泊珠矶。

十八日戊戌(10月11日)　　晴,顺风

将午,舟行过湖神庙,敬酬。晚泊谢师塘。

十九日己亥(10 月 12 日)　　晴,逆风

早行,夜至姑塘关。

二十日庚子(10 月 13 日)　　晴,顺风,午刻风又逆

早行到湖口,未刻过流澌桥,在江北。夜到小孤山下南岸。

二十一日辛丑(10 月 14 日)　　晴

大风,舟不能行。老仆李宜行时微病,至此下利,日夜数十行,甚危笃,而舟不能寸进,为之焦懑。夜卧,与吾襆被相接,臭不可忍,亦殊苦。

二十二日壬寅(10 月 15 日)　　晴,风不止

二十三日癸卯(10 月 16 日)　　逆风

早行,〈午〉抵马当,泊舟守风。甫住舟,李仆去世,殡殓一切,到傍晚方了。又雇一舟,送至皖省葬之。

李宜乡族:

李宜,又名李四,山西平阳府洪洞县城南十八里同上村人,住村内西首中和堂。一子踹儿,又名双寿。侄李管子,前年有信来,言在绛州生理。

二十四日甲辰(10 月 17 日)　　晴,逆风

早行,〈午〉抵华容泊。写李甥信,遣奴子送李宜枢先归。

二十五日乙巳(10 月 18 日)　　晴,逆风

早行,午抵东流县泊。

二十六日丙午(10 月 19 日)　　晴,无风

四鼓行,卯刻到皖城上岸。道逢奴子,言幼女苕生于前月二十四日殇折,又婢银官先数日得疾暴死,惊怛之至。急诣家见馀人各

无恙,稍慰。迎四姊家上岸,居内室西首二间,为羖老设几筵厅事东偏。访眉生。谒帅久坐。吴竹庄都转来皖,闻吾归,即过访长谭。霍生来,孟辛、章甫皆在此,谭至傍晚,同过眉老。

接阿哥八月十三日信二件,言已于七月十九日得一子。又七月二十一信一件。又振远七月二十六日信。又接左仲敏七月二十日信。又刘咏如八月十四日信。又子吕甥八月二十二日信。又眉生本日来字。

二十七日丁未(10月20日)　　　晴

常熟邵君辛卿瑨,竹庄之友,属余同至上海。来候。答候竹庄、霍生。又候莫偲翁。眉生来访。子偲来答访。晚饭后到眉老处,出示见怀诗五首,潭水深情,一何可感。

二十八日戊申(10月21日)　　　晴

访姚彤甫问疾。章甫移榻去。眉老来访,若汀来访,王虚斋来,廖再卿来。眉生要饮,以微恙不去。

接子宪族兄信。又吴晋英信,闻仲明竟殁于杭,可伤可伤! 又言开孙在天津。又刘日心八月二十三日信。

二十九日己酉(10月22日)　　　晴

汤诗林彝铭。来候。若汀来,陆章甫来吊羖甫。邵子龄来。同孟辛、章甫、若汀至某书肆。访陈子舫。同孟辛谒帅。又访幕府诸君。莫子翁来吊羖甫,遂留晚饭,并要眉生、霍生来。同乡赵叔平来访。写阿哥信。即日发,交文报局。

接稚威信,已知羖甫凶耗。

录帅语:“李秀成来援金陵,其众甚多,携洋枪无数,直逼沅圃方伯后濠。此军已在贼围中,惟幸水师可通饷道。宁国有新河庄,在水阳江边。为芜湖至宁国水道要隘,分兵进扼。二十日得一败仗,不能立营而退,宁国亦急。鲍春霆养病芜湖,已渐就痊。二十五日,拔队赴援宁国,未知得达否? 湖北被陕西窜回馀匪本系庐州败残之贼。陷,扰随州、枣阳、应城、唐山,已至孝感,武省颇震。金陵援贼扑营者,炸炮甚多。我军大营本在雨花台,距江口二十馀里,恐被截断,已分筑十垒,由大营直至江边,江中水师梭巡,以护饷道。又贼有水师三百馀号,从东坝抬入固城南碃湖,直通水阳江、青弋江。"

九月建庚戌

朔日庚戌（10 月 23 日）　　　晴

华若汀奉札到金陵,往送之。眉生来致祭殁老。方仲舫来候。写阿哥信。即日发,交眉生。下午,同孟辛访霍生、子偲,俱不遇。再访霍生,始遇之,初鼓归。

初二日辛亥（10 月 24 日）　　　晴

长沙许云松宝坤,六年春识之南康,闻吾在此,故来访,彼时系千总,现已保参将,仍当定湘水营哨官。同其友王君来访。李眉生来访。赵叔平来访。陆章甫来访。谒帅未见。答访许参戎、赵叔平。写咏如信。初四日交霍生寄。夜同孟辛访金眉老。

初三日壬子（10 月 25 日）　　　晴

邵辛卿同杜香泉江西人,团防营支应局。来访。同孟辛访眉生,共至书肆。程尚斋、柯小泉见访,不晤。范西屏国俊。来候。

接吴竹庄闰八月二十八日信。

初四日癸丑（10 月 26 日）　　　阴

谒帅。赴眉翁招,同座张仙舫观察、庆安,云南籍,徽州张小浦粮台。

霍生及余，席罢同霍生归。

初五日甲寅（10月27日）　　阴

下午，邵辛卿来。同孟辛野步。眉生来，畅谭到二鼓去。夜四鼓，有偷儿撬窗入四姊室，为婢所见，大呼，吾急起开户，已逸去。

初六日乙卯（10月28日）　　阴

访眉生。到倪镜帆处作吊。答候汤诗林，次候张仙舫，次候范西屏、陆章甫。访霍生。又候罗伯宜，已至芜湖，不晤。又候怀宁县曹西源，光汉，长沙人。言昨被窃事。又到周羧甫家作吊，并答候江待团，有兰。江已归去，不晤。又候万篯轩，不晤。下午，同孟辛访邵子龄。又访眉生，晚饭后归。

接眉生来字二件。

初七日丙辰（10月29日）　　阴

曹西原来答访。谒帅辞行。答访眉生、让斋、小泉，在眉生处识嘉兴钱子密。香树先生曾孙。又晤万臬使篯轩，又访纯顷、伯敷，小泉、伯敷皆未晤。汤诗林招饮市中，同座孟辛、霍生、霍生令亲顾玉年。夜过眉生。与孟辛、子吕、伯房守夜伺贼，五鼓乃卧。

录帅见示："湖北贼系四眼狗部将马融和，方我军围庐州时，伊攻颍州以掣我军，多帅不为所动。庐州陷，遂由汴境窜陕，围陕不克，纵掠而归。据楚北抚来文，有马队五六千，步贼数甚多，由唐、邓扑陷随州、枣阳一带，直至孝感，现抵黄陂北乡之木兰山，意图东犯皖境，仍返老巢。现调成大吉赴英、霍一带截剿，石清吉仍守庐州，添勇协防，又调张树声驻守运漕，与彭水师联络，防其豕突。其安庆省垣人数仅止二千五百馀，无可调。金陵贼尚猖獗，挖□地道，上盖木板，直犯诸营。我军多疾，不能出剿，现调蒋益澧由浙至宁国进兵，以掣贼势。"

记帅命传语李中丞："飞调程学启一营由轮舟至镇江上岸，赴金陵大营，助九帅同突围而出。此项兵勇本系九帅标下，前随李赴扈，九帅初不相允，此次大营危急，无论上海攻剿如何吃紧，均须即速遣发前来。青浦各县不必急急进取，其营到金陵解围后，即仍遣回扈，决不久留。前本有令其赴皖招勇之说，即可令伊招齐同返也。"

初八日丁巳 (10月30日)　　　晴

到内银钱所有事，晤莫偲老，同归。汤诗林、陆章甫、金眉生来，因留食饼。下午，同偲老谒帅，在幕府立谭良久。又在李眉生、蒋莼颀处少坐。检行李。接帅本日来示，命到九江雇轮舟拖转运船接济金陵。

初九日戊午 (10月31日)　　　晴

陈子芳太守来访，并吊殁甫。访霍生，访子偲，并晤金眉老。作书与李眉生。王少岩来吊殁甫。姚彤甫来吊殁甫。霍生、眉生、章甫来送行。下午出城，孟辛、章甫、李甥送至城外，觅舟未有，寓厘金局邓益亭无锡人。处。收新仆吴升。巢县人。

初十日己未 (11月1日)　　　晴，顺风

早间舟成。孟辛、伯房偕孟舆到局，同在茗楼少坐。候查船讫，放行，下晡到东流泊。

接眉生今日信并送行诗。咏如闰月二十一信。

十一日庚申 (11月2日)　　　晴，顺风

早放舟，巳刻到华阳镇。泊舟候验，津吏不至，候之终日。舟中有趁客疾死，为助棺木。

十二日辛酉(11月3日)　　　　晴

候验仍不至,访阎海晴,昡,长沙人。闻高慧生在此主局务,又访之,始得速验。时迫下午,仍泊不行。

十三日壬戌(11月4日)　　　　晴,顺风甚微

辰过马当,午过小孤山,晡泊江南小港名云矶市,距湖口尚四十馀里。

十四日癸亥(11月5日)　　　　晴,亭午薄阴,大顺风

早发,十里至时家渡。所趁舟不行,复易船到九江。辰刻开,风高浪急,簸甚。午过湖上,晡到回风矶,又行数里,名新港泊。

十五日甲子(11月6日)　　　　晴,顺风

早发,辰初即到九江。访徐渭南,并晤其友郁子枚、钱彻香、郑济东,又遣要广人旧友萧炳南,与商雇轮舟拖船事。本日适有宝泰行船华严那在此,明早即行,故托萧居间。午后,同郁子枚访萧三炳南不遇,遇其弟斌堂。又访旗昌行吴文松。下晡,访郑济东,同晤宝泰行主及本船主与商前事未妥。入暝后,宝泰行伙布昇初广人。同炳南来言,洋人已允前事,到皖停半日,如有船拖,与银五百两,倘若转运船已开,即与百五十两,当同布伙及船伙李姓下舟再晤船主面订定,遂发行李下船。

接阿哥八月二十四日信,言叕老已殡于丝业公所。又接孝拱同日信。又郁子枚闰月初二日信。

十六日乙丑(11月7日)　　　　晴

辰初舟行,午过小孤,傍晚到皖。泊舟登岸,城门已阖,叩良久,门吏请令,甫来去钥。即谒揆帅,言转运船已去,当交百五十金。初鼓抵家,晤孟辛,并要霍生来谭,又同访眉生。

帅见示吴竹庄信,金陵初七、八、九连得胜仗,踏毁贼营数座,芜湖以上均好,宁国亦尚安云云。始知九江所传芜湖失守,系属讹言。帅又言楚北贼已折至河南。

接稚威信,又接槐亭又八月初三信。

十七日丙寅(11月8日)　　晴

五鼓即起早食,平明出城登舟。孟辛、伯房送我,饭于舟中后去。辰刻舟行,中途遇威林密船修好上驶。申刻到大通泊舟。舟商觅生意上岸。大通在江南岸,港口深阔,洋船直驶入内,望镇市颇繁。有水师营。离安省百八十里。

十八日丁卯(11月9日)　　晴

平明舟行,巳到荻港,在南岸,离大通九十里,繁昌县辖。繁昌旧治去此四十里山内,新治去此二十里江干。本港依山入江,市屋颇盛。在山西,面向水口,过港一二里,有石矶插江中,名板子矶。有水师红旗、白旗船泊此收卡税。申刻到芜湖,在南岸,离荻港九十里,县城在水口青弋江出口处,内通泾县,太平、旌德、石埭及东坝。东。粤贼于水西亦筑城相望。东城内一大塔,黑色,山腰一小塔,白色,对面枭矶在州岸,临江但见神祠故石址,无山形也。上一棹楔犹存。下晡,到博望山,离芜湖四十里,去岁过时皆有贼垒,今空,亦无水师。傍晚到太平府泊舟,离博望三十里,时舟在北岸,望不了了。但见一塔,金柱关即在塔下,为水阳江口,内通高淳、丹阳湖至东坝,又通至宁国府宁国县,即黄池河。

读《韩诗外传》十卷。

毛刻本,讹字极多,后有引焦弱候考内典所载本书逸文一段。

读《嘉靖以来首辅传》。明王世贞撰。

首杨廷和终张江陵,笔致高洁曲绘,其时台阁风气,甚得其真。

致沈幼丹中丞书十月初八日发,交筠仙转寄。

秋中获拜德辉,仍劳枉辱旌旆式降,图史增荣。兼自入章以来,循政新猷,洋洋人口。既荷晋接,入瞻盎粹,出睹设施,满望惬心。如得醉饱,私忱愉快,以为儒者为政之效,固若是昭昭也。

惟念江省邻接浙西,政殷防急,而躬当盘错,所宜略目举纲,庶几优优之美,兼珍玉体。愚怀一得,大贤亮不以为渎耳。皖南下江,时灾流染,以至诸防一时告警,雨花台大营被困已至匝月,贼渠名王咸萃,悉力攻围,飞炮地穴,上下不遑。而沅帅屹然镇定,身受枪弹,意气弥厉,此亦近时之一雄也。时闻连日胜仗,使无此转机,大局将如何?曩在座中与阁下论及世事尚有波澜,不图转瞬之速,可为抚膺太息。治下广饶之地,近状安否?殊深挂念。

烈自别后,阻风中途,行至二十馀日之久。今月十五复辞相国,挈癸甫之嗣奔沪理丧,轮舟行驶不日可到。回念非阁下厚意,今日尚在帝子阁边,望西山之朝爽,未可知矣。长者论交,不以毁誉存殁为异,岂烈一人知钦佩耶?

癸甫著作无多,其闲时议论笔记,往往中含至理,卓然名言。俟写定后,再呈大教耳。

十九日戊辰(11月10日)　　　晴

平明舟行,将至采石,距太平二十里,天大雾,泊舟不行。辰刻雾解,复进,到三山,在南岸,距采石六十里,形正同笔架插江中。或言自采石至此,已俱为贼所出没。巳刻,到大胜关,即上关,离三山约二十里,南岸山下入夹江口,可直通水西门。夹内水师船蚁集,岸上沿山筑营,直至雨花台,遥见矮山迤入东北即是,上筑营垒,微茫不可辨。夹江内少东北为龙江关即中关。今废。水师头卡约在其地,过此即贼境矣。

又东北望,见水西门城,又东北到仪凤门,有山在城外,山下街一条,即下关,有贼大营垒滨江,垒中屋宇甚大。又东北一二里,山下一沙直入江心,名七里州,上亦一大垒,山上又有一垒,犄枕江渍。七里州与九伏州尾紧对江面,不及二里,九伏州向有贼垒甚多,俱已毁。惟州尾一垒,以与对江相近,水师进攻,则彼此相救,故不能破。自此口以下,即李世忠兵所有,贼江面地上下十馀里而已。而七里、九洑二州炮特凶,前黄总戎昌期。水师冲下,受伤几四五百人。北岸江浦地及九伏州上皆李世忠营。李开河道从大胜关对岸入口,经江浦、九伏州之间至黄汉河出口约三十馀里。以避贼境,民船多由此。闻其水宽约数丈,深亦丈馀云。

舟过七里州而下数里为燕子矶,山下一小峰如鸟昂首者是。再过南岸为栖霞石埠桥,北岸六合河口。舟人言距金陵六十里,殆甚近。申刻,到仪征老虎颈,去县治数里,舟船云集,泊舟。有商船疑自上海来,争来问价,欲拖船至大通,盖上游大通,下游虎颈,已成大口岸,往来船皆聚此,以俟轮船,价亦甚廉。

二十日己巳(11月11日)　　晴

早发,辰刻到镇江,泊舟候验。有洋弁棹舟来,本船大伙同之去,到焦山领事衙批照始行。约停二时,有趁舟人梁咏衫湖州人,赵吟椒戚。来。午刻行,未申间过圌山,晚泊靖江八围港口,有广艇十馀守口。对面江阴口亦数舟,舟形正同长龙船,饰以朱、黑二色,水勇皆广人。闻甚为地方害。江阴君山临江,上有庙屋尚存。君山东北有山横入江者,奴子江阴人云此蛾眉山也。下午,又有英国人来趁舟,舟主绝无乡谊,宾主不设,至无宿处。

二十一日庚午（11月12日）　晴

五鼓即行，辰刻到通州。江面自靖江下，至此渐宽，几无崖涘。狼山在北岸，三山起伏相连，最高一山上有塔者是。过此即海口矣。午过白茅。申刻，将至宝山，见岸上粤贼方焚掠，烟焰蔽空。酉到上海，吾先登岸赴宝顺行，访徐雨之，至其家遇之，并晤钱子明，是夜即住徐雨之处。

二十二日辛未（11月13日）　薄阴

早遣奴子取行李，并呼孟甥来徐处。候孝拱，至殁老停榇乡间，相距十里。写阿哥信，并将揆帅交公文送去。出城仍到徐处，俟孟甥来后，下午同到殁老殡宫，抚棺恸极，勉忍良久，劝掖孟甥而归。写李中丞信，二十三日发，交筹仙。写衣谷、殷仲信。二十三日交衣谷尊人。华迪秋来。

上李中丞信

来时中堂命烈面启阁下，言所调程军，务须遄往，以救金陵危急。一俟解围，立即饬回沪营，以资攻剿。前有令其添募之说，当使募齐同返云云。

兹谨飞启，即希鉴察施行。

二十三日壬申（11月14日）　阴

早至抚军行辕见阿哥，别已一年馀矣，精神殊胜昔，不如吾之赢疲也。并候晤筹仙观察、秦淡如、施叔愚，又识（樛）〔缪〕稚循、星逋，南卿先生子，与吾兄共一房，相好。陈子挺、嘉幹，靖江人。刘听襄、崧骏，杭州人，丁未太史。钱芝盟、思棠，太仓人。又逢邹君蓉阁于阿哥处。午饭后，同候胡稚枫，志章，湖北人，去年识之。不晤。进城到衣谷家，晤其尊人熙台先生。又晤念匏，次候陈宝渠，不晤。次候袁伯襄于道署，不晤。逢子明,同候李友琴、宜兴人。吴菊青。无锡人。次候邹蓉阁,不晤。次候汪少堂,杭州人,阿哥内亲。不晤。晤陆健甫,开乾,章甫之兄。托伊说房子事。次到孝拱处,不晤,即出城返寓。闻孝拱下午来访。

在阿哥处知张子畏先生下世,君子至此,一例凋零,诚蔑戾车恶地矣。畏翁于烈,忘年相赏,今知其没,殊为怆然。又义仆曹淦亦死于崇明。曹本姓王,名经,太湖县人。素有家,好与乡曲事,才力甚足,人畏之。以有官谪,徙至怀宁,始易姓名入县署。道光辛卯、壬辰之际,来事先公,相从十馀年,先公最爱其能,一切委之,谗构纷纷不动也。辛丑岁,先公下世,嗣后十馀年,时有助于吾家。又昔先公居官清贫,有所假贷,往往赖其居间,凡九千金,皆不能偿。咸丰初,寇陷皖省,其家毁,戊午岁走投予于常州。余时力薄,勉力谋一安身地,非其志也。十年又同逃崇明,荐之县署,益窘迫,不得志而死,旅榇无归计,负之实甚。奈何!奈何!

二十四日癸酉(11 月 15 日)　　　阴,细雨

访雨之。孝拱来访,同孝拱至其寓,以昨约吾兄相候于彼也。并晤朱棐卿,康寿,杭州人,八年识之。又得见燕山。共饭后,吾兄为吾觅居,即定下榻汪少堂家,下午阿哥去。傍晚,邹君蓉阁亦来孝拱处,遂同到新寓。主人少堂住局中,与乾甫谈话。闻孝拱言,殳老临殁有诗云:"虽无事业千秋后,却有工夫一寸中。撒手归途真浩荡,鹤翎定不坠江风。"观此语,先生慧命不绝矣。

二十五日甲戌(11 月 16 日)　　　阴雨

访孝拱不遇,写徐雨之信。钱子明来。闻李中丞已至,即到城外谒之,相见久谭,即留住并晚间便饭。候钱芝门、陈子挺、杨藕舫,无锡人,艺舫之弟。并晤杨艺舫。是夜与吾兄联榻,已睡而抚君至,闻

既卧乃去。是日孝拱、秦淡如到吾寓。

接汪雨人本日信。

二十六日乙亥（11 月 17 日）　　雨

写中堂启。二十八日发，交筠仙。候徐少崖，吴江人。昨晚同席也。访刘听襄、秦淡如，再谒中丞，并晤筠仙观察。饭后返寓，晤居停汪少堂。袁伯襄、张子安来。衣谷今日从江北归，即来访，握手甚喜。龚慎甫来。同衣谷到孝拱处，夜饭后同归。燕山来。

上揆帅启

奉辞后，沿路担搁，二十一日始至上海。中丞方亲剿黄渡之贼未返，命带公牍及传白言语，即日专函敬致讫。二十三日晤筠仙观察，知中丞行营口大获胜仗，军锋所指，无坚不摧，遐邦颂声，溢于人口，其日内细情，想即有军报矣。迩日未审上游军事何如？不胜念虑。

烈十九日过金陵，遥望雨花台大营，隐约可睹，夹江内舟师旌旆云屯，军容甚壮。贼水路止下关十馀舟，而我水陆相联，决可无虑。惟东坝过来贼船，必宜力扼，弗使出江。其牛渚沿江至三山一带，闻逆踪时时出没，设被占据，江岸狭处设守水师不免稍梗，此条后蒙照行。若有兵可拨，似不可任其空虚，否则会水师分帮防哨，亦能制之耳。九伏州所剩贼垒一座，垒外有广艇三四艘，李世忠营与之相望，不及半里，其势孤甚。所以不破者，以对面下关沿江一洲名七里州，直入江心，而山上州上江边有贼大垒三处，坚峻据险，江面宽不及二里，我水军不能进攻之故。其江面贼境不过十馀里，惟此一关难过。九伏州本连北岸，当江浦县城，面前沙州甚长，李世忠新开河从大胜关对面入口，下游至黄汉河出江，行九伏州、江浦县之间。李兵沿九伏州里岸设守,护商征税。以上情形,舟中草绘一图渎览,轮舟行驶,不能详也。

在皖时示及楚北游匪已回踪入豫,皖中根本之地,谅可无虞。惟安不忘危,况在用兵之际,其城外各墙垒似宜以时修整。此条亦照行。往日进攻所剙濠堑,亦当填毁。此在平时劳费无几,而仓卒可以得力。至本城团务,或用之以查居客人户口数,庶几稍有实裨;至于入夜大众巡逻,老幼参差,喧哓拥塞,似可不必。又江路皖河向为津要,舟楫鳞比,今节庵驻此,尤为重地。乃江滨上下十馀里,一刀难得,虽转运各局,不藉乎此,而商贾难通往来,塞涩殊亦非宜。可否再申兵勇捉船之禁,此虽细事,然于士习有损也。前在九江,闻洋行人言,汉口虽开关,洋人并不过问,税饷仍归上海,不知此事楚中作何下台? 沿途见夷人在大通、仪征两处停船,拖带各项商船,上下两处舟航云集,俱成极大口岸。仪征老虎颈不减承平时光景。其拖船之价亦甚廉,从大通至仪征,千石之船不过三百金,益见烈之辨事拙率,且枉费饷需,而我公初不见责,至意周全,感愧不可名言。

烈在此约留廿日,十月中旬即到江北,到后办弢甫葬事,至少又有廿日,回营将近暮冬矣。云云。弢甫临终时,有诗云云,似其慧命不断。书呈我公一喜。

二十七日丙子(11月18日)　　　薄阴

早同陆健甫出,至市上早食,遇苏州薛某。阿哥告假到城内相叙。燕山来,汪雨人来。下午到筠仙观察处,不遇。候汪少堂于其局内。返寓后衣谷来,闻是孝拱生日,同去拜生,至晚归。宜兴储安仁来,朱隶卿、龚慎甫,燕山来。胡稚枫志章。来答候,未晤。写槐亭信,金眉生信,孟辛信,家信。廿八日,筠仙转交周文之。

二十八日丁丑(11月19日) 阴

孝拱来访,陈宝渠来候。到宝顺行晤雨之及孝拱,少刻,吾兄同陆健甫来,即留夷食。同吾兄访孙澄之,又访钱子明,不晤,又候周瀛士,不晤,又候华迪秋,又候汪龙溪,又候沈子焕,不晤。返寓后,闻筠仙观察来答候。傍晚,李壬叔来少谈。夜,衣谷来。

二十九日戊寅(11月20日) 阴

访筠仙,并晤周文之,沐润,江苏候补府,即赴揆帅大营。饭后返寓。访孝拱,不遇。胡稚枫再见候,沈子焕来,岳调甫来,朱箓卿来。同箓卿访蓉阁。燕山同金陵戴行之九年在木渎相识。来,衣谷来。

三十日己卯(11月21日) 晴

答候李壬叔,候陈顾岩,不晤。候吴晓帆方伯,煦,杭州人,七年识之。不晤。候朱箓卿,不晤,晤其兄。到衣谷处,呼念匏、慎甫皆起,呼衣谷不起。候杨艺舫太守,不晤,再候吴方伯。答候袁桐君,不晤。周贡甫来访。到孝拱处,并晤念匏。钱子明来,不晤。同吾兄茗饮。袁伯襄来,武林陈臧伯访仲来,戴行之来。钱芝门答候,不晤。衣谷来。同陆乾甫访胡聿新,并晤周瀛士。早间写筠仙信。接槐亭闰月二十四日信,又接六姊闰月初四日信。又九月二十日家信。又李甥九月二十三日信。又眉生九月二十一日信。又孟星九月二十日信。又季雨信。已到皖。在孝拱处见恭邸照像,姿仪秀。昔太宗神武开天,其状貌皆与人异,足长至半倍寻常。圣子神孙,其犹可想像耶?

(以上《能静居日记》十五)

十月建辛亥

朔日庚辰(11月22日)　　晴

邹蓉阁来。候子焕,为其夫人诊疾。访子明,候朱小山,并晤苏晴山。候家子卿九兄,并晤彭雪门。苏州人,子卿亲家。饭后返寓,闻缪稚循来答候。张子安来,钱芝门来访。同吾兄茗。又访孝拱,不遇。袁伯襄来,衣谷来,慎甫来,燕山来。李壬叔要持鳌,未赴。写振远信。

接子宪九月二十五日信。

初二日辛巳(11月23日)　　晴

同吾兄访孝拱。到城外,偕徐雨之饮市楼。又访子卿九兄,又同访汪龙溪。子焕来,衣谷来。赴彦匏招饮,同座周贡甫、朱箓卿、衣谷、吾兄弟、孝拱、主人共七人,饮甚乐。孝拱歌西人诗曰:"慢得哩,慢言友相失。愿弃怨重好如不能,则愿如仍未相识之无好无恶。"余歌《上邪》之诗答之。饮分夜而罢。子焕下榻吾家。

初三日壬午(11月24日)　　阴,微雨

孝拱来,李壬叔来访,燕山来,邹蓉阁来。访孝拱,访袁伯襄,不值。孝拱招城外饮,并要观剧。临晚返,又至其家,出所撰书见示。衣谷亦在,夜饭后归。

初四日癸未(11月25日)　　晴

阿哥进营销假。饭后访苏晴山、袁桐君,不遇。市中购物。衣谷来,同里刘岳孙、子江之侄。须荣轩须心庵侄。来。子卿家兄来答候,慎甫来。访李壬叔,并晤曹柳桥。籓,杭州人。燕山来,戴行之来,

衣谷再来。

初五日甲申(11月26日)　　晴

再访孝拱，出城访子焕，又访朱小山，留饭。饭后答候杨蕴亭。绳祖，湖州人，郭筠仙幕友，前闻名来候，今故答之。到丽水台茗肆，偕燕山、子焕、周瀛士、劳玉磋嘉兴人。同茗。朱小山来，强招到妓楼饮，初更时散，下榻小山家，并识其同乡郑△△。缪稚循来吾寓，不晤。

初六日乙酉(11月27日)　　晴

小山处早食后，访徐雨之，同其族叔号月川者到夷肆照像。复返宝顺饭后，候上海道黄荷汀，不晤。返寓，燕山、子焕、劳玉磋皆在，少坐，复答访周贡甫，又访袁桐君，不晤，又访彦匏，晤之。返寓，见壬叔、衣谷皆在，同衣谷到孝拱处，二鼓后归。

读《书序辩伪》一卷，孝拱作，百篇。《书序》朱子言其伪，以为周秦间氏手人作。孝拱又言其在《史记》后，以其序书皆依托《史记》，《史记》所无者，往往不成辞。历举疏证之殊，精严可喜。

初七日丙戌(11月28日)　　阴

候黄鹤汀观察，芳，长沙人，七年识之。南坡之弟，不晤。到大营见吾兄，少坐。进谒中丞，并晤黄昌期提军、郭筠仙观察、徐少岩太守、刘听襄太史，又识刘仲良太史，秉璋，庐州人，庚申翰林。因同饭。饭后同吾兄访胡稚枫通守，并晤邵莘卿，又到筠翁处与黄提军、刘太史久谭。黄言水师现有三百馀舟，皆免桅，往往河窄不容。见刘霞仙方伯致筠仙书，言蜀事甚悉，贼尚占江津、綦江一带。所用兵楚军之外，尚有黔勇，糈项亦甚艰绌云云。又在吾兄处谭良久，下午返城。再候黄观察，久谭，傍晚到寓。曹柳桥来，不晤，陈吟阁宜兴人，其尊人名陈若木。来访，不晤。

初八日丁亥(11月29日)　　　晴

黄荷汀观察来答候。访孝拱不晤。到南门外答候刘日心。返寓饭后，同健甫出北门，偕燕山、衣谷、子焕、戴缦笙、嘉兴人，子焕妻兄。何瑟如、山西灵石县人，庐江知县，闻其人有文武才。何梅屋诸人茗。茗散，同燕山购扇子。夜到孝拱处，同衣谷、燕山、子吕留其家饭及归，衣谷榻吾处。刘日心来，不晤。

初九日戊子(11月30日)　　　晴,下午阴

周丹文来访。保绪先生孙。访子明，并晤徐雨之,取来照象。赴小山招饮，以尚早，往候杨蕴亭，仍不晤。到小山处，同座刘受庭观察、咸,江西萍乡人，其尊人与先君怀宁同官。札仁山太守、克丹,荆州驻防。俞云溪大令。徽州人。散后进城，访孝拱，并晤衣谷，二鼓归。燕山、戴行之皆在。

初十日己丑(12月1日)　　　阴雨

吾兄自营中至，同访缪稚循，并晤江阴祝乃书。康民,其尊人与先君同年。又留刺候蒋松生。苏州人,纯顷之兄。又同访孝拱，饭后稚循亦至，遂偕返。衣谷来。下午吾兄去。燕山来，袁桐君来。写季雨信。十五日发，附眉生信内。

接眉生初六日信。又寄宇初五信，言孟辛已至金陵。

十一日庚寅(12月2日)　　　雨

写眉生信。十五日发，交来足。邹蓉阁来。写家信。十五日发，附眉生信。燕山来，袁伯襄来。

十二日辛卯(12月3日)　　　阴

访孝拱，谭顷，吾兄自营亦至，因留共饭。曹柳桥、钱子明、衣谷皆来。子吕来，言子焕在吾寓，吾遂先返。子焕及其戚戴缦笙同在，

少刻去。候何梅屋，不晤。答候邵莘卿，并晤同乡岳仲宣，又晤刘云樵。湖北人，前年识之。返寓，吾兄、衣谷已至。留子焕、衣谷饮，燕山亦来。刘日心来答访。吾兄今日未返，子焕亦榻此。同乡蒋椿来候，不晤。

十三日壬辰（12月4日） 阴，向午见日

张子安来。饭后吾兄及子焕皆去。候黄鹤汀，方会夷客，不晤。顺候苏晴山，并识鹤汀之侄松龄。江苏县丞。访李壬叔，不晤，又访陈顾岩。返寓，燕山来。又访孝拱，留晚饭。衣谷亦来，饭后同返。燕山又至。

录黄松龄语：八年十月，奉桂中堂委，伴夷人入长江，赴汉口。夷艘五，约三千人，皆其选锋。夷酋额尔金为主，行至南京下关，粤贼放炮迎击，船行不顾，至将近然后返击，且行且轰，顷刻已过。时将薄暮，因停椗不行。次日平明回舵，复至城下，以五舟排列江中，环攻贼营。贼以轮舟既过，不意其复返，皆卧未起，突为所击，失措而走。夷炮又利，凡毁营十馀座，尸相枕藉。贼炮中舟，炮子如碗大者，陷入船帮而不能透，又坏烟筒一、三板划一，死夷兵五人。贼既遁入城，不敢出，夷兵上岸搜掠，颇有所得。遂复上驶，至采石，贼亦拒战，各放数炮而罢。贼侦知非来攻城，又畏其强，故梁山以上皆不交锋，芜湖守贼则致馈赠；比到安庆，又复迎战。盖时我水师李德麟等已至大通，介于贼间，安庆贼不得贼渠之令也。下晡，到城下，战至暮，舟已过，各住炮。到汉口后，夷酋欲违初约，径赴楚南，行已中途，舟胶乃返。归途有两舟浅于九江，委员起旱而返云。

十四日癸巳（12月5日） 阴

答候冯式之，又答候蒋应梧。椿。候郭筠仙观察，不晤，候吴晓

帆方伯,不晤,候祝乃书,不晤。即访稚循,留饭。候潘小雅,少谭。候马子逊、锐卿,不晤,再候郭观察,又不值。返寓后,孝拱来久谭,燕山来,衣谷来,何梅屋来。写筠仙信,又写苏晴山信。

接孝拱本日信。

十五日甲午(12月6日)　　晴,下午复阴

吾兄来自营中。候吴平斋太守,云,六年冬识之。不晤。又候潘玉泉观察,曾玮。不晤。候刘受庭观察,不晤。招孝拱、念匏、衣谷、燕山、邹蓉阁、沈子焕、周贡甫、朱隶卿在夷场午饭。下午返寓。缪稚循来,朱隶卿来,岳仲宣调甫来,燕山来,子焕来,衣谷、孝拱来。子焕去,又同其戚劳玉磋来。

接苏晴山信,又郭筠翁信。

十六日乙未(12月7日)　　雨

候筠仙观察。又候黄荷汀观察辞行,不晤,晤苏晴山。又候顾子山观察,不晤。又候刘松岩方伯。郇膏,太康县人,去年上海识之。又访吴平斋太守,久谭。返寓,孝拱在此相候,约赴杨蕴亭之招妓席也。同席一蔡、一王、一高。傍晚席散返寓,见胡聿新、燕山。晚饭后戴行之来。写平斋信。郭筠仙来答候,不晤。子焕来,下榻于此。写莫偲老信。即日发。

接平斋信。

十七日丙申(12月8日)　　晴

周丹文来。候钱子明、徐雨之。遣刺候孙澄之辞行,又候周瀛士,又候朱小山辞行,饭小山处。又候应敏斋、宝时,杭州人,同知直隶州。周存伯、闲,同知直隶州。龚念匏,晤周、龚二君。又候冯景亭中允,桂芬,苏州人。又候潘玉泉,不晤。返寓后缪稚循来见。陈渊如观

察溶。来刺,即往候之,并晤其子兰谷司马。赴吴平斋之招。同座李笙渔、嘉福,石门人。同知,知府衔。戴行之及子吕甥。又访杨蕴亭,不晤。返寓后燕山来。

接阿哥来字并物件。

十八日丁酉(12月9日) 阴

陈渊如来答访。同乡谢鹏飞来。原名撰一,字酉卿。访孝拱。同健甫、子吕到街上买羔裘寄四姊及内子,吾家不见皮衣三年矣。返寓,饭后出城到营内,吾兄适他往,遂到筠仙处。及筠仙、刘太史仲良谭话,逢抚军偕薛觐唐钦使至,因出。复访淡如、刘听襄、施叔愚、钱芝门诸君。

闻外严鼓声,言俄国提督来拜,同出观之,八人舆至,衣服与英人无少异。下午,吾兄返营,淡如、筠仙来谭话。晚饭后谒抚君,言及俄酋从日本来,有舟三艘,欲来助剿,已姑许之。又泛论夷情,吾上言愿立翻绎文字馆,择聪俊世家子弟,或试仕微员,给与俸薪,令其学习夷语夷字,凡中外交涉之事,令其传白,庶免市侩奸徒抑扬词气,交构中外之患,抚军甚韪是言,允即奏办。又问及行期。吾言江面不靖,遂见允致书吴松鞠镇,拨炮艇护送,意厚可感。同吾兄访筠仙、仲良少谭。

在抚军处见宁波人杨坊缴到东珠朝珠一挂,大如桂圆核,颗颗匀圆而色带青紫,不如珍珠之美。

写吴竹庄信。二十一日发,交邵莘卿。

十九日戊戌(12月10日) 阴,晨有晴意

同吾兄候马子逊,并识侯篆云。直隶人,先识吾兄。谒辞抚军,有疾不晤。候幕府诸君辞行,候筠仙辞行,并晤冯景亭中允。午饭出营,到浦江边候黄提军,昌期,名翼升。不晤。又候衣谷尊人及念匏辞

行,皆不晤。候袁桐君,久谭。返寓后见子焕、劳玉磋、朱箓卿皆在。何梅屋来访,邵莘卿来,燕山、衣谷、戴行之、慎甫来,同饭。朱箓卿又来,桐君来候送行。缪稚循来候送讳谱,吾时未返。

缪星通,字稚循,一字公述,别字苣舰,行二。道光甲午年八月十七日吉时生。江苏镇江府溧阳县民籍。

曾祖国楹,妣氏吕。祖壬,妣氏狄。父梓,母氏王。兄德茱,弟植学、植礼、钰、植道。妹一。室氏张。女三。

二十日己亥(12月11日)　　　　阴

陈宝渠来候送行。吾兄自营中来。写家信,即日交筠仙手。寄归书箱二口。写李中丞信,即日发。又郭筠仙信,即日发。写吴平斋信。即日发。衣谷来。饭后同吾兄候稚循送帖。又候邹蓉阁,不晤,又候孝拱辞行并晤蓉阁。衣谷及吾兄皆至。下午返寓,衣谷来。此行共得《相台五经》一部,毕氏《续通鉴》一部,胡刻《文选》一部,段氏《说文》一部,《经典释文》一部,戴氏《水经注》一部,《广雅疏证》一部,《仪礼疏》一部,《义食图》一部,《东观汉记》一部,《戴东原集》一部,《说文订》一部,《韩柳年谱》一部,《女郎诗》一部,《孟子》赵注一部,《奇器图》一部,《墨子》一部,《会刻书目》一部,黄刻《仪礼》一部,张刻《礼记》一部。又送人书四部。共用英洋四十六元。

接筠仙复字,又吴平斋复字。

二十一日庚子(12月12日)　　　　晴,夜雨

候陈渊如及令子兰谷,土菜。又答候陈吟阁并晤任益之。宜兴人,幼时相识。次候李友琴,璜,宜兴人。次候储安仁,不晤,次候苏晴山并识黄鹤翁令郎子纯,次候李壬叔辞行,次候杨蕴亭辞行。返寓后见稚循在此,偕吾兄饭。饭后再访邵莘卿,次访刘松岩令侄香畹,次访吴平斋,见所藏隋开皇本禊帖甚佳,次访孝拱不晤。返寓后,燕

山、戴行之来,邵莘卿来。写家信,廿二日发,交邵莘卿转托吴竹庄下人带去。寄皮箱一只,板箱一只。又寄家信,廿五日发,交筠仙。寄回陆会票一纸。觅舟成,检行李,拟明日行。

接孝拱来字二纸,并赠洋廿元,又交卅元带物。

二十二日辛丑(12月13日)　阴

孝拱来,邹蓉阁来,龚念匏来。写中堂信。即日〈发〉,交阿哥手。衣谷来,李壬叔来。遣孟甥携行箧登舟。同吾兄访徐雨之,吾又访朱小山,不晤。赴孝拱招,肴核既丰,谭话尤美。衣谷、箓卿皆在座。饮散,吾兄弟留共榻孝处,复谭至四鼓乃睡。

二十三日壬寅(12月14日)　晴,大寒

燕山到孝拱处,孟甥即去请戢老柩,今日登舟。同孝拱访宁波人刘维中,问洋枪事。又同到雨之处饭。又同吾兄访子卿兄辞行,即与吾兄分手。此行先与吾兄久阔,相见缱绻,今日复别,不禁泫然。傍晚登舟,戢老柩亦傍晚至,未上舟。同行燕山及其戚二人,衣谷一人,子焕及其家四人,健甫一人,周丹文一人,吾及孟甥上下五人,携病仆李升一人。衣谷、丹文未至。旧仆阿套遣去,收新仆陈福、苏州人。王贵。句容人。李升,李发之子,今夏壬叔索去,携至上海,今病甚不得归,吾意不忍,遂亦同行。舟系沙船,又名方梢船,又名网船,稍上有方栏,中段有高舱,人皆睡舱底。

二十四日癸卯(12月15日)　雨

辰刻,戢老灵柩登舟。棹划船访徐雨之,又访朱小山,在小山处饭。闻孝拱到宝顺行,冒雨往觅之,并晤容纯甫,又访刘维中,取来洋枪十根,系戢甫奉札所办,因数不足,买补已定而未取者,兹为带缴。下午返舟,雨甚,衣履尽湿。周丹文来附舟。写阿哥信、郭筠仙

信,廿五日发。又写孝拱信,二十五日发。又写徐雨之信、朱小山信。二十五日发。

二十五日甲辰(12月16日)　　　阴,大风

衣谷亭午下船,慎甫及衣谷令兄心哉送来饭后,二君去。

接孝拱、雨之、小山复信。

二十六日乙巳(12月17日)　　　晴,大风

病仆李升死于舟中,属燕山治其后事,领取果育堂棺木一具,捐洋二元,戴行之经手,又买与衬衣、外罩、鞋子等件。下午成殓,抬往本堂义冢安葬。有票一纸,他时凭票取领。戴行之来觅燕山。酉刻,同健甫、孟甥茗。

接孝拱来字,问兰亭考据。

二十七日丙午(12月18日)　　　阴,逆风

早同衣谷、子焕、健甫、孟甥等到市早食。下午舟行数丈,以风大潮小不成行。

二十八日丁未(12月19日)　　　早晴,下午阴,傍晚雨霰,逆风

早发九里,守风守潮泊。下午到岸茗,下舟后舟复行,夜到高桥。

二十九日戊申(12月20日)　　　阴

早登岸,访邓期翁坟户瞿裁。过高桥市,去岁经贼燹过半,市东独完,瞿氏无恙。下午,雇土工诣墓启攒,棺棱微朽矣。酉刻柩出土,行至半途,以时将暝,顿村外茶亭,拟明早落舟,遣奴子守之,吾遂下舟。高桥于辛酉十二月二十二日遭贼,今正二十三,贼去,死几万人,旧流连处都成解瓦。重来惆怅,不独人民非是矣。

十一月建壬子

朔日己酉(12 月 21 日)　　　晴,大风

放舟到高桥镇一里外,上岸迎枢,尚未至,即偕诸友人茗,并同午餐。食罢下舟,枢已到,奉登舟。以风甚舟不发,仍偕诸子上岸茗。

初二日庚戌(12 月 22 日)　　　冬至。雨,大风

舟泊不行。

初三日辛亥(12 月 23 日)　　　风雨如故

舟不行。

初四日壬子(12 月 24 日)　　　晴,大风,午后又阴

早起,风尚微,舟可行而舟子不知所往。至下午,移至港口泊。

洞仙歌　　咏被炉和沈子焕

镂花范月,到酒阑灯谢。斗帐沉沉炷龙麝。玉肌温、一缕兰息微吹,同梦里,栩栩仙魂欲化。　　转旋随汝意,爇尽芳心,博得团栾镇无价。不恨枉抛离,只恨香销,全辜了、锦衾良夜。羡宝鸭金猊伴书帷,有红袖殷勤,碧纱窗下。

初五日癸丑(12 月 25 日)　　　薄阴,逆风

早发高桥,到吴淞口,偕诸友上岸茗。写家信。初六日发,交阿哥。饭后,候福山镇总兵鞠列三,耀乾,崇明人。索炮艇护送。鞠将赴通海查巡,已下舟,不晤。夜遣弁来见,言已派二宁艇。写阿哥信。初六日发,交鞠帅。

记鞠营:部下约五六百人,多提标营兵,月饷行粮三两,坐粮米三斗,四十五日一支,尚是和帅奏定。本营汛失守者便无,不失守者

亦半折。先江南水勇皆广人,今已尽去,只剩江南人,崇明、太仓最多。承平时水师船大者名大罟,今已无,小者名阔头,三板笨不中用,钓船护商局鞠及蔡刺史会办。每船除至小者名水底眼外,馀皆十二两一只,即给旗照。其沙船另有局,其护商局钓船皆系水勇而非兵。

初六日甲寅（12 月 26 日）　　　　晴,大风

鞠镇军遣来致馈,受布、茗二物。下午,护舟哨官千总张△,字庆,宁波人。外委杨耀先字光裕,扬州人。来见。遣刺鞠帅处辞行。

初七日乙卯（12 月 27 日）　　　　晴,大风

舟不行,偕诸子上岸茗。

初八日丙辰（12 月 28 日）　　　　晴,风略和

同衣谷、燕山、子焕上岸,市中食及茗。夜护弁来请移舟,约明日行。

记夷募华勇:每人月给洋十元,岁给衣二称。有马队名,亦无马,与步队同,但多操落地开花炮一技。礼拜前一日放假,与礼拜共二日,馀日不准出外,犯则监禁,禁亦不过一二时。初选时,夷目必擗胸将人拎起,不缩不惧者中选,中选后先关闭十五日,以验其有无烟瘾,监禁时先搜捡。

初九日丁巳（12 月 29 日）　　　　阴,横顺风

出吴淞口,张弁舟来,牵余舟行,午过崇宝沙,晡到南门港,傍晚过长安沙,初更到海门余家港。逢小盗舟,护艇喝问查验,旋纵之,护船随解缆,哨巡前行,离吾舟约里馀。忽后来白帆一舟,吾舟问之,答言是上海来,将到三江营云云。望其舟中人甚夥,径饱帆前去。不半里,值护舟巡回,诘问,其舟欲遁,护艇与别船护艇共三艘,

围而擒之，落帆过舟，搜出盗器，一时缚去，吾舟停旁看之。少刻护舟行，吾舟亦行，又数里泊，地名落红港，为海门、通州界。出吴淞口，到长安沙，东北风一抢过崇明沙头，到北脚，东北风顺，帆脚双开矣。

初十日戊午（12 月 30 日）　　　阴雨，大逆风

早发，行三十馀里，至新开河口，泊舟守风。写子宪族兄信，十一日发，交子吕。殿英族兄信，附子宪函内。振远信，附子宪信内。写鞠镇军信。发交护弁。

十一日己未（12 月 31 日）　　　晴，逆风

行六里到营船港，距通州二十四里泊舟。拟此登陆，令炮艇护枢船到靖。子吕、燕山、丹文同去，派陈、王二奴侍送，馀人皆同吾行。巳刻，棹小舟至艇船，晤杨弁，知前日盗船共十三人，广东人七，江浙人六，有炮一门，抬鸟枪四杆，刀八把。方捕诘时，我舟开炮破其舟首，比相近，方欲过舟查问，该匪持刀迎剁，伤兵勇二人，我众一涌而上，始各就缚。现交张弁解回吴淞口，其船仍留护卫。昨见尚有一艇，亦系鞠镇恐有失事，添派同行，因其舟有兵无弁，故未来见。亭午返舟，燕山之友魏副戎虎臣，麟彪，江宁人，带水师后营本港守卡。闻吾至此，要来识面，遂往晤谭，人甚朴直。又识陈兰卿，亦水师营官。留魏君处饭。饭后，复雇车十两，送吾到通，未刻成行，子焕一家共车七两，吾及衣谷、健甫各一辆。下晡过狼山，凡三山：南一山相离远，上有庙宇，车人云君山，北二山相离近，一山曰剑山，一山上有塔，则狼山也。车过二山间，望上楼殿鹊起，欲游不遂。晚到通城，投宿衣谷之友扈人张子敬，耀宗。不纳，二更尽始定舍馆，在城内东三馀栈，子焕、健甫别去。通州语音类扬州，而沿江港口相距止一二十里，其音与崇明相同。盖港口皆食江水，去江数里，处处有坝，城内

人食坝内河水也。

录魏君语:"五年秋,向帅遣水师官李德麟、吴全美统拖罟红丹船三十七号,长龙十号,水勇二千名,从观音门驶赴上游,进扎牛渚一带,扼贼来路,时下关七里州、九伏州江面有铁锁三条,横断江流,其锁条两岸,绕着大树。江面每丈馀一木筏以承链,链粗皆如盎,我军募人断链,立赏格银二千两,六品蓝翎照廿张,应募者各以檀木作挺,上裹厚铁,从水中抄起铁链,利斧刚砧剁之,始断一链,贼岸上炮沉我舟,舟死十馀人。明日又进,遂破之。进至兔儿矶。在三山之上,烈山之下。贼渠罗大纲以拖罟七艘、长龙、快蟹六百馀艘迎战,我军已无归路。先日誓师祭赛,明日奋击,大破之。贼舟沉者半,夺者半,直追至芜湖,贼江中水师几尽。渐渐进扎大通,而饷道绝,横梗贼中,遂设局抽私盐上行之税,此今盐卡之昉。在彼顿兵几四年,不能进战,盼上游师不至,于八年冬退回。彼时去者皆广勇,口粮至重,有七八金者,今则尽仿楚军规制,人则江宁人居半矣。"

又闻南京贼于今月初,冲过九伏州,陷江浦城,李兵大溃,新开河已填塞云。此说不实。

十二日庚申(1863年1月1日)　　　晴

写子吕信。即日发,专吴升送。同衣谷访殷仲于华王庙局内,晤其戚郑柏平,嘉兴人。言殷仲于顷间动身赴林梓分卡去矣。遂遣足追令归。到某书肆。饭后茗。傍晚,黄子春大令上达,黄南坡子,六年冬识之上海,现与殷仲共事。来要晚饭,偕衣谷往。少选,殷仲来,共饭后二鼓散。杨咏春知吾来,四次遣要。

十三日辛酉(1月2日)　　　晴

健甫觅来,殷仲亦来,同早食市上。同健甫访其族兄康侯于丁佛持家,佛持已赴宁波。又同访咏春,咏老方疾,未尽痊,久谭而别。

又到丁处见佛持阘人谢氏表姊，又识其婿赵△△、纯甫子。吕阶甫，子田子。及咏春二子思赞、思立。赴般仲招。夜赴咏春招。写家兄信。即日发，交咏春。吴升来自差所。同诸友登南城一望，垣堞崇宏，形势甚壮。

十四日壬戌（1月3日）　　　晴

同衣谷、般仲早食及茗。访子春少坐，又偕午饭，同饮增师小国、江夏人，与般仲同事。郑柏坪。饮散同衣谷回寓，又同诸君茗。家舒甫从泰州来，要去同话，未往。

十五日癸亥（1月4日）　　　阴雨

健甫来，同访舒甫于咏春家，又同茗。访般仲于其局中，即偕饭，属般仲觅舟至西来庵。同衣谷回寓，捡行李，舒甫来，吕阶甫来。傍晚舟成，遣奴子持行李下舟。赴子春招，识黄也园。扬州人，家世巨富，今不名一钱，闻其人，殊不以为意。饮散下舟，舟名两舱子，极小。衣谷送至南门。得小婢董婉，苏州人，年一十三，赐名婉良。

十六日甲子（1月5日）　　　晴，逆风

早行，夜到姜家园，由此向北至如皋大路，由此向西乡僻小径，靖江西来庵道也。二鼓到杨家坝，又行数里泊。

十七日乙丑（1月6日）　　　晴，逆风

早行，辰刻到李家桥，傍晚到石庄港，夜到西来庵。此地在靖江城东北，水路五十馀里，靖江、如皋分界处，距通州约百五十里。

十八日丙寅（1月7日）　　　晴

晨遣奴觅孟甥寓，知已奉枢于十五日上岸，安顿紫竹庵，遂至庵相晤，并晤李新甫。少刻，燕山来，同新甫、燕山候熊宜斋。尔毅，本处人，李凤台弟子。又同至叔程师家，师母徐氏病，不见。又见族婶钱

氏。积之六叔之妻,在母家为余表姊。又候黄咏仙黄仲孙子。不见。下午,燕山来。写咏春信。十九日发,交吴升。黄咏仙、李新甫来,定宝侄来。士伯子嗣□□后。

十九日丁卯(1月8日)　　　晴

专吴升赴通。黄咏仙及宋勤甫里人。来,李新甫来,熊小研宜斋子。来候,同至其家,并识苏镜心。本地人。晤燕山。下午,同小研去看地,距镇东四里,有田十亩,尚有形势,闻其价甚昂耳。同诸君返寓,黄咏仙来,新甫去又来。

《曝书亭集》文内载明初杭州、湖州、嘉兴俱属南直,洪武中年始归浙江云云。

二十日戊辰(1月9日)　　　晴

晨起曳屦庵外,晨光熹微,林樾穿映,清淑之气,尘襟一涤。下午,同吴香楼、徽州人。李新甫看地,距庵北二里,地势颇有情,沙水明秀,苏氏业也。返寓,燕山来,咏仙亦来。

重读《淮南鸿烈》《原道》、《俶真》、《天文》、《地形》、《时则训》。

《原道》语多精饬,皆原本老、庄二氏,其异趣处不能分明,亦无独解。《天文》、《地形》撮无稽以成说,诬凿不足观也。

二十一日己巳(1月10日)　　　阴,早食后即晴

同李新甫访熊小研,并晤燕山,识曹蔗畦。下午返寓。吴升来自通州。接杨思赞名同福。二十日复信。

录河南来足语:"河南省外俱无恙,惟南阳有捻。其人从归德、徐州而来,道路时通时梗。陕西信息甚不佳。"

《靖江县志稿》载,本地旧名马驮沙,相传涨于三国吴世,唐宋以下属江北海陵,明成化七年奏设县,属常郡。

《淮南》《览冥》、《精神》、《本经训》。

二十二日庚午(1 月 11 日)　　晴

李新甫、吴香楼来,燕山来。熊宜斋来答候,留午饭,晚饭后去。下午,宜斋之子小研同其戚罗润甫来。夜,黄咏仙来。

二十三日辛未(1 月 12 日)　　阴,早食后晴

下午,燕山来,同茗,又同访熊宜斋。

二十四日壬申(1 月 13 日)　　晴

咏仙来,饭后燕山来,为设午食。下午同访宜斋,并识宜斋之弟镜人,遂过访镜人。李新甫来,在此晚饭。

二十五日癸酉(1 月 14 日)　　雨,晨霁,午见日

黄咏仙来,李新甫来,饭此。下午,燕山来,夜去。

读《淮南·主术训》。

此篇奥义至多,不失于正,实尽修身治人之道。

《缪称》、《齐俗训》。

二十六日甲戌(1 月 15 日)　　阴,晨巳间霁

午间同新甫访燕山,并晤熊镜人,同到宜斋所。下午同燕山返。写咏春信。接衣谷二十三日来信,伊已至斜桥,即诣靖城。

读《淮南·道应训》。

泛论事理,证之老氏,以为所行如此,所验如彼,故曰"道应"。

《泛论训》。

泛论物之不齐,理之不可执一,中多赜义。

二十七日乙亥(1月16日)　　阴,浓雾成雨,沾枝滴沥,亭午日见而霁

凌曙起食,将要熊宜斋看地、定葬期,以阴雨故止。至将午见日,遂往候堪舆人刘凤格,下晡乃至。因偕孟甥同赴前同小研所看地定穴,其地属如皋辖,在西来庵东方偏北。计田十亩,东五亩系宜斋之族人产业,西五亩系宜斋及其兄铭竹、弟镜人等公业。今割其西五亩内之二亩作为邓、周二姓茔地各一亩,定向坐庚朝甲,有土墩为本地最高大之墩,在穴丙方,其地稍西北为熊宜斋祖茔,直西三里便到现寓之紫竹庵,庵僧名严浩。至易寻觅,今绘其图于下。返寓后燕山来,方晚饭顷,丹文同彦嘉,又周景璇、殳甫族叔。刘仲蕃彦嘉之戚。来自城南,晚留住寓舍。写般仲信。二十八日发,交燕山。接衣谷二十六日信,言已到城。

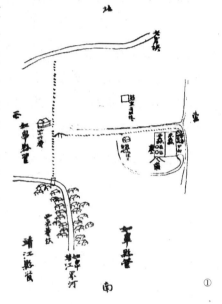

①

读《淮南·诠言训》。

二十八日丙子(1月17日)　　薄阴

写何梅屋信。交彦嘉,为彦嘉托刘松岩事。早饭后,周丹文、景璇、

---

① 钞本无此图,据稿本补。

刘仲蕃去,彦嘉留此数日,即往扈上。亭午,访小研,即登舟赴靖城,宜斋小事见托,约今日行。舟昨已雇成,视通州来船较大,亦两舱子,又名高邮船。下午行八里至黄家市,水浅不行,舟子下掮舟,稍进寸许,遂停候潮。因念人世通塞,得意失意,无有定见。昔行江中,顺风张帆,日三百里,心若未厌;荡而失水,牵舟邪许,动不及寸,则快然喜。夫以在途之志,行之江中,亦奚往而不足哉?晡后潮至舟行,傍晚抵季家市,初鼓到广陵镇,市颇繁,距城尚十八里,泊行凡三十馀里。

二十九日丁丑(1月18日) 雨

辰发冲雨二十里馀,到靖城巳午错矣。遣奴子觅衣谷。下晡,丹文同衣谷、吴墨憨来,登岸偕茗,子宪兄闻信亦来。晚至城内,赴丹文之请。舒甫来自通州,知余至,遂来觅。共食散,同衣谷访其友朱植三,兆槐,靖江人,虚斋中丞玄孙。留榻其家。靖江口音仿佛江阴,离城十数里即同扬州相类。

十二月癸丑

朔日戊寅(1月19日) 薄阴有日,夜雪

早同衣谷访子宪兄,同早食并茗。丹文、植三、墨憨陆续至,吴士甲亦至,识江阴陈子怀。谦吉。茗散,到子宪兄处赴其午食之约,以时尚早,出候客孙少山、锦,平湖人,江苏候补佐杂。齐锦斋、在镕,河南新野人,本邑令。倪载轩、宝璜,平湖人,道衔,候补府,主厘务。齐之幕友王椒生、景寿,会稽人。其弟松生,又朱载亭。炳塈,会稽人。齐大令出相验,倪太守疾,皆不晤,晤倪之子荣甫。返子宪处饭,甚美肴核。傍晚赴朱植三之招,甚多品物,同席子宪、衣谷,其西席杨子兼。写徐

渭南、郑济东、郁子枚公信。交舒甫。

初二日己卯(1月20日)　　　薄阴有日

晨起,偕子宪兄、朱植三、周景璇早食。又偕子兄访陆子丰、里人。吴木憨、舒甫,又独访丹文。午间,植三又具馔相款。王椒生来答访,并邀晚间食。下午到子宪处少坐,闻齐令君两至余舟,一至子兄处相候。夜赴椒生之招,庖技甚精。

初三日庚辰(1月21日)　　　雪雨间作

晨为王椒生所临帖作跋,又为其弟小照题诗,二绝句。适椒生至,并交去。写黄南坡信,交丹文,为之介绍也。写扫叶师信。交丹文觅便寄。赴周景璇早食之约,邑人吴修之及刘仲蕃、吴士甲、吴墨憨、周丹文、子宪兄已先在,衣谷、椒生、植三亦来。亭午,再候倪载轩太守,返至子宪兄处,少坐回寓。倪载轩来答候。周景璇来,吴墨憨来,子宪兄来,初鼓时下船返乡,与衣谷期于泰州。

初四日辛巳(1月22日)　　　雨

早发,冲雨而行,午到广陵镇。写衣谷信,交便船带去。午后到季家市,夜到西来庵。登岸访宜斋,即下榻其家。此次带归抚本初印《礼记》一部,黄刻《周礼》、《仪礼》各一部,送子吕。明刻小本《文选》一部、明刻《盐铁论》一部、《孔子家语》一部,毕刻《释名疏证》一部,铜板《图书集成》内地图一部。均是在通州以《文献通考》换得,共作价十四千文,又秦刻《九经》一部,《四书》一部亦在内。送衣谷。

读《家语》卷一至卷五。

按是书纯者皆窃之经书,其驳者芜杂不伦,为王肃赝撰无疑。

初五日壬午(1月23日)　　　晴,大风寒

早起,返紫竹庵寓。咏仙昨夜住此。早饭后,捡书簏行篋。访

宜斋。写子宪兄信,又衣谷信。附宪兄信内,宜斋专足。

初六日癸未(1月24日) 晴

晨起具馔,奠告子期先生,并再祭弢老。交谊告终,抚膺摧痛。宜斋及其兄铭竹,子小研来祭弢老,并奠期翁。黄咏仙同本地司官程彦孳名瀛,浙江人。之弟有挈,又本地人谢少卿来吊弢甫。既夕,孟甥设祖奠。夜二鼓,子宪兄来自城,李新甫偕来。是夕通寓不寝。接王愚溪铭西。来信。

邓子期先生告文

　年　月　日。女婿赵烈文谨以清酒庶羞,奠告于故山西吉州知州、外舅邓公子期之灵,曰:

昔公元女,降于余室,公亲送之,时余幼冲,罔所知能,公用器之。粤在湄滩之岁,归自宣州,偕处于茂苑,饘粥之供,一食不甘。越是夏遇播,用艰于舟,上风斯侵,下溜是湿,以困于身。公用恕之,诏厥元女:汝安斯贫,将不负于汝生。惟余闻之,涕罔能止。乃公用悴劳,构厉虐疾,医之不若,以卒公身。时则寇贼竞凌,公弗克归,栖于海隅,于今三年,余心若海弗释。兹余敬以公棺来集于此方,将以翊晨之吉,奠彼安居,往即幽宫。岂旅之既归,曰迩于昔,作土启封,悉异于往居。余思在远,弗禀于公家,以徙公灵,惟公鉴宥于余衷。是集是享,以福于子孙。呜呼哀哉!谨告。

再祭弢甫先生文

　年　月　日。赵烈文谨以清酒庶羞,再祭于皇例授承德郎、姊夫周君弢甫先生之灵,曰:

昔人有言,生者时也,死者顺也。以吾数匝之寿,而奠哀于君。君之高见达情,遗有生如土苴,而吾方忘道而怛化,灵之有知,将以为愚。然浮屠不三宿桑下,稔自少至壮,肝鬲之爱者乎?昔吾先公作宦豫章,不幸即世,孤露无处,君实左右之以免于大忧。逮余成人,君之笃爱,逾于昆弟。诱掖奖劝,使弗坠其志,论议反复,以开余心。进之于学,无间幽显,绳誉弗绝,盛德厚施,以至于有今日。呜呼!死生亦常数矣。顾吾一日未殁,而能忘君乎哉!今岁仲秋,始闻君丧,余惟殓事之,弗及趋也。爰至豫章,宁尔室家,既归于皖,遂偕尔孤,以迎君遗。思君昔言,眷于此土,君生时向余言西来庵地方之佳,欲他日居之,不意遂成谶。且后日之易归尔,孤澄用卜兆以妥灵蜕。缅维朋友之情,于斯告终,毕于荒涬,无有更觌。呜呼!虽委顺于道,其能已耶!其能已耶!吾又闻之,君子能为善而不能必得其福,不忍为非而不能必免其祸。以君之衷,可质于鬼神,而终不宥乎蜂虿之口。君之视之,亦适然耳。而命遇之穷,至此已极。呜呼!何其颠倒错乱之甚也。尔孤婴丁,酷虐振动,厥心以奉君绪,君之昭明,可以逍遥于九天矣。兹以启殡之始,奠辞于君,神明之遇,不可更期。惟君鉴之,以既终始。呜呼哀哉!尚飨。

初七日甲申(1月25日)　　　晴

黎明发引,已刻到茔。子期先生棺即时入圹,弢翁棺候至未初入圹,掩土后拜辞而返,已晡时矣。即命孟甥虞祭立主。是日送者,吴香楼、熊小研、赵子宪、黄咏仙、李新甫、赵定宝;已生嗣子。随后追至者,苏叔和、汪燕山;今早从如皋赶到。先在茔破土相候者,熊宜斋。熊小研来,夜同子宪兄赴宜斋之招,即谢其厚意种种。

初八日乙酉(1月26日)　　　晴,天色甚暖

侵晨即起,写振远信,即日发,交子宪。又咏春信。交子宪,为之求季君梅信。黄咏仙来,同送子宪兄行。又访宜斋,与成地契,邓、周地

各一亩,价各十千,熊铭竹出名,熊宜斋执笔,余及燕山、叔和作中。其地段系如皋西南乡名庄司地界,冬字六号,地保鲍长保。访燕山。又至叔程师家,族婶钱氏、族弟已生妻周氏二家,及李新甫、黄咏仙、吴香楼家辞行道谢。写黄子春大令信,交新甫,为之求馆。又秦淡如观察信,交黄咏仙,为之索债。又子卿兄信。交仆陈福,为之求荐。遣去仆人陈福。巳刻发舟赴如皋,仍坐前船。相送者熊氏父子、苏叔和、黄咏仙、李新甫、燕山、子吕。与子吕期如皋,与燕山期泰州。午刻舟行,水浅甚,闻前路居民起坝蓄水,以行急不欲他绕,姑勉强前进,推挽至夜,甫三里馀,到董家圩,不得进,后舟来者衔尾。因相率以木板于下流障水,顷刻水起得行,又移板至前,如是二里馀,出至太平港,水深无阻矣。先行时虑有坝之难行,今反以作坝而得达,因知穷达有自然之数,断非意识所能卜度也。

初九日丙戌(1月27日)　　晴

早发,晨到石庄港,西距西来庵水路廿四里,北至如皋九十里。午到吴家窑,三十里,傍晚到磨头,三十里。初更时到万星桥,十里,距城尚二十里。泊靖江,乡土贫瘠,民困于捐,又流寓者多,人众填塞,衣食腾贵,人皆不给,故多宵窃之事。吾寓中前晚被窃一麖索,昨舟被窃大旗及挽舟百尺行,偷及细微之物,亦见民生之艰矣。各城团防诸局星布,而奸宄横行。靖城初一日有人凶杀,移尸文庙,从容饱食而去。如城初三日劫贼入城,掠质库伤人,居民闭户,勇丁缩匿,莫能谁何。为政如此,顾多浚民膏,曾不知愧,如之何哉!

初十日丁亥(1月28日)　　晴

早发,辰刻到雉皋城,泊东门登岸,到城内一行。亭午下船,早晡过东城二十里,酉过丁堰四十里,地甚繁会,市屋鳞比。夜到林梓以地产梓,故名。五十七里登岸,晤般仲,即榻其寓内。

读《淮南·兵略训》。多引用古人之言,义理不贯串。

《说山训》。泛说诸理,如缀狐白,非不美洁,而终嫌杂凑。

十一日戊子(1月29日)　　　晴

同般仲过沈氏园,亭沼颇幽,而有倾谢之感。主人故富家,悉资贸仕,遇贼不归。思处者无寸椽,厦屋连云者则脱之如弊屣,同于福薄而已。

十二日己丑(1月30日)　　　晴

午后,写问渔信,交般仲觅便。写般仲尊人子田先生信,交般仲。写陆乾甫信。托制药料,交盘仲。晤般仲之戚郑枫坪、竹坪。

十三日庚寅(1月31日)　　　阴

早起,魏、李二氏过三代帖,约明春到皖迎娶。访郑枫坪,不晤。夜饭后别,般仲下船,般仲亦同时赴通,以其差事已撤故也。三鼓泊东城。

录郑枫坪语:“盐引现在十包,每包八十六斤,此说不确,现在仍是十二包一引。盐商运盐,俱赴泰州淮南总局,缴价领盐,场下出盐,俱赴局交官卖。不如是者皆为私盐。盐厘每引二两六钱,扬属各县食盐,总商何子华承办,江、甘、仪、高、宝五岸,每岸派引五千,而实消每岸多至二万,何买通各官局,一票辄运四五次,影射蒙混,莫能究诘。近又图认靖江一岸,缘其地度江入贼之盐,无不经由,消路甚大,其利不资故也。”

十四日辛卯(2月1日)　　　阴

黎明舟行,辰到皋城登岸,同苏州薛安林茗饮。下午,同市中购物,遣奴探孟甥信于本地人吴香山家,知尚未至。写宜斋信,十五日发,交董椒生。又王愚溪信。附宜斋信内。

十五日壬辰（2月2日）　　风雨。自初七至昨，暄和如仲春，今日略寒

子吕甥同董椒生世讲来自靖江。椒生，仲明子，仲明陷杭无信，椒生出外谋事，子吕遇之靖江，故同来相见，握手不觉热泪如沈。话其家被祸始末，又为欷戏良久。仲明天性贞抗，目空一切，见人辄奴隶之，独与吾及开孙至交，曰"里中吾不知有第三人也"。今岁馀无信，其死必矣。遗孤文弱，吾无丝毫能助益之，如何，如何！亭午登岸，候本县令张集甫，肆孟，四川重庆人。因周、邓灵柩寄寓其境，属为谕地保照应。又候沈俊甫司马。方煦，嘉兴人，八年分识之。又到子吕、椒生寓内少坐，下船。子吕来，夜去，伊尚须到东台，复期于泰州相晤。接肆孟大令本日信。

十六日癸巳（2月3日）　　风雨

早饭后登岸，同子吕、椒生茗，识本地人吴瘦山，又晤里人徐介眉、丁光斗，到子吕、椒生寓少坐。赴沈俊甫司马招饮，同座徐葆周、龚怡亭、陈△△及子吕。下午下船。另雇蒲鞋头船赴泰，遣前船送椒侄回靖。沈俊甫答候久谭。张集甫来答候，未见。子吕来，薛安林来，同行。

录沈俊甫语盐务："每引十二包，每包八十四斤，一引一千零八斤。现在淮南总局之盐，俱归何子华名铣，绍兴人，商伙出身，后开钱店，咸丰元、二年已当票商。一人包课。运司希图省事干净，其实淮盐有此二十万引上下之消路，非何之力也。淮南旧额百馀万引，每引四百斤，现在二十万引，每引千斤。核计归官者，尚有得半之道，其实场下私贩接踵，何止能禁有名之恒商，而不能禁无名之水客，从通、海、靖一带出江济匪者，帆樯相望，无如何也。前有人条陈通、海一带设立盐厘，运司以为不抽其厘，事非明文，尚可禁止；一抽其厘，便算官

盐,恐碍正课而止。咸丰二年之后及△△年之前[1],俱办就场征课,票商到淮,俱令其赴场官衙门领运司所颁空票填数,持往垣中捆盐;其向灶户买者,亦准缴课给票,故私盐较今甚少。现在每引厘捐共缴局库平实纹二两七钱五分,旧制每引四百斤缴正杂二两六钱。又捐备都营赏号每引百文。荷花池卡照票费每包五文,焦山卡照票费每船数百文不等,或竟不与。通江关卡,即新开河口,李世忠设。每包三钱五分,有折头六七折不等。大约与验船勇丁私费便可多折。仪征县捐每包三分,江宁府捐每包五分。此俱贴与该府、该县经费。现在富帮办奏请商捐八万,官捐二万,凑银十万,作为盐本运盐,获利充饷。”

又语营务:“江北都帅富帮办统带陆师约三万馀人,俱扎扬州、五台山、三汊河一带,每月正饷杂支该十二万上下。黄总统斌,现在已奏参撤去,换吴全美。统带水师红丹广艇炮艇约三百馀帮,人数不可考,每帮船数人数不等,有船二号亦算一帮者,每月正饷杂支五万馀以上,共约十八万。江南冯督办之才,广人。不归督抚统帅,另折奏事。统带陆师不及三万人,俱守镇江,每月正饷杂支该银七万两。江北陆师口粮支应归江北粮台,江南陆师及沿江水师口粮支应归江南粮台。水师除炮艇外,其红单各船俱不论人数,只论船数,每船或三百、二百金不等。南、北粮台去岁归筹饷局一手筹拨,统收统放,彼此通融,故饷见裕。自筹饷局坏后,仍分两台,南台许次书,长沙人。北台许缘仲,道身,杭州人。现在经都将军、吴漕台奏请,南台归并北台许缘仲一人,仿佛筹饷总局之后尘矣。而诏旨南、北各归各放,仍不许牵混。然则并台之后,所省仅一总司俸薪及随台各员盐折、各制造局之局用而已,不知名意所在。去岁筹饷总局商明水师统领,

---

将各水师自设厘卡撤消,俱归局委各员征收给领。旧制水师饷款支放无期,总局定为每五十日一放,故水师感之次骨。自总局坏后,仍将各卡局听其征税报数抵饷,其间得贿舞弊,商民受累无穷,而饷款尽非情实矣。江北粮台支都营十二万,江南粮台支水师五万、冯营五万,冯营约用七万,有上海津贴每月二万。共二十馀万,每年该二百六十万,统计各捐借及盐课,不过三分之一,运司止管盐课征收入库候拨,其军饷一切概不经手。"

十七日甲午(2月4日) 　晴。立春。逆风,夜换顺风

晨发,下晡甫到海安,距皋四十五里。昔甲寅之春,省侍至此,忽忽十年,鲜民已久,村树无恙,能无黯然。夜行遇顺,曳帆六十里,宿姜堰。

录薛安林语金陵贼事:买卖街七条,俱在城外,繁盛不亚苏州中市。城内旧有茶酒肆,因彼中拿获我军奸细,一日之间,尽将各铺逐出。城内巡查甚严,夜行如无口号,立斩不贷。城门俱设坚栅,仅容一骑,并无挖成陷坑之说。城内旧有三十馀王,各伪目,无不极富,一馆内箱椸总不下数百件。买卖街极多做洋枪铺户,佛兰西人城内甚多,俱穿长毛服饰,携带洋枪及各种炮械在彼消售。有轮船名不设,泊仪凤门外,专做此等生意。此系去年之事。城内兄弟每日领米一斤,柴火菜蔬自备,往往断粮。出入城门,俱有火烙印牌,无者即作奸细论。每夜城上各馆俱支更,街上设栅。各伪目妇女俱骑马入市中买物,服饰华极。每入茶肆,但男女不准交谭。街内巡查极多,烟酒之禁最严。间有私卖旱烟者,亦不能明吃。吃水烟、鸦片者,一人俱无。戏班甚兴,唱戏赏号往往多至百金。废铜每斤四十文,不准出城。城内收铜铸钱,面文曰"太平天国",幕文曰"圣宝"。其苏州仍在宝苏局内铸乾隆道光钱,初亦铸伪钱而不成,故铸国家年号。

金陵、姑苏俱常闹鬼，金陵于辛酉八月中，夜间有阴兵穿城出入，三夜俱系东殿灯笼，人马无算，守城贼皆见之。苏州府前胥门一带，夜夜鬼见，贼向禁纸钱锭①，后亦用以禳谢。

十八日乙未(2月5日)　　　晴，顺风

晨发，午后到泰州，距姜堰六十里，写吴平斋观察信，廿六日发，交阿哥。又周存伯大令信。廿六日发，交阿哥信内。下晡登陆，候乔〈鹤〉侪都转，松年，山西人，其尊人与先公乙酉同年。不晤。

十九日丙申(2月6日)　　　晴

早饭后同安林上岸，直至北门外觅邓笛仙画店，季雨之弟。逢里人汤润之。午后，候金力甫桂荣，眉生之侄。不晤。候盛德生作吊，其尊人前月下世也，并晤其弟隽生、□生。访汤润之。乔都转来答候，不值。

二十日丁酉(2月7日)　　　晴

再候金力甫，并晤其兄瘦筜。敬。访德生。候刘近庵先生，汝刚，吾嫂之父。并晤其弟绳庵先生，汝诚，行三。留饭，谭至下午，先君交执，灵光仅存。吾年仅三十，目前渐多晚辈，一日执子弟之礼，筋骸为之敛束，惟自视鲜露，怅然无已耳。下晡，候沈子焕，见赠其祖匏庐先生诗。再访德生。傍晚下舟，金瘦君、力甫招晚饭，辞之不可，复登岸，顺到乔都转处谢步后赴金约。同席孙君及瘦君、力甫之侄调卿。

接眉生十一月十五日信，言皖省军务大坏，南北连失九县，吾家光景迫极云云。睹此不能无愁。然归计既不可急，任命而已。

---

① 纸钱锭，稿本作"纸锭"。

二十一日戊戌（2月8日）　阴

写乔鹤侪信。即送。候汤小秋，寿铭，益阳人，海秋先生之子。面订晚饭。出城食扬州面，不尝此味十年矣。道逢燕山，来自西来庵，同食及茗。到邓笛仙画店内少坐。写邓熙之信。即日发交。赴刘绳庵先生之招。下午赴汤小秋之招，以时尚早，再过乔鹤侪，以伊有函，言晚间来见访，故先之，在座晤许缘仲观察，道身，杭州人，其伯滇生先生系先公丙戌读卷老师。久谭后别。仍至小秋处饮，同席陈小圃、方坦，海宁人。邱伯埙，杭州人。二鼓散归。舒甫叔舟自通州来，适同泊，遂过谭。接乔鹤侪即日信。

二十二日己亥（2月9日）　晴

写眉生信，二十三日发，交力甫。写吴晋壬信。即日发，交汤润之。衣谷来自靖江，孟舆来自东台。候小秋不晤，候许缘仲观察，久谭，候许信臣中丞，乃钊，滇生先生之弟。不晤，返舟。亭午时燕山来，言有直隶褚蒱臣大令调元，原名汝楫，本籍在广西。闻余名，专诚招饮，伊为介绍再三，强余往，以食尚早，先访子焕少谭，子焕赠余《癸巳类稿》一部、《诗古训》秘本。一部、《读史辨疑》一部、《汉书地理志校》一部、其祖匏翁随笔一部又词一本。赴褚蒱臣之招，席散后访小秋，见鹤侪致伊书，托伊转致赠赆四十两，是夜复留小秋处饮，初鼓时归。许缘仲来答候，不值。

接李甥十一月初六日家信，知元徵先生及开孙已到，皆住吾寓。又阿哥十一月十八日信。又子宪本月十九日信。又接振远本月十七日信。又德生本月信。

二十三日庚子（2月10日）　晴

写乔鹤侪信。即日发，交小秋。吴寿年来。候许缘仲，久谭。候近庵、绳庵二叔辞行,兼致微意。候褚霭臣,不晤。访子焕,候小秋辞行。返舟已换江船横跨子,颇宽厂。下晡,小秋答候送行,复送食物,傍晚去。族弟任卿振绪,小名喜龄,宜兴人。来候。吴寿年、李增宜来。写许缘仲信,即日发,交小秋。写般仲信,又写椒生信。二十六日发,附子宪信。

接金瘦君、力甫来信,言眉生不日到家。

录许缘仲语:咸丰三年贼至,盐事决裂,运使刘良驹被参去,来继者郭雨山。接手后,始定为就场征课,每石三百文,不归引数。时各场廪盐山积,垣商俱以江路不通,减价争售,每石贱至二百馀文,以课大于价,恐沮贩商,遂任其以十石作一石,每石止纳三十文,如是一年亦收至七万千文,而小贩充斥,莫可稽诘。纳官者不及十分之半,运使以为患。许时官泰州,于是创为公栈之法,各场盐不准售买,俱运至泰州入栈,纳课后方准转消。运商不准下场,私贩渐戢,利归一孔。其盐价俱由官定,成本划一,商船来者日众,斤重之数,渐以七、六、五、四、三石作为一石,课数稍充,又改石为引。先是盐引本以四百斤为额,陆制府淮南改票之时,经童石塘运使议加斤至六百六十斤,以示体恤,而皆系每引为一大包,至仪征方改五十斤小包。盖场内屯船俱有定制尺寸,一船合载若干引,便是若干引,一望而知,不必验数,故用大包。至仪改用江船,船有大小,且到岸须起驳,大包不便,故用小包。其时在泰买盐之船,半是下河小艒船,不复能用大包之制,因以每引六百六十斤分为十二包,每包五十三斤,而暗加三十斤以恤商,实每包八十四斤,每引一千另八斤,大引之缘起如此。事在五、六年间,怡制军手内详定,而未有奏案。如是办理者数年,其盐皆走江南东坝,转出外江行消,去路颇畅,每年廿万引上下。

七年乔鹤侪来任运司,映秀峰任运司帮办,于是有总商包课之举。每年不问商贩之多寡,俱以十六万引为底数,不敷则总商凑垫。其总商皆系当年老商充当,官引一切皆付其手。场盐必须栈商自运到泰,入栈后,运商来买,皆须至其手内纳课请引,方能出江。即运商自赴场下,重盐到泰,亦必向之请引,坐收三分成利,垄断居奇。官利其包课之虚名,其实有此消路,非伊之力,即不敷赔垫,亦系取之于众,与伊无涉。又各老商实无资本,不能收盐,又不许外帮通融办理,以是凡有资本之商,如去年扈中宁、广二帮凑银百万到泰,欲图办盐,总以不甘受总商拿捏而去。其小贩本短,所有微利,先被泰局占去大半,所获益少,渐见稀寡。而场下不能无盐,不归走场之私贩,即归闯卡之官兵,官商瞪目,莫如之何。是以前岁尚消至廿四万引,今则十六万尚不到。国家如此利权,贪图省事,草草弃之,足为一喟。现在正课每引一两另八分,杂费三钱五分,共成一两四钱三分,内河厘每引一千一百文,此二项在口岸总商手内完清,外江各厘每引二两七钱,归口岸厘局趸收。

二十四日辛丑(2月11日)　　　晴,顺风

早发,午后到宜陵,六十里。晡后到孔家函子,二十四里。又行七里到仙女庙,地极繁缛,都营粮台支应在此,米商之所集。市南有拦江坝,舟须绕西行数里,近二道桥泊。

二十五日壬寅(2月12日)　　　晴,顺风

早发仙女庙,西行十二里到万福桥。咸丰三、四年琦帅大营驻此,在运河、芒稻河之间,阻水为险。今年上游高宝水多,开坝下泄,故水势甚溜。又南行十里弱到五台山。都帅大营从万福桥至此,营寨相望,俱在东岸,老营砖墙甚峻。河内有水师炮艇停泊。又南行数里到扬州,城在西岸,行促不及登。昔吾壬子夏游此三日,东湖、

平山皆迹所及,草草十二年,遂经如此浩劫,惜吾笔弱,难为鲍明远之续矣。下午过关,傍晚到瓜州口,炮船甚多。写中堂信、二十六日发,交焦山文报局。李中丞信、同上。郭筠仙观察信、同上。阿哥信、同上。内子信、同上。子宪兄信。同上。

二十六日癸卯(2月13日)　　雨

移舟七号,在瓜州稍下数里,紧对京口。闻金眉老已至,在京口,遣孟甥往见之。傍晚刺小舟迎其船至予船旁同住,谭彻乙夜。上游信息已松,祁门失守,次日即复,军威复震。吾家甚患贫,内子有恙云云。写杨贻亭信。即日发。名光祖,焦山文报局委员。

接李甥廿一信,知孟辛已至皖,住吾处,开孙亦同在,元翁另住同食。

二十七日甲辰(2月14日)　　阴

清晨,眉生来访,强吾到泰州过年,不得已应之。亭午棹小舟到瓜州,眉老为具一舟同行。访徐东园,震甲,泰州人。八年里门识之。东园善绘,作扇以赠。在眉生处识缪芷汀,德菜,稚循之兄,候选道。遂来候。又里人杨亦涛来候。下午易舟,舟名邵伯划子,舱内类无锡快而无头舱。酉刻舟行,初鼓时到三汊河二十里,及眉生舟,遂过舟谭至四鼓。舟到宝塔湾即茱萸湾。泊,始归卧。写熊宜斋信并银廿六两。三十日发。

二十八日乙巳(2月15日)　　晴

晨到扬州,过眉生舟。行至午后到仙女镇,晡到宜陵,三鼓到界沟,而吾舟不至,遂榻眉生副舟。是夜抵泰。

录眉生语盐事:淮鹾整顿,必须在消岸设局,官为定价督消。如江西一岸,合算成本,定价三十四金一引,则官厘可以不减,而商本亦自无亏。在引地则严禁灌私，不得减入此数以内，而为商人顾成本，弟一犹须定场盐价目，不许增长。其运盐船只，莫妙于在上游雇船，至焦山设局，立定水价，则商人本利成数了然，自然踊跃。现在厘数虽多，而旧时各规费尽去。又旧时商人轶荡淫侈，其资皆出之盐。而今时商人皆止图糊口微利，故决其可行。至于淮局之老商把持与否，俱无关紧要也。又云消盐之西岸，如盐价每引长至四十金，其三十四金以外赢数，官与商分取，四十金以外则尽归官。

二十九日丙午(2月16日)　　　阴

眉生清晨去，吾移住其舟，无锡快晶窗甚厂。晚赴其招，并晤方兰槎刺史、德骥，杭州人，八年春识之。袁薇生县佐。简斋先生孙。与兰槎话旧甚畅，主人肴犹美。

接眉生本日信。

三十日丁未(2月17日)　　　阴

写眉生信并投赠诗。即日发。下午，眉生来久谭，并致守岁肴馔、灯烛。得《两淮盐法志》一部，又眉生投赠宋词二本。发熊宜斋信并银三十六两，交眉生专足。

赠金眉生都转方兰槎刺史诗六首并序

壬戌冬暮，自扈役旋，晤金君眉生、方君兰槎共饮。翌日，除夕也。扁舟无聊，忆去岁小除，与昆甫家叔饮武昌黄鹤楼，恍然不知陈迹之所在。走笔奉呈，并向眉老乞小饮食。时喜读陶集，不获其冲，但得其拙，足一笑也。

今夕扬江津，去年荆江湄。偶与此友近，倏与彼友辞。会合岂天命，吾生亦安之。性意苟不远，共此尊酒期。

发帆渡东海，海广不可浼。风涛世诚有，倏忽过舟底。蛟鼍各怀逞，大要在啖噬。相对岂不畏，既已识生死。寸心迈一往,谁能屈挠此。

金侯凤不识,三见称素心。云我知汝尔,悠然异胸衿。而我亦平夷,忽若值远林。今年皖江晤,来此更相寻。何以共陶陶,用慰岁月侵。

方君秉笃素,令德世稀少。昔年一握手,至今道我好。虚堂共明烛,相对何窅窕。神州正莽莽,孰者释悬倒。扁舟谢君去,流涕不知晓。

缅怀我故友,神气与天通。衿期皎日月,慷慨心至公。生死本常数,有志叹未终。忽焉不知往,浪浪涕无穷。

今夕复何夕,新故倏相除。悠悠见来岁,何以慰故吾。家居共椒酒,行舟鲜屠苏。市沽不足醉,乞食向君庐。扁舟尽一酌,明日又远途。去去不复辞,期子益令图。

简眉老

舟中无事,忆昨君谓我诗咎,辄投数首。颇思食蛤梨风鸡,或昨蚶亦佳。蛤蜊古作梨,见《淮南鸿烈》,若士卷龟壳而食蛤梨,烈不足云。若士亦复不及卢敖而饕正同。书博一笑。

同治二年（1863）太岁昭阳大渊献

正月建甲寅

朔旦戊申（2月18日）　　晴，东南风

晨起，拜天，拜先师孔子，拜释迦如来，普礼十方，拜先祖父母。敬占流年，得风火家人。

其繇曰："王命赤乌，与君徼期。征伐无道，诛其君傲。居止何忧。"

辰刻，眉生来舟贺岁，并与余易帖，久谭别去。写眉生信，遣奴子送讳帖去。下午金力甫来贺岁。傍晚易舟邵伯划子。

接眉生来字，并以汤贞愍、戴文节醇士，名熙。便面属题。

金安清，号眉生，行二。浙江嘉善人，寄籍顺天。嘉庆丙子十一月二十九日生。

曾祖燠，妣氏闵。祖均，妣氏朱。考铨，妣氏章。兄庆澜。字小云。妻师氏。女七、子一。永感下。

初二日己卯（2月19日）　　晴，顺风

三十二岁降日。晨起拜天，拜先祖父母。
写眉生复信，并题扇面。辰刻舟行，午到界沟，三十里，申到白

兄、　邰空
子、应　巳原神　申未
财、　　　　　亥
父、　　　　　丑
财、世　　　　邰空
兄、

塔河,二十七里。由此向南出中闸,三江营江口也。向西七里宜陵镇,又十五里杨家涵子,又八里孔家函子,又七里仙女庙,时已暮,泊舟。自泰州至仙女庙为盐河,自仙女庙至六闸为芒稻河。承平时运盐孔道也。接眉生来信。

　　　　　题汤贞愍戴文节画扇,为金眉生廉访作即用其韵

大雅遗尺缣,故人心无已。珍盘罗珠金,焜耀孰可比。良诅翰墨贵,忠义重压纸。谁下巫贤招,庶几九原起。

初三日庚戌(2月20日)　　　　晴,逆风

晨发,十二里到湾头,芒稻河、运河交午处,六闸在其北约三十里,其上游从高、宝各坝来。承平时盐舟或出六闸,或出湾头,前后更章不定。湾头出口处有二桥,曰壁虎桥,皆废,二船载大炮守北桥下。向西岸出口后南行十里,五台山大营有浮桥,又二里扬州城东关有浮桥,泊舟登陆,到城内少步。兵燹之后,只此一段市井,馀俱榛莽,遂不前行。未刻,舟复进十里,宝塔湾河形盘曲。又十里三汊河,南到瓜州,西到仪征,于此分路。昔盐舟赴仪所出江,此孔道也。有詹总戎启纶,字龙轩。营在此,约三千人,河下有浮桥,桥下泊舟。问仪征路,水浅已梗矣。

初四日辛亥(2月21日)　　　　晴,顺风

晨发,辰刻到瓜州,觅见原坐船。晤燕山,知子吕、衣谷先上盐舟,伊独在此见待,又邓姓仆小八亦来附行。候缪芷汀、杨逸涛,又候萧达甫观察,萧不晤。系古香之子,在里中识之,伊托杨逸涛致意,余故往候。缪芷汀来。午刻舟行赴焦山,未刻到彼。候赵吟翁观察。同燕山、安林游定慧寺观周鼎,方丈旧有水晶二块,为贼取去。出寺登山,至观音崖,已于三年为贼毁。此山贼来住一月馀,寺宇仅此一处不存,馀俱岿然,不可谓非当代灵光矣。赵吟翁来答候,子吕甥自七

号来,其舟尚未行,于瓜州知余至也。写吟椒信,谢其赆。

初五日壬子(2月22日) 晴,顺风,夜大风及雨

早发焦山,由南岸行,望镇城甚近。贼于城北起外城,迤北而西,沿江包北固山在内,直绕至南门,长十馀里,官兵今守镇城,恃此为固。辰刻到七号觅见子吕甥舟,即与其邻舟说妥趁行。午刻过船,船系钓钩子,中舱阁铺甚宽厂。申刻过子吕舟谭,不意中跌入水舱,底深六七尺,昏晕逾时,幸众友扶挈搓挪,久而得呻。服七厘散一撮,扶过舟卧,夜患腰痛,俯仰不得。尘劳苦恼,生死倏忽,沟壑之患,近在衽席,可畏也夫!是夜盐船移缚轮舟左侧,舟名哈喇,日本。子吕舟稍前相接。

初六日癸丑(2月23日) 晴

巳刻舟行,共系七舟。申刻行六十里,过仪征四眼沟,有李世忠水师把卡,查收盐厘。本舟所带盐船有二艘,所载系洋人资本,未完盐厘,蓄意冲卡而过,李兵凡十馀艇,出港拦截,洋船开炮,李亦回击不中,倏忽已落后,竟不能追。例载洋人不准贩醝,乃明目张胆为之,中国虚与立约,不如一废纸之用,可笑可喟。是日又行二十馀里,泊不知名。腰恙未瘳,力疾写家信交子吕,拟前途到金陵,予少留也。又字与子吕。

初七日甲寅(2月24日) 人日。晴

五鼓即发,辰刻到栖霞,未刻过下关,七里洲、九洑州贼营、官营皆如故。酉刻到大胜关,近北岸泊。见有樯竿一簇,吾意咏如粮台泊此,欲由此登岸,遂遣燕山、安林棹舟往探,二鼓尽返。苏州张子厚载福,去夏同殁甫到皖,荐之此处管厘。同来,知咏如已赴安省,其眷属坐舟亦在南岸,伊向与燕山相识,知余至,故来见迓。因与燕山、安

林同下盐舟赴其卡,而属子吕、衣谷先行。三鼓到岸,子厚避舍相款。其卡地名西江口,紧对大胜关,与新开河通。新开河口在其下二十里。商船行新开河者,皆由此入口。

初八日乙卯(2月25日)　　穀日。雨

晨起,张子厚以炮船送吾到南岸,伊亦同行。咏如家眷船泊夹江内对面江心州,大约龙江关地也。晤咏如长子康来、字作山。三子序来、四子麇来,约吾下榻其舟。饭后到子厚总局内,识金陵马蔚堂。下午雇得安庆回空船,价甚廉,船甚美,名小满江红,晚饭后移至舟中。

初九日丙辰(2月26日)　　晴

巳刻,偕燕山进营,统帅中军在安德门,距江口十六七里。自登岸抵彼,土堤一道,列营守之,以护粮运。午刻到营,进谒沅圃统帅,方有恙,约余便服至榻前,执手问讯,谭至良久。留饭后,借余洋人远镜,出营为瞭望之计。里人薛方亭炳炜,在营内管军装房。闻吾至,遣人在帅幕下相候,遂往候之。并约燕山来,同到营前门外看金陵城。其远镜甚佳,望见雨花台贼垒三座,相隔甚近,约五六里,营系砖墙,四面俱有三层碉楼,守御甚固。城上无旗帜、守兵,城内屋舍稠密,伪天王府黄墙宽约三四里,大殿三重,高亭金顶葫芦在其后。忆戊午正月,吾在和帅大营,登钟山龙脖子,见其府内殿后有亭三,今止见一亭之顶,盖彼时从后侧旁看,故全现,今从正面对看,屋高蔽其二也。又城内亭甚夥,悉是王府。更东北望,城外孝陵围墙,及和帅时所挖长濠,龙脖子上之东炮台,历历俱在。六年之内,两观贼庭,一从北望南,一从南望北,遥遥相向,贼阻兵不休,而吾游踪无厌,同一痴妄,可笑也。城西南隅一大树,吾妇家邓氏万竹园在其下,吾昔恒抚之,今枝干如故,劫中不坏,殆灵物矣。统帅全军约及二万人,今调去数千。四十馀营,每营分筑二垒,以壮声势,营外环以长濠。

头敌最前处，与雨花台隔仅一里，各营多在高冈，故瞭望甚晰。傍晚，帅遣招晚饭。属其幕中沈慎哉丽文，通州人，在皖曾见之。相陪，并属为余设榻。饭后与帅谭至二鼓辞出。

录薛方亭语："去秋闰八月十七日，伪忠逆率援贼六十万至营外，十九日进攻，环围八昼夜不收队，分作二层，轮次进攻。时我军病卧者十成之八，咸力疾赴斗，寒热甫退者，辄匍伏而往，掷一火弹，放一枪以助威势，贼竟无如之何，遂收队。聚扑各营，倏东倏西，至如潮涌。又设地雷轰陷某隅濠墙，我军死止数十人，立时以米囊堵起，枪炮不及，以火弹纷纷掷下，一时用去四十担，贼反死千馀人，竟不得进。先是，我军拣锐勇扎出濠外八营，贼悉力来争，炮下如雨，营中器物无一事得完，而伤人独少。九月初，统帅督战至猛字营，为贼枪中腮颊，血流至足，犹巡墙不止，统帅之弟事恒司马登炮台望贼，贼知之，装炮相向，左右曳使亟避，甫起立而椅破。如是苦战经五旬，十月初五日，贼力竭而遁。"

初十日丁巳（2月27日） 晴

偕燕山谒帅，允留差遣[1]，并招同饭，仍属沈慎斋见陪。饭后候幕府彭次卿、椿年，长沙人。赵舜臣、煦，长沙人。冯咏阳、至沂。熊寅先、陈芷轩、麒勋，湘乡人。黄策生、廖崑源、沅州人。陈莘农、武昌人。袁潜溪、沈慎哉，丽文，通州人。又营务罗茂堂。麓森。晤赵、冯、熊、陈、廖、陈、袁、沈诸人。谒帅辞行，帅素不识羑甫，闻吾言其家贫，致赙甚厚，可感特甚。出与燕山话别，偕访其友胡蔚堂，少坐遂行。午刻抵舟，刘作山世讲来，同到子厚局内。傍晚同访王雨轩，必昌，广西人，银钱所李少山之帮办。王雨轩来答访。

---

① 差遣，稿本作"差委"。

十一日戊午(2月28日)　　　晴,逆风

舟早发,数里到大胜关泊。下午,有调回扬州之都营兵勇共五营,去年来助剿援贼,兹调遣回扬。在此对渡,大掳民船,阑及官舫,来者三十馀人,向余求借船,送之过江。余见岸上人几及千,不趁早许之,势必一涌而上,用强开放,且系到西江口有卡局炮船,住舟转稳,遂即应允。傍晚船到北岸,该局两炮艇哨官汤某、王某来见。写张子厚信,闻上游李世忠四坝厘卡常滋事,又江路难行,拟借伊炮艇护送到芜湖。十二日发,交其下人。

记难民情形:江南有沅帅纠合水师捐资给赈,凡采米数千石,受赈者妇孺十万人。先是,每人三日一升,至是不给,改为三日五合。虽沾惠者众,而充腹不足。沿江野地,匍匐挑掘野菜草根佐食者,一望皆是。鸠形鹄面,鸟聚兽散,酸楚之状,目不忍视。而江北一带,俱属李世忠管辖,下至仪、六,上抵滁、和,环转数千里,一草一木皆有税取,民至水侧掘蒲根而食,犹夺其镰剿,以为私盗官物。其稍有资本趁墟赶集者,往往为其兵勇凭空讹索,所有一空。民生之艰,诚不啻在水火。嗟乎! 李本一盗耳,少迟日月,亦更化为盗耳,何足责! 而袁甲三无识庸妄,养成其羽翼,官至帮办提督,众至数十万,地至千里,误国殃民,虽族诛不足以塞责,转得安然而去。以苗、李二大逆贼之后人,其肉岂足食哉!

十二日己未(3月1日)　　　晴,逆风

风不甚大,本可曳纤,而上游信紧,自三山以上,南岸往往有贼,非有顺风赶趁不可,故仍不行。接张子厚本日信,允以炮船护行。后以本卡有公事,又上游亦尚可行,遂谢之。

十三日庚申(3月2日)　　　晴,逆风,连日暖如二三〈月〉时

十四日辛酉(3月3日)　　　阴,夜雨,大顺风

晨发,辰刻过四坝,李世忠卡在北岸,有炮船,照样查舱即行,尚未肆猖獗。已刻过乌江,江中流尸相属。有杨军门水营驻此。未刻到牛渚矶,风甚,舟物尽倒。余方食,倾跌,覆羹污衣。申刻过太平府,酉刻到西梁山,有吉字副后营驻守,有水师分帮,又金柱关分卡亦在此。在山下泊舟。是日共行百三十馀里。本地居民憔悴甚,无房屋,俱居土穴,苫盖其上而已。

十五日壬戌(3月4日)　　　元宵。大风雨,严寒

泊舟山湾,浪来磕舟,几碎。闻离此十里白渡桥即有贼营,和州尚为所据。

十六日癸亥(3月5日)　　　风雨如故,严寒

十七日甲子(3月6日)　　　阴,顺风,下午微雨

早发博望,辰过裕溪口,在江北岸,平地无山。江中有州,江南有山,不知名。四合山也。彭少司马水师全营在北岸口门,兼有陆师,以扼和、含之贼。水师分帮驻江中州,余拟到北岸候谒,而风利不得泊。午刻,到芜湖,去梁山四十里,裕溪二十里住舟。遣奴子问知吴都转竹庄在此,遂往候之。竹庄留饮盛设,并招刘彤阶大令来作陪,饮散已暮。营距吾舟数里,水湍甚,夜不可渡,竹庄固留吾宿。见伊所绘地图,芜湖老城在水口南岸进口砖塔下,名宝塔湾,湘营守之。对岸团防营,竹庄所统,共三千馀人。其水发源泾邑,即青弋江,并通湾址、黄池、宁国、高淳、东坝诸处。金宝圩在邑东南,其地民团守十年,为宁国、太平、金陵诸富家大族所萃,于去腊中旬失陷,死掠无算。周围数百里内,去年皆有收,自贼至,尽弃盖藏而走,来芜地者,不下数十万,哀鸿遍野,莫可赈恤。现在贼营离此近者二三十里,据

高阜可望见。

十八日乙丑(3月7日)　　　阴,顺风

早饭后,别吴竹翁,下舟即发,晡过三山。此系繁昌县之三山,名上三山,金陵三山,名下三山。傍晚到白茅州,泊在江北岸江水环曲处,去芜湖四十里,三山十五里。过芜湖,见沿途居民景象少舒,有负升斗趁市者。

十九日丙寅(3月8日)　　　晴,顺风甚利

早发,辰到繁昌旧县治三十里,在江南岸,聚落尚盛。有山甚高,不知名。巳到荻港板子矶二十里,矶在江南,不与岸连,山后可行舟。有厘局设其内,舟艘鳞栉。过荻港,江流大湾曲,山色绕南岸,青黛千万。晡到丁家洲,仿佛十一龄时奉讳归,曾守风于此十日,风景恍然心目。因误以为铜陵县,其实非也。傍晚,乃至县治,距大通尚三十里,在港口泊舟。荻港到大通,向云一跕,询之土人,则云至此已九十里,不得其实。以今日风势,约计水程殆六七十里不为多也。写竹庄信。二十一日发,交安林。

二十日丁卯(3月9日)　　　雨,顺风

昨夜铜陵民持龙灯来舟次旋舞,颇有平靖时景象。此邑遗黎,殆视下游少瘳矣。晨发三十里,辰刻到大通。路遇某军徙营,封民舟,蔽江而下,不遗一叶。军差紧急,涉水不能无船,而所至之处有大舟,非各营坐船,即有军务公干,万不能载兵,兵亦不能捉,其渔刀、柴艇满载不过十人,立而不能坐,既使遗民不安其业,将士亦太苦矣。愚意各军每营定制连夫六七百人,试以人数计之,每一棚连夫十二人,夜卧得地宽七尺、长五尺便足。造中等船长三四丈、宽七八尺者,一舟可装五棚,上层卧人,下层载本人行李零物,一营有十馀舟,宽然有馀,其军需支应文案公夫等类,自有营官坐船,不在此数。

既扎营，即将此舟泊相近水次，酌留长夫守之，一旦移营，洗足上船，军便而民不扰，计造船之费，每舟二百金，一营三千金而已。油舱之费岁不过二三百金，营官皆能任之。或嫌太繁，则两营共一帮，或三四营共一帮，有调遣时通融济用更便。惟物成公器，无人认真照料，不如各归各营之妥耳。

大通在南岸，有小山连绵，山下河口，通青阳县四十里，对面江中一州名荷叶州，离岸不及二里，州上近为盐艘所集，桅如密林。岸上民舍稠密，亦有瓦屋，为安省迩日最繁盛处矣，有厘局设此矣。因舟人有事，泊此竟日。

二十一日戊辰（3月10日）　　阴雨，午后霁。逆风甚微

遣安林赴芜湖。辰刻解维挽纤，至晡仅三十里，泊舟处名王家套。小河深曲，未知通何处，有炮船守之。

二十二日己巳（3月11日）　　晴，风微

晨发挽纤，至晡以为至枞阳矣，问之尚三十里。又行许时泊，约更十里，土人云新集港。

二十三日庚午（3月12日）　　晴，风微，夜雨

晨行，巳刻到枞阳夹口，在江北岸，镇市在口内尚十里。有山不甚近，平淡惬意，岸柳既稀，春畦尽绿，一望如在故乡鬐画也。南岸沿江山亦小，一阜出水中，舟子曰此太子矶。过枞阳得顺，行稍速。午刻，过李阳口，在南岸，申末泊舟魏家窝，离家二十里。

二十四日辛未（3月13日）　　雨，逆风

晨起督船夫冒雨行，巳刻，到安庆东门，即登岸到家。晤开生、孟辛、寄雨、衣谷及甥辈，方会食，入内见四姊及内子，内子有恙卧床，馀各无恙。未刻，谒帅久谭。闻去冬以县丞保叙，余申谢。帅言保

优恐致人言,不得不从微末而起,庶不致人侧目,其肫肫见爱如此,可感非凡。余因陈鄙情素无仕宦之志,愿为大将军揖客。帅笑颔之。候谒方元徵表兄先生及表侄子可,皆不晤。初来寓吾舍,昨移左近天宁寺。下午,元徵先生见过,于是暌隔十四年矣,谭至二鼓始去。是行往返凡百二十六日,四千二百馀里。

二十五日壬申(3 月 14 日)　　　大风雨,严寒,夜有雪

早饭后候莫善徵,其眷属已至,并见其侄仲武、其子科儿。候霍生不见,候子偲并晤其长子伯罂。彝孙。候华若汀、徐雪村、李冰叔,皆晤之。候程尚斋、蒋莼颀、李眉生、钱子密、柯小泉、程伯敷,伯敷已返新安,柯、李、钱不在,晤程观察、蒋太守,并晤魏绍庭。方元翁来,善徵来,在此饭后乃去。

接六姊去年十月初一日信,又槐庭闰八月十二信、十月初一日信。又汪燕山(又)〔闰〕八月十三日信。又邓季雨八月初五日信。又才叔十二月初五日信,言已就粤抚黄莘农聘。又幼静△月△日信。又孝拱闰月十四日信,又般仲同日信。又问渔八月十九日信。又姚彦嘉十月十三日信。又杨子劭九月二十九日信,内轮船公事信二件。又眉生本月初七日信二件,又抄稿一件。又子迎壬戌中秋日信,哀讣。

二十六日癸酉(3 月 15 日)　　　薄阴

饭后同开生、孟辛至元翁寓,元翁同二君谒相,吾留与子可侄谭。子可青年积学,考订《汉·地理志》,郡各绘一图,地名里至,爽若眉列,可敬可佩。汤诗林来候。元翁同开、孟来。霍生来答候。四姊设酒肴。命余缮上相国极言书,二十四日脱稿,二十七日面进。又盐务条陈九条。

二十七日甲戌(3 月 16 日)　　　晴

晨起,趋府朝谒相国,进昨书。首条、三条,极以为当。次条言

今诸帅已渐释嫌忌,所陈且可不必。盐务策吾临出时乃进之,未面罄可否。又言明日出,至无为、芜湖、江宁察看情形,有撤师之意。吾亦力赞之。返寓,马慎甫来候。早饭后,善徵来,同开生、孟辛、善徵诣元翁处,同至市中茗,得漆合、磁杯皿数事。

二十八日乙亥(3 月 17 日)　　晴

莫偲翁答候。方元翁来。刘纯甫子迎族弟。来候。陆章甫来候,未晤之。刘同民度。来候,十年在木渎识之①。

接潘贻清宅仁,其祖竹虚先生,幼时受业。十月二十三日信,托寄金器三事、银十两至上海。

二十九日丙子(3 月 18 日)　　晴

侯绩卿建勋,无锡人。来候,李眉生来答候。方元翁携子可来。霍生来,三鼓乃去。

读《淮南》《说林训》、《人间训》。

(以上《能静居日记》十六)

二月建乙卯

朔日丁丑(3 月 19 日)　　晴

家人以余久在外,许愿供佛祈福,于今早设斋礼谢诸佛菩萨。同孟辛、衣谷、季雨至元徵师寓久谭。下午检点书籍。

---

①　"刘民同……木渎识之"一句,稿本系于二十七日甲戌下。

初二日戊寅（3月20日）　　　晴

朱春舫观察来候。方恒，抚州金溪人，与吾兄及殁老相识。午刻祀路神，以远行归也。检点藏画，以母舅彦闻先生隶书八幅归元徵师。

初三日己卯（3月21日）　　　晴

写眉生信，初六日发，交裘姓。写史贤希信。初四日发，交善徵。春分合祀先祖。下午，延子偲、善徵、霍生、汤诗林、元徵师、子可、开孙、孟辛、季雨、衣谷饮，刘同民适来，遂共坐，二鼓始散。里人刘锡玉娘莹，湾沚司巡检。来候，未晤。

初四日庚辰（3月22日）　　　晴

检点藏帖。写咏如信，即日发，交霍生。写燕山信。即日发，附咏如。同开孙、孟辛、衣谷诣元徵师。

接阿哥正月十三日信，又咏如去秋九月十八日信，从上海转来。又陆健甫十二月初五日信，又族弟任卿十二月初八日信。

初五日辛巳（3月23日）　　　晴，夜雨

写欧阳晓岑信，寄洋带二条，洋页一个。即日发，交孟辛。槐庭信，寄还小女苕生原聘银一定，金簪一支。六姊信，寄洋布一匹。即日发，交孟辛。子迎信，附殷仲与何子贞信。寄祭幛一悬。初八日发，交孟辛。稚威信。即时发，交孟辛。黄南坡信。即日发，交孟辛。晡候善徵，送其行，将赴祁门也。

初六日壬午（3月24日）　　　薄阴，夜雨

刘纯甫来，在此午饭。陆章甫来访。夜善徵来。

读《淮南》《修务训》《泰族训》《要略》。如序传之旨。

全书博而不精，多而寡要。旨者老庄之绪馀，驳者诹闻之委萃。

以供文人取材美矣，闻道则吾未知。

初七日癸未（3月25日）　薄阴

夜漏加戌，狂风自东北至，屋瓦皆飞。后得楚信，岳州鹿角地方覆舟千馀，死者数千。晨同开生、孟辛往送善徵，至则行矣。元徵师、开生、孟舆甥为孟辛饯行，饮甚欢。

《晋书·列传四十》。

应詹、明世忠义。甘卓、元世贰臣，欲讨王敦而复怀首鼠。邓骞、元世僚佐，宜附谯王承传。卞壶、成世忠节，死苏峻之乱。卞敦、怀世忠义，可于东海王越传附数语。刘超、成世忠节，死峻难。钟雅、成世忠节，死峻难。

《列传四十一》。

孙惠、惠世藩僚，宜长沙王冏传内附数语。熊远、元世议臣。王鉴、元世议臣。陈頵、元世议臣。高（嵩）〔崧〕。哀世议臣。

远诸启事俱有理致，非空疏泛泛之比。

远疏言"选官用人，不料实德，惟在白望，不求才干，若不明其黜陟，以审能否，则此俗未可得而变也"，按此切中晋时之弊，而后世往往蹈之。

鉴劝讨杜弢疏曰"议者以大举役重，人不可扰。鉴谓暂扰以制敌，愈于放敌而常扰也"，按此实有远见，得不算之算。

初八日甲申（3月26日）　阴，大风，甚寒如冬

有喉疾甚剧。下午，李冰叔、华若汀、徐雪村招饮，不赴。夜，季雨、衣谷为孟辛饯行，亦不能出。

读《列传四十二》。

郭璞、明世忠节。葛洪。隐逸。

初九日乙酉（3月27日）　晴

喉疾如故。元徵师来，霍生来。洪琴西、向伯常来候，以疾不

晤。程尚斋来答候,以疾不晤。霍生招饮不赴。写仲敏信。交孟辛。

读《平攘录》五卷。

明诸葛元声撰。记隆、万二朝讨伐之事。首卷,俺答叛服。次卷,都蛮。四川事,曾省吾平之,张江陵主其事,地在川贵之间兴文县等处。三卷,哱拜。故番将,立功至大官,因饷激变,据宁夏。四卷,日本。平秀吉攻朝鲜,中国救之。五卷,播州。土司杨应龙自唐末专土,至是叛,李化龙督刘綎等讨平之。地即贵州遵义府。

初十日丙戌(3 月 28 日)　　　晴

霍生、诗林来,是日孟辛欲行返湘,以风不果。

读《〈续〉资治通鉴》卷一至七。宋太祖。

毕沅撰。徐氏本,就明薛、王二氏本增删,此本又从徐氏本而出。

十一日丁亥(3 月 29 日)　　　晴,大风

写曾沅圃方伯信,即日,交王芝圃。又吴竹庄廉使信。同发。

接眉生正月信。又熊宜斋正月十一信,言前寄银三十六两已到。又邓考亭壬戌腊月二十一日信。

十二日戊子(3 月 30 日)　　　晴,大风

元翁乔梓来。孟辛饭后行,以胡刻《文选》一部、明拓《圭峰碑》一册送之。

十三日己丑(3 月 31 日)　　　晴,风沙蔽日

疾如故。

十四日庚寅(4 月 1 日)　　　晴

十五日辛卯(4 月 2 日)　　　阴,夜雨

下午霍生、诗林来,二鼓去。

十六日壬辰（4月3日）　　薄阴

巳刻方元翁乔梓来。写阿哥信，十七日发，交文报局。孝拱信，念
匏信，稚循信，袁桐君信，汪绍堂信，张大林信。以上附阿哥发。晚至
元翁寓。

十七日癸巳（4月4日）　　晴。寒食

晨出候客，首至王少岩处。次答候刘同民，并识其同乡吴子让。
嘉廉，子登之弟。次候厉斌堂，托寄上海信。次答候刘纯甫，并识其本
家锡玉。烺莹。次候范西民，并答候陆章甫，陆不晤。次答候侯绩
卿，并晤周缦云、李冰叔、徐雪村、华若汀。次候王芝圃，不晤。次答
候向伯常、洪琴西，洪不晤。次答候邵子龄，并晤陆章甫。返寓，饭
后同开孙踏青，望树外红墙，以为桃也，就视乃审，狂笑而归。夜与
开孙谭甚美。

接汪燕山△月△日信。

十八日甲午（4月5日）　　阴。清明

晨设香案，东向遥拜坟墓。早饭后元翁来，约同赴外茗饮，在座
者元翁乔梓、开生、季雨、衣谷、伯房、孟舆、若汀、侯绩卿。茗散，同访
霍生、诗林，少坐。又同开生、孟舆答访刘锡玉。陆章甫来。

补昨王少岩语：江西地漕，全征不过二百馀万，现在连地漕厘
金，每月按解皖营十一二万金，浙营四五万金，火器制造在外。安省
抵征，去年共获四十万千，各卡厘金每月旺时十馀万千，大通一卡盐
厘杂货约共每月二万馀千，盐居十成之六七。

十九日乙未(4月6日)　　雨

午后元翁乔梓来。少岩言全军勇粮，至多者欠十月①。

二十日丙申(4月7日)　　黎明时大风,日间薄阴

王少岩来答访，候邓益亭。次答候朱春舫观察，不晤。次候万篦轩廉访，不晤。蒋莼顷太守来访，以节相寄示松江知府方传书请减江苏漕粮禀，命蒋及余与元翁、开孙会批，蒋先拟批来见商，会余谒客未晤，蒋遂访元翁，余归知之，同至元翁处得晤，即用蒋稿未改。返寓后，元翁乔梓、陆章甫来，在此吃馄饨。沈慎哉来候，刘锡玉来访。

接李少荃中丞信。

二十一日丁酉(4月8日)　　晴,夜雨

元翁来，邓逸亭来答候。出候李申甫观察于其军中。次答候王虚斋大令，不晤。写幼静信。即日发，交元翁。

接眉生二月十三日信二件。又吴竹庄△月△日信。

二十二日戊戌(4月9日)　　雨

万篦轩来答候，不晤。方元翁来，同赴其寓饮酒，傍晚方归。

二十三日己亥(4月10日)　　阴雨

写王右星信。为徐函叔荐馆，附函叔信内。赵昆甫信，同附。徐函叔信，金眉生信，廿五日发，交来足。张振远、魏般仲信。均附金信内。下午霍生来，二鼓去。

二十四日庚子(4月11日)　　阴,大风

① 此句稿本系于十八日甲午"补昨王少岩语"下。

二十五日辛丑(4月12日)　　薄晴

下午同开孙、衣谷到元翁处，傍晚归。夜霍生来，二鼓去。

二十六日壬寅(4月13日)　　阴,微雨

方元翁来，饭后同答访蒋莼顷，不晤。吾又访程尚斋、方仲舫、聂云珊，方不晤。又访向伯常、洪琴西。又访李眉生于其家，不晤。

录尚斋语："英国提督佛赐来会节相于芜湖，言会攻金陵，迟节相不至，迎至裕溪口始见。其如何商办，尚无明文。"

二十七日癸卯(4月14日)　　阴雨

杨咏春来自江北，过候。

二十八日甲辰(4月15日)　　雨

节相归自金陵。

二十九日乙巳(4月16日)　　晴,至午后阴,傍晚骤雨

同乡薛方亭来。下午，同开孙至元翁寓。写盛德生信，与开生公送银十两。即日发，交金眉生下人。

接曾沅圃方伯二十一日信。又焦山文报局委员杨贻亭信。

三十日丙午(4月17日)　　雨

元翁来。同元翁、开孙谒相，并答候薛方亭。又偕开孙答候杨咏春。次同访霍生、诗林，次候周缦云侍御，次答候沈慎斋并候陈子舫。

录节相语："英提督梯赐佛哩来见于裕溪，欲为中国带兵，开单请设管带将弁十馀员，每月俸薪即须五万金，兵粮在外，其兵仍募华人，一如常胜军之制，募成包打苏、杭、金陵。节相辞以无饷，且以常胜军屡败不足恃折之，遂惭沮而去。"

读《晋传四十三》。

庚亮,成世执政。子彬、羲、龢。亮弟怿、外戚。冰,成世执政。子希。亮弟条、外戚。翼。成世将帅。

亮让中书监疏曰:"姻媾之私,群情不免。是以疏附则信,姻进则疑。疑积于百姓之心,则祸成于重闱之内矣。"虽为自古外戚言冤,其实亦有至理,是以君子畏处嫌疑。

执政而留心及于蘦白,谓可以种,其细已甚。亮之为此以中侃之素怀,而侃信之,可笑矣。

观亮平生行己有耻,不可谓非自好之士,而轻躁妄动,事不思难,亦既甚矣。知外戚之不可枋国,乃辞之明世,而受之成朝,则先之陈让为尝试乎? 要结乎? 召峻之乱,幸以不死,甫处重镇,又欲起衅中朝,要祸外国,才弱植薄,一举辄败,卒以忧愧而死,其谬为何如耶?

翼,翼之雄武而有干才,庾氏之白眉也。

三月丙辰

朔日丁未(4 月 18 日)　　雨

访洪琴西,并晤莫子思,同过书肆看书。

读《周易略例》一卷。

开释经文,条例井然,学者由此得见取象之义,探赜索隐,何远弗达。以视宋儒浮浅立说,视大易为卜筮之书者,不可道里计矣。辅嗣学涉老庄,语参玄义,后人以为口实。然易道无所不该,斯亦道之一体,特未尽其大耳,何足病哉?

读《晋传四十四》。

桓彝，成世忠节。子云、豁，孝武世将帅。豁子石虔，孝武世健将。石虔子振，安世逆臣。豁子石秀、石民、孝武世健将。石生、石绥、石康。皆从玄乱。彝子祕、冲，孝武世将帅。冲子嗣，嗣子胤，从玄乱。冲子谦、修。皆乱臣。徐宁。

徐宁事全在《桓彝传》矣，宁又无事实，载之何为，全删。

桓氏一门，贤不肖大殊，岂可拢统一传。豁、冲皆疆场名臣，冲当温后，力谢权势，尤为难能，冠世忠节，不愧彝子，皆宜别传。石虔、石民，宣力锋镝，亦应随宜附见。祕与石秀，不失素范，宜从父后。馀皆助乱，有事迹者当置玄篇，否则略之可也。

初二日戊申(4月19日)　　晴,午后雨

方元翁乔梓来，薛方亭来。写汪燕山信。交方亭。下午同开孙至市中，开孙得图书石五方。潘聚垣、洪琴西来答候。

初三日己酉(4月20日)　　阴,细雨

傍晚，同开孙至元翁处，遇侯绩卿。接眉生二月十六日信。

读《晋传四十五》。

王湛，惠世名德。子承，元世名德。承子述，哀世辅臣。述子坦之，孝武世社稷臣。袆之，坦之子恺、愉、国宝、孝武世乱臣。忱，愉子绥，承族子峤。袁悦之。祖台之。荀崧，元世忠节。子蕤、简文世纳忠。羡。穆世将帅。范汪，孝武世忠节。子宁，孝武世儒臣。汪叔父坚。成世理官。刘惔。孝武世纳忠。张凭。韩伯。简文世儒臣。

袁悦之、祖台之全删。

荀崧违王敦而上中宗之号，苏峻反时，又随侍成帝，宜其忠节。所以著之元世者，以在峻时随众而已，且未有显抗凶逆之事，不如违敦意专断之难也。

范宁患目，张湛调之，此类只可载之说林、(禅)〔稗〕记。

张凭绝无事实,于惔传略附数语足矣。

初四日庚戌（4月21日）　　　阴

华若汀来,方元翁乔梓来,同乡陆小丰鼎教,安徽知县。来候。下午同开孙至市中。

初五日辛亥（4月22日）　　　阴雨

方元翁来,同乡姚彦洪来。彦嘉之弟。方元翁复来,华若汀来。周甥请食馄饨,故延诸君下午同元翁、开孙出游。逢霍生,遂偕归,元翁别去。

初六日壬子（4月23日）　　　阴,午后晴

谒相久坐,以公子劼冈纪泽。文见示,命为评骘,又出冯景亭《校邠庐初稿》相示。访霍生,又访钱子密吏部。傍晚方元翁乔梓继来。

初七日癸丑（4月24日）　　　晴,天气爽朗,时久不开霁矣

写沅浦统帅复信。初九日发,交督辕。签阅曾公子文讫,送还相署,并呈周甥文一首。

接阿哥二月十九日信,言已接嫂氏至扈。又刘彤阶大令太夫人讣信。

初八日甲寅（4月25日）　　　晴,大风

方子可来,元翁续来。同子可、季雨摹夷人所刊《长江图》竟日。

初九日乙卯（4月26日）　　　阴雨,大风寒

陈俊臣廉访士杰,湖南桂阳州人,拔贡,小京官,历擢江苏臬司,告养,昨从家中来,知余名故来①。来候。方元翁乔梓来,在此午食。与子可共

---

① 余名,稿本作"贱名"。

绘《长江图》。接撵帅本日手教,为陈廉访介绍来晤。

初十日丙辰(4月27日)　　大风寒,雨竟日

与季雨绘《长江图》竟。

十一日丁巳(4月28日)　　晴,下午阴

饭后同开孙、元翁答候陈俊臣廉访,并晤杨△△太史,李眉生部曹。次答候陆小丰大令,次候杨咏春太守。次候霍生贺喜,其眷从长沙来也。陆章甫来。下午方元翁乔梓来。

接阿哥三月初二日信,寄来小照一册,笔三十支。

十二日戊午(4月29日)　　阴雨

读《晋传四十六》。

王舒,导从弟,成世方镇。子允之。成世将帅。王廙,导从弟,明世从逆。廙弟彬,元、明世忠节。彬子彪之,孝武世社稷臣。彬从〔弟〕〔兄〕棱。元、明世忠节。虞潭,成世方镇。潭孙啸父,安世乱臣。谭兄子骏。顾众。成世将帅。张闿。元世循吏。

廙奏中兴赋疏,乞恩之言耳,何足载。

彪之论南郊不当赦曰:"郊祀必赦,凶愚之辈,生心侥幸。"此实定理。

论官当久任曰:"凡庸之族众,贤能之才寡。才寡于世,而官多于朝,焉得不贤鄙共贯,清浊同官。官众则阙多,阙多则迁速,前后去来,更相代补,理固然耳。职事之修,在于省官,朝风之澄,在于并职。官省则选清而得久,职并则吏简而俗静。选清则胜人久于其事,事久则中才犹足有成。"按:讲求吏治,不外此法。

桓温废海西公,篡乱之萌,国命将坠,为人臣者无力以遏其凶锋,无亦摽擗滂沱,申其哀恸,而乃助求故事,神采毅然,朝服当阶。

彪之名臣，不应丧心至此。其为诬妄甚明，而史载之，若转以为美谭，无识妄据甚矣。

又曰孝武即位，太皇太后欲令桓温居摄，彪之封还令书，事遂不行。按《王坦之传》已言简文临崩欲然，坦之谏之而止，不容孝武即位之后，复有是举。此必误复。

读《晋传四十七》。

陆晔，成世忠节。弟玩，成世宰辅。玩子纳，孝武世清直。何充。穆世重臣。褚翜。成世忠节。蔡谟。成世礼臣。诸葛恢。元世贤牧。殷浩。穆世庸臣。顾悦之。

何充迁尚书令，加左将军。充以内外统任，宜相纠正，事综一人，于课对为嫌。按：此得设官分职之义。

何充夺庾爰之荆州，庾氏衰矣，而桓氏遂为乱。然方镇继世，必祸之道，夺之甚当。若温之叛，晋政不纲致之，岂充所能逆睹耶？

谟典司宗庙大祭，而遗忘神主不设，晋政之不肃，可笑乃尔！

石季龙死，中国大乱。谟以为将贻王室之忧，曰："夫能顺天而奉时，济六合于草昧，若非上哲，必由英豪。度德量力，非时贤所及。必将疲人以逞志，才不副意，略不称心，财单力竭，智勇俱屈，此韩卢、东郭所以双毙也。"按：此实有远见。

谟迁侍中、司徒，陈让一年。穆帝临轩征谟，使者十馀反，而谟不至。殷浩奏免吏部尚书江霦官，会稽王命曹议谟罪。按晋朝事上之慢，自武世已然。而南迁之后，尤盛于王导之世。浸寻至此，虽规矩之士，亦忘冠履之分。殆习俗既久，不可责之一人。然殷浩此举，自为得体。

浩虚华之士，而当时康济期之，彼时轻浮之习可见。顾浩未出，庾翼致书，即拟之王衍，不可谓举世遂无明识。

蔡裔不必载。

读《商颂》。

小序以为大夫正考父得《商颂》十二篇于周太师，归以祀其先王。朱子亦承其说。窃按：《商颂》语句音节，与《鲁颂》相近，而较《周颂》则远不如其简古，决非周以前之文字。盖宋用天子礼乐祀其先王，因作为谞诗，被之管弦，以颂祖德。然宋得以天子礼乐祀商王，不得以天子礼乐祀宋公，故祀远祖有颂，而祀近世则无之。后儒见其皆祭商王之辞，遂误以为商所本有，师师相承，久传谬说，其实后世之音，不可强之为古，可一语定也。

十三日己未(4月30日)　　雨

读冯景亭学士《校邠庐初稿》上卷。

第一条，公黜陟。京外官皆责成众人会推。此夷法也。

第二条，汰冗员。省漕河、织造衙门，减盐政及大使，又减司道各员，裁东宫官。减科道为四十员，编检二十员，减内外武职之半。此论甚通，昔人屡言之。

第三条，免回避。此论通，亦昔人屡言之。

第四条，厚养廉。京官翰林、部曹岁需千金，递加至一品当万金。外官视养廉本数，牧令十倍，丞倅以上五倍、四倍，督抚三倍。此论通，亦昔人言，但加品节。

第五条，许自陈。京外官才力事不相宜，许自陈改注。甚通。

第六条，复乡职。设副董以治百家，正董治千家，俱给薪水，有事董先劝理，不服而后至官，不得用刑，有罪罚而已。正副董以诸生充。此推广顾氏之论。

第七条，易胥吏。先简删律例成书，以生员为幕职代书吏。

第八条，省则例。此即前事分言之。

第九条,杜亏空。外官有赋税之责者,出入皆列榜于堂,月终刊清册分送上司、绅民。此论未妥,今之亏空虽多,然出入乘除亦必据数申报,但报有而实无,或不相符耳,而上司且不能稽诘,列榜示民,民即能稽诘之乎? 且日榜月报,繁不胜言,法日密而弊日滋,犹吾大夫而已。

第十条,变捐例。除捐实职一途,入资者与民爵,许其转卖数次及与州县抗礼,以招徕之。按民爵,今之职衔而已,今之捐生本常转卖至州县抗礼,则凡有钱者皆能得之于官,奚俟有爵。此作者苦心孤诣算出,然废捐则已去实途仍虚职,其孰来耶?

第十一条,绘地图。下各县每里纵横三百六十步户部尺百八十丈。绘为一图,图方二尺,开方四百格,每格一步,庐舍垣垅毕具。又于每里四隅立石柱四,县城门侧亦立石柱一,用测远近,柱渤尺丈,用测高下。此法甚善,但恐今世不能行耳。

第十二条,均赋税。按里定亩数,以一县之丈地,敷一县之粮科,按亩均征,而以宋制五等定赋,分山地、高田、平田、低田、荡地之法为则,尽删高下数十则名目。此论亦甚善,但既如此,自是一王之制,既能均田,岂难均赋,尚一县一县守往日畸轻畸重之制邪?

第十三条,稽旱潦。以每里石柱高下测旱潦之成灾与否。

第十四条,兴水利。欲兴北方水田以抵南漕,并及沟洫宜浚之意。按北方水利未易轻议。

第十五条,改河道。于直隶、山东、河南三省测最卑之地,贯通一线,通渠以达于海。此中国事而夷人曾发此论,想可行之,然亦岂今之事邪?

第十六条,劝树桑。于京师城外发帑买地简编,检部曹中之嘉湖人,挈家至城外,倡导种桑育蚕,五年后招土著承买。此或可行,其意以夷人丝市之利,欲广之天下,然各处产丝者甚多,终不如湖丝之美,故夷市专收湖丝。作者言曾于京邸试蚕有效,盖蚕本可养,而丝气不同,作者不知耳。

第十七条,折南漕。南漕每石折银一两四钱,解京充饷,而于京、通、津三处招商运粮,免门关税,并援粮船带免他税之例,定为运粮若干石,准免他税若干。此论至通。余常言粮运不如招商之便,更妙以盐引抵价,仿明开中之法,于通仓给引,一举而盐、漕、河三大政皆办。作者殊有同心,但未推及盐耳。

第十八条,利淮鹾。行票法而变通之,立子目四:一、清窠臼。谓于三江营设局交税出盐,尽删上闸赴仪改捆诸繁重之制,亦不分江运、专商,每引仍旧四百斤,作二包。一、平赋则。刊册课则,行税几一分。请删帑利、参价二项。一、建盐仓。谓盐如抵口守候费多,于各岸建仓以免舟值。一、造轮船。按盐务专用票商及去上闸改捆之制,与平赋则,用轮船,皆今现行,无庸议。

第十九条,改土贡。凡方物为京师所有者,尽删之;实无者,始由其地进纳,而令入都官绅便解。

第二十条,罢关征。请罢关税,暂留厘捐。此条无意味。

十四日庚申(5月1日)　　薄阴

卯初初刻,南阳孺人分娩,举一子,支体魁硕,啼声甚洪。八字:癸亥、丙辰、庚申、己卯。开孙、寄雨推其造,故云甚佳。元翁乔梓来贺,刘纯甫来贺,霍生、诗林来贺。送还冯景亭《校邠庐初稿》。

读《校邠庐稿》下卷。

第二十一条,筹国用。请树茶、开矿。无精义,凑数而已。

第二十二条,节经费。宗禄请给庄田,旗粮当屯田留都。此皆昔人说。

第二十三条，重酒酤。厘捐重榷酒税，取百分之二十。此夷法，然通论可行。

第二十四条，稽户口。凡民皆给照州县钤印，乡董造册。

第二十五条，一权量。部颁铁尺、铁斛、铁斤。

第二十六条，收贫民。立严教室以收游惰，化良局以收娼妓，皆官廪食而教导之，并设各善堂。作者自言仿夷法，但夷地狭人寡，总其全国，不过中国一省，小或一郡耳，故能行此。中国人数浩衍，不能制民之产，使自食其力，而欲养赡之，其可继乎？惠而不知为政，非治道也。

第二十七条，复陈诗。郡县择举贡生监有德行者，许撰竹枝词、新乐府之属，以达于学政，上之天子，以知天下利病。此论纰缪，断不可行。按古之采风以知民之风俗耳，不闻使之干政也。一开此端，所好颂扬，所恶排挤，盗憎主人，民恶其上，语言文字之狱将不可止，大乱之道也。且天下是非何常之有，就使作者皆无私心，而好恶不明，观听不实，一犬吠影，群犬吠声，若采听行之，此窒彼戾，不触即背，将复何以为政？天下有道，则庶人不议。观其后文，不使诸生上书之说，亦知此意。而前言之不思，则好古好奇之过也。

第二十八条，复宗法。推古义仓之制为古宗法，以助官长教化。此可，然不能遍。

第二十九条，重儒官。合书院学校为一，令本地生徒公举乡先生一人为师，与大吏抗礼。此前恒言之。

第三十条，改科举。以经解为头场，宗汉儒，不宗宋儒，小学、算学附。以策问为二场，以古文辞为三场。此可。

第三十一条，改会试。会试亦分于各直省，乡试后举行。此为寒士惜费起见。然既归省，则非会试矣。不如径废会试之为愈邪？

第三十二条,广取士。乡董正副各举士一人,上司择尤列荐,诸生赏举人,举人赏贡士。取士而责乡董,仍须上司择别,则此一举者,今之廪生保结而已。

第三十三条,崇节俭。王公以下一概衣布,并禁反裘。今之奢皆在小民、商贾,若明辨等威,弗使逾越可矣,安用此俭不中礼之为哉?

第三十四条,停武试。强武有力者,差其等为武生员、举人、贡士,不分省,不定额,有则取,无则否,合式者以充弁兵。此甚通论。

第三十五条,减兵额。天下之兵百万,官弁以下皆去其半而倍俸饷。此意亦师夷。

第三十六条,严盗课。盗发不获,褫职禁锢。讳盗者杀无赦。此意亦师夷,然不必效。

第三十七条,重专对。择有口(辨)〔辩〕、胆气之人,充关通外国之使。当今切务。

第三十八条,采西学。设番译书院,选十五以下文童住院肄业,聘内地师课经史,聘夷师教外国语言文字。当今切务。

第三十九条,制洋器。聘夷人数名,招内地善运思者,从受其法,特设一科,以待能者。果与洋制无二,即赏举人,出其上者,赏给进士。此论亦从夷法来,然至当可行。

第四十条,善驭夷。言夷人未尝不垂涎中国,特列国为仇,彼此牵制,不能畅行其意耳。中国宜乘此急求自强之术。此条精论不刊。

总论全书,精当处皆师夷法,而参用中国前人之说,然凑数而已,不如夷法之为得。其论驭夷尤善。

十五日辛酉(5月2日)　　　阴

写阿哥信,即日发,交文报局。写杨贻亭复信。即日发,交文报局。访蒋纯卿、方仲舫。

十六日壬戌(5月3日)　　　阴

小子生三日,奠告先祖父母。要霍生、诗林、元翁乔梓、刘纯甫、开孙、季雨、陆章甫来馂。

十七日癸亥(5月4日)　　　晴

程伯敷来候,路遇之。同开孙至杨咏春处,赴其招也。访诗林。

十八日甲子(5月5日)　　　晴

元翁来,同答候姚彦洪。霍生来,夜食后去。

十九日乙丑(5月6日)　　　立夏。晴,天气和煦,衣夹衫绵袄

谒相。访阎禹邻、王芝圃,识遵义黎莼斋。庶昌,上书言事,以知县发于本营差遣。写苏晴山信。廿日发,交顾芝川为之道地。狄稼生来访,方元翁乔梓来,李壬叔来访,陆章甫来访,程伯敷来访。

接孟辛二月三十日信。

二十日丙寅(5月7日)　　　阴,大风,亭午晴

新生小子双眸清炯,生之日即能四顾,家人以为异。昔先公作《誉儿诗》云:"来成依阿母,清眸故无匹。来求依阿爷,求抱颇有术。"来成吾兄乳名,来求者,余名也。吾家取名向多用茇经,儿时读书,往往讳改,三四世后,恐舛经典,故拟嗣后弗取经语为名,而名此子清眸,欲其智慧,成人如伯父也。写阿哥信。即日发,交顾芝川。下午元翁来。

读《晋传四十八》。

孔愉,成世清直。愉子汪、安国。愉弟祇,愉从子坦、成世鲠直。严。哀世礼臣。愉从弟群,群子沈。丁潭。成世忠节。张茂。陶回。成世贤守。

成帝委政王导,坦发愤以国事为己忧,与庾氏亲密。按导之专政,朝士无不侧目。其实导不为负国,诸君自喜纷纷耳。庾亮至欲兴兵入朝,坦殆启之。使无郗鉴阻遏,其事复成祸乱,以是知国家之必赖重臣也。

读《晋传四十九》。

谢曰尚。穆世将帅。谢安。孝武世大臣。安子琰,孝武世将帅。琰子混。安兄奕,孝武世狂逸。奕子玄,孝武世将帅。安弟万,孝武世狂逸。安从子朗。安弟石。孝武世将帅。安从子邈。

《续通鉴》卷八太祖至十六。太宗。

雍熙元年九月,赐李继捧姓赵名保忠,授夏州刺史、定难节度使,以讨继迁,管夏银宥五州。端拱元年五月,复云李继迁终不肯降,赵普建议委李继捧以夏台故地令图之,授定难节度使,赐国姓,改名保忠,所管五州,钱帛、刍粟、田园等并赐之。按此一事两书,不知作者存疑邪,抑未刊正邪?

二十一日丁卯(5月8日)　　晴

写般仲信。交顾芝川,即日发。姚彦洪来。储稼堂大令来候,言疾求诊。刘纯甫来,方元翁来。

读《晋传五十》。

王羲之,孝武世贤守。子徽之,狂逸。徽之子桢之。羲之子操之、献之。许迈。

羲之遗谢万书曰:“以君迈往不屑之韵,而俯同群辟,诚难为意也。然所谓通识,正自当随事行藏,乃为远耳。”又曰:“济否所由,实在积小以致高大。"按此名论,可以语虚诞之士。

读《晋传五十一》。

王逊。元世方镇。蔡豹。羊鉴。刘胤。元世唱义。桓宣。成世将帅。桓伊。孝武世将帅。朱伺。元世督将。毛宝,成世骁将。子穆之,简文世将帅。穆之子璩。安世忠臣。宝子安之。孝武世宿卫。毛德祖。安世将帅,刘裕部曲。刘遐。元世义旅。邓岳,成世将校。岳子遐。简文世骁将。朱序。孝武世效忠。

蔡豹先为羊鉴所抑耳,及出兵一遇敌辄奔北,是死当其罪也。传一懦将何为?《羊鉴传》亦无聊。

二十二日戊辰(5月9日)　　　　阴,微雨

方元翁来,同过市中茗,复同返。饮开孙酒。接才叔二月初一日信,已到粤省,言粤省遍地糜烂,军需匮乏①,欲向此间借用粤省厘金。

读《晋传五十二》。

陈寿。史官。王长文。隐逸。虞溥。元世循吏。司马彪。史官。王隐。史官。虞预。成世史官。孙盛,文学。子放。干宝。元世史官。邓粲。隐逸。谢沉。穆世史官。习凿齿。文学。徐广。史臣。

寿于武侯扬之至矣,而时人不察,文致其过。二丁轻薄恶少,离间人骨肉,本不足传,乃复有诬妄之说。盖寿于魏晋之际,载笔多微辞,可以知其刚直,而晋人浮竞,遂深嫉之,故造作诸事如是耳。

凿齿立论欲去魏统,使晋接汉,其辞淫遁不直,殊不足尘简。

二十三日己巳(5月10日)　　　　雨

写才叔信。此信未发。傍晚霍生来。接孟辛二月廿一信。在武

---

① 军需,稿本作"军饷"。

昌发。

读《晋传五十三》。

顾和。穆世礼臣。袁瑰，成世礼臣。子乔，哀世将校。乔孙山松。瑰弟猷。从祖准，准孙耽，耽子质，质子湛、豹。江逌，穆世谏臣。从弟灌，哀世曹郎。灌子绩。安世忠直。车胤。安世忠直。殷颛。孝武世忠节。王雅。孝武世议臣。

袁乔与褚裒书，无聊可删。

车胤议郊庙明堂之事曰："明堂之事既甚难详，且乐主于和，礼主于敬，故质文不同，音器亦殊。既茅茨广厦不一其度，何必守其形范而不弘本顺时乎！"此真通人之言。

读《晋传五十四》。

王恭，安世乱臣。庾楷，安世乱臣。刘牢之、安世乱臣。子敬宣，安世将校。殷仲堪，安世乱臣。杨佺期。安世乱臣。

二十四日庚午(5月11日)　　晴

华若汀来，饭后周缦云来答候。

二十五日辛未(5月12日)　　阴

答候程伯敷。又访李眉生、蒋芚顷、程尚斋，并晤钱子密。又访向伯常。下午同开孙诣元翁寓。

录内中所闻近事：我军在庐江，得伪忠王与伪干王文书，言窜北岸欲以扯动南岸官兵，节相朱笔批：徽宁防局，千稳万稳。使南岸之贼进攻得以顺手，谓之进北攻南。又言天京粮食甚少，欲直从英、霍至武汉犯荆襄，又批：已调成大吉守蕲、黄一带矣，并请希帅驻黄州。在彼处招募人马，水陆齐下。又批：水路何得狂逞。又言伊上行后，官兵必攻和、含、九洑一带。又批：贼所最畏者，此一层耳。但曾某之兵，守则有馀，又批：料得不差。战则不足，如来攻城，可即与之交锋。又批：贼若野战，我之利也。云云。

苗沛霖复叛，已破怀远戍官，并攻寿州，又抢去唐中丞水师二营。粤逆从西来者大约马融和同股，与残捻同至舒、桐。现捻贼已折回罗田一带，粤逆则至庐江与东来大股合。

二十六日壬申(5月13日)　　　阴

改缮才叔信。廿八日发，交程尚斋。写六姊信，四月初一日发，交内银钱所。写孟辛信。初一日发，交内银钱所。程尚斋之尊人来候。希辕。写吴竹庄信。即日发，交该营支应局。

二十七日癸酉(5月14日)　　　晴

元翁来，同元翁、开孙答候程封君，又候杨达庭游戎。又同访霍生、诗林不遇，又同访杨咏春、华若汀、徐雪村、李冰叔。霍生、诗林来访，刘纯甫来访。

二十八甲戌(5月15日)　　　晴

候刘彤阶，吊其太夫人之丧，致赙二金。谒相。访程尚斋、柯小泉、李眉生。下午，莫偲翁偕其戚黎纯斋庶昌。来候。

录府朝闻见：帅见示李忠逆去岁十一月伪谕，令贼目协守苏州，与原守苏之听、慕二王和衷共济，不可各存意见云云。

又见示致楚抚毛中丞信云：近来饷项之绌，为数年来所无。二月分除本处厘金之外，竟不名一钱，景状万分竭蹶，全部七万馀人，无钱尚可敷衍，无米则呼噪可待。欲于湖南各属，就近水次县分仓谷，借拨三四万石，交东征局派员解营，以济急需，俟秋冬之际新稻登场，由东征局解款内筹买偿补。

又欲奏调金逸亭，而以系官严新参之人，又与李希帅、唐义渠皆先有违言，不便径行。故专函密商此意，属其以乞假回里常州人。为名,顺过金陵,令沅留之,然后奏请,庶无痕迹。

又见示与李申甫信,言忠逆自十七日无为解围后,飘忽西上,廿一已过舒城,现在计已可破六安、霍山,其自舒、桐以下,除巢、含、和据守外,绝无一贼。大股尽数上犯楚北,而楚北兵心,大不如胡文忠在时,可忧可虑。现拟饬成大吉一军回援武汉,驻滠口,并请李希帅留防鄂省,又调水师二营西上,今日复调萧、毛二军,此营后未调。拔队赴援。其鲍军仍赴南岸,此军后因贼攻六安,改援六安。由泾、旌、太袭剿东坝,而令李军自石牌度江,此军改调霍山、潜山之天堂司。剿祁、建各路零匪云云。帅意如此,而幕府诸君咸恐根本空虚,不宜尽数调出。帅亦问烈,烈言贼志在武汉,此为舍坚攻瑕之计,使之得志,上游失守,其害不可胜言。至安省声威既壮,尚有桐城、舒城各军,决不患其反扑,即使反扑,亦不能为害,自应如此调度。

接沅圃方伯本月二十日信,言无为石涧埠十七日解围得胜事。

二十九日乙亥(5月16日)　　雨

写子迎信。初一日发,交内银钱所。傍晚子可来。闻贼与捻苗各股会攻六安甚急。

三十日丙子(5月17日)　　阴

方元翁来,陆章甫来。接阿哥正月二十三日信。

录开生语:"寿州城东南近高坡,四面皆水,泥涂难行,惟东方偏北有陆路,故守甚易。六安州城卑而坏,难守。山东省城,大明湖半在城内城外,山最险要,守城必得先据之。"

读《续鉴》十七。太宗。

淳化四年,从三司使魏羽言,分天下州县为十道,以京东为左计,京西为右计。魏羽为左计使,董俨为右计使,中分十道以隶,而各道则署判官以领其事。按此分道为分赋入计，非为吏治也。宋养兵京师，需食甚殷，最重漕运，故各州皆以转运使统之，而以天下分隶计臣。亦设官之一变也。

读《续鉴》十八。太宗。

至道元年，陈尧叟、梁鼎上言，于陈、许、邓、颍暨蔡、宿、亳至于寿春，大开公田，以通水利。发江淮下军散卒及募民以充役，每屯十八人，给牛一头，治田五十亩，亩收三斛。又，汴河岁运江淮米三百万石，非水旱蠲租，未尝不及数。是岁至五百八十万石。

〈读〉《续鉴》十九。太宗。

至道二年，司天上言"请于新历六十甲子外，更置六十年"。帝曰："支干相承，虽止于六十，但两用甲子，共成上寿之数，期颐之人得见所生之岁，不亦善乎！"按此历书载甲子二巡之始。

至道三年，真宗初王禹偁疏言："开宝中设官至少，一州止有刺史一人，司户一人。自后有团练推官一人，又有通判、副使、判官、推官，而监库、监酒、榷税算又增四员。曹官之外，更益司理。"

又，是岁始分天下为十五路。

〈读〉《续鉴》二十。真宗恒。

咸平元年，田锡上疏，言"李继迁不合与夏州，又不合呼之为赵保吉。以臣愚蒙，料彼变诈，必不肯久奉朝命"，又言"密院公事，宰相不得与闻；中书政事，枢密不得与议。致兵谋不精，国计未善"。

四月建丁巳

朔日丁丑(5 月 18 日)　　　　晴

华若汀来。方子可来。饭后访洪琴西、向伯常、潘聚垣并晤莫子偲。识邓伯昭、瑶,永州人。孙琴西。严州人。又晤徐毅甫。子苓。又访莼顷,并晤柯小泉、程尚斋。又访方仲舫,不遇。

录开孙、子可语:

汴省捻匪始于张落刑,系归德府人。踵而起者龚瞎、张聋、孙葵心、刘天福等,皆归、陈二府人也。近岁汝宁始有陈大喜一股,汴省东境先已蹂遍,遂蓄意西犯河南南阳各境,以图饱获。其在本境,皆筑围安处。每至春秋二季天气和暖之际,即便出掠。出兵谓之装旗,掠粮谓之打稍。其出恒自东而西,北自开封,南至汝宁,皆其踪迹所及。初时皆为官军阻于密、禹之间,不得过,迨前岁春,严抚渭春之军败于密县,始得逞志。故河南南阳亦被贼。其师行无纪律,出则呼啸,归则捆载,马多而器械甚少,每至城邑不甚攻,必以马队摩城,而辎重行其外,盖虑官军抄袭之故,往往为土民截夺,亦不甚较。土人谓之打二稍。夏邑、永城、柘城、宁陵、太原、鹿邑、沈丘、项城以及皖省之颍、亳一带,处处皆围坞,民围、贼围不可分别。周家口在西华商水。临水筑三城,坚固特甚,凡官各县地者,必以联络诸围为要务。钱粮不复报解,有民围肯输者,皆入官之囊橐。故人先不肯赴任,近复有羡之者。苗沛林盘踞颍州、蒙城、太和一带,周回约六百里受其统辖,其发口粮并取所掠女口以充数,聚所得女口处一围内,使之接客,而收其夜合之资以充军饷。向与捻首孙葵心深仇,相遇必打,则以孙掠夺其弟五妾故也。又与寿州孙氏结怨,则以孙家萧中状元,苗时往贺,而孙不纳故也。

山东教匪张某、东昌人。宋景诗,莘县人。初起甚弱,官吏不敢捕,众亦渐广,遂破冠城、朝城至河北之滑、濬、汤阴。宋后降胜保,闻今又叛。长枪会起于曹州,后亦降胜保,今复叛。直隶、山东交界处沧、景一带骑马贼、响马之类。江南丰、沛、萧、砀之贼,形势与豫甚同,其攻掠北至山东金乡、鱼台,南至灵璧一带。

录府朝闻见:贼攻六安,我军鲍营赴救,苗捻分五路,一攻蒙城,一攻寿州,一攻凤阳县,一攻临淮,一绕临淮后路五河、盱眙一带,勾结降将郭立勋。

读《晋传五十五》。

刘毅,安世将帅。毅兄迈。安世忠义。诸葛长民。安世将帅。何无忌。安世忠义。檀凭之。安世忠节。魏咏之。安世方镇。

毅上移镇豫章疏曰"牧养以息务为大,武略以济事为先,兼而顾之,盖出于权事云云",虽托言以去庾悦,然自有理。且毅之褊躁,宋人言之耳,未必尽信也。

读《晋传五十六》。

张轨,轨子寔,寔弟茂,寔子骏,骏子重华,重华子耀灵,骏子祚,重华子玄靓,骏少子天锡。宜作世家。

茂城姑臧,别驾吴绍谏茂,答曰:"今事未靖,不可拘系常言,以太平之理责人于迍邅之世。"此可为不识时务者针砭。

初二日戊寅(5月19日)　　　晴

同开生谒元翁处,因偕谒相,贺介弟沇圃先生抚浙之喜。吾又候万篪轩,贺其晋苏藩之喜,未晤。下午,霍生来,元翁同杨咏翁来。接黄南坡观察三月初八日信。

府朝闻见:李希帅出赴皖,行至其本县即病。金逸亭始随李氏昆季立功,八年援宝庆之役,师过鄂,金之卒犯法,楚督官欲严惩之。李希帅强袒之,金得免违误,而因与官有隙。后官有事欲倚金,复亲礼之,金忘前事,不之拒。李遂大怒,以金为无志气,至今薄之。其实非金之病也。

贼攻六安,六安有希帅所辖二营驻守,方贼攻时,城故蔽坏,崩数丈许,守者旋堵筑,贼不得乘。

鲍超在石涧埠解围时,贼窜至盛家桥,相去五十里,鲍不之击,而欲返剿江南,遂度江。比再奉札追北岸之贼,复从南度北,于枞阳登岸,往返几半月馀,行无贼之地八百里,士卒为之敝。

读《晋传五十七》。

凉武昭王暠,唐代之先人。子歆。

暠手令诚其诸子曰:"动念宽恕,审而后与,众之所恶,勿轻承信。勿伐善施劳,逆诈亿必,以示己明。广加咨询,无自专用。"又曰"乡党婚亲相连,至于公理,时有小小颇回,为当随宜斟酌。掩瑕藏疾,涤除疵垢,于新旧事任,公平坦然,初不容怀,有所损益"云云。诚高远多治理,不可不读。暠遭时立业,雄割河右,而雍容礼让,有士君子之风。劝诚条教,诚恳笃至,尤足讽咏。

读《晋传五十八·孝友》。

李密、盛彦、夏方、王裒、许孜、庾衮、孙晷、颜含、刘殷、王延、王谈、桑虞、何琦、吴逵。

张华问孔明言教何碎,密曰:"昔舜、禹、皋陶相与语,故得简大雅诰,与凡人言宜碎。孔明与言者无己敌,言教是以碎耳。"按此知作事者之甘苦。

初三日己卯(5 月 20 日) 　晴,甚暖

写黄南坡观察信。即日发,交内银钱所。刘纯甫来,方子可来。接刘子逊三月初十日信,又咏如△月△日信。

读《晋传五十九·忠义》。

嵇绍,从子含、惠世方镇。王豹、惠世效忠。刘沈。麴允。焦嵩。

贾浑。王育。韦忠。辛勉。刘敏元。周该。桓雄。韩阶。周琦。易雄。乐道融。虞悝。沈劲。吉挹。王谅。宋矩。车济。丁穆。辛恭靖。罗企生。张祎。

嵇含无忠义事迹，入此传非宜，又颇有事实附见绍传，亦不合。

王粹图庄周于室，含作文曰："人伪俗季，真风既散，野无讼屈之声，朝有争宠之叹，上下相凌，长幼失贯，于是借玄虚以助溺，引道德以自奖。"吾尝言晋人之重黄老，职有由来。此文独能写之。

王育降刘渊，而史入之忠义，似不可。

韦忠少慷慨，有不可夺之志。裴颜数言之于张华，华辟之，辞疾不起。人问其故，忠曰："茂先华而不实，裴颜欲而无厌，我恐洪涛荡岳，馀波见漂，况可临尾闾而窥沃焦哉？"此士君子出处所当体念师法。

忠出处甚审，后为功曹，以身殉捍府君，亦臣子之极节。然府主则誓死相报，王朝则忘之事仇，且为刘聪而死，以入晋之忠义传，岂可也哉？

辛宾宜特传。此篇宜出入更改处甚多。

读《晋传六十·良吏》。

鲁芝、胡威、杜轸、窦允、王宏、曹摅、潘京、范晷、丁绍、乔智明、邓攸、吴隐之。

鲁芝绝无良吏事实。

初四日庚辰（5 月 21 日）　　　雨

方元翁乔梓来此饭，下午去。

读《晋传六十一·儒林》。

范平、文立、陈邵、虞喜、刘兆、氾毓、徐苗、崔游、范隆、杜夷、董景道、续咸、徐邈、孔衍、范宣、韦谀、范弘之、王欢。

韦谀始终仕胡，何得入《晋书》？ 王欢亦不可入《晋书》。

读《晋传六十二·文苑》。

应贞、成公绥、左思、赵至、邹湛、枣据、褚陶、王沉、张翰、庾阐、曹毗、李充、袁宏、伏滔、罗含、顾恺之、郭澄之。

成公绥作《天地赋》，其文无意，可删。

王沉《释时论》亦轻狷无意，然足写当时之弊。

张翰当入"高逸"一流。

初五日辛巳（5月22日）　　阴

下午同开孙访元翁，半道而返。

初六日壬午（5月23日）　　晴

同乡蒋璧如庆毅。县佐来候。元翁乔梓、姚彤甫来。陆章甫来，未晤。刘同民来访，久坐。

初七日癸未（5月24日）　　晴

午前同周甥孟舆答候黎莼斋于莫偲翁家。次同访霍生、诗林，次答候蒋璧如庆毅。于杨咏春家。复至霍生处午饭，肴甚芬洁。次同访华若汀、徐雪村、李冰叔，次同答候刘同民，不晤，次同访方元翁而归。夜，陆章甫来榻此。

接吴竹庄三月△日信。又郁子枚二月十八日信。又左孟辛二月十八日信。

读《晋传六十三·外戚》。

羊琇。王恂，弟虔、恺。杨文宗。羊玄之。虞豫，子胤。庾琛。杜乂。褚裒。何准。王濛，子修。王遐。王蕴。褚爽。

读《晋传六十四·隐逸》。

孙登。董京。夏统。朱冲。范粲，子乔。鲁胜。董养。霍原。

郭琦。此可为贞臣,不可入隐逸。伍朝。鲁褒。氾腾。此亦与隐逸不合。任旭。郭文。龚壮。孟陋。韩绩。谯秀。翟汤、子庄。郭翻。辛谧。此宜入忠义。刘驎之。索袭。杨轲。公孙凤。公孙永。张忠。石垣。宋纤。郭荷。郭瑀。祈嘉。瞿硎先生。谢敷。戴逵。龚玄之。陶淡。陶潜。

凡在异国者,皆不得策名《晋史》。

初八日甲申(5月25日)　　　晴

方元翁来。叶湘雯来候。

初九日乙酉(5月26日)　　　午前阴,午后晴杲

方元翁乔梓来。下午,同季雨至元翁处,逢霍生、诗林、顾玉年,遂同归,元翁亦至。初鼓时各散。

录闻见近事:云南省城于正月十六日为回匪所陷,回首马荣自称平南王,杜汶〔秀〕称征南大元帅,总督潘铎以下至微秩皆死,巡抚徐之铭、布政司岑毓英降贼。贼出示安民,言兴师伐暴救民之意,已将省城官弁剿洗一尽云云。徐之铭已降后,复发六百里奏折,内中大约语多悖逆。

苗霈林逆党公出伪示,备述苗之功绩,不被录用。僧邸营务处侍郎国瑞婪索无厌,将致之死地,苗犹固守臣节,素服待罪,大众不服,公起义兵云云。自称我等兄弟,称苗为雨翁。苗字雨山也。诋国瑞为国贼,贼现攻寿州甚急。

粤逆李秀成攻六安不克,东犯庐州,复不能下,闻又折回六安。

初十日丙戌(5月27日)　　　阴

答候叶湘雯。

读《晋传六十五·艺术》。

陈训。戴洋。韩友。淳于智。步熊。杜不愆。严卿。隗炤。卜珝。鲍靓。吴猛。幸灵。佛图澄。麻襦。单道开。黄泓。索𬘬。孟钦。王嘉。僧涉。郭黁。乱民。鸠摩罗什。昙霍。台产。

仙释、乱民并载一卷，大宜删剟。

读《晋传六十六·烈女》。

羊耽妻辛氏。杜有道妻严氏。王浑妻钟氏。郑袤妻曹氏。愍怀太子妃王氏。郑休妻石氏。陶侃母湛氏。贾浑妻宗氏。梁纬妻辛氏。许延妻杜氏。虞潭母孙氏。周𫗱母李氏。张茂妻陆氏。尹虞二女。荀崧小女灌。王凝之妻谢氏。刘臻妻陈氏。皮京妻龙氏。孟（旭）〔昶〕妻周氏。何无忌母刘氏。刘聪妻刘氏。王广女。陕妇人。靳康女。韦逞母宋氏。张天锡姬阎氏、薛氏。苻坚妾张氏。窦滔妻苏氏。苻登妻毛氏。慕容垂妻段氏。段丰妻慕容氏。吕纂妻杨氏。李暠妻尹氏。

羌胡戎羯之人与晋何与？馀人亦多可议。

十一日丁亥(5月28日)　　雨

写曾沅圃中丞复信，并贺浙抚之命。即日发，交成巡捕。

读《晋传六十七·四夷》。

诸篇详略不齐，北狄既入载记，此亦不必复述。

《晋传六十八》

王敦，元世叛臣。沈充。敦党。桓温，海西世叛臣。孟嘉。温僚佐。

接昆甫初四日信。

十二日戊子(5月29日)　　晴

卯刻四姊举一孙，娩妇无恙。同开孙、寄雨、伯甥、孟甥至元翁处，同子可茗。同开孙、季雨访徐雪村、华若汀、李冰叔。同开孙访杨咏春及霍生、诗林，在霍生处饭。霍生、诗林来贺喜。欧阳晓岑自湘来，来候。王子云香倬，衡山人。来候。

十三日己丑（5月30日）　　晴

答候晓岑，晓岑为购得先恭毅公自治官书见赐，感戴无量。答候王子云，并访程伯敷、方仲舫，晤钱子密。

谒相国，示知沅帅欲烈赴其营，前面请之，昨又屡函来说，相国问烈意何如。烈对以赋性疏拙，不谙世务，去既无裨，而生平志事，但求一枝之安，得以安隐读书而已。人间功业，实未敢涉足。相国坚属烈往，因以缓缓登复为辞而出。下午同开孙访元翁，闻有恙也。

接筠仙初三日信。又汪燕山信。

十四日庚寅（5月31日）　　晴

写昆甫信。十六日发，交邓逸亭。莫子偲见访。清泸弥月，四姊家产子三朝，贺客叶湘雯、王霍生、汤诗林，下午觞之。相国遣召明午饭。

接眉生三月十七日信。刘绳庵姻叔三月十三日信。

十五日辛卯（6月1日）　　阴，午后晴

杜小舫观察文澜，秀水人。捐纳出身，现奉札到楚，倡导官盐，为眉生带信与吾，故来。来候。访欧阳晓岑，遂应相国之召，同席元翁、开孙、晓翁、程某、李申甫，下午散归。

接孟辛三月二十七日信，已到家矣。

十六日壬辰（6月2日）　　晴

答候杜小舫，遇之城门下而还。下午，晓岑来访，吾昨属达意相国，辞金陵之行。相国使来相复，且往一行，到后去留任便，或往还两处亦无不可云云。势无复辞之理。写吴竹庄信，即日发，交本营支应

局。郁子枚信。即日发,交文报局。

十七日癸巳(6月3日)　　雨,甚寒,如二月时

十八日甲午(6月4日)　　晴

访晓岑不见,访方仲舫并遇聂云山。访李眉生。方子可来。下午同开孙访霍生,晚饭后返。

接公执壬戌十二月二十三日信,又今正月十一日信。又接稚威二月廿三日信。

十九日乙未(6月5日)　　阴,微雨

方元翁来。早饭后访晓岑,同访其同乡张君,节相管信卷者。

府朝闻见:忠逆由庐州复窜回巢县、柘皋一带。李世忠自称八年九月归营,经胜帅挑留一万八千人,自彼时至九年六月,系自备兵饷报效。后破六合,又经收降二千人,后奉袁帅派定每月给饷盐一万包,迄未全领,即使全领,亦不敷饷项云云。

二十日丙申(6月6日)　　晴

本家伏生大兄来,又字子息,子显堂弟。现从皖南返里过此。同乡管树亭来候,贻藻,其兄字向亭,系河南官。霍生来。写眉生信,廿三日发交裘姓。又般仲信,一附阿哥信,一附眉生信。又阿哥信。二十二日发,交文报局。

接潘子亭二月二十六日信。

录管树亭语:三月十七过正阳关,是日,苗逆已作乱,管过关时,往访其队主某,遣骑送之二十里。又见苗逆所调各团练勇,至者皆如乞丐。闻各团多不肯从逆,而又畏之,故雇人充数云。渠随身亲兵不过二万人,有火器能战,馀皆无之。

二十一日丁酉(6月7日)　　　雨

方元翁来。

二十二日戊戌(6月8日)　　　雨

方元翁来。下午,杨咏春来延诊疾,顺访霍生、诗林。

接阿哥初十日信。又汪少堂三月十七日信。

二十三日己亥(6月9日)　　　雨

方元翁乔梓来。写槐亭信。即日发,托内银钱所。

读《晋传六十九》。

桓玄、卞范之、殷仲文。

读《晋传七十》。《列传》终。

王弥。张昌。陈敏。王如。杜曾。杜弢。王机,兄矩。祖约。苏峻。孙恩。卢循。谯纵。

晋时叛贼多起儒家,或乃世胄,盖后世之所无。风俗之不靖使然,亦曹、马相继,不敦士品,故致是耳。

二十四日庚子(6月10日)　　　阴

访晓岑,谒相,答候管树亭。晓岑来。到杨咏春家看病。访霍生、诗林。

接沅帅十九日信,又吴平斋四月十△日信。

府朝闻见:昆山于十四日收复,贼死三万馀人。我军分三支进攻苏垣:一支程学启统带由昆山,西路;一支李季荃少荃中丞之弟,行三。统带由江阴、无锡,断贼后路;一支水师由平望攻吴江,断贼南路。

二十五日辛丑（6 月 11 日）　　　晴

元翁来，饭后同茗。又访若汀等。

二十六日壬寅（6 月 12 日）　　　晴

候叶湘雯，贺其归妹之喜。方元翁来，刘纯甫来，陆小丰来。写
曾沅帅复信。二十七日发，交晓岑。

二十七日癸卯（6 月 13 日）　　　晴

同寄雨访晓岑，与至华若汀处少坐。到杨咏春家看病。杜小舫
来候，不值。下午，方元翁来，侯绩卿来。回人宛君、何君来托购
葛布。

二十八日甲辰（6 月 14 日）　　　晴

答候杜小舫于其舟中，顺访邓逸亭。赴叶湘雯之招，同席张炼
渠、凤翥，江西南昌武宁县人。宗官城亦江西人。与周、李二甥。

二十九日乙巳（6 月 15 日）　　　阴，下午大雨

方元翁乔梓、华若汀来。饭后到元翁处。

五月建戊午

朔日丙午（6 月 16 日）　　　晴

叶湘雯来。访晓岑，又访向伯常，又访霍生、诗林，季雨先在，开
孙续至。又同开孙访咏春，遂归。写吴子石信。即日发，交晓岑。

初二日丁未（6 月 17 日）　　　晴

莫偲翁来。

接六姊四月十五日信，言近有崩漏之疾，甚可虑。又槐亭三月

十九日信,四月十五日信。又孟辛四月初九日信,又仲敏同日信。

初三日戊申(6月18日)　　薄阴

饭后访蒋莼顷、程尚斋、柯小泉、程伯敷,并晤钱子密。又访晓岑,不晤。

府朝闻见:巢、含、和俱复,官军即进剿九洑。赵景贤已于三月十八日在苏殉难。

初四日己酉(6月19日)　　雨

方元翁乔梓来。写眉生信。即日发,交其仆裴姓。张炼渠来候。霍生来。

又接眉生四月十五日信。

初五日庚戌(6月20日)　　薄阴,下午大雨

霍生、诗林来贺节,元翁、子可来贺节。闻帅署止参,遂不往,馀处一概遣刺。写槐亭、六姊信,初十日发,交内银钱所。寄吴平斋信,孟辛、仲敏信,附入槐信。又稚威信,同附。又刘子逊信。同附。

初六日辛亥(6月21日)　　大雨

陆章甫来。下午检点书籍。

初七日壬子(6月22日)　　阴,午后见日

本日系破日,农谚:"壬子破,必大水。"河工最忌之。

谒相,辞赴秣陵。访程尚斋、钱子密、柯小泉、蒋莼顷、程伯敷辞行。访李眉生,未晤,访晓岑,答候张炼渠观察。下午,招晓岑、霍生、开孙、元徽及洪琴西、向伯常、潘聚垣、王少岩饮,洪、潘未至。

府朝闻见:金陵已克雨花台,北岸巢、含、和并复。

初八日癸丑(6月23日)　　薄阴

方元翁来,金子香来见访,携送茶叶四篓,墨四匣。钱子密来访,靳兰友大令来候。芝亭,山东馆陶人,部选泾县,差委子弹局。写才叔信,寄《黄氏医书》一部。即日发,交程尚斋。

初九日甲寅(6月24日)　　晴

方元翁来,王虚斋来访,久坐。同周甥子吕访王芝圃,拟托奴子赴扈事,未晤。访欧阳晓岑,并晤莫子偲及庐州戴君铁峰。偕子偲谒相国。答访方仲舫。访刘同民,见云麾将军李思训碑,几于宋拓。访华若汀、徐雪村、侯绩卿、李壬叔,访杨咏春、霍生、诗林、莫子偲、黎莼斋,并晤马学使及邓伯昭、徐毅甫,见莫所藏晚唐人写本《说文》木部残字卷,字画、训释多异今本,有米友仁跋。答访金子香,未晤。

录王虚斋语:"湘省造枪炮系包工,劈山炮每尊十三千,抬枪每枝四千三百,小枪每枝一千二百,铁炭在内。去年此处开局,赴湘省召募铁工,彼处咨送五十名,开来工价则用点工,合计劈山须二十千四百,抬枪六千,小枪二千方觳。本局计算太贵,又从湖工招来包工,同造劈山,计价十五千六百,抬枪四千三百,小枪一千五百,虽较点工轻减甚多,而视湘省实价尚宽数百文一件。制造之例,凡铁百斤用煤炭二百斤,谓之一铁二炭,即已宽裕,若不节省,有一铁三炭者。"

府朝闻见:今日直诣相国卧室,葛帐低小,布夹被,草簟而已。旁有二小箱,几上陈设纸笔之外,无一件珍物。吁!可敬哉。

陕西近有信至,言回匪所过,杀戮之惨,有过张、李。现在多帅在东路,屡经接仗,同州一带已清。而合境无食,米每石至二十馀千。四川各路采米委员俱纷纷归来,言川、楚边亦米价俱至五千馀,无从采买,相国甚以为忧。烈因进言,请李少荃中丞访问洋米价目,发价给洋商办运。相国颇是之。

巢、含遗贼多至天长,六合、扬州一带告警。都帅旧隶胡文忠部下,相国称其人忠实耐劳,打仗奋勇,而办事多疑少决,非大将之才。又兵气怨乱,恐有意外。湖州赵景贤死于苏州,家属禀恤,相国以其陷贼年馀,疑其事以见问。烈答以人臣以心迹定是非,此但可任之后世清议。至于国家褒恤死事,止当就可见之迹而论,不宜有所吹求。赵景贤毁家纾难,苦守孤城二年之久,终之以死,善善从长,已无可议。或虑后来之人徼幸求名,致袭名器,则诸臣苟皆守城不屈,纵临命之时微涉疑似,亦于国体无伤。此中无足周防,请无过虑。并陈范忠贞被幽后死,朝廷恤谥,初无间言。相国肯之。

初十日乙卯(6月25日)　　晴

访金子香。黎莼斋、莫伯弢来。下午,赴洪琴西、潘聚垣、向伯常之招,同座湖州杨见山、岘。永州邓伯昭、瑶。遵义黎莼斋、独山莫伯弢及开孙。访莼颍。金子香来。

十一日丙辰(6月26日)　　晴

杨见山来访,叶湘文来候送行。答候杨见山,又候徐毅甫,均不晤。答候王虚斋,并候龚春海。之棠,福建人。答候叶湘文,不晤。候邓伯昭,答候靳兰友。遂至霍生处,赴其饯席,同座欧阳晓岑、顾玉年、开孙、诗林,归途同晓岑访杨达庭。遣人诣帅署请派炮舟。莫子偲来,未晤。李壬叔、徐雪村、华若汀来,未晤。

接毛子容五月初二信。

十二日丁巳(6月27日)　　晴

龚春海来答候。炮船哨官刘霖岫副戎玉春,长沙人。来候。徐毅甫来答访,未晤。方元翁乔梓来。祀行神。霍生、诗林来送行,饭后遣炳甥押行李先下舟。下午成行,顺访金子香,申未到,舟即开帆。六十里至李阳河泊,在江南岸。

接邓伯昭本日信。

十三日戊午(6月28日)　　晴,顺风

辰过枞阳,午过大通,申过荻港,夜抵橹港泊。凡程三百里弱。

十四日己未(6月29日)　　晴,顺风

卯过芜湖,至裕溪口,将谒彭少司马,闻进攻九洑,不在老营而止。辰过两梁山,巳过太平、采石,午过上、下三山,未末过大胜关,粮台船旁泊舟。计程二百里弱。过候李少山,乃误诣霆营粮台李信庵处,少坐即返。舟移行数十步乃到,过候李少山、王雨轩、程月坡,程尚斋子。并晤阎海明及咏如,即在李舟饭,移行李往李新宅。咏如来,谈至二鼓。

录本处近事:雨花台,前月十七夜,后营官李臣典率亲兵四十人,乘贼不备而入,杀贼无多,我兵死亦止二人,遂获十馀年未得之要隘,洵奇功也。江浦、浦口贼皆遁。李世忠兵先进城,鲍军后至,南岸水师进攻中关已得手,阵亡颇多。北岸彭、杨二帅及太湖水师李帅会攻九洑洲已三日,营官阵亡三人,尚未得。

十五日庚申(6月30日)　　晴

以目疾不出门。咏如来。刘霖岫来,命李甥作家书付之。下午李少山、阎海晴、刘霖岫来。程子俊来。宝山子,亦在咏如处。

十六日辛酉(7月1日)　　晴

下午,咏如、李少山来。沅帅捐资发赈,咏如司其事。

录咏如语:"九洑洲贼坚守数日,我军伤亡甚众,而贼亦疲甚,遂

诣太湖水师纳降。馀贼数万人,有逃至江北者,有浸没芦荡奄奄半毙者,死者不可胜计。"

十七日壬戌(7月2日)　　　晴

写季雨信。即日发,交刘哨官。咏如来。

十八日癸亥(7月3日)　　　晴

沅帅遣问目疾瘳未,并欲遣舆马来迓,谢之。允以后日赴营。程宝山来,咏如来。冯洁卿来访。邦栋,衡阳人,本处厘金委员。

十九日甲子(7月4日)　　　晴

访李少山,不晤,答访程宝山,答访冯洁卿。

二十日乙丑(7月5日)　　　晴

早至咏如舟中辞行,并晤李少山。王雨轩来送行。赴冯洁卿之招,同席丁瑞亭军门、士炳,长沙人,外江水师正中副后营统领。杨春舫总戎。副后营官。丁与吾同年同月同日同时生。亭午棹小舟度至棉花地登陆赴舆,沿途腐尸相望,可为酸鼻。午刻到营,上谒中丞,并识其营务处彭君盛南、毓橘,长沙人。易君晴窗,良虎。因共饭。饭后,中丞指入新屋下榻。遂候文案彭次卿、椿年,长沙人,知府兼营务处。王惕来、兴韶,湘乡人,中丞之甥。刘文楠、传桢,江宁人。黄策生、仁普,善化人。陈莘农、江夏人。朱星鉴、式云,湘乡人。廖昆元、黔阳人。陈芝轩、麒勋,湘乡人。熊仁山、湘乡人,中丞之戚。曾厚斋、湘乡人。杨伯昂,善化人。册籍处冯允扬、至沂,江夏人。监印赵舜臣、煦,善化人,主簿。帐房罗茂堂、麓森,长沙人,观察营务处。禹击三、志涟,湘乡人,知县。李晋三、湘乡人。朱霞轩、发审陈瑞亭,栋,江宁人,同知知县。并候黄子湘。文涵,澧洲人,江苏官被议,中丞约来此,未受事。下午,诸君皆来答候。

二十一日丙寅(7月6日)　　　晴

昨日中舆行十馀里,目疾益剧。黎明时,中丞来答候,几不能开目。中丞要赴内饭,与彭次卿偕。

二十二日丁卯(7月7日)　　　晴

中丞要饮,同座黄子湘、刘文楠、罗茂堂、彭次卿。

二十三日戊辰(7月8日)　　　晴

上议中丞,请造箮网,发给难民资生代赈,并请派员严查兵勇滋事。

接霍生十六日信。

二十四己巳(7月9日)　　　晴

昆前后营统领黄少崑润昌,湘潭人。来访。代中丞撰安民劝农告示。

二十五日庚午(7月10日)　　　晴

中丞命拟收城后严禁兵勇滋事各条约,欲与彭、杨、鲍各帅会商举行。是时南路中丞全军屯扎,前敌已直逼聚宝门濠边,东路分扎印子山东北。鲍帅度江扎幕府山,欲从彼处绕扎孝陵卫,断城东门要道。西北水师沿江堵截,洋人尚有船来城下,经水师击退,城中接济甚少,斗米千六百文。逆首洪秀全留忠逆、辅逆在城协守。连日传闻大股援贼已到句容、高淳一带,尚无的信。

二十六日辛未(7月11日)　　　晴

见中堂处咨来廷寄,广东厘金不准截留,全数分解皖、浙,江西九江洋税每月协济三万。黄南坡已准来江南办理醝政。

二十七日壬申(7月12日)　　　晴

二十八日癸酉(7月13日)　　　晴

炳甥来营。江宁府杨子木钟琛,江西临江县人。来候。写眉生复信。即日,交杨子木。

接阿哥初一日信。又接六姊二月二十九日信、三月三日信。又槐亭二月二十二日信。又虔甥二十一日信。又南阳君二十一日信。又季雨信。孟辛三月十五日信。又周稚威三月初十日信。又洪琴西、向伯常、潘聚垣二十日信。又眉生信。

二十九日甲戌(7月14日)　　　晴

中丞招陪杨子木饭。鲍帅来晤中丞。

三十日乙亥(7月15日)　　　晴

六月建己未

朔日丙子(7月16日)　　　大雷雨

黎明从众上谒中丞,并至各房互贺,各营官来贺者纷纷,至午不绝。咏如、李少山、冯洁卿来。进营后,先数日偕中丞饭,后附同伴诸君火食,本日另爨,与黄子湘共。

初二日丁丑(7月17日)　　　晴

初三日戊寅(7月18日)　　　晴

中丞赴鲍帅、杨帅处。写咏如信。即日发,交专足。罗茂堂来谭。

初四日己卯(7月19日)　　　晴

前运万四千斤大炮至雨花台前敌,今日中丞往祭炮开放。中丞来自鲍营,鲍已筑垒蒋山,贼亦不阻。左季高制府有信来,中丞命拟复。是日,撰收城十二议成。

接咏如信。

初五日庚辰（7 月 20 日）　　　晴

罗茂堂来谭,我军前敌已掘地道,欲从南门濠底穿过,尚未知成否。

初六日辛巳（7 月 21 日）　　　晴

拟左帅复信稿成。刘文楠回泰州。

接眉生五月二十九日信,言今月初十后来此。

初七日壬午（7 月 22 日）　　　晴

写家信,虔甥信。即日发,交沈慎斋。中丞来谭良久,允出资全刻《王船山遗书》。写欧阳晓岑信,告知中丞刻书之说。缘此事须费四千金,晓岑属余耸恿中丞为之倡。乃中丞不独能独力举办,并许多出千金为加工精刻之费,其好学乐善如此。即日交王惕来。

初八日癸未（7 月 23 日）　　　晴,大暑节,天气酷热

王惕来返湘,早送其行。下午,城中有洋人出降,中丞命余往问其故。据云英吉利人,因与长毛争执不合,长毛欲杀之,故来归正。言城内米甚少,大家吃羊、马、犬肉度活。伪天王已至姑苏,各逆众甚惶遽。又自言善放炮,愿在此效力,不回上海。中丞欲杀之,余意送至头敌城下,令其放炮,用以离间城内洋人,亦无不可,遂允留之。连日城内射出伪诏、伪示劝降,其辞语尽现竭蹶情状。大约洋人所供不必尽诬,而我军太单,不能力攻。鲍帅全营过江后,染疫死者已三千馀人,故蒋山筑垒,仍不能往扎,馀外别无可增之兵,失此机会,殊觉可惜。

初九日甲申 (7月24日)　　　　晴,下午阴雨

萧军门孚泗,字杏卿,湘乡人,提督,黄马褂。来访[1]。觅燕山来谭话。下午,陈芳仙湜,湘乡人,西路营务处统带,吉后二营观察。来访。晚间,文案杨伯昂同新来之刘韵篁来访。长沙人。

初十日乙酉 (7月25日)　　　　晴

下午,有归正人来说贼中米少,城外居民赴大胜关一带贩米济匪,每斗千三百文,贼中转贩者每斗千五百文。近因官军严拿,正法数人,为之者渐少。

十一日丙戌 (7月26日)　　　　晴

中丞来谭少顷,命拟谢恩折稿。又言及鲍军疾疫甚盛,吾因言洋人之法,于疾疫盛处聚草焚之,使火焰上腾,可以散邪恶之气,中丞甚然其理。访陈桂秋。湘潭人,善医。写中堂信。十二日发,交中丞专足。

十二日丁亥 (7月27日)　　　　晴,下午雨

连日郁热,下午必有雷电,雷声与炮声终日,轰轰不可辨别。中丞来谭良久。拟折稿成,下午送中丞处,余请寄安庆中堂核定,少坐即返。写家信,即日,交于中丞专足。又欧阳晓翁信。附中堂函内。

接五月二十八日家信。即日批注寄回。又虔甥二十七日信。即日批注寄回。又槐亭五月八日信。又六姊三月九日信、四月十五日信。

十三日戊子 (7月28日)　　　　晴,傍晚大风,雷雨彻夜

目疾少瘳。晨起,以远镜窥四野,牛首双峰正对窗南,形若丫髻。山凹庙寺,形迹尚在,三山濒江,历历可数。大江夹州,如匹帛

---

① 　此句稿本系于初八日癸未下。

中有裂处，近则三汊河即在卡外，帆樯颇集。其下游北至三山门，即水西门。外，与秦淮合，复歧而为二，与上流共为三叉形。一出江东桥，一出石城门即旱西门。外之石城桥，流归大江。秦淮自天印山即方山。来，近城分二流。一入东水关，横穿城南，合清溪、运渎诸水出西水关；一则绕城南至城西南角赛工桥下，折而北流，俱与三汊河合。皆望不可见。

十四日己丑（7月29日）　　晴

中丞与看撰帅来文，江苏苏、松、太三府州属钱漕，令督抚委员开局核计议减，总期与额赋不多之常、镇二属通融合计，著为定额。俟开征之岁，即便举行，仍严禁捏灾及绅户包漕、官垫民欠名色。

寿州于本月初五日被苗逆攻陷，贼氛直逼临淮，札调何绍彩率训字全军，由三山一带度江，从无为、巢县、定远驰赴临淮援剿；又调水师杨、彭各派舢板四十只由瓜州进口，从运河、洪泽湖驰赴协剿。其援寿之成大吉一军退扎三河尖，蒋凝学一军回顾颍州，毛有铭、周宽士俱守六安。

下午，诣中丞处，见撰帅来信，言盐事不患两淮源头之不清，而患楚西销路之不畅，南坡、芸仙意见均同。将来欲禁楚人不食川私，西人不食粤私，吾实无此力量云云。又言何致华俟芸仙到任再作料理。

写虞甥信，即日发，交温委员。又阿哥信。同上。识广东人温凤楼，系江苏委员，言广东高州府属二县土客滋事。拟抚恤难妇局章程七条。

接才叔五月二十七日信，又金子香六月十一信并洋米样一包。

十五日庚寅（7月30日）　　阴，晨雨

中丞有疾，不见客。访陈桂秋。黄少坤观察来，少谭。彭盛南

廉访来,久谭。接虞甥初四日信,又眉生五月内信。

十六日辛卯(7 月 31 日)　　　阴

入问中丞疾,未见。访陈桂秋。写金子香复信。交来人。

十七日壬辰(8 月 1 日)　　　晴

入问中丞疾,见示李少泉中丞信。言官军已破江阴、常熟之间贼垒六七十座,直抵江阴城下。又寄来新闻纸三折,内云日本国与在彼之英、美各国钦差不和,土王作乱,美国钦差搬上兵船,英国与之决战已定见矣。又云外国人有出告示白云:我将洋枪卖与长毛,有七分五厘利息,人因说我不正。我想大英官府代中国办事,所得辛俸较本国两倍,与我获利之心相同。其分别者,不过英兵系奉有明谕,我系自为,若照律例,两边均不应帮助也。又云李泰国代买轮船,一名北京,一名中国,二舟装兵。一名厦门,作小炮船,内河可行。该三船已开来申地,另有数舟在美国监造,又有小轮船在广东监造,其炮船虽不能装上等大炮,然总可合用。此事均奥士本经理。又云威妥码信云:南京城乡房屋均被烧毁,贼并不整顿,现在奥士本既来中国,应至南京先夺其要隘,庶各路通达,中国亦大有益也。又云宁波来信,浙抚在富阳并不攻打长毛,看来若无西人教练之兵帮助,难于克复。又英、法总兵不和,缘两国教练之兵均为法总兵管理,英总兵不服,恐致争闹。

接眉生六月十七日信。又接咏如本日信①。

十八日癸巳(8 月 2 日)

以下至七月十五日,皆以目疾未记。△日补忆写此。

---

①　此句稿本系于十八日癸巳下。

十九日甲午(8月3日)　　晴

写眉生复信。即日发,交来足。

接眉生本日信,知已到江干。

二十日乙未(8月4日)　　晴

辰刻眉生来,下榻子湘房内。

二十一日丙申(8月5日)

中丞招陪眉生饭。接川督信,石达开犯境,被官军击败,逃至紫打地,土司生擒,斩之。

二十二日丁酉(8月6日)

二十三日戊戌(8月7日)

二十四日己亥(8月8日)　　立秋。晴

二十五日庚子(8月9日)

杨厚庵军门来营,中丞属陪午饭。安庆寄回折稿,中丞即日拜发。

二十六日辛丑(8月10日)

见李少荃中丞信,已于十四日克复吴江县城。又程学启信,夷酉白齐文因撤退常胜军管带,遂投贼中,带去鬼子二十馀人,携有大炮、炸炮甚多,贼已封为桂王云云。

二十七日壬寅(8月11日)

二十八日癸卯(8月12日)

接咏如本日信。

二十九日甲辰(8月13日)

接周甥二十三日信。

七月建庚申

朔日乙巳(8月14日)　　　晴

中丞招饮,以家忌辞之。又接邓季雨前月信。

初二日丙午(8月15日)　　　晴,下午雨

黄子湘辰刻行返泰州,眉生申刻行,同去。写周甥复信。初三日发,交咏如。

接阿哥六月初二日信。又周甥六月十八日信。又魏般仲五月初九日信。又盛德生三月十四信。

初三日丁未(8月16日)

写咏如复信。交原足。接眉生昨日、今日二信,并寄周处银五十两,即日转寄交咏如手。又咏如即日信。

初四日戊申(8月17日)

写昆甫复信,交咏春。咏春复信。初六发,附家信。

接周甥初一日信。又昆甫叔六月十七日信,托觅其弟侄在城贼中者,当交名条与发审处,并托长发探子。又咏春初一日信。

初五日己酉(8月18日)

写元翁、开孙、衣谷公信。初六发,附家信。

初六日庚戌(8月19日)

写霍生信,附家信。写家信与周甥。即日发,交文案房赵舜臣手。写眉生复信。即日发,交杨子木专足。

初七日辛亥(8月20日)　　　大雨

中丞命拟保举人才一折,共五人:郭崑焘、意城,湘阴人。周开锡、

寿山,益阳人。成果道,静斋,善化人。以上三人送部引见。易孔昭、管乐,才叔,武进人。以上二员调营。又一片专保黄冕。南坡。当日拟成送入。

是早攻破印子山大石垒,守贼伪佩王冯真林败溃,或云已死,得其木印,大尺馀。尚馀二小垒未破。先是贼攻下关陆营甚急,俱用开花大炮,子有重三十馀斤者。驻守之将为刘南云廉访,名连捷。苦战不退,故我军攻印子山,以掣其势云。

初八日壬子(8月21日)　　阴

复咏如信。交来人。中丞闻难妇局事,允以坐厘局所收每月约二百千入局用。

接咏如本日来信。又眉生初四日信。又接杨子木初六日信。

初九日癸丑(8月22日)　　阴

前日复印子山尚馀二小垒未破,城贼复出大队来争故地,我军亦出万馀人敌之,贼大败,二小垒亦得,并斩伪梯王练荣发。复杨子木信,十一发,交来人。复咏如信。交来人。

接咏如本日来信。

初十日甲寅(8月23日)

安庆来铸洋炸炮委员丁仲文观察来访,杰,广东人。所铸炸弹本日用之甚利。

接郁子枚六月十四日信。又郑济东同日信。又接廖再卿太夫人讣信。

十一日乙卯(8月24日)

中丞属陪丁观察饭。又以前折见示,增改前段,添入本营内保举七人:刘连捷、彭毓橘、陈湜皆当一面之才,易良虎、罗麓森、彭椿年皆长吏治,赵烈文可备顾问之选,候圣主采择云云。余考语至二十余句,余以本营人太多,且考语浓重,恐初次奏事不宜,而余畏名特甚,前岁相国特保后,旁人均相嫉忌,几成怨府,今不敢复为众的,苦口力辞,中丞坚执不允,且云此折实藉君为重。余无可致辞,请删考语数句,亦不可。中丞又命为之润色辞句,封题送来。下署某某敬恳,余益切促不安,亦无如何。写眉生复信,即日发,交杨子木来差。写家信。交赵舜臣专足。

接眉生初九日信,已到泰州。又子迎六月内信。

十二日丙辰(8月25日)

删润昨稿送内,又属彭次卿代辞,仍未见允。

十三日丁巳(8月26日) 晴

同乡毛子容来,饭后返江口舟中,将赴浙也。傍晚中丞以增改前片见示,黄冕之外,又添金安清、李翰章二人,筹饷长才,能见其大云云,命为润色。眉生极荷中丞知赏,中丞曾面有此说。眉生度己事未可遽挽,力辞蒙允矣,而中丞爱才至切,竟不能待之日后。余亦劝沮其事,不允。

接周甥六月二十三日信。

十四日戊午(8月27日)

十五日己未(8月28日) 晴

晨起上谒,并候同事各君子。咏如同其侄子云、筹。戴月峰杭人来,饭后各去。写史士良信,庄耀采信。即日发,交毛子容。撰抚恤妇婴局公启,并增改章程成,先寄一分与士良,属为倡始。

接毛子容本日信。又接杨子木十二日信。

十六日庚申(8月29日)　　　晴

中丞来，以报军情折稿，属为删润。龙芝生太史湛霖，长沙人。来访，中丞属陪龙君、丁君饭。在中丞处识刘南云方伯，连捷。短小精悍，年甫过三十，善战勇往，为一军所服，右手受伤，已成锢疾。龙芝生言孝拱、般仲于中丞，中丞知余熟识，属为罗致。

十七日辛酉(8月30日)　　　晴

中丞招饭，座客如昨。写吴竹庄信，即日发，交中丞同寄。又孝拱、般仲信。即日发。写咏如复信，即日发，交来足。写眉生复信。十八日早发，交中丞专足。

接咏如本日信。又黄子湘初七日信。又眉生十四日信。

十八日壬戌(8月31日)　　　晴，下午大雨

黎明时发前二折一片，又二片，一为买马免税，一请照至湖南劝捐。见中堂信，江西已肃清，江、席诸军进剿皖南。又此间索每日火药四万，火绳四万，大小弹六十六万，中堂允拨每月药三万，弹四万。下午，见安庆咨来部文，议复御史王道墉奏，此后非举贡文生不得捐州县正印，军营保举正印官，如非举贡文生均须出具切实考语。幕友仍遵前例，不得指捐游幕三月内奉旨。省分。又临淮来咨，向来转运由安省陆路，今复由水路从皖至金陵，从金陵至蒋坝，分作二截。

十九日癸亥(9月1日)　　　阴，大雨

拟抚恤局告示及营务处禁止破城后掳掠妇女传单。写霍生信，二十二日发，附家信内。写开生信。廿二日发，附家信内。陈惺斋斌。自皖来，来访。

接霍生初十日信。又衣谷初八日信，言即欲返崀。又沈慎哉初七日信。

记丁仲文语：

粤东夷务，自壬寅年后，即安谧无事，而和约有许以某某年二月二十七日入城以后，准令出入不禁之文，并奉有明旨。时耆英为广督，恐绅民不肯，致滋事端，遂设法脱身，继之者为徐广缙，而叶名琛为巡抚。届是春夷人先有文书至，徐与叶遍集父老商之，且曰："吾辈为官如传舍耳，去此则不被其患，而君等世居，恐贻害日后，奈何！"父老皆曰："愿官许之，而以民为解，彼必不可。则义团自与之战，不烦官也。"遂集众。众至数万，围洋行，扎营数十里，禁止买卖日用百物。如是者数日，夷大恐，出示请退兵，愿不进城，众索取道光年广督抄给中旨许入城之说乃退，事遂寝。徐广晋与叶入奏，并缴前旨，宣庙大喜，因有世爵之赏。

咸丰七年春，时红匪已平二年，馀党逃入香港夷地者，积久官不能捕，胆益肆，恒恃洋旗护身，用艇船装载违禁货物走私贩买，或以告之官。时叶名琛已为广督，径命往捕，获其一舟，舟中六人，五人已就缚，其一缘樯而上，捕者群以戈戟钩撞，人坠而洋旗亦碎。巴夏里者固黠酋，或云琦善私夷妇生者，时为领事，用文来索所捕之人，则已诛之，巴怒且以毁旗之故思启衅，日日叩城，欲入见叶督论理，叶督不可。又于城外造屋作公所，请叶督往诣，亦不许。遂于是年九月，率舟师入珠江，纵火烧城外十三洋行尽毁，洋行皆中国人开，而各国之货入口者多在是。行既毁，各夷亦来索货。叶督出示云巴领事无故启衅，违约用兵，其所烧之物，各国均当向彼取偿，中国不能与闻。各国直其说，群诣巴，巴既不得志于中国，复为各夷所怒，不得已罢兵去而忿益切。是后一年之中，制造炸炮，增练兵卒，诈言印度有事，当用兵征剿，其实思悉力内犯，而中国不知也。

八年七月，突入珠江，据江心炮台，台下列舰数十，其地在城西南里馀,俯视城内了了,移炸炮至台上,遥望督署施放,不一日毁之。时城中兵勇能战者,有抚标兵及林某、卫某所带之勇,共五千馀人,皆平红巾百战之士,城外乡兵至者几数万人,其中有九十六乡者,即道光年败夷人于三元里之众,尤称劲悍。而叶督听信乩语,谓过七月十四日即无事,坚持不许战,传令城上开炮者立斩。翊日,又以令箭提回城上及先给乡兵之火药子弹,内外守具尽撤,拱手以俟敌人之轰击,夷人遂以火箭犯乡兵营垒,乡兵大溃散去。而驻防兵先受夷人贿,粤城之西北隅,内城地也,十四日早皆插夷人旗帜,其抚标与各勇之守东南隅者,竞奔而往,夷人以竹梯乘虚缘入,城遂陷。然尚不敢下城,沿城墙自东至北,占五层楼及粤秀山要地扼守,城中大乱,叶督四处藏匿。

十七日早,夷人以轿数乘,舁叶督及巡抚柏贵、将军穆克德讷至五层楼,巴酋责数之,皆唯唯。是日遣巡抚将军皆返,而留叶不遣。二十一日舁之下舟,以洋枪数人押送,城中无敢动者。夷兵渐下城,守据各门,四出淫掠,城北民房多被毁,小家妇女奸死无算,而高门大屋则不敢入。加以土匪附和作乱,藩署前号双阙者,南汉时宫室,有漏壶,时刻最准,铜缸五口,大皆径丈,至是亦被敲凿净尽。以后城为夷据,凡数年,至劳崇光督粤,夷人甚悦之,乃不俟赔偿兵费缴清,而先以城还中国,城内惟留领事数人而已。叶督下舟后,巴遣其副手阿者里伴之,送至印度,日令朝衣冠坐花园中,夷众观者坌至,皆给钱而后许入。至九年死于印度,夷人以酒浸其尸,而去其肠胃,载至广东改敛,尚不腐云。

粤省癸丑年以前无事,至甲寅五月东莞红巾贼起,或言洪逆之党,往煽其乡里,众信之,故乱。继之者为佛山镇,在省西六十里,众几数十万。叶督守省垣,日坐五层楼督战,粤东抚标兵素最精劲,抬枪五百杆,发无不中,故屡败贼。至乙卯四月遂平之。而是年肇庆复有土客之变,客民多嘉应州人,其人贫而不畏死,向多流寓肇庆,为土民种地,亦尚相安,惟常有欠租押还细事,客民即亦为怨。至红巾贼起,假团练为名,聚众抗租,土民收租者多被殴杀,于是土民募土勇,客民募客勇,日以械斗为事,官不能禁,至今不决。

高州股匪陈金刚者,本广西另股,八年窜入东省,据信宜等县,官兵尚未收复,然势亦不强云。其粤西老逆唯石达开一股,于九年从汀州窜入嘉应等处,旋分二股,一从南雄至江西,一从乐昌至湖南,俱会于湖南宝庆,被官军击败,遂回广西。

二十日甲子(9月2日)　　　雨

写昆甫信,二十五日发,交于陈瑞亭。姜春浦信,廿五日发,交同上人。许靖山信,廿二日发,附家信。子迎信,二十二日发,附家信。家信,廿二日发,与后信并寄。孟甥信。二十二日发。季雨复信,二十一日发,交来人。冯洁卿信。廿一日发,交陈悍斋。

又接季雨本日信,已挈子楚全眷抵此。

二十一日乙丑(9月3日)　　　晴

写张炼渠信。二十四日,交陈悍斋。接眉生、子湘十五、六日信。

二十二日丙寅(9月4日)　　　晴,夜大雨

写家信,即刻发,交中丞专足。写眉生信,交来足。刘文楠信。交眉生。见吴漕帅信,知山东淄川已克复,僧邸进剿邹县白莲池教匪,又闻蒙城解围。中丞来谭良久。季雨来,饭后返舟,余荐之管难妇局事,已蒙中丞面允,其眷属请冯洁卿雇回湘便船,托陈瑞亭送往。

接冯洁卿本日信。咏如本日信。阿哥六月十七日信。

二十三日丁卯(9月5日)　　　阴雨

中丞来谭,以眉生拟请加京官养廉,及请以所买轮船巡海二折,

来属为改撰。见中堂咨左制府、沈中丞，江省将次肃清，其江、李、席三军跟踪追剿，将来即作为浔、饶、池、徽、宁五府游击之师，不另守城池，亦不深入下游云云。写蒋纯卿信，二十四日发，交陈惺斋。洪琴西、向伯常、潘聚垣信。廿四日发，交陈惺斋。郑在东、郁子枚信，寄还实收二张。二十四日发，交陈惺斋带交孟甥转交廖再卿。

录丁仲文语：

粤省水师皆系广艇，有帆无桨，行海中甚宜。其巡船则似广艇稍长，有桨甚多。红单船者形制亦与广艇仿佛，向在珠江，替洋行赴夷船提货，由之上海之关快，其出入必于粤海关领红单凭据，故有是名，其实非师船也。粤中凡能出海之船，必有炮位，故亦可打仗。其船本钱必值数千金，水手二三十名，而起先大营水师所用之广艇、红单，皆系广省封来，每月定例，止给四十金，船户十分不愿，故不能得力。广艇炮位有四五千斤者，然在海中打仗，炮火不能十分得力，全靠缘坐桅顶之人，于贼船近时，抛掷火罐，其罐约可盛药三斤，盖上微凹，中置炽炭，以灰养之，而上用铁丝笼罩，外以布袋连罐袋好，用绳收系，以手持绳飏去，可及三十馀丈之远。福建水师提督之兵甚精劲，虚数亦少，较之陆路大胜，即粤省水师亦万不能及。而所坐船名曰艚船，上系簑篷，则不如广艇远甚。广省水师虚数甚多，十分不过三四成而已。

广东无漕而有兵米，即驻防旗粮所谓南米是也。合省计七十馀州县，共米七八十馀万石。大县万数，小县数千，俱征收折色，至轻者每石七八两，征收后约解每石二三两不等，俱归将军府理事厅收兑。惟南番二县解本色。福建南米则归各同知、通判收，折重者亦至五千文一石，而径解本色至将军府，不由理事官手。湖北、浙江亦有南米，湖南则止岳州一府有南米，交荆州将军府。

广省向不准有民欠,每年奏销,一律全清,然州县征收亦有不足额者,必须官为垫解,续征作抵。若遇蠲免年程,官垫已清,而民欠全免,则地方官无款可偿,必至与后任交代不清。每每经上司调停,作为分摊之数。故上无亏空之事,而下有摊捐名色。至咸丰初,红巾滋事后,民欠纷纷始起,而州县藉此亏空,各缺较前反美。福建则本有民欠,自乱后益甚,加以所收地丁皆系钱文,现在本地换花边,解至省中,再换银上兑,耗折不少,故通省六十馀州县,每年奏销至少须劾四十馀员。其向来著名各同通美缺,则因诸内地皆管兵米;沿海者则指海船出洋照单规费为利息,每船二只,一年换单一次,二三百元不等。近则兵米折色,百姓不肯过三千之数,尚征不起,海船出洋益少,故亦皆大减云。

粤省盐场名曰务,有四大务及诸小务,每年额引八十馀万,额课百四十馀万,今因淮引地面半为所据,故盐务甚起,而课不加增。近始于中途设一卡征厘,每斤△文。福省盐务,每年额引额课亦百四十万,本亦如淮南之制,有老商承办。咸丰九年,江西闽引地为贼据,盐无售路,各商折本,遂欲告退。当时盐道为秦金鉴,绍兴人。不知细情,遂允之,而另招商贩,讵无人应募,不得已于各县富户签派充商,不堪其扰,经御史劾罢,复归官办,亦无不折阅,近益不可收拾云。

二十四日戊辰(9月6日)　　　阴雨

有夷船来至大胜关,自称系是兵头,欲进城去看,并问我门营盘扎在何处云云。下午有信来,已去矣。又常镇道许道身来禀,言焦山雅领事来函,内称有巡捕洋人请照入南京内缉捕逃人,在七里州地方被水师拦阻,并取去洋伞、远镜、洋枪等件云云。中丞命吾拟批。当为拟批送入。前段言和约第九款载明,不准于通贼地方给与游历执照，该领事失之冒昧，又其时师船甚多，无可查核。但念中外情好甚笃，所失之物无多，准其官为估价偿给，以昭睦谊云云。

见城贼伪示二张，一禁谣言惑乱军心，内云天京官眷出城赴外府州县，止为就粮之计，各弟妹等不得惊慌；一言在城之人贫富不均，令贫民至其府内领钱，以十千为度，领米以二石为度，以作小本生意及贩枭小米店，限一年归还云云。皆是忠逆出名。可想其中人心惶惶，妇女纷纷逃避，及贫民不服情形，或能生出变故，早得收城未可定耳。

写孟甥信，即刻发，交陈惺斋。写王少岩信，廿五发，交陈瑞亭。写史士良信。廿五发，交驲递焦山文报局。

二十五日己巳(9月7日)　　阴

中丞来谭良久。写咏如信。即刻发，交燕山。季雨来。眉生族孙金调卿元烺。来，即榻中间内。中丞来谭良久。见中堂与李少翁往复信。中堂欲提饷每月四万两，少翁意似为难，言扈军并非满饷，陆师已欠二月，吾师弗信浮言。中堂复信云扈军虽亦蒂欠，然皖军尤为支绌。扈军若每月放九成、八成，便可省出四万、八万；皖军即增添四万，亦尚不能放至六成。又水师黄昌歧，少翁意欲留之，中堂未允。

写阿哥信，即刻发，由驲递焦山文报局。写眉生信，即刻发，交回便。写杨子木信。即发，交回便。接邓熙之本日信。又元翁本月十八日信。又开孙本月十八日信。又接眉生本月十九日信。

二十六日庚午(9月8日)　　阴，夜雨

拟请用新募轮舟出洋捕盗折稿。季雨是日下舟，料理其家属上行事。冯洁卿来。

二十七日辛未(9月9日)　　阴雨

中丞来谭良久。写槐亭信,即日发,寄家中,转交小八带往。六姊信,同上。孟甥信。即日发,交邓处。陈瑞亭赴湘,送之行。下午,在丁仲文处久谭。中丞馈邓处赆金三十两,入辞,不可。吾与次卿言,为人幕僚,府主相待平常者最好,太薄颇亦难受,然犹有去之一法。若太厚则自揣无以报称,其心中忐忑,直有寝馈难安之处。今中丞与邓氏无一面之识,而推爱若此,又添我一件心事矣。写季雨信。二十八日发,交燕山。

录丁仲文语:

道光十三、四年,朱幹臣先生抚粤,制府则江西李鸿宾协揆也。夷人投呈制府海关,言洋行上货无埠头,求准于江边造石埠一座,行贿数万金,制府允之。既成,长几十馀丈,横插江心,船行为之不便,俱讼之抚台。朱初不之问,而密奏言旧制夷人不准上岸,今许造埠,后且求起屋,逐渐思逞,将不可复制矣。奉旨立即毁拆。朱既受命,夙戒抚标兵二千人赴石埠处,而请制府、海关出城听读上谕,召洋商伍敦元转谕洋人拆埠,洋人不可。朱即欲诛伍,闭关罢市,伍及洋人皆大惧如命。朱曰此洋人物,官不能代拆,可使自任其役,皆唯唯。顷刻毁尽,粤人大快。诸洋人转更慴服,曰此健吏不可犯。至今三十馀年,洋人之老者尚言之啧啧云。

阮文达帅粤凡十年,当道光癸未、甲申之间始莅任,时海疆晏然无事,阮察英人心性桀黠,而来商中国,每事受掊克,多不平,知将有事。尝见之某炮台碑记中。顾承平久,中外讳言不祥事,无以发之也。其在任德政甚多,而以平米价为最有益于民,民至今颂之不替。先是广东米价,石值银五两四钱,而外洋米不至,有洋船进口规费,船头银一项者,每船几四千金,皆归制署。阮下令能载米至者,免其船头银，仍准于载米之外，每舟以二舱载别货，于是洋米涌至，米骤贱银至二两上下。后洋商规费虽尽免，不独此项，然洋米之至遂成熟路，以是粤省虽歉岁，米无过三两者。

道光十七八年，廷臣黄爵滋奏禁雅片事起，钱唐许乃济时任△△，以为不可，奉旨交各省督抚集议。林文忠复奏，力言当禁。后又于奏报查烟获数折内推广其说，辞甚切，宣庙遂以为钦差大臣，赴粤查禁洋人运烟入口。既抵粤，则令总商谕洋人缴土，许每箱偿价二百元，洋人不可，慑之以威，且欲诛总商，强而后可。时烟土每箱价至二千金，林初意其运至中国者至多数千箱，官以二百元一箱售之，不过数万元。洋人既领价，无辞启衅。又使之惩创，不复再至。计良得，及既缴则有三万箱之多，计须偿价六百万元。先又未奏明其事，乃大窘，不得已，具折请解京消毁，冀朝廷见其数实多，或可缓为弥补，而上谕但令就地焚毁，不允解京之举。

洋人索逋日至，计益无所出。或献策请于各商来粤交易之茶，官取其半，给以山场底价，不准取利，则百万金可得六万箱，以二箱茶赔一箱土，再免其出口税，约亦百馀金，去二百元不远，可以相抵。林大喜许之。复勒总商往说诸夷，又再三而后可。及欲取茶，则此百万金仍无出处，茶不可徒得，而洋人日夜环总商讨索，语渐不逊。林迫甚，商之督抚，求垫茶值，则皆以无奏案不敢担任，相持不决。南海、番禺两邑令，恐各大吏忿争决裂，欲为掩饰之计，在林处认办茶叶如数，出则为小箱不及尺，中实稻秸，面铺茶叶不及三四两，送之洋舟。洋人见箱小已怒，发观益大怒，复争责总商。

时伍敦元于缴烟之后，知且有事，托年老告退，而令子伍绍荣承替。绍荣年少不知利害，且心不直官所为，亦忿其相累，乃曰："官只欺吾及汝耳。汝能起兵来，原值可得，向我哓哓无益也。"洋人皆嘿然去。甫下舟，即曳号旗驶至口外开炮，及赴控天津。琦善时为直督，为具奏。林遂以办理不善发口。而琦奉命继其后，专主和议。顾六百万元终不能偿，虽羁縻之无益。洋兵艘亦益至，二十年扰及浙江，琦复逮问。命奕山为靖逆将军，隆文、杨芳为参赞，至粤主剿；又命奕经为扬威将军至浙。洋人于林在时尚不敢入口，至是，窥中国之不足畏，遂围攻省城，夺据城北四方炮台，炮日夜不绝，奕山大惧请和。先以藩库银百万两与之，而令伍商认五百万欠数。

洋酋入城许盟，盟未毕，城外民兵突起，围杀外国兵头某于三元里，进攻四方炮台。洋兵数止三千馀人，已杀七百馀，抬其级至城请赏。官以和议既成，抚慰令散，民围两县令，谓之汉奸，不听其语。又遣首府余保纯往，许以犒劳，再三劝谕，始各去。城中自将军以下，各派兵共二千人，护洋酋下舟，首府亦从其后，事已定矣。洋酋复渝盟索赔用兵费三千万，事复棘。奕山、奕经亦旋被遣。至二十二年夏，洋人入长江，抵江宁城下，卒与之如数，和约始定。而粤省先募水兵万馀，初次议和后即令散遣，军器皆未缴出，由是盗风大炽。及耆英为粤督，捕之甚力。时西抚为郑祖琛，则转讳盗，盗皆以粤西为渊薮，党羽既众，遂肇洪逆之乱，天下为之糜烂。推原其事者，以为皆本于夷祸，而咎林之焚烟为好事喜功，轻启边衅云。

粤省洋商初皆签名达部，如盐商之制，旧有十三家，后二家本折，止剩十一家。洋船至中国者，皆不入口，但以货单交向熟之行主照时价批值其上。洋商愿售则以红单船出洋提货到行，其欲带回之货，亦开单与行代办。每物俱贴本行招帖，如有低色货物，或数目斤两不合，均可退换。其报关一切，均由行办。是以夷船至粤，商主所用客伙不过数人，用费甚省。每年丝船，五日扫数全开，茶船八日扫数全开，亦无前后参差之事，洋人甚便之。及交哄事定，复立和约。

粤商总仍系伍氏，历因夷务受累，行贿至数百万，不能求退，遂嗾夷人请罢洋行。语之曰："洋行衣食用度，皆赖外国，汝何乐而为此。洋行一罢，汝利不旁落矣。"洋人信之，请诸粤督耆英，以是语入和约。于是洋人始与各省之商，亲为交易，行之数年不便。

道光二十七年，复移文请立洋商，而伍氏已退，无人敢为之，事不果。至今来商各口者，必先买地造屋，出货入货皆须请人经理，事务繁极，一洋行用至数十人，洋人用钱既奢，中国人肯至洋行管事者，又非重价不可。百费所出，较之往时中国洋行代办，不啻倍蓰，而所贩之货，中外交易，止有此数，加入用度，有比往时反贵者。故撤中国洋行，洋人不必尽利，老其事者犹以为悔。而中国之物价不能齐心，以致折阅，及关税走漏，百弊丛起，亦由是故。若能知其始末，他日未尝不可复旧也。

二十八日壬申(9 月 10 日)　　晴

晨至居屋后一眺，并访燕山、陈桂秋。陈桂秋来，丁仲文来。中丞召问金柱关卡员出缺，欲委邓季雨往办可否。余对以其为人钱财上最分明，做事亦甚精细，但未能稳练，或令其暂理，察其胜任与否，再定可也。写季雨信，即日，交燕山。写眉生信。即日发专足。

季雨来领札，即日赴金柱关局。

见芸仙信，李少荃已指拨钱业捐及吴淞，添立二卡，为中堂处筹月饷四万之款。见丁泗滨信，已于本月十一日到临淮，十二日由临淮驶至上游六十里之小蚌埠。苗逆于南岸宋家滩、北岸桃园水中沙洲上俱立逆垒，南岸小港复有炮划百馀只，水陆梗塞官军至怀远道路。十三日开仗，夺划廿馀，击沉三十馀，攻州上贼垒未破，颇有伤亡。十四日亦未得手。十五日贼于水中添设铁锁、梅花桩等类，官军未能径进云云。

接吴竹庄二十三日信。

二十九日癸酉(9月11日) 晴

拟请加京官养廉奏稿成。中丞来谭良久。接眉生二十四日信共三件,不愿同郭芸仙赴粤。

三十日甲戌(9月12日) 晴

诣中丞处久谭。写吴竹庄信,即刻发,马递。写眉生信。八月初一发,交来足。傍晚,中丞来,同至内晚饭,告以下月须返皖一走,许之。

接眉生二十六日信共二件。又季雨二十九日信二件、本日信一件。又咏如本日信一件。又欧阳晓岑二十三日信一件。

(以上《能静居日记》十七)

八月建辛酉

朔日乙亥(9月13日) 晴

晨起贺朔。丁仲文观察来谭,萧信卿军门来谭,并令各哨来见。同薛芳亭绕视营墙一周。冯洁卿来。傍晚中丞见召,示以保举人材各折片批回及同日廷寄所保各员,均交军机处存记,候旨擢用。其易、管二员准调营,黄冕已准毛鸿宾调赴广东,金安清不准调用,馀俱照所请行。写家信。初五日发,排单递。

接七月二十三、二十五日家信。又孟甥二十五日信。又开孙同日信。又衣谷同日信。

初二日丙子(9月14日) 晴

中丞来谭良久,集"欲速则不达,兼人故退之"为联语以献。写孟甥信，初五日发，交排单递。写开生信，附孟甥信内。衣谷信，同。写欧阳晓岑信。同初八日交。中丞召，示皖信，并留晚食，谭至二鼓尽返。余引董椒生倅来司笔札，中丞即命招之。

初三日丁丑(9月15日)　　　晴

诣中丞处少谭。金调卿言，不准眉生调营之旨，其笔下似周中堂祖培。所拟。周为乔鹤侪座师，其奥援也。眉生来此，犯乔之忌实甚，故先发以制之，亦情理所有。写眉生信。即日发，交中丞专勇。写董椒生倅信。同眉信发。

见皖中来咨：一、裁撤抚标兵三百名，以节糜费。一、贼窜青阳，围攻甚急，守将朱品隆求援，饬江、李、席三军进剿解围，兼攻石、太及顾黟、祁各界。一、准广东来咨，高州逆寇鸥张，信、宜久攻不下，分窜电白、化州、罗定、阳春等州县，提督崑寿。前往剿办，饷糈一项，百计搜括，始克成行。肇庆土客不靖，直陷新宁之广海寨，臬司吴昌寿。进攻，亦难藏事。用兵日久，积欠各军口粮已一百数十万，现在各路月饷几二十万两，藩库地丁正额供支不敷，每年专藉指拨盐课四五十万，接济各项杂额，早经军需挪垫一空。运库盐课奏销，递年展缓，协拨藩库饷银已欠至二百四十五万。近年课银尽解京饷，更形竭蹶。又海关税银自洋人扣成以后，入数大减，而京饷催提尤巨，其拨藩库之款，已二三年未能照拨。他如粮道库、米折，按年自有额支，捐输所收，尽解京仓，米价亦皆无所取资。各军饷项，不独不能按月给半，即稍为点缀，亦甚难筹。请将所收厘金暂以六成拨济皖、浙，以四成留供粤省军饷。核计总数不过七八万两，四成仅得二三万两云云。中堂允以三成留粤。

刘吉斋来候。履祥，吉安人。张小山来秉钧，衡州人。中丞召，示郭芸仙信，留共晚食，谭至二鼓返。

接才叔七月初二日信,又公执五月二十六日信。

初四日戊寅(9月16日)　　　阴,饭后晴,大风

写季雨信。即日发,交步拨。见鄂抚严树森信,郧阳、施南俱有寇警。见黄昌歧军门来信,七月初三日,淮阳水师亲兵右营、前营、后营进至江阴城外黄田港口。初六见有陆师在城东北立营,城逆出拒,水师遂进口助战,已获胜仗。而该逆复出别股,夹岸要截归路,营官赖荣光、龙玉麟阵亡,幸未失师船云云。

见唐中丞来信,苗逆于淮河宋家滩等处沉舟立栅,并用铁链篾索横截河面,以断我军前敌在怀远者之粮路。我军文报不通,不得已募死士,密令前军整队突围东返。于七月二十二日,张、朱各镇从北岸冲下,临淮水师及清江各营共六十馀号,焚舟登陆,会同普镇从南岸冲下,何镇、绍彩。克都护△马步黄开榜、丁泗滨、王△等水师在下游接应,幸能全师而归。现令分扎凤阳府县沫河口、王庄各要隘,其撤回之师暂驻临淮云云。

初五日己卯(9月17日)　　　晴

写才叔信。即刻发,排递。写公执信。同发。下午,中丞要入内少谭。写季雨信。即刻发,交来勇。写李少荃中丞信。初六日早发,交轮舟去便。因苏、常郡民在四乡者,遭贼后恋产未徙者甚多。今年官军渐逼,逆贼聚众抗拒。先于各乡裹胁民众为之助力,各民纷纷徙避,俱赖度江一线生路,而水师复为搜括勒索之事。江阴令沈君俊甫方煦。颇知爱民,亲往江中洲上抚辑弹压,并捐资煮粥为赈,曾经通禀各大宪,俱批准行,并奖其实力办事。而沈禀时独遗都兴阿处未禀,都挟此微怨,遽行奏参,谓难民之中夹有奸细,当此江防吃紧之时,岂可容其混迹等情,奉旨沈令革顶,封江不准来往。自此之后,二郡难民束手坐毙,不下数十万,其惨害如此。吾先专人赴泰,取沈令原禀及

中堂批语,欲函求中堂作主,继恐缓不济急,适有轮舟即返上海,遂先以函恳少帅具奏,底稿录后。写阿哥信。初六早,交轮舟去便。

接董椒生佺五月二十八日来信,又邓季雨初四日信,又眉生初二日、初三信。

致李少荃中丞书

四月内接奉钧还,时因目疾甫剧,且有秣陵之行,拟到营后再为肃启。讵途中暑风所袭,数月来未能获瘳,是以稽阁至此,思之悚恧无地。春夏迨今,叠闻军威丕振,旌旗所向,投之无不如志,三吴孑遗,庶有肉骨之望,可胜欢忭。顷间敬悉澄江已于本月初二日攻复,尤切快慰。惟敝郡难民,间有脱逃至此者,述悉大军神武无敌,四乡馀民,闻之无不日夜祷祀,以求速脱虎口,重见天日。而该逆罔知利害,尚欲奋其螳臂,抗拒天讨。

自今春已来,城逆及各路过往贼徒,四面掠胁良民,为之助力,而各民先因该逆止占城池,乡下尚不十分蹂躏,贫苦之人贪恋本乡微产,恐一离故土,即成饿莩,是以未能早为移徙,及至势逼,不得不逃,十分之中已被害及半。起先蒙江阴县沈公奉各大宪之仁意,来施拯济,民人得以全免者,犹尚有之。乃于夏间忽尔封江,不许一舟北渡,闻系恐有奸细夹杂之故,设为厉禁。自此以后,直如釜鱼阱兽,供其涂毒,各乡死者不下数十万,周围数县尽成焦土,伤心惨目,不可名言。伏念常郡之民,前此未能远徙之故,实属真情,而此次都帅奏请禁江,亦为慎重江防起见。但逆贼如果大股过江,既有水师可以防范,其形象亦与难民迥别,至于一二奸细混杂,又何难责之各团局切实盘诘。且难民所恃,只此一线生路,馀俱前敌交战之所,别无他途可从。目下大军止有数万,南控吴、震,北剿江、无,绵及二三百里,不得不慎重行师,深恐该逆尚得苟延旦夕,而难民必至净尽而后已。烈虽幸免浩劫,然闻此苦逼之情,不啻痛如身受。

恭维明公志在救民,力拯水火,三吴被惠之所,已将及半,仅馀常郡一隅,尚为机上之肉,我公闻之,亦必惨然不忍。烈为桑梓之事,呼号所向,非公更将谁属。因此不揣冒昧,沥陈血恫,倘荷垂鉴痛迫之忱,大赐回天之力。于便中陈奏,凡逃生难民,仍许其北渡,使垂死之人,复登生籍。烈微末一身,不足云报,而故乡指日平定,或尚馀一二父老,当相与刊勒贞珉,以纪大德,使百世之后,知明公有此盛举。聊以舒忱,如是而已。倒悬待解,急不择音,不胜迫切待命之至。

专此,肃请台安,伏维崇鉴。

读《维摩诘经》终卷。

读《墨子》《亲士第一》、《修身第二》、《所染第三》、《法仪第四》、《七患第五》。

非无安居也,我无安心也;非无足财也,我无足心也。

君子进不败其志,内不究其情。虽杂庸民,终无怨心。彼有自信者。

比干之殪其抗也,孟贲之杀其勇也,西施之沉其美也,吴起之裂其事也,故彼人者,寡不死其所长。以上《亲士》篇。

置本不安者,无务丰末;近者不亲,无务来远;亲戚不附,无务外交;事无终始,无务多业;举物而暗,无务博闻。

善无主于心者,不留;行莫辩于身者,不立。

君子以身戴行者也。思利寻焉,忘名忽焉,可以为士于天下者,未尝有也。《修身》。

非独国有染也,士亦有染。其友皆好仁义,淳谨畏令,则家日益,身日安,名日荣,处官得其理矣。其友皆好矜奋,创作比周,则家日损,身日危,名日辱,处官失其理矣。《所染》①。

初六日庚辰(9月18日)　　　晴,暑甚,下午作阵不雨而有雷

拟请江藩司津贴本营粮台片成。揆帅长子劫刚纪泽。来候,饭后答候曾公子。拟请截留闽、粤二关茶税以抵该省协饷折成。写眉生信。即刻发,交来足。见中堂来文,因临淮岌岌,调鲍帅赴援。

接眉生七月廿九信,在高邮舟次。

初七日辛巳(9月19日)　　　晴,甚热。晓起大雾,对面小山隐

隐不见②。定昏后雨

曾公子以《军旅连珠》十五首见示,文笔渊雅可敬。下午中丞来谭良久。余请此次发折不可太多,至多一折二片。如发轮船巡海之折,夹一片附陈他事,最为得宜,中丞允之。并云江藩司津贴本营粮台之片,已拟不发。中丞因鲍帅北去,问可留否,吾深沮其事。又以下关陆师太单,请移数营扎其后路,以守要地,中丞亦以为然,并拟亲往相度。闻鲍处欠饷亦十六七月,帐房器械,以在道日久,无不刓弊,兵勇病者十人中四五人。且临淮地势贼情,彼全不知,此次北行,恐中途兵士必将逃散,无益于事也。以事势计之,临淮若不守,去亦不及,而淮、清一带恐受其害,里下河可危,殊足虑耳。

读《墨子》《辞过第六》、《三辩第七》、此篇之义甚褊。《尚贤上第八》、《尚贤中第九》、《尚贤下第十》、中下二篇辞义交复,原文必非如此。而其命意,则犹是富强之术而已。《尚同上第十一》、《尚同中第十二》、上半篇是上篇之复见者。《尚同下第十三》。三篇中繁复之义多,而说则精。

贪于政者,不能分人以事;厚于货者,不能分人以禄。《尚贤

---

①　钞本无,据稿本补。

②　隐隐不见,稿本作"隐不可见"。

中》篇。

初八日壬午（9 月 20 日）　　　阴，大风

写欧阳晓岑信。初十发，交专足。批阅衣谷、孟甥文字。写咏如信。初九日早发，交燕山。

接才叔七月初十日信。

初九日癸未（9 月 21 日）　　　晴

见中堂来咨，黄、刘、古、赖各逆从池、宁一带下援老巢。改调鲍军仍留金陵，从大胜关进扎雨花台、印子山一带，协力围守，俟援贼扫清后，再相机进扎孝陵卫。中丞来谭少顷，其侄劼刚来，中丞去，劼刚留谭良久。冯洁卿来。

见恽次山信，石达开馀党李逆率众从滇入黔，窥伺鄂、湘边境，湖南已设防永绥、龙山、保靖一带。前见严渭春信，言施南有警，想即此股。夜见李少荃信，云江阴于初二克复，拟即进攻无锡，此关一得，则苏州咽喉已断。观其地势，城周一水环绕，陆路止三四条，已为程学启扼守其二，吴江塘、昆山塘。将来围攻之势，只可用水师四面绕扎，断其接济，不可用陆师近城。现在夷人见我军得势，该逆穷蹙，意欲前来分功，屡次来说，皆趋避之，已进京面请恭邸矣。李泰国轮船入江一说，亦进京与总理衙门商议，尊处宜速攻南京，若不能即日成功，难禁其来也云云。又因中堂每月索饷四万，及调黄翼升水师赴淮，意甚不平，牢骚满纸，至有"东门黄犬，其可得乎"之语，殊觉逾当。

接咏如本日信，又季雨初七日信。

初十日甲申（9 月 22 日）　　　晴

写咏如信，即日发。写季雨信。即日发，交燕山。拟报军情片稿

成。下午，诣中丞处，久谭至晚饭后。又在劼刚处少坐，识袁榆生、其尊人漱六，官松江府时识之。王叶亭。惕来之弟。见李申甫信，伊初六至青阳，城围不能解，水泄不通，而先得城中廿七日信，云不及半月之粮，光景殊可危。

接眉生初四日信。专足带回。

十一日乙酉（9月23日）　　　晴

中丞赴江北浦口会郭帅芸仙，命偕行。写孟甥信。十五日发，交中丞专足。辰刻，肩舆出营，巳刻到棉花地，中丞以大舟与余，而自住小舟。午刻，至头关，偕中丞候咏如疾，并晤李少山、王雨轩、冯洁卿。未刻舟行，逆风，西绕过江心州州头，折而向东。申刻，过拦江矶，中关贼营，望之了了。酉刻到九洑州营前小泊。初鼓时，到浦口宝塔下流复数里泊。遣炮艇前迎郭帅，夜月甚皎，与中丞登鹢首，眺望久之，燕子矶相隔一水。忆壬子岁偕吾兄试归出此，十二年矣，为之惘然。

十二日丙戌（9月24日）　　　晴

中丞来吾舟，共饭畅谭，以揆帅选古文二编见示，皆以经书领类，杂及《史》《汉》纪传、唐宋大家文。辰刻，张观察富年，字屺堂，仁和人。舟先至，谒中丞。巳刻，眉生舟至，即来余舟。午刻，郭帅舟至，杨太守子木舟亦至。张观察来候，杨太守来候。谒候芸仙中丞，答候眉生、杨子木、张屺堂。还至中丞处，陪郭帅饭。水师营官琼州镇彭楚汉来，言江东桥已于今早克复。写才叔信。即日发，交芸仙。写阿哥信。同上。夜，杨太守饮二帅，余为作陪。眉生赠《张太岳集》[①]。

---

① 稿本后有"一部"二字。

十三日丁亥（9 月 25 日）　　　阴。夜雨，复有月，大风

　　眉生晨来余舟，辰刻郭帅来同饭。下午，中丞为郭帅饯行，属陪座。傍晚郭帅返下游，同送其行。张屺堂、杨子木随往。眉生留同返营，已定明早解维矣。忽东北风起，舟人请行，中丞及眉生皆在余舟，举帆而西，明月在天，清风瑟瑟，谭眺正乐。未几黑云队起，风亦渐急，舟过九洑避浪，沿岸行，舵挂而折，顷刻飘至中流，望南岸贼营，不及半里。时中丞、眉生座船及护送炮艇已皆前行，急鸣金收之。半晌有一师船闻声而至，徐徐牵曳，重返北岸下锚，复呼九洑州守港炮船来至舟旁。中丞、眉生及余分载二舟，冒浪而归。亥刻离九洑州。子刻进江心州北头口门，距拦江矶贼营不一里，口门内有师船守之。又五六里许，为北河口，即秦淮下流出江之口，又八九里，至棉花地军装船旁，时已四鼓尽矣。中丞座船绕江心州南头适到，眉生船先在江心州北头口门候，见炮船进口，知余等已至，亦随后而来。是夜，余至眉生舟中同榻。

十四日戊子（9 月 26 日）　　　阴，风雨

　　辰刻，中丞进营，留差官押兜轿来迓。以天将雨，急起略食充饥即行。辰末到营，中丞尚未食，即来共饭。写孟甥信，十五日发，交中丞专足。霍生信，附孟甥信内。晓岑信。未发。夜，中丞来谭至二鼓。

　　接孟甥初五日信，第十三号。又季雨初八日信，言子楚夫人舟至铜陵被劫，衣履一空，幸人未受伤，运气之坏至此，可怜！可怜！又槐亭六月二十六日信。又张炼渠初五日信，又宗湘文初九日信①。

十五日己丑（9 月 27 日）　　　阴，中秋无月

　　晨起，谒贺中丞及同客诸君。写家信。即日发，交中丞专足。午刻

---

　　①　此句后稿本有"又刘文楠△日信。"

中丞招饮。同乡吕慎伯大令懋恒。来候。

接七月三十日、今月初五日家信。又咏如十四日信。

十六日庚寅(9月28日)　　　阴,夜有月

巳刻,中丞来谭。弢甫之侄婿徐函叔来,元铠。留榻吾处。夜,中丞来,谭至二鼓。闻眉生言,沈子焕谢世,子焕美质,殊足伤痛。接季雨十三日信,十二号。又眉生初七、初九日信。

龚定庵制钏刻回文铭十二字:腕生兰,卷袖纫,款所欢,暖与寒。戏仿其体为镜铭:翠波空,黛螺逢,对双容,醉向侬。

十七日辛卯(9月29日)　　　阴

见中堂来咨,调鲍帅径赴上游,援剿青阳各处。又中堂奏定茶叶落地税,税之茶业各户,而不税之关卡,以杜夷人,一税之后,不准再加之。口定江西义宁州茶百斤一两四钱零,河口镇茶百斤一两二钱零。函叔返大胜关寓。刘晓山大令炘,直隶人,淮安籍。来候。饭后访劫刚,久谭,为作扇。劫刚复过余谭。

接吴竹庄初十日信。

十八日壬辰(9月30日)　　　阴雨

写宗湘文信,即日发,交子湘。刘文楠信,同上。董椒生信并银十两,同上。吕庭芷信。即日发,交眉生。宋生香孝廉绍祁,海宁人,钱子密荐至此处。来候。

接衣谷初七日信,又蒋莼顷初三日信,又陈子舫信。贺节。

十九日癸巳(10月1日)　　　晴

季雨来自金柱关。朱焕文总镇、鸿章,贵州人。武楚臣司马明善来候。明日中丞四十寿日,下午同眉生等入内预祝,并请中丞饮。汤曙村来候。本地人,王少岩亲戚。

接王少岩信。

二十日甲午(10月2日)　　　晴

晨起，诣中丞处称祝。李少山、冯洁卿诸君来。中丞部下献优戏，来要同看。下午，在劼刚处少谭。易仲潜孔昭，沅州黔阳人，八旗官学教习。来候。

上中丞寿联：

伯氏吹埙，仲氏吹篪，实维尔允师，惠此中国；

俾炽而昌，俾耆而艾，天锡公纯嘏，保彼东方。

二十一日乙未(10月3日)　　　晴

中丞答宴，同座眉生、子湘、丁仲文、陈舫仙。本拟今日下舟返皖，中丞属留数日，拟廿四、五成行。黄策生返湘，来候辞行。鲍帅来营，遣刺候问。答候黄策孙、易仲潜、汤曙村，并送黄子湘下舟。曾劼刚返皖，来辞行，往送之。

接方兰槎初八日信。

二十二日丙申(10月4日)　　　阴

候彭盛南方伯、杨达庭游戏、萧信卿军门，晤彭、杨。张屺堂、杨子木、黄子春来营见候。写方兰槎信。即日发，交眉生。

二十三日丁酉(10月5日)　　　阴雨

巳刻，偕眉生至江东桥，候陈芳仙观察。出卡西北行，绕城西南角，相距不半里，中隔一水，城上见舆过，开炮遥击。午刻到营，本系贼垒，今月十二甫得，墙堞甚坚，在江东桥之东岸，联江东门及桥为垒，气势雄阔。登江东门一望，至城下尚三里，正对水西门，城中清凉山、翠微亭及稍北莫愁湖俱甚近。少刻中丞至，是日筵席，优戏甚设，酉刻散归。陈君饬亲军六十人护送入卡，中丞乘马先行，复遣灯来迟,初鼓后抵中军。

二十四日戊戌(10月6日)　　阴

遣炳甥押行李先行下舟。写函叔信①。见邸报,胜保奉旨赐死,而袁甲三亦先数旬卒。二人复当下讼阎罗矣。

接孟辛六月十九日信。

二十五日己亥(10月7日)　　阴

见中堂咨录廷寄,檄调李世忠协攻苗圩。巳刻,赴中丞处辞行。饭后出营,酉刻过双闸,见村市童子有挟书自塾归者,迎路拱揖,知居民尚有衣食苟完之家,为之欣喜。出市稍觅渡,道逢同乡蒋智斋。宜兴人,在吉字后营。行又半里,到头关厘局,吾正月间赴营,来往皆由此,时水退,故不须渡。先至咏如处,咏如疾未瘳,方睡未见。访李少山,觅得坐船,约明日登舟。访冯洁卿,借炮艇护行。入晤咏如久谭,洁卿来答访,又至少山处。

二十六日庚子(10月8日)　　雨,逆风

辰刻,炮艇哨官张姓来见。巳刻赴冯洁卿之招,饭毕下舟即行。半里许,俟风仍泊。

二十七日辛丑(10月9日)　　阴,午后阴,顺风

早发,五里到大胜关小泊,复行廿里下三山,十五里犊儿矶。土山在江干,山南有水口。十五里列山,山下有州,俱在江中,斜对北岸乌江口。又十馀里上三山,亦在南岸。又十馀里过望夫矶,至采石山下小港泊。约九十里。

---

① 此句后稿本有"即刻发,交炳甥"小字。

二十八日壬寅（10月10日）　　　　晴，逆风阻舟

问土人，知小港亦通金柱关，相隔廿里，远近亦同。而舟人惮劳，不肯行。望采石咫尺，又以目疾未愈，不敢冒风登眺，殊用觖觖。

《张太岳集》卷十八杂著。

《无逸》："惠鲜鳏寡。"鲜与先同，古字通用。按此甚确。

又论治乱势成难变，及国强则动罔不吉，国弱则动罔不凶。二条深合事理，语多不录。

卷四十三奏疏。

看详户部进呈揭帖，疏云："国家财赋正供之数，总计一岁输之太仓、钱库者，不过四百三十馀万两，而细至吏承纳班、僧道度牒等项，毫厘丝忽，皆在其中矣。"又云："万历五年，岁入四百三十五万九千四百馀两，而六年所入仅三百五十五万九千八百馀两，是比旧少进八十馀万两矣。五年岁出三百四十九万四千二百馀两，而六年所出乃至三百八十八万八千四百馀两，是比旧多用四十万馀矣。"按此出入之数，较今十分之一。

二十九日癸卯（10月11日）　　　　晴，逆风

从采石山后小河赴金柱关，辰刻行。写次卿信，即日发，交季雨。眉生信。附发。采石有小街市，瓦屋甚夥，此乱后所希见也。行约十馀里，见岸侧居民鸠治堤埂，其复业之象邪？为之欣喜。午刻至金柱关，在江干塔下东北，去太平府五六里，府城颓于乱，居民无一家。城侧小山上亦有塔。又东北四五里黄山，又名浮丘山，刘宋有离宫在其上，亦一塔。水阳江在关及府城之间，内通宁国。入局中访季雨，云已至东梁山分卡，晤其友程子骏，遣人往招季雨。下午，同子骏步江津濑上，旋返舟中。子骏来谭，此子年甫二十，而作事井井，可敬也。夜二鼓，季雨来。

读《张太岳集》二十一尺牍。

与漕河督抚书，论改折云"敝省改折漕粮三万，该部议复本色。窃以为欲复本色造船既费不赀，拨军重行劳扰，而所复本色不过三万石，况京军月粮近亦本折兼支，则改折事体，亦为两便"云云。按此知运京米石自古系虚文之事，徒为烦重而已。

卷二十四。

答凌洋山云翼书云："仆以寡昧，谬当重寄，别无他长，但性耐烦耳。"此语颇旨。

三十日甲辰（10 月 12 日）　　　晴，偏顺风

辰刻同季雨偕行至东梁山分局，午刻别季雨复行，申刻到四合山江中之曹姑洲泊。是日行约五十里，去芜湖尚廿里。

《张太岳集》二十五。

计剿都蛮书云："刘帅名显。军前赏功募士之费，一月当费几何？与其旷日迟久，不若暂费速罢之为愈也。"按：此名论不刊，所谓算也。

又答殷若汀正茂。云："兵机呼吸之间，便有变态，安可预度？然大率盗贼奸宄，惟当慑吾之威，罕能怀吾之德。"

九月建壬戌

朔日乙巳（10 月 13 日）　　　晴，顺风，旁晚加骤，狂吹彻旦

早发曹姑洲，辰抵芜湖。写彭次卿信。即刻发，交吴处。饭已，上岸访吴观察竹庄，不晤。闻青阳廿四解围，贼已下窜，故耀兵境上以防之。晤乡人姚彦深。巳刻下舟解维，过孙夫人祠，已鼎新矣。午入三山夹，夹口民居瓦屋鳞鳞，颇存榆柳，禽声上下，郁然乐土。三

山在南岸,去芜湖约四十里,淮盐过此卸载者甚多。鲍帅奉檄援青,青围解,改调泾、宁一带要贼路。其坐舟在此,尚未登岸,部兵则已从繁昌、南陵而去。自江宁沿江而上,濒江为之一扫,军之无纪,终为相国名德之累。方志及是,一鲍兵来掠余舟,叱而去之。

下晡,过繁昌旧县镇,见天云黬黯日下,知有风至,命舟人择小港泊。师船欲住荻港,亦强返。未须臾,风大作,若前行,殆矣。昨见江豚北首,今日果北风甚厉,舟谣农谚,未尝不信。

初二日丙午(10 月 14 日)　　　晴,顺风

早发,辰过荻港,午到钱家湾,在江南夹中,本向西南流,忽一曲北流,约三里,复西南流,舟人在此卸帆曳纤。道逢黄子春,亦赴皖,遂邀过余舟共谭。申过丁家州,下晡过铜陵县,又十馀里泊新州头。是日约行百馀里,去大通尚十馀里。

读《张太岳集》廿六至三十。

初三日丁未(10 月 15 日)　　　晴,顺风

早发,辰刻至大通,泊舟荷叶州,登岸一观,市廛甚盛,皖垣所不如。巳刻下舟,写冯洁卿信。即刻发,交炮船。以前路通利,遣护船返,犒钱三千。遣觅黄子春座船不见。午刻复行,荷叶州在江心,大通沿江小山及南面沙州作圈形抱之,复有一州蔽其外,风藏水聚,宜为富土。未、申间,风大盛,遂泊北岸罗昌河口。内通白湖黄泥河,俗名王家套。

初四日戊申(10 月 16 日)　　　晴,顺风

早发,午过藕山,在北岸,桐城属也。近北岸一州中断为二,南岸州约长四十馀里,池州在其内,望宝塔二,在山下,则郡城是。池口及云溪河夹城而出,入夹江。夹江水本宽,近渐淤浅,大舟不行。

过藕山十馀里为红石矶，小赤山在沿江。又十馀里为枞阳下口，又十馀里枞阳上口，望见山甚多，大龙山在其正西，对面南岸州尽处稍上不及十里，太子矶出江中，一小阜也。舟过是，折而向南，过李阳河二里，见拦江矶，土山在东岸，其下皆石，横插至江心，仅傍西岸里馀可通舟，皆绕行，视为重险。又南行，江甚窄，约十里，折向西为长风夹，江中一州，即长风沙，土人呼之新州，南岸山下则黄盆市也。过此时已申未，复行十馀里，泊马家窝，离正月中过此所泊之魏家窝五里，到家廿五里。

初五日己酉（10月17日）　　　　晴，风微

早发，曳纤至任家店十里，对岸长风沙尽处也。又十馀里到皖城，时已巳刻。写沅甫中丞信。即日发，交行台。登岸访开孙、霍生、诗林，开孙新移至霍处。黄子春先一日至，亦在。午刻抵家，元徽师闻余至，来访。谒相国，询秣营事甚悉。出候晓岑及曾劼刚，皆不晤，又候李眉生、蒋纯顷。接金子香七月初六日信。

上曾中丞书

　　叩辞后，守风数日，九月初一过芜湖，初三过大通，今日抵皖。仰托鸿庇，征程无恙。公起居安否？驰怀曷似。

　　前月望后一疏，明旨如何？窃意公之所处，于地方军务皆异，独任而空言议论，烦数非宜。今月奏事似当少缓，或竟一二月不拜疏，未为旷废也。接侍以来，仰窥用心，不畏难，不避怨，率作兴事，务求成绩，苟利社稷，不难毁己以济人，破家以为国，虽垢秽之、涕唾之而不顾，诚人臣事君之极节，于千百年中求之，盖如凤麟之希世一见。夫天下不患无智，患无志耳。以公之秉心不移，上苍将降侑之，四方将倚赖之，欲不大用于世，殆不可得。然干纯之利，不贵其刲犀断蛟，而贵其盘身绕指；松柏

之贞,不称其方春之欣,而称其凌霜之郁。刚之是用而柔之是贵,权也;荣之为美而瘁之见称,时也。故诗有之曰:"温温恭人,如集于木。惴惴小心,如临于谷。"古人非不乐行吾志,快然一当,仰观俯察,知其未可,必徐徐焉重吾身以俟世,蓄吾力以待时,此大易赞随时之义,而仲尼所以为圣之时也。公明智绝人,奚复不察。而忠笃之至,虑无反顾。功多则忌丛,言多则怨府,愚鄙辄用为忧。

　　烈荷公之爱至深,知公之志至审,而为细人姑息之说,以挠公之向往,岂忠告之谓邪? 天下纷纷,乱靡定届。一二公诚念国之大臣,实斯民肝脑髓血之所系,而方视崎曲如康庄,迈逸伦之骥足。此烈低徊往复,不能去心者也。在营三月,蒙厚非常,下士重爵禄,中士重礼貌,上士重意气,烈下士耳,而公所施则兼三者;信杼素寡效之所难堪,既惭先事后禄之言,复凛福过灾生之惧。临事悚切,无辞以谢,肃贡愚瞽,伏维亮鉴。

初六日庚戌(10 月 18 日)　　　晴

欧阳晓翁来访,久谭。下午,莫偲翁来,徐雪村来。要霍生、开孙、元徵师、衣谷、汤诗林、黄子春来食馄饨,初更时散。洪琴西来候。

初七日辛亥(10 月 19 日)　　　晴

程柳生杴,江西人,陈惺斋友。来候,陈惺斋来访。饭后出,答候程柳生、陈惺斋,并候同里李孟廉,又候王少岩,又候洪琴西、向伯常、潘聚垣。又候王芝圃、杨芳山,不晤。又候程尚斋、柯小泉、钱子密、程伯敷,二程,不晤。又候欧阳晓岑,方伴堂食,不晤。又候徐雪村、侯绩卿、李冰叔,并候张啸山。文虎,淞江人。又候杨咏春,又候莫子偲、黎莼斋,不晤。又候霍生,开生、衣谷已先在,并晤黄子春,谭至傍晚。闻黄南坡方伯至,子春往省,霍生亦去,余与开孙谭至二鼓归。叶湘雯来候。

接眉生九月初二日信。

初八日壬子（10月20日）　　晴

访元徽师。张啸山来答候，李冰叔来答候。同赴元师之招，同座徐雪村、储稼堂、刘纯甫、开孙及余与冰叔，饮至下午各散。

初九日癸丑（10月21日）　　晴

候黄南坡观察，又候杜小舫观察，逢南坡之子子寿。又候万篪轩方伯，又候叶湘雯，又至霍生处。写沅甫中丞信，即日发，交万方伯。又写眉生信。即日发，交来人。程尚斋、柯小泉来答候。

接子迎七月杪信。

初十日甲寅（10月22日）　　晴

杜小舫来答候，程伯敷、钱子密来答候。张仙舫观察庆安。来候。杨咏春来答候，陆小丰来候。

十一日乙卯（10月23日）　　雨

下午晓岑来。万篪轩方伯来答候，不晤。

接六姊五月初九信，第八号。又槐亭七月廿一、廿四信，又孟辛七月十三日信，又眉生八月二十七日信。

十二日丙辰（10月24日）　　晴

下午，访欧阳晓岑，闻沅帅前折批回，轮船事交总理衙门妥议具奏。又军务片内批"曾某未到浙江巡抚之任，嗣后军务与杨某、彭某一律咨由曾某奏报，毋庸单衔具奏"云云。谒相国，命余速至金陵，盖恐沅帅郁抑。余以主轮船之稿而未阻，此次奏报军情，中心觉有愧歉，拟辞不往。再访晓岑，并晤劼刚，晓岑以丁元公达摩象见赠。

十三日丁巳（10月25日）　　　晴

霍生来，黄子春来，在此饭。写沅圃中丞信，即日发，交晓岑。写槐亭信。即日发，交内银钱所。夜到开生、霍生处。接眉生初五日信，又彭次卿初六日信。

上曾中丞书

昨过友人，闻前奏忽奉严旨，遂谒相君，示悉一切，殊为惊愕。天下事忠爱迫至，多不见谅，此类殆是。顾行不行，时也，笃棐自靖之忱，何损毫末邪！公告相君，言烈曾劝公弗奏事，公之言此，用心良厚。然烈在左右，充上宾，廪厚禄，虽微弗知，犹将有愧，况操毫素其间，得云无过耶？公滋厚，烈滋忸矣。相君念公甚，命烈月中趋侍谭燕，烈惟事机乖迕，贤者或难释然，亦思奋飞而至，一窥颜色，继再图维。公今代健者，舍深心以奉斯世，曾垢秽涕涶之不恤，何此适然不顺，而俟烈辈慰藉宽譬为哉？且世事变幻，浮云苍狗，菀枯通塞，安可逆见。公诚慎以图难，则困心横虑，何往而非药石，所遭愈厄，所施愈光，在公勉之而已。

烈蒙爱逾分，自揣不副，以庸众而被国士之知，冒然居之而不让，揆之素心，方切歉然，属闻斯事，复深愧于公，所拜公之德，顾刻镂肝心，以俟异日。悢悢之情，笔不能罄，知爱如公，亮荷鉴原耳。

十四日戊午（10月26日）　　　晴

黄南坡观察来答候，又送食物。欧阳晓岑同李芋仙士棻，四川人。大令来访。李眉生来答候。招杨咏春、李冰叔、徐雪村及元师、开孙、衣谷饮。

十五日己未(10月27日)　　　晴

下午开生来,储稼堂来候,王春帆大令来访。

接沅浦中丞十二日信。又眉生初九日信。

十六日庚申(10月28日)　　　晴

于正室后别构小屋,是早检点书籍入内,当晚移居之。写眉生信。即日发,交去便。

接眉生八月底信。又椒生侄八月十四日信,已审仲明凶问。

十七日辛酉(10月29日)　　　晴

四姊具馔命饮。写阿哥信,廿三日发①,交华若汀。般仲信,同上。孝拱信。同上。

接阿哥八月廿一信。又般仲八月十五信。又孝拱八月十五信。又王璞臣六月二十九日信。

十八日壬戌(10月30日)　　　阴

答候张仙舫观察,又候李芋仙大令。又候刘纯甫县佐,又候储稼堂大令,又候王春帆大令。又答候陆小丰大令,又候何丹臣刺史。又至霍生处,霍生、开孙皆他去,而子吕在彼候余。告知眉生已至,遂候之旅肆,略谭少刻,复诣开生处,共饭,下午归。遣要眉老来饮。写沅浦中丞信。十九日发,交晓岑。

十九日癸亥(10月31日)　　　细雨

开孙同刘纯甫来,方子可来。下午霍生来,遣要眉生来共饮。

接吴竹庄十六日信。又沅浦中丞十四信。

① 廿三日,稿本作"廿六日"。

二十日甲子(11月1日) 雨

徐雪村招饮,未赴。傍晚到眉生处,初鼓归。

二十一日乙丑(11月2日) 雨

同衣谷访元徵师,又同访徐雪村、华若汀、李冰叔,又同答访周缦云。又同赴霍生之招,傍晚饮散。又访眉生。黄子寿瑜。来候,未晤。

二十二日丙寅(11月3日) 风雨

侯绩卿来,眉生来。谒相国。访晓岑,已迁出行台至外间住。刘总兵添麒来候,未晤。写薛安林信。廿三,交若汀。傍晚晓岑来,以《文选》巾箱本赠之。

二十三日丁卯(11月4日) 阴雨

眉生凌晨来访,元徵师来。候黄南坡并答其子子寿、子春,晤南坡及子春,霍生、开生皆在,开生未见。

接眉生即日来字。

二十四日戊辰(11月5日) 阴,大风

开孙来,元徵师来。刘灵皋总戎来候。添麒,善化人。候眉生送行,不晤,遂至开、霍处。下午复同往,留共晚饭。李眉生、钱子密皆来,二鼓尽返。

二十五日己巳(11月6日) 雨

眉生来辞行,即下舟。写沅浦中丞信。即刻发,交杨芳山。
接眉生本日信并诗。

二十六日庚午(11月7日) 阴,大风

眉生候轮船未至,要余至坐船,饭后舆往。张仙舫亦至。少刻,

有轮舟过,靡而致之,眉生乘小舟去,遂归。刘灵皋来。

二十七日辛未(11月8日)　　　阴,大风,有雨

开孙来,同至元师处,因留共饮,座客侯绩卿、衣谷、开孙及伯房、孟舆。写彭次卿信,即日,交倪镜帆。咏如信。附彭信内。

二十八日壬申(11月9日)　　　阴

黄南坡招饮,同座江达川方伯、忠濆,新宁人。万篑轩方伯、何小宋观察璟,广州人。及霍生。席散后同霍生至其家,少坐归。开生在吾家谭至二鼓去。杜小舫来辞行,未晤。

二十九日癸酉(11月10日)　　　晴

方元翁来。遣伯房、孟舆至桐城买饭米。访欧阳晓岑,久谭。写黄子湘信,寄去生漆十六斤。即日,交杜小舫。开孙来,二鼓后去。

接阿哥九月十八日信。又缪稚循九月初七日信,又汪雨人七月二十六日信。

十月建癸亥

朔日甲戌(11月11日)　　　晴

晨起,设香案遥拜坟墓。黄南坡观察招饮,往赴之,即送其行。同座李和甫,〔蕴〕章,行四,李少荃中丞弟。瞽目;程雪芦,怀宁人。聋耳。又杜小舫、钱子密。饭后在子春处坐,开孙、霍生、诗林皆在,共谭良久。又候杜小舫,送其行,并晤何小宋观察。谒相国,称贺其家属至也,相国谢客不晤。访纯顷、眉生、伯敷、王子云。

接槐亭九月初六日信。

初二日乙亥(11 月 12 日)　　晴

方元翁来。侯绩卿来辞行,赴大胜关难民局。写咏如信、季雨信。又金子香信,寄还洋布银十四两。即日,交绩卿。同衣谷至古董肆。赴霍生招饮,其夫人寿日也,并晤咏春。同开生访莫子偲、黎莼斋,又访晓岑,不遇。

初三日丙子(11 月 13 日)　　薄阴

下午开生来,谭至二鼓后去。

初四日丁丑(11 月 14 日)　　晴

设供斋准提。开生来。朱游击连胜,字勋臣,湘乡人,湘后右营营官。来候。欧阳晓岑来。霍生来,二鼓后同开孙去。

接孟舆初二日、初三日二信,又眉生九月廿七信。

初五日戊寅(11 月 15 日)　　晴

写眉生信,即日,交万篦轩。写炳、虔二甥复信。即日发,交徐三。读《大金吊伐录》四卷。

不著撰人名氏,大氐金人撰集,以见两次伐汴衅非自已,后世攘夺之天下,论强弱不论曲直,宋诚不信,然既许割河以北,复毁其都邑,系累其父兄子弟,谁之过哉? 螳螂捕蝉,本为求利,其张拒戢翼,若进若退,皆成其求利之本心而已。谓之有慈让之行,螳螂而能笑,不咥然耶? 且此一面之辞,金人且要徽、钦,每事谢表,刊本博易以文其要矣,是恶足信哉! 中有金人与河北各州县札,令民削发左衽,想其服色与今盖同。

初六日己卯(11 月 16 日)　　晴

晨诣霍生处,其尊人诞日家祭也。同元师、开生、刘纯甫到咏春处,又共茗饮,夜在咏春家。就霍生招,二鼓归。萧敬敷穆,桐城人。

来访。

接昆甫八月十四日信。

初七日庚辰（11 月 17 日）　　晴

元师来，饭后同元师、衣谷答访萧敬敷，不晤，又访杨见山，不晤，又访徐毅甫，并晤杨见山。傍晚，访程尚斋之尊人槐滨。辕。又访晓岑，见沅帅与伊信，属促吾往，相国亦托问行期。

初八日辛巳（11 月 18 日）　　晴

同衣谷至元师处，并晤陆小丰。萧敬孚又来访。程槐滨来答访。开生来。

初九日壬午（11 月 19 日）　　晴

杨见山来访。相国见召午间食，方元翁来，同至晓岑处，开孙亦在，遂偕趋相召。顺候相之戚欧阳慕云，相国夫人弟。在其处识程石洲。朴生，尚斋之弟。是日同席元师、开生、晓岑及余四人外，又增许仙屏庶常。振袆，江西人。相云此设为余饯行，余以行期未果，谢不敢当。饭后同元师、开孙茗饮，下午归。孟甥归自桐城。陈小圃方坦，浙江人。来候。

接沅帅初一日信。

初十日癸未（11 月 20 日）　　晴

黎玉晖总戎、定中，湘乡人。王小亭总戎远和，湘潭人，王柱堂军门子。来候。写沅帅信。即日，交倪锦帆。姚彦嘉来①，未晤。访晓岑及程槐滨。赴诗林之招，同席元师、开生、衣谷、叶湘雯、霍生，未饮前访咏春。

---

① 姚彦嘉，稿本作"姚彦深"。

十一日甲申(11月21日)　　　晴

元师乔梓来,许仙屏来候。下午到元师处,并晤叶湘雯。

接金调卿九月初五日信。

十二日乙酉(11月22日)　　　晴

相国枉驾来顾,谭移时去。候王柱堂军门,明山,湘潭人,骁将也,在晓岑处曾识之。并答其子王小亭总戎,其部将黎玉晖总戎、刘灵皋总戎、朱连胜游击,刘、朱未晤。次候孙琴西太守。衣言,温州遂安人,风雅士,相国屡言之,欲余往晤。诣相国处谢步,逢元师携子可亦往,会相国飨客,未晤。答候许仙屏,并晤莫子偲、黎莼斋。候方仲舫,答候陈小圃不晤,答候廖再卿不晤。访霍生、开孙,并晤杨见山,陈小圃。同开生诸君赴叶湘雯招,同坐元师父子、开、霍、衣、诗,二鼓归。

十三日丙戌(11月23日)　　　晴

写张炼渠信。即日发,交倪锦帆。方子可来,王子云来答访。

十四日丁亥(11月24日)　　　晴

写幼静信。廿二日发,排单递。下午,开孙、诗林、霍生来,二鼓后去。

接眉生初七日信。

十五日戊子(11月25日)　　　晴

万篦轩请今日饭,以嗽疾辞之。写汤小秋信,即日,交诗林。徐雨子信,附郁信。郁子枚信。各寄去中堂对子一付。王小亭总戎要明日午饭,辞之。孙琴西太守来答候,以疾未晤。

十六日己丑(11月26日)　　　阴

嗽甚,至失血。下午开孙来,要至卧室,视疾处方。

十七日庚寅(11 月 27 日)　　阴

王小亭、黎玉晖来候辞行,未晤,遣刺送之。写欧晓岑信,交眉生盐务条陈去。

接眉生初十日信。

十八日辛卯(11 月 28 日)　　阴

刘彤阶来自楚北见候,以疾未晤。杨达庭来视疥疾。下午霍生来访。

十九日壬辰(11 月 29 日)　　阴,大风,夜雨

下午开孙、霍生、诗林来,未晤。

接槐亭初二日信。十九号。又金调卿初十日信。

二十日癸巳(11 月 30 日)　　晴

方元徵师来视余疾,要至卧室少坐。叶湘雯来,不晤。欧阳晓岑来。写眉生信。即刻发,交其价。徐雪村来。莫子偲娶媳招饮,以疾辞。

接阿哥初八、初九、十七日信,知侄女细囡殇。三十六号。又冯洁卿十三日信。

二十一日甲午(12 月 1 日)　　晴

遣刺贺莫偲翁。汤诗林来,霍生来。写阿哥信。即日,交文报局。
接眉生初八日信,诗四首。

二十二日乙未(12 月 2 日)　　晴

开生来。洪琴西来视余疾,未晤。写阿哥信。即日发,交文报局附

昨信去。晚写伯房、孟舆二甥信①。

接侯绩卿初八日信。

阅黎莼斋复奏条陈:"第△条内载:嘉庆中,富俊为吉林将军,奏屯双城堡,分为中左右三大屯,三屯之中,通为百廿屯。每屯凿井二,井给银十八两,每户窝棚银四两,每丁给三十晌,先开熟二十晌,五年后征粮二十石,移驻京旗到日拨给熟地十五晌,荒地五晌,通二十晌,馀十晌荒熟各半,给屯丁为恒产。每屯屯丁三十户,京旗三十户,三大屯议移驻京旗三千户,每岁移二百户。愿移者十月报部,次年正月起程,每户给治装银三十两,本旗津贴银十五两,车马、耕牛、农具、籽种皆官给。到屯后,每户给屋四间,官为之建。计移一户,不过在二百金。道光中行之,已有成效。后富俊又欲广其法于伯都讷围场,松筠亦请开养什牧及大凌阿牧厂②,俱不果行。"

二十三日丙申(12月3日)　　　　晴,午后阴

同衣谷至元师处,叶湘雯已移彼同居。又同过开、霍二君,傍晚归。

二十四日丁酉(12月4日)　　　　晴

莫子偲来候。同衣谷至元师家,并晤开孙、刘纯甫。下午同开孙返,傍晚去。伯房、孟舆归自桐城。

二十五日戊戌(12月5日)　　　　晴

候狄秋崖,庆联,溧阳人。乙卯副贡,拟为克儿教读。未晤。谒相国,乞所允先君墓碑文,并辞赴金陵。候曾劼刚、钱子密、蒋莼颇、柯小

---

① 此句后稿本有"即刻发,交钱店"小字。

② 大凌阿,稿本作"大凌河"。

泉、李眉生、程伯敷、王子云，小泉不晤，在眉生处识马仲山。徵麟，本
邑人。答候刘彤阶、洪琴西，并候向伯常、潘聚垣，晤聚垣。候晓岑，
并晤李芋仙。晓岑留饮，同座劫刚、眉生、芋仙，又约明日复饮。候
莫子偲，贺喜。候杨咏春，同至开孙、霍生处，并晤元师。傍晚归。
接杜小舫△日信。

府朝闻见：相君见示初六日廷旨，总理衙门具奏，大略云前于外
洋购买轮船，李泰国原议十三条，经驳改五条奏定，行知各省。讵李
泰国竟不遵奉，仍照伊十三条原议办理。迭经曾△函议，将此船给
还外国。曾奏将此船沿海巡查，以代水师。李△函亦言此事之不
妥。本衙门与英国公使卜鲁士商议，将此船给还该国，该公使允许
承受，并允扣还原价，本衙门又许以沿途经费，由中国算与，并赏阿
思本银一万两，该公使亦殊感激。其李泰国素性狡恶，贪利无厌，应
将税务司撤退，令赫德接手云云。

二十六日己亥（12月6日）　　阴

狄秋崖来答候，订于后日开馆。候张仙舫辞行，次候李芋仙，次
候方元翁、叶湘雯，次候孙琴西、万箎轩。李、孙、万不晤。赴晓岑之
招，同座莫子偲、李芋仙、李眉生、黎莼斋、曾劫刚，诸君公分为余饯行
也。下午归，开孙、霍生、诗林、湘雯皆在此，又饮至二鼓始罢。

接眉生十七日信。第六十号。

二十七日庚子（12月7日）　　阴

杨达庭游击来视疮疾，足胫一疮，不能履地。写槐亭、六姊信，
为克昌聘定甥女德音为妇。聘物金簪一事，玉佩一事，佩系方淑人
物。请元师及王朗生为媒。廿八日发，交霍生。又一函，同发。王朗生
信。同发。

二十八日辛丑(12月8日)　　　晴

巳刻,狄先生来开馆,率克昌、安乐二人拜见。午刻,因克儿行聘,设奠先考妣,俱扶疾行礼。下午觞狄君,要元师、刘纯甫作陪。黎纯斋、莫子偲、李芋仙、张仙舫先后来候送,皆未晤。

二十九日壬寅(12月9日)　　　阴,大风

陈瑞庭来,未晤。写眉生信。十一月初发,交来足。何镜海应祺,长沙人。来候。开生来。又写徐雨子信。附眉信。

三十日癸卯(12月10日)　　　晴,夜雨

检点行李。接六姊初十日信。

阅吴振臣《宁古塔纪略》。

康熙时,逻车国入犯黑龙江,所用西瓜炮于数里外点放,适至落处而发。按:逻车即俄罗斯,西瓜炮即炸炮。

阅《台湾使槎录》。

台湾田以甲论,每甲当内地十一亩零,征粮八石八斗,是粮较内地为重。

十一月建甲子

朔旦甲辰(12月11日)　　　阴,大风

杨咏春来访。杨达庭来诊疮疾。元师、子可、叶湘雯来访。李眉生答候送行。杨达庭晤,馀俱不晤。检点出门书籍。

《易正义》,孔颖达序。

易一名三义:简易、音异。不易、音亦。变易,亦。周著代名。又云,周,普之意。此类为佛家诠释字句,一字众义之所本。

初二日乙巳(12月12日)　　晴

杨达庭来诊疮疾。检点先世手迹、诗稿。

初三日丙午(12月13日)　　晴

莫子偲、李芋仙来。下午,要元师、开孙、霍生、诗林、湘文、衣谷、子可、伯房、孟舆作小饮食话别。元师、子可、湘文先去,馀人二鼓散。

闻见近事:苏州于前月廿五收复,其得胜情形,尚未据有底细。揆帅屡调黄军门翼升不至,信札凡十三次,而李少荃径具片奏留。揆帅甚怒,拟参革职褫去黄马褂,不准留苏,来皖察看差遣,已缮稿矣。会得是信而止。沈中丞幼丹参革知县黄际昌,揆帅用之,沈请疾,台谏有用是为言者。廷旨调解而偏重此间。

初四日丁未(12月14日)　　晴

晓岑来,同一湘潭人张爵五来候,欲余携谒沅帅。下午,赴霍生、开生、诗林之招,同席晓老、元师、衣谷,二鼓归。

初五日戊申(12月15日)　　晴

拟明日行,相国仍派炮船相送①。刘纯甫来送行,子可、湘文来送行,元师来送行,均未晤。开孙来送行,姚彦嘉来自江北见访。夜同开孙到元师处,霍生亦至,二鼓归。炮船哨官参将周国才来见。

接晓岑本月信。第五号。

初六日己酉(12月16日)　　晴

元师来,姚彦嘉来。下晡登舟,未行。写阿哥信,交文报局。写薛

---

① 炮船,稿本作"炮舟"。

安林信。即交霍生。

接振远初三日信,又德生八月廿六信。

初七日庚戌(12 月 17 日)　　　　晴,逆风

舟行数里而返。午刻返家,董椒生侄于今早至皖。下午,开孙、霍生、湘文皆来。傍晚湘文去,咏春来,二鼓时散。写汤小秋信。交霍生。

接孙莘畬方舆△月△日信,又刘向庭十月十八信。

初八日辛亥(12 月 18 日)　　　　晴,逆风

黎明下舟,开至盛家店泊。写家信。即刻发,交本地人。傍晚舟复行,二鼓时至李阳河泊。

初九日壬子(12 月 19 日)　　　　晴,逆风

早发,辰过枞阳,晡过罗昌河口,酉刻到大通泊。上灯时复行,二鼓至土桥夹内泊。

初十日癸丑(12 月 20 日)　　　　晴,逆风,下午风微顺,夜雨

午过荻港,晡过旧县。写德生信。十四日发,交侯绩卿。三鼓舟至芜湖泊。

和眉生都转四首并序

眉生以《浦口夜泊见怀诗》四章属和。余不能诗,尤不能和韵,顾君投赠多矣,屡施不报,亦殊歉然,用述前游,以志怅惘。古人云"后之视今,亦由今之视昔",数载而外,此非陈迹耶?穆然而思,不知涕之何从矣。至于乱离之恫,亦既将瘳,时事之孔多,非伏处所得言也,故不缀云。

枫桥霏雪点春裘,华馆开尊忆暂留。庚申正月,同发甫过君枫桥寓馆共饮,饮散至河干,雪洒衣欲湿。表饵曾闻流涕说,虚嚣早识

乱离愁。君示余《粲夷说》，其利害今皆见之。时和帅军甚振，而余及弢甫以士气不戢为忧，数月而验。买山隐志嗤巢许，起舞高情让祖刘。君扣余出处，弢甫曰此隐士也。君目笑之。君及弢甫论时事若为己任，余亦轩渠良久。至竟奔驰同一辙，不堪啼笑话前游。

危堂一压燕巢多，乱里纷纷岁月跎。是夏贼陷苏郡，同人各走，在道路者半载。北去深心筹僻壤，东来泛宅托洪波。君迁江北，计江北利源甚悉，欲为大军增糈，余及弢甫度海居崇明者年馀。桓生论就人初远，越岁辛酉夏，君以淮醝事见咨，余遂为君西行谒湘乡相国。鲍掾诗成鬼欲歌。君是秋筹饷江北，尼之者众，意不自得。赋《冬柳》四章，语气衰飒，未几而构大狱。君昨岁贻余此诗，以为气机之先云。世事题评任曹辈，荣枯端奈此生何。

汝南雄辩鄙凡文，独纫君言等异闻。弢甫与君交最夙。得谤多因工论世，弢甫于辛酉冬赴皖，湘乡公甚礼之，忌者群起，至以琐事挂白简。匡时拙合责从军。君筹饷蒙飞语，中旨按之急，奔走临淮皖营对簿者匝岁。刺天萤乱终何极，止棘蝇营亦太纷。等是幽忧等年寿，最伤生死一时分。君及弢甫同年岁，一时被谤，而弢甫遂卒。

骥足康庄道本宽，甘居人后亦何难。君犹到手迷前局，我已旁观进一竿。怵目横流思削迹，惊心崎曲愧虚餐。冠簪散发浑闲事，只是难忘玉宇寒。

十一日甲寅(12月21日) 阴,逆风

早起，棹小舟候吴竹庄观察，留共饭，谭至将午下舟，邑子姚彦深送余返。少刻舟行，风甚，仍回泊口内。写家信，即刻，交吴竹庄。写竹庄信。即发。傍晚风顺舟行，月色甚皎。二鼓过东西梁山，泊舟访季雨，不值。舟复行，风转逆，涛声喧豗，彻夜不寐。黎明抵上三山。

念奴娇　　舟过博望,月明如昼,
却寄梅庵内史姜白石用去声韵

一轮圆缺,记三五、高阁更阑人静。卷幕吹灯相对坐,玉面清辉齐炯。虚砌风多,长街露裛,照几回双影。多情往事,素娥教与重省。　　对此无限江山,那堪离乱里,征途修永。雪浪长空天际白,谁种瑶田千顷。良夜如何,倦游人瘦也,旧时风景。蓬心飞转,料应今夕同醒。

十二日乙卯(12月22日)　　　晴,逆风甚寒,夜雪

黎明过上三山,舟中老革不知径路,言已至大胜关,告之不晤。行至夜,乃始到犊矶。风益甚,住舟。

十三日丙辰(12月23日)　　　大雪,逆风,寒甚

早过下三山。写眉生信。十四日发,交侯绩卿。午刻抵大胜关,登岸至咏如处,咏如痁疾已愈,并识孙莘畬。又访李少山、陈月波、王雨山,又访冯洁卿,并晤禹击三。写中堂信。十四发,交周哨官。李少山、冯洁卿来。

十四日丁巳(12月24日)　　　晴

写家信。交周哨官。赴冯洁卿之招,同座沈芳、鹤鸣,杭州人,食盐局委员。李少山、王雨山、咏如、炳甥。饮散,命舆进营,半道逢周哨官营中回,云沅帅已赴孝陵卫。缘昨前军扎营距城太迫,被攻陷故也。未刻至营,晤燕山、赵舜臣、王惕来、彭次卿,并文案诸君。幕中新增汤子镇,守重,长沙人。本在沅帅处已久。易△△、中明,沅州人,善六壬课。程柳生、拭,南昌人。而次卿出为统领,馀大略未改。金调卿导至旧居室,扫尘下榻。方经营际,沅帅归自孝陵卫,匆匆谒晤,即复赴犊儿矶会杨军门,约明日细谭。是日,饮食皆在调卿处。

接才叔九月初九日信。

十五日戊午(12月25日)　　晴

幕中诸君同答候。写吴竹庄信,即日,交赵舜臣。写张炼渠信。附吴信。初鼓时,中丞返营,要入久谭,归后甫卧,中丞复至,立谭数语而去。写伯房甥信。十六日发,交专差。

接伯房甥本日信,又陶作舟信。

十六日己未(12月26日)　　晴

次卿来访。张爵五同陈桂秋来,遣张谒中丞。写恽次山中丞信,因抚恤局劝捐事。即日,交赵舜臣。刘子迎观察、同上。史士良观察信。同上。昆甫叔信。二十日发,交家中。许靖山信,同为前事。二十日发,交家中。水师丁瑞亭军门、泗滨。彭纪南军门、楚汉。罗心斋军门进贤。来访。彭盛南方伯、陈舫仙观察来访。周阆山直刺悦修,绍兴人,来此办文案。来候。伯房甥来营。晚饭时中丞来,少刻复来,周阆山亦来,谭至二鼓去。

接孟辛六月三十日信,寄还远镜带钩,又赠《宋论》一部。又仲敏同日信。又寄雨本月十三日信。

致恽次山中丞信

　　叨同桑梓,殊以未拜德辉为怅。恭闻握节南中,彰施遐迩,彼土之幸,吾邑之荣,翘仰旌门,可胜忭舞。烈橐笔自活,恒在楚军,今夏游住秣营,见城中脱出难妇甚多,其中下江人居十之七,流徙失所,可为痛哭。会沅甫中丞大垂恺泽,概许收留,一时见者,皆乐于知其事,属烈拟撰公启章程,纠集义资,以裹匮乏,曾交友人呈达一纸,谅蒙垂鉴。

　　日昨由皖重至秣陵,顺访局务,计数月来,所收难妇交本夫父母完聚者百馀人,遣回原籍取有地方官印收者二百馀人,现存局内亦有二百余人，冬衣絮被，事事不易，全赖沅帅公款支持。指日大功告竣，城中妇孺何止万计，不给之势，定在旦夕。烈始意江苏当为诸省倡，常郡当为苏省倡，而同乡诸公如士良观察以次，虽均允为竭力凑集，顾一时尚未寄到，殊为焦灊。久仰吾先生胞与为怀，慈风普浃，必不忍已成之举，复致停辍。务祈登高一呼，以来众和。南望泥首，感非言馨矣。

专肃冒渎，敬请台安，不胜待命之至。

十七日庚申(12月27日)　　　晴

答候周阆山直刺。中丞请入内谭话，见示中堂致李少荃信，又与沈幼丹往返咨、信。李信内告以其弟李鹤章及道员潘鼎新声名之劣，属其戒饬。沈信则因蔡道锦青到皖，请以九江关洋税分三成，二成解江、席二军，一成解皖。中堂允之，而蔡未禀知西抚。又饶州厘卡严拿阻挠之王廷鉴，亦事涉西抚，沈颇不平，因而请疾欲归，故有此密函挽留。沈回信及护理西抚孙方伯长绂。一信，均辞意交至，娓娓可诵。

十八日辛酉(12月28日)　　　阴

中丞招饮，人甚众，共二席。阅西盐案卷，九月间，通泰二十场，共止存盐七万大引。十月间，共招过西岸万三千余小引。

外江水师彭纪南、楚汉，湘乡人，广东琼州镇总兵、统带。丁瑞亭、泗滨，长沙人，统带。李于湖、承谟、△△人，现正右营。李忍斋、济清、△△人，副新中营。罗心斋、进贤、△△人；新前营。杨极山、占鳌、△△人，亲兵后营。许步青云发、△△人。来候。因李于湖部下三板在通江集与李世忠部下副将陈品三抢夺船只，陈品三受炮伤身死，其妻具控，经揆帅查办，故来求中丞为之排解。适中丞赴孝陵卫。丁军门与吾同年月日时生，旧相识，遂偕至余处少坐，属为转达中丞，再三致恳而去。

丁起家寒微，由水师荐至记名提督，△△岁丁外艰，△△岁丁内艰，无亲与吾同，而侍奉日月为多。兄弟四人死其三，孑然一身。吾亦兄弟四人，生死各半。有一姊已死，吾有五姊而存二。生子女各二而皆死，吾子二、女三，而死一女。无一相合，所处之境尤不类。年命之说，本属荒渺，于此可见。初鼓时，中丞返营，往见，为李等道达，中丞已信求中堂矣。

读《墨子》《兼爱上第十四》、的是佛氏语，亦即是圣人泛爱语。《兼爱中第十五》、《兼爱下第十六》，《非攻上第十七》、《非攻中第十八》、《非攻下第十九》。

乱何自起，起不相爱。《兼爱上》。

爱人者，人必从而爱之；利人者，人必从而利之；恶人者，人必从而恶之；害人者，人必从而害之。《兼爱中》。

非人者必有以易之，若非人而无以易之，譬之由以火救火也。《兼爱下》。

十九日壬戌（12 月 29 日）　　晴，大风，寒甚

次卿来访。陈六笙太守、瑺，广西人，道衔，浙江知府。向在蒋香泉处办文案，潘伊卿荐至此。松秀峰峻，旗人，怀宁县廉善之子。来候，答候陈、松二君。中丞来，余方饭，遂去；少刻又来，谭移时去。见示中堂信，内云李少荃自前月二十五日复苏省后，至今无片纸至皖，殊不可解。又言西盐头批甫至安庆，甚矣盐事之难应手也。又云忠逆来援老巢，我军宜反客为主，坚守不出队云云。中丞言，苏省败贼屯聚淳化镇等处约数万，日内来战。忠逆力劝洪逆弃巢旁窜，洪逆不允，遂欲独自出城，先有犯金柱关之说。又欲至建平、广德一带窥伺皖、章边界，复有背城死战之说。不知究出何途。写孙莘畬信。廿一发，交振远。

读《墨子》《节用上第二十》、《节用中第廿一》、《节用下第廿二》、《节葬上第廿三》、《节葬中第廿四》、以上三篇缺。《节葬下第廿

五》、《天志上第廿六》、《天志中第廿七》、《天志下第廿八》、《明鬼上第廿九》、《明鬼中第三十》、以上二篇缺。《明鬼下第三十一》、《非乐上第三十二》。

《节用》、《节葬》、《非乐》，皆砭切时君奢溢，用意未尝不善。而辞意过褊，矫枉失正，其究遂离经叛道矣。《天志》、《明鬼》二篇，神道设教之意，顾沾沾以尊崇祭祀，立言不褊即陋。

二十日癸亥（12 月 30 日）　　　晴

写家信，即日发，交中承排递。写四姊信，托为炳甥求胡氏为妇。孟甥信。附家信内。写季雨信。即日发，交燕山。丁瑞亭军门来候，辞行赴皖。包兴实大令来候。家丞，眘伯先生次子，今任高淳县。周朗山来谭良久。夜诣中丞处谭，仇涵斋来。

见李抚咨准总理衙门来文，所购轮船未能合用，现已全数撤退，饬回英国，变价缴还，并将所用中国旗帜，令其撤销。又恽抚咨，此间新募湘勇二十七营，计指拨南省征盐、茶各局银十馀万两。目下百务繁兴，应给不暇，已先后发过四万两云云。又李抚咨会十月十九、二十等日攻毁苏城外长墙石垒一折，并通行二十四、五、六等日，城贼倒戈内应，官军入城，克复苏州。

读《墨子》《非乐中第三十三》《非乐下第三十四》，二篇缺。《非命上第三十五》、《非命中第三十六》、《非命下第三十七》，三篇辞意复沓，疑后人所增。《非儒上第三十八》、缺。《非儒下第三十九》。辞无见地，所执尤为缪妄。

禹之总德曰：允不著，惟天民不而葆，既防凶心，天加之咎。不慎厥德，天命焉葆。《非命下》。按：此疑《大禹谟》之文。

二十一日甲子（12 月 31 日）　　　晴

中丞为丁仲文饯行，往陪。代拟沈幼丹中丞等信稿八件。张振远来访，从江北来，为咏如行盐赴大通已返，在此午饭后去。写刘云樵观察信，里人，福建候补道。信为抚恤局事，廿二日发，交廷仲文。写眉生信。廿二发，交振远。陈舫仙来访。傍晚为丁仲文钱行。初鼓后中丞来谭良久。见总理衙门轮船密片。即前月廿五相国见示廷寄所由。

接咏如本日信，并抚恤局员董清折。又孙莘畲本日信。又季雨十七日信，已有后任来金柱关，伊仍回抚恤局。

二十二日乙丑(1864 年 1 月 1 日)　　　晴,天色和暖

见李抚咨，本月初二克复无锡。见中堂咨送僧邸奏稿及中堂本月十二片稿。十月廿六，僧邸率官军援剿蒙城，将城外贼营一律荡平。是晚苗逆亲身偷渡长濠，被记名总兵王万清手杀。本月初连复颍上、正阳关、寿州、怀远及下蔡老巢，生擒苗逆妻子五人。又见粤信，高州股匪斩献逆首陈金刚，高州已平。又见鄂信，汉州、城固之贼东窜郧阳境上。

写家信，即日，交陈瑞亭。欧阳晓岑信。附家信，还欠项三十二两。次卿来。傍晚至丁仲文处，中丞亦至。阅相国奏咨案卷，起十年五月初五。

读《墨子》《经上第四十》、《经下第四十一》,《经说上第四十二》,《经说下第四十三》。

《经上》类《尔雅》之释诂,《经下》类诸经之序传,皆残阙无头尾,故不可解。毕氏注引宋潜溪《诸子辨》云上卷七篇号曰经中卷,下卷六篇号曰论上卷。七篇则自亲士至三辩也,此反不在其数。然本书固称经词亦最古,岂后人移其篇第与？

二十三日丙寅(1 月 2 日)　　　晴

写家信。附昨信同去。送丁仲文、陈瑞亭行。停晚,代拟刘松岩信一件,又苏抚等覆咨五件。同沈慎哉至薛芳亭处、燕山处。燕山

来久坐。阅相国公牍第一号讫,终十年九月廿四。

二十四日丁卯(1月3日)　　　晴

写阿哥信,即日发,交上海委员。写振远信。附阿哥信内。王惕来来,黄少崑来。晚饭后至周阆翁处久坐。阅相国公牍十年九月至十二月廿二日。

二十五日戊辰(1月4日)　　　晴

中丞来少谭。李希庵中丞十月廿八下世,见致中堂遗信。中丞邀饮,同座陈六笙、周阆山等。晚在沈慎哉处久坐。拟官中堂等信稿二件。阅相国公牍至十一年二月。

二十六日己巳(1月5日)　　　晴

同沈慎哉访彭次卿于其营,久谭始返。汤子镇、宋生香来谭。晚在沈慎哉处坐谭。阅相国卷牍至十一年四月。

二十七日庚午(1月6日)　　　晴

黄南坡来自泰州,中丞前日至河干相晤,连日未返,吾亦附刺候之。见中堂来信及李少荃中丞来信。又十月三十日上总理衙门书,内云苏州逆首伪纳王郜云官、伪比王伍贵文、伪康王汪安均、伪宁王周文佳、伪天将范启发、张大洲、汪怀武、汪有为等,因官军围攻紧急乞降,于二十四夜举事刺杀伪慕王谭绍洸,官军于二十五日入城。二十六日,郜云官等来言,城内降人,精壮老弱二十馀万,须占住西南半城,其东北半城让与官住,并要总兵副将官职,准立二十营云云。是午,传令郜云官等八人来见受赏,谕令解散降众,该逆不允,遂登时将该逆骈斩,勒兵入城剿洗,降众二十馀万一时解散。而洋酋戈登忽生异言,云郜云官等是伊好友,官军不该杀害,即欲攻击官军,为之报仇,经劝谕而止。现尚欲怂恿英提督入都理论。

李来信又云，忠逆出城，不过精兵数千，而侍逆、黄文金二人，尚各拥精悍二三万，与忠固结不解，忠又谋窜江西云云。细按此事，戈登虽洋人，性情执拗，若因此不干己之事，骤欲与官兵开仗，似非情理。昨据解饷官来说实情，系与程学启争城中财物，借此启衅，庶几近之。城贼由句容窜援溧水，前队冒混入城，经防将王可升围剿，殪之，城得不陷。

写椒生信。即刻，交来足。中丞来谭少刻。接椒侄本日信，已抵河干。又吴竹庄二十三日信。阅中堂公牍卷至十一年十月。

二十八日辛未（1月7日）　　　晴

阅邸抄十月十三日起，十一月初一日止。上谕，因山陵未安，停止万寿节戏筵及升平署供奉。又咸丰十年所传民籍人等即民间梨园。永远停止。代拟李中丞、吴漕帅信稿二件。李祥云军门来访，新授归德镇总兵，属拟谢恩稿。臣典，邵阳人，统领吉中信字第五营。黄子寿来候，周阆山来。

见冯督办咨来廷寄：苏州克复，馀匪如群川之注壑，镇城首当其冲，冯兵力如不敷防守，曾△△即饬曾△△分兵协防，可使金陵暂缓合围，断不可使镇城有失云云。窃意苏镇之与淮扬，中有大江界限，满江炮艇，贼匪即掠有民船，亦不敢公然径度。故自沿江城隘收复之后，该逆屡犯江皖，意图越窜，终为一水所限，理势甚明。而都兴阿一军二万人，逍遥江北；冯子材一军万八千人，藏匿江南。目见上游之舍命杀贼，屡立战功，意亦不能无愧。且恐朝廷见责，遂拿住"北窜"二字，时时恫吓。枢轴之臣，闻风胆落，亦倚二军为长城。其心中意中，止是此二字轮盘打算，馀他奠定东南财赋之区，扫清海宇豺狼之众，均非伊等之所想望。故都兴阿之眷遇，莫与为比。本年奏请禁止难民度江，亦藉此二字为要挟之地，其实因江阴县未曾禀请,吃此微醋。坐令江南难民死者数万,辜负国家委任之恩,罪难擢数。今冯又藉词奏饰,廷臣复受其愚,全不权衡轻重,朝政之不明,可为太息!

二十九日壬申(1月8日)　　　晴

代李祥云拟谢恩稿一件。写李中丞信,贺复苏州,赏宫保黄马褂。即日发,交赵舜臣。代中丞拟万篪轩等信稿四件。次卿来。见李中丞咨来苏省奏稿。写阿哥信,即日发,附李中丞信。写孟辛信。

十二月乙丑

朔日癸酉(1月9日)　　　晴

晨起,诣中丞处贺朔,同伍交贺。见李中丞咨,奏报无锡前月初二经官军克复,城逆潮王黄子漋父子皆生禽,杀贼数千。又恽中丞咨,奏报出境剿贼,粤省李复猷全股肃清。写家信,初二发,交便差。又才叔信。即日发,交赵舜臣。李祥云、黄少崑来。彭次卿、彭盛南来。唐新泉、瀹,兰溪人。上元令。禹击三志涟,湘乡人,江宁令。来。李少山、冯洁卿来。中丞来。燕山在此晚饭。

见李少荃十一月初五密片,内称降逆郜云官等歃血立盟,誓同生死,占住阊、胥、盘、齐四门。于街巷各口,堆石置卡,隐然树敌,坚求准立二十营,并保总兵副将,指明何省何任。臣传令该酋等来营谒见,多方开导,冀其解散,该酋等坚不应允,诚恐复生他变,不得已将该伪王等骈诛,派程学启入城搜捕逆党,于是降众二十万,咸缴军器,乞就遣散。臣于二十九日入城驻守,督率官绅分头抚恤,人心大定。不谓戈登因臣先调常胜军回昆山,未得入城肆掠,忽生异议,声称即带常胜军与官军开仗。经道员潘曾玮、总兵李恒嵩劝止,乃又招去纳逆义子部镇镳暨久从苏贼之广东人千馀名,意殊叵测。又怂恿英提督伯郎、翻绎梅辉立来苏辩诘,强派臣办理错误。据称申请公使与总理衙门议定,再将常胜军作何区处,其意殆挟该军与我为难。值此时事多艰,中外和好,臣断不敢稍涉卤莽,致坏大局。惟洋人情性反复,罔知事体,如臣梼昧,恐难驾驭合宜。设英公使与总理衙门过于争执,惟有请将臣严议治罪,以折服其心云云。

又十一月十四上相国书,内称伯郎初二日来苏,怒不可撄,谓其代英国君主官商众人与我说理,要鸿章备文认错。鸿章笑对云:"此中国军政,与外国无干,不能为汝认错。"一怒而去。恐总理衙门无力了此公案,故愿受朝廷之罚,不欲开岛人之衅。顷闻伯郎回扈,纠商各国领事,尚有附合洋商,则多以杀伪酋为是。常胜军除炸炮外,攻剿不若我军,屡次对仗,迄未动手,鸿章与诸将亦甚不惧怯也。降酋金称忠逆欲由宁国县、常玉山窜江西,绕湖北而接连伪扶王陈得才。未知果否做到云云。

于力斋来候,金坛人,□字营帮办。魏凤芝来候。铭,邵阳人,和字营帮办,般仲族弟。晚饭后,中丞来久谭。接张炼渠十一月十九日信,已集捐抚恤局经理六百馀金。

初二日甲戌(1月10日)　　晴

遣奴子往迎椒侄。写黄南坡信,为抚恤局事,即交周阆山。写咏如信。交椒侄来营挑夫。椒生侄来。写家信。即交皖省来差。写孟甥信。同发。代萧孚泗拟谢恩折。

下午诣中丞处,黄少崑、彭次卿亦至。城南地道复成,即日将发。先是,四月中,振字营官罗逢元筑营聚宝门西,去濠已近,其所带兵勇谙悉开挖之技,即于是月动手。从本营开入,直下七八丈,迤逦斜过河底,至十月杪始达城下。城逆业已知之,亦于城内开入。

两军遇于地下，相持竟日，我军用辣椒焚烟，风箱鼓风以薰之，贼不支而遁。贼亦用粪汁和水由穴口倾入以灌，我军以被絮数千床堵之。顾事已泄，不得已，另于旁侧分支另开一穴，昼夜运药填满，遂于十一月初六草草一发，城倾数丈。时甫四鼓，我军望之模糊未审，以为未圮，不敢攻而罢。罗因前工甚巨，不忍弃之，仍于原穴更挖，凡廿馀日复抵城下，贼幸未知，故连日攒运火药，定期初六更举。惟城濠甚宽，不能搭桥，中丞颇忧其事。又城中来探云，本月十四为贼之十二月初十日，系首逆洪秀全生日，各伪王拟过此日后与官军开仗云云。

遣椒侄往谒中丞。接内子十一月初十信。又孟甥十一月十一、十二日信。又眉生十一月初七信。六十一号。黄子湘十月十五日信。

初三日乙亥（1月11日）　　　晴

同椒侄候诸同人，谒中丞。因族弟金保昆甫之侄。尚陷贼中，请通饬各营留意，并遣发探入城访问。写黄少崑信，亦为前事。即交燕山。萧信卿军门来访。新授福建陆路提督。闻贼于城濠下流筑坝，濠益深广，现饬办芦柴包石，临时填河。

初四日丙子（1月12日）　　　晴

见李季荃鹤章。来信，十一月初六，督军分道并进，均离常郡十里内外扎营，日滚城边。未及旬月，西、北、东三面五十馀垒次第攻克，擒斩、投降各万馀人。当饬分住贼垒，逼围城根。惟治、△△。护陈坤书。二逆约众廿馀万，以穷无所归，矢志死守。鹤章现调周盛波一军进围大南门，抽郭松林半队进围小南门，以扼宜兴之路，作欲合不合之势。昨奔牛各贼垒全降，鹤章抽水陆三营助之，遂克孟河汛城，并克虞塘两贼垒，该逆丹阳之路已绝。至溧、金、宜、丹四城皆有禀允降献城，均批饬剃发固守，以待克常后，遣将往为部署，未知有无中变否？本日午刻，马玉堂沅帅遣往说降者。自小河来，据禀所办三酋之降，现为护逆调散，有在城内者，有在小南门及西门外五里街等语，已约见其白旗红字而降。鹤章当令其赴西门张镇桂芳营中相机密办，能串约开门内应为妙。细度贼情，党羽虽众，而气馁心离，似已无能为役。俟各营内炸炮全架轰击，必有为我军暗应者，克复当不远矣云云。

曾雨香来候。传芳，沅帅族人。答候曾雨香，并访熊吟先。代拟李季荃、史士良、忠鹤汀信计三件。写眉生信。即日发，交椒生下人。写黄子湘信。同上。写黄子春信。同上。写冯洁卿信。即发，专差。写咏如信。同上。中丞来谭移刻。见中堂复僧邸咨，内载僧邸原咨及抄粘李世忠咨呈全件。据僧邸咨称，奏明派总兵陈国瑞进取下蔡等处，嗣据该总兵禀称，已将苗家老巢下蔡、寿州一律收复。唯称十一月初一收复寿城，初三日有李营马步大队进城，即杀守门勇丁五名，经我军迎敌，将该队逐出城外，擒获五十馀人，内有提督蒋立功一名。又初三日，李世忠督兵围攻下蔡，以宋庆陈国瑞步将。不肯让给，调队攻打，宋庆将其击退云云。

据李世忠咨呈称：寿州、正阳、下蔡、颖上各地方，均系伊所派田守端书及守备姚绍珍，说明俟伊军一到，即便剃发献城。前饬副将何璜于十月二十九日收复下蔡，生擒苗逆妻子△人。三十日，陈国瑞部下记名总兵宋庆、副将康锦文带苗逆亲侄苗景开、马步官兵数百来至下蔡，口称僧王即至，何璜遂将下蔡圩让与，苗逆妻子等一并交付宋、康二人。旋将苗逆妻子一并用雅片膏毒死，及自缢者十馀人。伊初一日自往下蔡，先锋提督李显爵、总兵李显安行至该处，圩内即放炮轰击，该提督等折回，至晚，何璜回至伊处，始知底细。下蔡圩内旋出百馀人，用伊船轰打，不知何意。其寿州一城，守贼李万春久来伊处乞降,伊派提督米元兴、杜宜魁带兵往抚。讵康、宋等派苗景开带兵亦往,苗景开诈冒李万春之人,将米、杜二将迎入城内杀死,并将伊遣赴正阳关招降之提督蒋立功于路过寿州时,冒称朱元兴之人,诱蒋入城生禽管押。其蒋立功之后队李显爵、李显安行至寿州,闻信折回云云。

又僧邸咨内复云:初九日,复据陈国瑞禀报,宋庆等收复正阳,已经入圩安民,派令康锦文入内驻守。有楚师道员蒋凝学带同潘四等前来争功,该道等恶言相加,并开炮击伤伊兵云云。中堂回咨,将李世忠原文录送僧邸与唐中丞查明奏办。蒋凝学在正阳关如何争夺,札该道明白禀复,另咨办理云云。又左帅咨会奏片一件,因中堂奏称浙兵不宜调回,奉旨饬令兼顾皖、浙,据实复陈,意殊悻悻。又咨送廷寄一件,内称蒋益澧一军九月十四以前,连破杭城外各卡,逼扎凤山、清波二门。魏喻义等攻馀杭,亦连破花牌楼等卡。又中堂咨奉上谕,杨军门俟金陵克复后,准其省亲,先赏人参四两。

在沈慎哉处谭话。接咏如本日复信,又冯洁卿本日复信。

初五日丁丑(1月13日)　　　晴。晨起,日色如血

代萧军门拟禀中堂、中丞稿,代中丞拟李中丞、沈中丞等信四件。初鼓时,买卖街火起,顷刻延烧里许,风势甚猛,火燃竹木,飞舞满空。中军相去仅数十步,正在下风,满营皆席篷兼火药库,堆药甚多,危险万状,各篷勇丁皆立篷上倾水,派数哨官至临街最近之马队营防护。幸街屋尽芦草所盖,虽易燃而不耐久烧,风势由西北转正北,火渐向南,至街尽处而止。二鼓尽,馀焰始熄,共焚六七百家,大半本地难民,小本贸易,一夕荡然,哭声震野。闻燕山及赵舜臣、薛芳亭等言火未发时,见街傍抛火弹未燃,至第二次复抛,火遂作,的系贼之奸细所为。又前夜有怪鸟啼呼顺字营卡上,其声甚恶,占者

言主火灾，至是果验云。中丞来久谭。余请军市立保甲，并禁军中放爆竹。

接毛子容十月二十日信。

初六日戊寅（1月14日）　　　晴

同沈慎哉诣昨火处一看。饭后，又同至营右高冈眺望。萧军门来访，周阆山来。晚在汤子镇、王惕来、宋生香、朱伯诗处各少坐。晚燕山来。接眉生十一月廿五信。六二。阅相国卷牍元年五月止①。

初七日己卯（1月15日）　　　晴

见左帅咨。奉廷寄：前因侍郎薛焕奏请直隶练兵四万，各直省分筹固本军饷，当饬各督抚酌拨筹济。嗣据毛鸿宾奏，直隶添兵筹饷窒碍情形，复经喻令刘长佑妥筹定议。兹据刘长佑奏请抽练营兵，酌募勇丁，此项军饷，拟于广东厘捐项下，每月提银一万，江苏、江西、福建、湖南、湖北、山东、山西、四川、河南各省，每月提银各五千两等语，著各该督抚按月如数筹拨云云。

周阆山来。写眉生信。即日发，交调卿寄。中丞来谭半晌。代拟李小泉、李申甫及眉生信三件。胡藻庭来。湘潭人，欧阳晓岑之戚，来因刊书耳。入至中丞处少谭。中丞来。晚在周阆山处闲语，阆山言部中公牍之繁，吏部一功司，岁计二十馀万件，选司类推，惟稽勋、验封事甚简。外官卓异、获盗、劳绩，各保举京官、京察，俱归功司，封典、封爵归封司，丁忧专归勋司。各司书办，选司称科，凡六、七科，功司称甲，亦六、七甲，每科、甲各一经承，馀贴写有名者数百人，按资格分六筒，至年终叙其劳绩，各筒以次递升，为之拔筒。拔至第一筒者，遇经承缺出，于其中擘补。贴写皆系经承招募，无所谓名缺，与外省

---

①　相国，稿本作"中堂"。

异云云。

接欧阳晓岑十一月廿六日信。

初八日庚辰（1 月 16 日）　　　晴

吴竹庄作《老妇行》，以讽金陵战事，代拟《老农行》以角之。崑字营、湘恒营于前昨二夜，以芦柴填河，贼于城上死拒，官军伤者几二百人。至今日天明填满，贼以火包喷筒焚断缚柴绳索，而决下游之坝，蓄水骤泄，柴坝被冲而散，迄难成功。中丞来，少谭，甚以为憾。代拟铜陵县禀批一件，欧阳晓岑等信二件。咏如来，傍晚方去。写晓岑信。即日发，交中丞信内。龙半洲来候。

初九日辛巳（1 月 17 日）　　　阴

中丞见召，示以十一月十八、二十日内廷密寄。内云：曾保奏李世忠克复一折，已准与开复提督矣。曾具奏时，似尚未知李世忠在寿州、下蔡跋扈情形，本日僧格林沁奏称云云。又吴棠奏淮北防患一折，内称李世忠盘踞滁、六一带，奸淫掳掠，甚于寇贼。又淮北西坝之盐，被封数千馀包。种种不法，著僧、曾、吴、唐密商处置之法。由曾饬调该提督到营，勒令献出踞地及各厘卡。其部下交曾挑选归楚军，分派名将统领，其馀来自逆党及著凶恶之徒，该与芟除。如有不遵，即乘僧之兵近在淮北，合力剿除。其淮北盐法，著传谕乔松年查照旧章兴办，以期涓滴归公云云。

写咏如信。即交，专差。代拟王必达霞轩，广西人。王雨轩之兄，饶州知府。等信七件。写外姑时宜人信。即刻发，排单递。

初十日壬午（1 月 18 日）　　　雨

见沈中丞复奏，内言咸丰年间，蒙授九江府，即随督臣办事，以迂介为督臣所许。迨后宣防广信，亦由督臣指授方略，藉免愆尤。

抚江以来，一切机宜，督臣不惮焦劳，为之擘画，臣稍参末议，督臣亦不尽以为非。今秋病不能支，吁请开缺，督臣迭次函问，勉以力疾从公。督臣于臣当无纤芥。督臣之品望学术，实一代伟人，臣虽不能则效，颇知向往。其协饷一事，物议纷纭者，皆臣筹济无方所致。臣已力疾视事，惟有遵谕痛改前愆，彼此函商，务求一是。至于心所未安之故，亦不敢雷同附和云云。

又李少荃来信，内云侍逆固拒鲍军于定埠，自句容至溧阳、广德要路，节节扎营，以保窜路。其不由东坝而必由广德、宁国一带南去，似已信而有征。能移鲍军攻广德，或扎溧水而弃建平，即中央一军扼东坝足矣。常州两粤悍党拼死守城不下，苦寒未可猛攻，尚难克期奏捷。方忠于廿三日攻克平望，平湖、下浦、海盐、嘉善次第投诚云云。

中丞来少谭。代拟彭雪岑、许次苏、张屺堂等信稿七件。周阆山来。探得贼于城内西南扎营，以防地道轰后我兵进步之所，设守甚严。又浮桥难成。中丞拟罢前举。

接黄子春△月△日信。

十一日癸未（1 月 19 日）　　雨，夜大雾

写方元翁、开生信，霍生信，衣谷信，狄秋崖信、四姊信、均附家信内。家信。即日发，交赵舜臣，附排递。写次卿信，代购皮衣二件收到，复之。即发，专送。代拟多将军等信稿四件。写杜小舫信。附张屺堂信内。写黄子春信。交来差。接次卿本日信。

十二日甲申（1 月 20 日）　　阴，大风

阅十一月初二至十一邸抄，有常熟典史莫钟琳于咸丰十年城陷在逃，经薛焕奏恤在案。此次出具呈，自请撤销恤典，此事殊新异。郑宇恬来候。曾春雨来候。沅帅族叔。答候龙半洲、郑宇恬及曾

春雨。

见中堂咨到十一月廿三日廷寄,内云戈登近日动静若何,虽经总理各国事务王大臣向该国公使开导,仍著李鸿章留心侦察,妥筹驾驭之方云云。

又十一月廿二廷寄,庆昀等奏宁夏汉城内乱。张集馨、熙麟奏报,宁夏、灵州相继失陷,甘肃回氛甚炽,现在多隆阿在鳌屋为一隅所牵掣。汉南贼势狙狯,刘蓉尚无入陕消息。而张总愚一股盘踞淅川山内,蓝逆由山阳窜出,思与豫匪合并。陕、豫军务方殷,而甘肃平、固平凉、固原。未复,宁夏、灵州又陷。该回逆东犯秦、晋,北窜蒙古,皆可长驱直入陕西西北定边一带。计惟多隆阿之兵,就近可以调往,而多隆阿既须援甘,又须防陕,非由各处拨兵赴陕,多隆阿亦难分兵兼顾。淅川张总愚一股,负隅死拒,一日不了,则河南、湖北、陕西三省,皆不得安枕。著张之万认真进剿,如兵力尚单,即飞咨僧格林沁调马队进剿。楚省麻、黄、襄、枣一带防兵著赴豫会剿。苗逆授首,馀党伏诛,皖省张得禄、蒋凝学、成大吉诸军,皆可移缓就急,赴陕进剿。商陆、荆关等处,归多隆阿、刘蓉调遣,以便多隆阿添兵助剿平固、汉南,及扼陕省西北边界。僧格林沁大军一俟皖省肃清,无须坐镇,即可移扎豫境云云。又楚北抚咨,张总愚据淅川之板桥川,逼近襄、郧;川匪蓝二顺已由商南窜入郧西县境。复有另股捻逆,纠合苗逆馀党,窜信阳州,距应山之三关仅二三十里云云。

彭次卿来。写咏如信,十三专差。欧阳晓岑信托咏如。并寄银二十八两。杜小舫来候。

十三日乙酉(1 月 21 日)　　薄阴

朱惟堂总戎来。湘乡人,吉左营。见李少荃十一月十七片:常胜军现驻昆山,自臣发给犒赏银洋七万元,尚属安静。戈登招去从贼之广东人,闻已遣散过半。英提督伯郎回扈,纠集各国领事,众议苏州杀伪王一事,闻各国官商亦不尽以为然。伯郎已告明驻京公使,以后戈登仍否帮中国带常胜军,俟奉复文,再行定见。戈登暂驻昆山,据称不归臣调遣。臣兵力可敷防剿,亦无须该军协助。惟仍虚糜月饷,静候总理衙门与英公使如何定议。如准戈登告退,须令将该军带队外国弁兵一百数十名妥为撤回,该军迭次购买外国炮位及外国军火,全行交出,臣再酌派中国武职大员接管,彼无所挟持,庶不敢滋闹。如不得已,仍交英官管带保卫上海,则该军人数及一切浮费,均须大加裁减,仍听督抚节制,或可渐渐清理云云。

刘吉斋来候。赵舜臣来。夜周阆山来谭。

十四日丙戌（1月22日）　　阴

中丞招饮,同座曾胪宾、禹辅卿及周阆山等。答候刘吉斋。咏如来。校先公诗集讫,移《和陶集》入《登楼集》后,《折腰集》前。闻中丞云,前晚有火球坠入伪天王府,萧军门开印于山顶目击。又今日为贼渠生日,遍城皆树旗帜称庆云。

接才叔十月廿六日信并丸药一包。

十五日丁亥（1月23日）　　薄阴,夜雨

晨起贺望。代拟毛寄芸、郭芸仙信稿二件。黄少崑来久谭。下午,陈舫仙、彭盛南、彭次卿、又一彭姓来访。李少山、冯洁卿来候,禹汲三、唐新泉来候。刘吉斋、郑宇恬来辞行,复往送。

傍晚,燕山遣下人来,言有微疾,思啜粥。少刻伊自来,吾问何恙,则云早晨觉头痛,此刻惟思作吐,旋即呕出食物等,复言胸次觉有物作梗。慎哉以痧药与服,予令剃头匠来为按摩,已稍愈。余遂坐案前读衣谷诗,称赏其佳,伊卧余床上,问此诗衣谷所做邪,何时寄来此? 余答以椒生来时寄到,伊尚点首。倏忽气息奎涌如酣,声

甚厉，余呼之不应，急扶起视之，牙关已闭，用通关散等吹送数次不醒。中丞及诸同人皆至，营弁廖某跐其足痛啮之，言是经验良法，时气已绝，遂不可救。营中向例，人死立刻舁出营外，竖立帐篷入殓，中丞不忍，命且放中间屋内，余及沈慎哉等伴之至晓。

燕山性最耿介，志节过人，自幼习武，凝炼气血，恒数十夕不寐，膂力能胜四百斤，江湖豪士莫不倾佩，而恂恂如儒者，行履无尺寸之逾。家至贫，不苟乞贷于人，与吾至交，然炊绝不以告也。往岁从赵中丞德辙，为之带勇，数经大敌，恒以少击众，赵甚爱之，乃以气骨高峻，不能结其左右，坐是不偶。及赵去任，益无人用之。薛中丞焕闻其名于李观察庆琛，欲使为将，统数千人，以素知其军习不饬，虑偾事，坚谢不往，时已居贫三载馀矣。或非之，不顾。李旋覆败，人始信之。辛酉夏，予将赴皖，独以胸臆告予，愿至上游楚军中。予初荐之相国，相国可之，而力薄竟不得成行。至去冬晤之上海，遂偕来中丞处。中丞察其端悫，礼之甚厚，在此一年，上下无异言。已保擢五品衔，浙江知县，越日当命下，竟不及受而卒。其命之蹇薄，可为伤痛。其家妻、妾各一人，子二人，兄弟、亲戚相从者十馀人，而无一日之储。中丞恩厚特至，允为谋养赡之资。予既悲燕山之不辰，复感中丞之多义，请送其丧归靖江家中，并为料理家事，中丞许之。慎哉亦愿同行，约俟殓后觅舟东下。为中丞代撰燕山祭文。

十六日戊子(1月24日)　　　　雨，夜雪

未刻为燕山小殓，酉刻移至步拨局，戌刻棺木至，遂殓。送者，余及慎哉、伯房、宋生香、朱伯诗、仇涵斋、吴朴堂、张玉山二人皆燕山友。八人。予及慎哉设祭，抚棺一恸而返。谒谢中丞，中丞许助三百金，又棺木四十金，柩归行资皆给公项，并许于合营集资，属余为之生息，以赡其家。

接眉生初五日信。六十三号。

十七日己丑(1月25日)　　大雪

写季雨信。即刻专人送。彭次卿来。写张炼渠信。即日,交赵舜臣。又吴竹庄信,寄还《桃花扇》两本。十八发,交李少山。写才叔、孟辛合信。即日,交赵舜臣。至步拨局视燕山殡。写孟舆甥信,寄归先公诗集二本、《世德录》五本、《盐法志》廿八本、《通商章程》一本。十八日发,交李少山。饭后,与慎哉眺雪,一望十馀里,直至江干,玄云叆叇之下更无异色,诚一壮观。傍晚,在周阆山处少坐。

十八日庚寅(1月26日)　　雪

接到行知,蒙中丞于石涧埠解围,克复巢县、含山、和州、江浦、东关、铜陵闸、雨花台、印子山、上方桥、江东桥、九洑州。各城隘案内,以器量闳深,调度有法,实属尤为出力字样,保举免选本班,以知县留于浙江补用。会同中堂及官中堂、李中丞于十月十二具奏,二十日奉旨允准。诣中丞处谒谢。写咏如信。即刻,专人。至同事各处交贺,贺客亦麇至,颇为之疲。写眉生信。即日发,交来足。

接咏如本日信,又侯绩卿本日信,又方兰槎十一日信,又张炼渠初二日信。

十九日辛卯(1月27日)　　雪止,大风,寒甚

周阆山来久谭。中丞往祭燕山,至步拨局接待,归后又诣代谢。写眉生信。附昨信内。包阆田观察国琪,镇江人。来候。中丞祭燕山看馔撤至余处,要同周阆翁等共餕,饭毕又同谭至晚。

见李少荃中丞咨,十一月十三密寄:苏州乞降之贼种种要求,立予骈诛,并无不合。乃戈登忽以该抚诛锄郜云官等为非是,洋人不明事理,性多谬执,往往而然。戈登助剿出力,自不能不加之笼络,

此等唇舌不值与之深辨。李鸿章办理甚为允协,断无将其议罪之理。方当事机顺手之时,岂能妄为外国人牵掣,将来英公使如向总理衙门议及此事,亦必据正理驳斥之也云云。

接十一月二十日家信,又孟甥△月△日信、廿八信。

二十日壬辰(1月28日)　　　晴

代拟吴竹庄等信三件。写中堂贺岁并谢保举启。即日交赵舜臣。写家信,廿三,交赵舜臣。孟甥信。同上。

接寄宇△日信。初一交卸金柱局。又十一月廿八日家信,带来《多宝塔碑》及竹纸等。

二十一日癸巳(1月29日)　　　晴

写季雨信、即交来足。咏如信、侯绩卿信、冯洁卿信。同上。家信,寄回丸药、南货,交咏如。又一函。二十三发,交赵舜臣。诣中丞处言燕山事。接季雨本日信,已至大胜关。阅相国奏案至元年十二月止。

二十二日甲午(1月30日)　　　晴,雪后连日酷寒,今早稍和

各营官来谢保举,顺便相候,至者纷纷。季雨来。咏如同李少山、冯洁卿、王雨轩及少山之弟澍卿作霖,辛酉孝廉。来候。中丞召入内,示以中堂来信。乔鹤侪已放皖抚,唐中丞降皖藩。又上谕各处特保之十四人,俱发往江苏以知县用,余亦在内,已忘余为苏人矣。咏如下午去,寄雨留此。傍晚中丞来谭,唐抚之降,初为富明阿所劾,僧邸佯保之,而阴加石焉,故及严议。相国函云继芳之力甚大,而亦不甚公允云云。继芳,湘乡一释子之号也。

二十三日乙未(1月31日)　　　晴

写家信,告知赴靖,决于二十五日成行。即刻发,交赵舜臣排递。

诣中丞处。写昆甫信，寄去通饬稿。傍晚，周阆山、沈慎哉请中丞饮，要余作陪。

二十四日丙申（2月1日）　　晴

早饭后，同龙半州、李静山、季雨同至营左小山顶，为燕山看地，地颇回互有情。雪消后地极泥泞，归途在步拨局少坐息喘。诣中丞处，代拟毛寄云、郭筠仙等稿三件，又陈令荫培信一件。下午，诣中丞及各同人处辞岁，楚南风俗，以今日为小年也，中丞招饮。写彭盛南、陈舫仙、彭次卿、黄少崑信。

接冯洁卿本日二信。

二十五日丁酉（2月2日）　　晴

检点行李，写家信。即刻，交赵舜臣。诣中丞及各处辞行，同人来送。见骆制军信，刘霞仙汉中之挫，伤亡甚众，尚驻巴州。此间劝川省游人捐，允为凑集二万。又恽中丞信，天津米价三两三四钱，漕运一层，似乎难行云云。已刻，同慎哉乘马出营，马劣地泞，申刻方到头关。候李、冯诸公，并晤黄少崑。晚同寄雨、慎哉在咏如处饮，候中丞赙燕山三百金至，即下河。借乘寄雨舟，颇促，留杨子木炮船同行。

接史士良△月△日信，并抚恤局纹银三百两。又庄耀采十月十五日信。

二十六日戊戌（2月3日）　　晴，风微

晨发大胜关，午过仪凤门贼营，贼举炮，同行师船答之。申至浦口宝塔下，酉抵通江集住。李世忠通江关已撤。

二十七日己亥（2月4日）　　立春。晴，风微

晨发通江集。辰刻披衣起，望摄山，山顶孤株如故，恍遇故人。

午过东沟,小泊买薪。写眉生信。即刻发,交杨子木。申到纱帽州,候杨子木,并晤刘小山少谭,复行。晚抵私盐沟,此处去仪真二三里,今为盐艘所集,市居颇盛,杨太守侨治于此。纱帽州则金陵大营护商局及江北粮台捐局皆在。杨往公毕已返,遣来招饮,同季雨、慎哉往赴,并识杨之义子某。二鼓返舟。

接杜小舫十三日信,又杨子木△日信。

二十八日庚子(2月5日)　　　晴,午前无风,午后风顺

昨本拟由仪真小河至扬州,以水小不通,仍出外江行。晨发,午错进瓜州口,申过三汊河,酉刻抵扬州。去腊偕眉生于是日早过扬,今岁复同一日至此,皆非意料所及。人牛踪迹,已不能丝毫作主,万事听之可矣。

二十九日辛丑(2月6日)　　　晴,顺风

早发竹西,辰过壁虎桥,去年由此进仙女庙,河今岁已筑坝,绕由六闸进口。将午至六闸,距邵伯止二里,因放舟邵伯一游。余生平未至此,又运河道上,自此以北至淮安皆未被兵燹,井树依然,不可不一眺也。偕季雨、慎哉登岸,见堤侧镇水铁牛,陶铸工肖,右肩胁有铭,但辨“金克木”三字,棱角俨整,馀俱漫漶。堤即召伯埭,当召、宝诸湖之冲,春夏湖波泛溢,水患最甚。相传水族畏铁,而牛为土畜,故冶此象以为厌胜。市中百物繁会,游历茗饮,至申刻归舟。下午,季雨约至市东玉皇阁、来鹤寺一游,兰若庄严,萧台层回,乱后遂成异境。识金陵人孙蔼人、龚辅堂,皆季雨友。傍晚余先归,季、慎赴孙招饮。

三十日壬寅(2月7日)　　　晴

晨发邵伯,辰刻至仙女镇泊舟,在此度岁。同慎哉登岸游历市

廛,似邵伯尤盛,广、闽人甚多。得周保绪先生《晋略》一部。下午慎、季二人去饮女市,余留不往。晚读《晋略》国传苻坚、石勒二篇,景略右侯,今罕其人,顾勒、坚更安可遇哉？勒、坚皆起马上,皆好文学,卒视诸草窃矫矫。噫！学可已乎？

（以上《能静居日记》十八）